基督教经典译丛

何光沪 主编
副主编 章雪富 孙 毅 游冠辉

The Sayings of the Desert Fathers
沙漠教父言行录

[古埃及] 安东尼 等著
[英] 本尼迪克塔·沃德 英译
陈廷忠 中译

Simplified Chinese Copyright ©2012 by SDX Joint Publishing Company All Rights Reserved.
本作品中文版权由生活·读书·新知三联书店所有。
未经许可，不得翻印。

The Sayings of the Desert Fathers
THE ALPHABETICAL COLLECTION
Translated, with a foreword by
Benedicta Ward, SLG

Copyright © Sister Benedicta, 1975
Foreword copyrihgt © The Sisters of the Love of God 1975

"This book was originally published in English by Cistercian Publications (an imprint of Liturgical Press), Saint John's Abbey, Collegeville, Minnesota 56321, U.S.A., and is published in this edition by license of Liturgical Press. All rights reserved."

图书在版编目（CIP）数据

沙漠教父言行录 /（古埃及）安东尼等著 ；（英）沃德 英译 ；陈廷忠中译．－－ 北京 ：生活·读书·新知三联书店，2012.10
（2023.5重印）
（基督教经典译丛）
书名原文：The Sayings of the Desert Fathers
ISBN 978-7-108-04146-3

Ⅰ．①沙⋯ Ⅱ．①安⋯ ②沃⋯ ③陈⋯ Ⅲ．①基督教－研究 Ⅳ．①B978

中国版本图书馆CIP数据核字(2012)第128095号

丛书策划	橡树文字工作室
特约编辑	刘 崚
责任编辑	张艳华
装帧设计	罗 洪
责任印制	董 欢
出版发行	生活·讀書·新知三联书店
	（北京市东城区美术馆东街22号）
邮 编	100010
经 销	新华书店
印 刷	北京隆昌伟业印刷有限公司
版 次	2012年10月北京第1版
	2023年5月北京第5次印刷
开 本	635毫米×965毫米 1/16 印张 25.75
字 数	299千字
印 数	16,001-19,000册
定 价	49.00元

基督教经典译丛
总　　序
何光沪

在当今的全球时代,"文明的冲突"会造成文明的毁灭,因为由之引起的无限战争,意味着人类、动物、植物和整个地球的浩劫。而"文明的交流"则带来文明的更新,因为由之导向的文明和谐,意味着各文明自身的新陈代谢、各文明之间的取长补短、全世界文明的和平共处以及全人类文化的繁荣新生。

"文明的交流"最为重要的手段之一,乃是对不同文明或文化的经典之翻译。就中西两大文明而言,从17世纪初以利玛窦（Matteo Ricci）为首的传教士开始把儒家经典译为西文,到19世纪末宗教学创始人、英籍德裔学术大师缪勒（F. M. Müller）编辑出版五十卷《东方圣书集》,包括儒教、道教和佛教等宗教经典在内的中华文明成果,被大量翻译介绍到了西方各国；从徐光启到严复等中国学者、从林乐知（Y. J. Allen）到傅兰雅（John Fryer）等西方学者开始把西方自然科学和社会科学著作译为中文,直到20世纪末叶,商务印书馆、生活·读书·新知三联书店和其他有历史眼光的中国出版社组织翻译西方的哲学、历史、文学和其他学科著作,西方的科学技术和人文社科书籍也被大量翻译介绍到了中国。这些翻译出版活动,不但促进了中学西传和西学东渐的双向"文明交流",而且催化了中华文明的新陈代谢,以及中国社会的现代转型。

清末以来,先进的中国人向西方学习、"取长补短"的历程,经历了两大阶段。第一阶段的主导思想是"师夷长技以制夷",表现为洋务运动之向往"船坚炮利",追求"富国强兵",最多只求学习西方的工业技术和物质文明，结果是以优势的海军败于日本，以军事的失败表现出制度的失败。第二阶段的主导思想是"民主加科学"，表现为五四新文化运动之尊崇"德赛二先生"，中国社会在几乎一个世纪中不断从革命走向革命之后，到现在仍然需要进行民主政治的建设和科学精神的培养。大体说来，这两大阶段显示出国人对西方文明的认识由十分肤浅到较为深入，有了第一次深化，从物质层面深入到制度层面。

正如观察一支球队，不能光看其体力、技术，还要研究其组织、战略，更要探究其精神、品格。同样地，观察西方文明，不能光看其工业、技术，还要研究其社会、政治，更要探究其精神、灵性。因为任何文明都包含物质、制度和精神三个不可分割的层面，舍其一则不能得其究竟。正由于自觉或不自觉地认识到了这一点，到了20世纪末叶，中国终于有了一些有历史眼光的学者、译者和出版者，开始翻译出版西方文明精神层面的核心——基督教方面的著作，从而开启了对西方文明的认识由较为深入到更加深入的第二次深化，从制度层面深入到精神层面。

与此相关，第一阶段的翻译是以自然科学和技术书籍为主，第二阶段的翻译是以社会科学和人文书籍为主，而第三阶段的翻译，虽然开始不久，但已深入到西方文明的核心，有了一些基督教方面的著作。

实际上，基督教对世界历史和人类社会的影响，绝不止于西方文明。无数历史学家、文化学家、社会学家、艺术史家、科学史家、伦理学家、政治学家和哲学家已经证明，基督教两千年来，从东方走向西方再走向南方，已经极大地影响，甚至改变了人类社会从上古时代沿袭下来的对生命的价值、两性和妇女、博爱和慈善、保健和教育、劳动和经济、科学和学术、自由和正义、法律和政治、文学和艺术等等几乎所有生活领域的观念，从而塑造了今日世界的面貌。这个诞生于亚洲或"东方"，传入了欧洲或"西方"，再传入亚、非、拉美或"南方"的世界第一大宗教，现在因为信众大部分在发展中国家，被称为"南方宗教"。但是，它本来就不属于任何一"方"——由于今日世界上已经没有一个国家没有其存在，所以它已经不仅仅在宗教意义上，而且是在现实意义上展现了它"普世宗教"的本质。

因此，对基督教经典的翻译，其意义早已不止于"西学"研究或对西方文明研究的需要，而早已在于对世界历史和人类文明了解的需要了。

这里所谓"基督教经典"，同结集为"大藏经"的佛教经典和结集为"道藏"的道教经典相类似，是指基督教历代的重要著作或大师名作，而不是指基督徒视为唯一神圣的上帝启示"圣经"。但是，由于基督教历代的重要著作或大师名作汗牛充栋、浩如烟海，绝不可能也没有必要像佛藏道藏那样结集为一套"大丛书"，所以，在此所谓"经典译丛"，最多只能奢望成为比佛藏道藏的部头小很多很多的一套丛书。

然而，说它的重要性不会"小很多很多"，却并非奢望。远的不说，只看看我们的近邻，被称为"翻译大国"的日本和韩国——这两个曾经拜中国文化为师的国家，由于体现为"即时而大量翻译西方著作"的谦虚好学精神，一先一后地在文化上加强新陈代谢、大力吐故纳新，从而迈进了亚洲甚至世界上最先进国家的行列。众所周知，日本在"脱亚入欧"的口号下，韩国在其人口中基督徒比例迅猛增长的情况下，反而比我国更多更好地保存了东方传统或儒家文化的精粹，而且不是仅仅保存在书本里，而是保存在生活中。这一事实，加上海内外华人基督徒保留优秀传统道德的大量事实，都表明基督教与儒家的优秀传统可以相辅相成，这实在值得我们深长思之！

基督教在唐朝贞观九年（公元635年）传入中国，唐太宗派宰相房玄龄率官廷卫队到京城西郊欢迎传教士阿罗本主教，接到皇帝的书房让其翻译圣经，又接到皇宫内室听其传讲教义，"深知正真，特令传授"。三年之后（公元638年），太宗又发布诏书说："详其教旨，玄妙无为；观其元宗，生成立要。……济物利人,宜行天下。"换言之，唐太宗经过研究，肯定基督教对社会具有有益的作用，对人生具有积极的意义，遂下令让其在全国传播（他甚至命令有关部门在京城建造教堂，设立神职，颁赐肖像给教堂以示支持）。这无疑显示出这位大政治家超常的见识、智慧和胸襟。一千多年之后，在这个问题上，一位对中国文化和社会贡献极大的翻译家严复，也显示了同样的见识、智慧和胸襟。他在主张发展科学教育、清除"宗教流毒"的同时，指出宗教随社会进步程度而有高低之别，认为基督教对中国民众教化大有好处："教者，随群演之浅深为高下，而常有以扶民性之偏。今假景教大行于此土，其能取吾人之缺点而补苴之，殆无疑义。且吾国小民之众，往往自有生以来，未受一言之德育。一旦有人焉，临以帝天之神，时为耳提而面命，使知人理之要，存于相爱而不欺，此于教化，岂曰小补！"（孟德斯鸠《法意》第十九章十八节译者按语。）另外两位新文化运动的领袖即胡适之和陈独秀，都不是基督徒，而且也批判宗教，但他们又都同时认为，耶稣的人格精神和道德改革对中国社会有益，宜于在中国推广（胡适：《基督教与中国》，陈独秀：《致〈新青年〉读者》）。

当然，我们编辑出版这套译丛，首先是想对我国的"西学"研究、人文学术和宗教学术研究提供资料。鉴于上述理由，我们也希望这项工作对于中西文明的交流有所贡献；还希望通过对西方文明精神认识的深化，对于中国文化的更新和中国社会的进步有所贡献；更希望本着中国传统中谦虚好学、从善如流、生生不已的精神，通过对世界历史和人类文明中基督教精神动力的了解，对于当今道德滑坡严重、精神文化堪忧的现状有所补益。

尽管近年来翻译界出版界已有不少有识之士，在这方面艰辛努力，完成了一些极有意义的工作，泽及后人，令人钦佩。但是，对我们这样一个拥有十几亿人口的千年古国和文化大国来说，已经完成的工作与这么巨大的历史性需要相比，真好比杯水车薪，还是远远不够的。例如，即使以最严格的"经典"标准缩小译介规模，这么一个文化大国，竟然连阿奎那（Thomas Aquinas）举世皆知的千年巨著《神学大全》和加尔文（John Calvin）影响历史的世界经典《基督教要义》,都尚未翻译出版,这无论如何是令人汗颜的。总之,在这方面,国人还有漫长的路要走。

本译丛的翻译出版,就是想以我们这微薄的努力,踏上这漫长的旅程,并与诸多同道一起,参与和推动中华文化更新的大业。

最后,我们应向读者交代一下这套译丛的几点设想。

第一,译丛的选书,兼顾学术性、文化性与可读性。即从神学、哲学、史学、伦理学、宗教学等多学科的学术角度出发,考虑有关经典在社会、历史和文化上的影响,顾及不同职业、不同专业、不同层次的读者需要,选择经典作家的经典作品。

第二,译丛的读者,包括全国从中央到地方的社会科学院和各级各类人文社科研究机构的研究人员,高等学校哲学、宗教、人文、社科院系的学者师生,中央到地方各级统战部门的官员和研究人员,各级党校相关教员和有关课程学员,各级政府宗教事务部门官员和研究人员,以及各宗教的教职人员、一般信众和普通读者。

第三,译丛的内容,涵盖公元1世纪基督教产生至今所有的历史时期。包含古代时期(1—6世纪)、中古时期(6—16世纪)和现代时期(16—20世纪)三大部分。三个时期的起讫年代与通常按政治事件划分历史时期的起讫年代略有出入,这是由于思想史自身的某些特征,特别是基督教思想史的发展特征所致。例如,政治史的古代时期与中古时期以西罗马帝国灭亡为界,中古时期与现代时期(或近代时期)以17世纪英国革命为界;但是,基督教教父思想在西罗马帝国灭亡后仍持续了近百年,而英国革命的清教思想渊源则无疑应追溯到16世纪宗教改革。由此而有了本译丛三大部分的时期划分。这种时期划分,也可以从思想史和宗教史的角度,提醒我们注意宗教和思想因素对于世界进程和社会发展的重要作用。

中国人民大学宜园
2008年11月

目　录

沙漠教父言行录

沙漠的意念（中译本导言） ………………… 陈廷忠　3
序言 ……………………………………………………… 29
英译者前言 …………………………………………… 32
前言 ……………………………………………………… 46
ALPHA ………………………………………………… 49
 大师安东尼 ……………………………………… 49
 阿瑟纽 …………………………………………… 58
 阿伽同 …………………………………………… 71
 亚摩纳 …………………………………………… 77
 阿喀琉斯 ………………………………………… 80
 亚摩斯 …………………………………………… 82
 尼特利亚的亚孟 ………………………………… 83
 亚努 ……………………………………………… 84
 亚伯拉罕 ………………………………………… 86
 亚烈 ……………………………………………… 87
 亚罗尼乌 ………………………………………… 87

- 亚菲 ·· 88
- 亚波罗 ··· 88
- 安得烈 ··· 89
- 亚伊奥 ··· 90
- 亚摩纳达 ·· 90

BETA ··· 92
- 大巴西尔 ·· 92
- 巴萨里昂 ·· 93
- 便雅悯 ··· 96
- 毕亚勒 ··· 97

GAMMA ··· 98
- 神学家格列高利 ··· 98
- 格拉修 ··· 98
- 格荣提乌 ··· 103

DELTA ·· 104
- 但以理 ··· 104
- 狄奥斯库若 ··· 107
- 都拉斯 ··· 109

EPSILON ·· 110
- 塞浦路斯的主教,伊比芬尼 ·· 110
- 以法莲 ··· 113
- 俗修士优加利斯都 ·· 114
- 牧师优罗基乌 ·· 115
- 优伯比乌 ·· 116
- 赫拉迪乌 ·· 117
- 伊瓦格里乌 ··· 117
- 优德门 ··· 119

ZETA ·········· 120
芝诺 ·········· 120
撒迦利亚 ·········· 122

ETA ·········· 124
以赛亚 ·········· 124
以利亚 ·········· 125
赫拉克利德 ·········· 127

THETA ·········· 128
菲美的西奥多 ·········· 128
伊纳顿的西奥多 ·········· 134
瑟格提斯的西奥多 ·········· 135
俄留特罗波利的西奥多 ·········· 135
迪奥纳 ·········· 136
大主教提阿菲罗 ·········· 136
西奥多拉 ·········· 138

IOTA ·········· 142
矮子约翰 ·········· 142
独隐士约翰 ·········· 154
牧师伊西多尔 ·········· 154
比路夏的伊西多尔 ·········· 156
塞尔斯的牧师以撒 ·········· 157
帕尼费斯的约瑟 ·········· 159
雅各 ·········· 163
赫尔热斯 ·········· 163
当过太监的约翰 ·········· 163
塞尔斯的约翰 ·········· 164
提班的约翰 ·········· 165

牧师伊西多尔 …………………………………… 165

　　波斯人约翰 ……………………………………… 166

　　底比斯人约翰 …………………………………… 167

　　阿爸保罗的弟子约翰 …………………………… 168

　　底比斯人以撒 …………………………………… 168

　　底比斯的约瑟 …………………………………… 169

　　希拉里昂 ………………………………………… 170

　　伊斯克里昂 ……………………………………… 170

CAPPA ………………………………………………… 171

　　卡西安 …………………………………………… 171

　　克罗尼乌 ………………………………………… 174

　　卡里昂 …………………………………………… 176

　　克帕拉斯 ………………………………………… 177

　　居鲁士 …………………………………………… 178

LAMBDA ……………………………………………… 179

　　路奇乌 …………………………………………… 179

　　罗得 ……………………………………………… 180

　　隆吉努 …………………………………………… 181

MU ……………………………………………………… 183

　　大师马加略 ……………………………………… 183

　　摩西 ……………………………………………… 198

　　马多斯 …………………………………………… 203

　　阿爸西尔瓦努的弟子马可 ……………………… 206

　　米勒修 …………………………………………… 208

　　莫丢 ……………………………………………… 209

　　莫戈提乌 ………………………………………… 210

　　米乌 ……………………………………………… 211

埃及人马可 ·· 212

亚历山大城的马加略 ·· 213

NU ·· 214

尼罗斯 ·· 214

尼斯特禄 ·· 215

独修士尼斯特禄 ·· 216

尼甘 ·· 216

尼特拉斯 ·· 217

尼色塔斯 ·· 218

XI ·· 219

卓伊乌 ·· 219

展提亚 ·· 220

OMICRON ·· 221

奥林匹乌 ·· 221

欧西修 ·· 222

PI ·· 223

牧者波伊曼 ·· 223

庞博 ·· 257

比斯都 ·· 260

比奥 ·· 261

比提立安 ·· 262

比斯达蒙 ·· 262

"老鹦鹉"彼得 ·· 262

巴弗纽丢 ·· 264

保罗 ·· 266

理发师保罗 ·· 266

保罗大师 ·· 267

呆子保罗 …………………………………………… 267

迪欧斯的彼得 ………………………………………… 269

RHO ……………………………………………………… 270

罗马的一位阿爸 ……………………………………… 270

鲁弗斯 ………………………………………………… 272

罗马努 ………………………………………………… 273

SIGMA …………………………………………………… 274

西索 …………………………………………………… 274

西尔瓦努 ……………………………………………… 284

西门 …………………………………………………… 287

所巴图 ………………………………………………… 287

撒马塔 ………………………………………………… 288

塞拉皮翁 ……………………………………………… 288

示利努 ………………………………………………… 290

斯比利顿 ……………………………………………… 290

塞乌斯 ………………………………………………… 291

莎拉 …………………………………………………… 291

邢格列迪卡 …………………………………………… 293

TAU ……………………………………………………… 298

提多斯 ………………………………………………… 298

提摩太 ………………………………………………… 299

UPSILON ………………………………………………… 300

赫伯热鸠 ……………………………………………… 300

PHI ……………………………………………………… 301

福卡 …………………………………………………… 301

腓力斯 ………………………………………………… 303

菲拉格里乌 …………………………………………… 303

福尔塔 …………………………………………… 303
CHI ………………………………………………… 305
　　寇马 ……………………………………………… 305
　　凯勒门 …………………………………………… 305
PSI ………………………………………………… 306
　　森泰修 …………………………………………… 306
OMEGA …………………………………………… 307
　　欧尔 ……………………………………………… 307
附录 ………………………………………………… 310
　　早期埃及修道传统年代表 ……………………… 310
　　参考书目 ………………………………………… 312
　　中译本补充书目 ………………………………… 315
　　人名与地名对照表 ……………………………… 319
译后记 ……………………………………………… 324

安东尼传

前言 ………………………………………………… 331
正文 ………………………………………………… 333
重要参考书目 ……………………………………… 394
译后记 ……………………………………………… 395

沙漠教父言行录

沙漠的意念

(中译本导言)

陈廷忠

圣经是在沙漠的环境中孕育出来的圣典。以色列民族是在荒芜、缺乏、充满危机与惊奇的沙漠中体会如何信靠丰盛、充满仁爱的上帝的,因此他们传递给后代的信仰从不加任何修饰,是一种赤裸裸的信仰,也是不计外在得失的纯真信仰。可这不是凭空想象出来的信仰,这是以色列民族亲身经历的历史性信仰,他们能大胆地说:"耶和华遇见[我们]在旷野。荒凉野兽吼叫之地,就环绕[我们]、看顾[我们]、保护[我们],如同保护眼中的瞳人。"(申32:10)所以,即使在以色列民族过上了丰盛生活时,仍依恋不忘"沙漠的经历",以他们历史性的、刻骨铭心的出埃及经历作为生命的基础与力量。尤其在《诗篇》95篇中,出埃及事件成为后世每一代人的警戒,它不只是历史上的重大事件,更是每一个时代的座右铭:不要使心刚硬,如同列祖们在沙漠中受到诱惑便跌倒一样。① 新约圣经也承接了这样的警戒,尤其是在《希伯来书》中,引用《诗篇》95:7—11,然后劝诫说:"弟兄们,你们要谨慎,免得你们中间或有人存着不信的恶心,把永生神离弃了。"(来3:12),接着又继续说:"总要趁着还有今日,天天彼此相劝,免得你们中间有人被罪迷惑,心里就刚硬了。"(来3:13) 当然,这里的"今

---

① Frances Y. Young, *Brokenness and Blessing: Toward a Biblical Spirituality* (London: DLT Press, 2007), 13.

日"是"每天"的意思。

沙漠成为灵性操练的代名词。沙漠使人坚强，也突显人的软弱①；沙漠了无人烟，可又是遇见上帝的地方，这种意念深深地浸透在圣经的灵性描述中：有茫然无助的黑暗，又有闪电雷鸣式的光辉。

这不只是一个民族的灵性经验，圣经中也记载了一些进入沙漠，受到磨炼的伟人，如先知以利亚在沙漠行走四十昼夜，面临他一生中最严峻的考验（王上 19：3—19）；新约圣经中施洗约翰是"旷野的呼声"，而最具影响力的莫过于耶稣，他在沙漠四十昼夜的禁食与磨炼，成为历世历代基督徒的楷模。早期死海附近的昆兰群体已是后期较有规模的集体修道式运动。

无论如何，沙漠永远代表着一个旅程。人们不是选择沙漠，而是认定生命若要升华，就不得不步入沙漠，让自己的灵性接受磨炼，懂得如何在最艰险的环境中生存，在毫无躲藏的环境中，赤裸裸地看到真正的自我，这时候才能坦坦荡荡地站在上帝面前，容他陶造。新约《希伯来书》常常提醒信徒说，我们都是地上的客旅，为寻找更美的家乡，历经患难，"被石头打死，被锯锯死，受试探，被刀杀，披着绵羊、山羊的皮各处奔跑，受穷乏、患难、苦害，在旷野、山岭、山洞、地穴飘流无定"（来 11：37—38）；可这些不足以让人却步，因为越是艰辛，就越临近安息的家乡。

沙漠教父的历史与灵性追求

基督教的沙漠气质最兴盛的时期是以大师安东尼为代表的埃及修道运动为标志的。早在基督教传播到埃及以前，犹太人已经移居，散布在各个城市中，因为受到希腊苦修主义的影响，渐渐地形成了避世、静

---

① 圣经记载以色列民出埃及时，在沙漠漫长旅途中的心路历程，这常常成为灵性挣扎的符号，参见《出埃及记》15—16 章。

谧的倾向。① 而离群独居，寻求"真我"、上帝与人生目标就是本书的内容。

对于汉语读者来说，细读《沙漠教父言行录》时，的确有一种似曾相识的感觉。因为从某个角度看，沙漠教父的言行似乎与佛教的禅宗或者儒家的师徒对话同出一炉。但是，从根本的宗旨看，沙漠教父的言行却是另类的言传，师徒的关系不是以教诲为主的，虽然这也是他们之间不断雕琢的课题；他们不是传递什么人生处世智慧，所言也不是什么警世惊言，因此就跟中国本土的儒、释、道相距甚远。我们可以说这个修道传统纯属基督教的产物，可又不是"前无古人"的独特运动。

有很多学者认为这沙漠的运动有其历史与政治缘由。沙漠运动的兴盛时期是在公元300—500年之间。当时早期基督教受逼迫的时期已过，基督教会被默认为国家主流的宗教团体，达官显贵若要有什么名利展望，都须先依附帝国的主流信仰，因此信仰基督教成为先决条件。在这种情况之下，学者们开始了"逃脱世俗，进入沙漠"的运动，他们试图寻找灵性的净土，有强烈的愤世嫉俗心态：若不愿意同流合污，就必须做出大胆的革新，要改变世界，必须先改变自己。可我们发觉这种"避世求真"的意识并不完全需要"厌恶世道"作为先决条件，当然这可能也是其中的一个原因，但主要的原因仍是那股强烈的"求真"意识，寻找一个能彻底避免虚假与腐朽的人生。早在基督教成为国家认可的宗教之前，大师安东尼已经下定决心到沙漠寻找隐居之所（约公元285年），在他之前已经有很多的先例，只是他最为闻名，也因此引起了更多的"求真者"纷纷仿效。这可能才是沙漠运动兴盛的真正原因。起初散布在埃及尼罗河流域上游，直到亚历山大城外的旷野，最闻名的是瑟格提斯（Scetis），但在叙利亚、巴勒斯坦的沙漠以及西奈半岛

---

① 参见 Armand Veilleux, "The Origin of Egyptian Monasticism" in W. Skudlarek (ed), *The Continuing Quest for God: Monastic Spirituality in Tradition and Transition* (Collegeville: The Liturgical Press, 1982), 44-50。

的旷野，同时也兴起了这股进入沙漠的热潮。

基督教脱离了早期受逼迫的危机之后，无论信仰人数还是地位都有非常大的进展。前面流血殉道的惨痛经历已不复存在，可是为主殉道的心志仍在：一位真正的信徒是愿意彻底地为自己所信的主牺牲的，不流血并不表示没有牺牲的意识。在生活中彻底地、无我地为上帝、为邻舍而活，就是真正的殉道者。这样的意识后来被称为白色殉道。沙漠教父就是朝着这个方向教导弟子们的。以下就是个好例子：

> 有一天，瑟格提斯的四位修士穿着羊毛外袍来见伟大的庞博。每一位都分别讲述邻舍的德行。头一位说他的邻舍经常禁食；第二位说他的邻舍愿意穷困；第三位说他的邻舍非常有爱心；第四位说他的邻舍顺服地与一位长者度过了二十二年。阿爸庞博对他们说："我告诉你们，最后那位的德行算是最高的。前三位修得自己所追求的德行；可最后那一位约束自己的意愿，去就别人的意愿。如果这样的人能持续下去，他们就是殉道者的材料。"①

《沙漠教父言行录》之文本

本书的书名 *Apophthegmata Patrum* 可直译为"教父的话"。它虽然是一部教父语录，但文中常将其言与其行并重合一。教父们常常以行为来表达其心中的言语，以至于他们在缄默中生发出的教诲更具震撼性。② 在书中，他们语重心长的劝勉，不仅给读者带来力量，更能改变其生命。况且他们所言均出于他们的亲身体会，他们所经历的"故事"足以见证其言的真实性。因而，我们姑且将它译为《沙漠教父言行录》。

---

① 本书，庞博3。
② 参见 D. Burton-Christie, *The Word in the Desert: Scripture and the Quest for Holiness in Early Christian Monasticism* (Oxford, 1993), 77-78; 134-177。

本书文本的形成颇具争议性，著名的沙漠教父学者盖伊（J. -C. Guy）不仅为此收集了很多有关的文本，也试图对文本的形成提出建议。① 他认为成书过程经历了以下三个步骤：

1. 沙漠教父所对弟子的询问回答之"一言"，均被视为金玉良言，因为这是老先生透过一生的操练与祷告得来的属灵辨别能力之精要。弟子就默想这"一言"，将其作为自己操练的标准，铭记在心，并将之传递给别人。可是这样的"赠言"最初只属师徒个人关系所产生的劝诫，本身可能没有太多的解释与商讨。

2. 这样的赠言后来因为传颂开来，渐渐地成为一组特殊的默想材料，在"修道传统"的大前提下，已经超越了师徒个别的灵修教训。

3. 再接下来的步骤便是在这些赠言的基础上增加了谈话的氛围，围绕着教父的生平逸事，甚至他们的讲道、书信等，将之组合成为现在我们手上的文本。

另一位沙漠教父学者古德（Graham Gould）却较谨慎地提出了一些现代研究者所须注意的事项，以避免产生太多的神学争论。② 他认为盖伊对文本形成过程的分析听起来似乎很自然：从简单的赠言到较复杂的组合再到普及应用。其实这样反而会造成更复杂的形成现象。因此他主张谨慎处理文本，首先必须承认最原始的记载，"赠言"其实与教父的逸事并存。确切地说，最原始的材料是经过"口传"之后才被记录下来的。而在口传与记录之间，经过了一段或长或短的传递，有的"赠言"虽是简单的一句劝诫，可其他的"言行"却记

---

① 参见 (J. -C. Guy)，"Remarquessur le texte des *Apothegmata Patrum*"，*Recherches de Science Religieuse* xliii (1955)，252-258；*Recherchessur la tradition grecque Apophthegmata Patrum*，Hagiographa 36 (Brussels, 1962)。

② Graham Gould, "A Note on the *Apophthegmata Patrum*"，JTS (37) 1986, 133-138。古德博士也是中译者的博士论文导师，他悉心的教导对我研究沙漠教父有很大的裨益；我将这中译本献给他，以表达对老师的敬意。

录了它的来源及细节,让读者更能理解其意义。我们当然也必须肯定,出于对师父圣贤话语的尊重,传递的过程甚少"添油加醋";的确,有些不加任何润饰的话语,令人听出其"原始的粗糙感",听起来虽唐突,却是句句真言。

因此,我们从事研究时,虽然研究对象有其复杂的原始资料源,但仍能从中寻出沙漠的气质和做法,梳理出早期修道主义的神学导向。

斗室是灵性塑造室

修士选择独处在自己的斗室内,这是一项自律的举动。正面看是为了静修默想,不愿意受到外界的干扰;可负面看是限制自己不受外界的引诱。① 阿爸摩西说:"你去,安坐在自己的斗室中,你的斗室会教你一切。"② 人能约束自己的行动,却往往无法约束自己思想的翻腾。安坐在斗室中,是企图让固定的空间来协助约束思想的起伏,有时是强烈的斗争,有时却是得胜后的谧静。阿爸亚摩纳说:"有人能在斗室中住上一百年,还是学不到怎样好好地在斗室中居住。"③ 真正的斗室独处不在于静坐在其中,而在于与上帝相处。阿爸矮子约翰说:"警醒的意思是坐在自己的斗室中,常常思念上帝。这就是经上的意思:'我正在等候时,上帝就临在了。'"④

斗室是反潮流的符号,在人人竞争拥有自己地盘的环境下,沙漠修士选择最简陋、最原始的住所,大胆地向世界抗议说:我生存的空间不是以房屋大小来衡量,而是以我的心灵是否在其中得到释放来衡量。即使在最小的斗室中,我仍然能享受自由的天空,真正的斗室最终就是自己的心,在那里能有上帝的临在。

---

① 有关沙漠斗室与空间神学的研究,参见 Darlene L. B. Hedstrom, "The Geography of the Monastic Cell in Early Egyptian Monastic Literature", *Church History* 78 : 4 (2009), 756-791。
② 本书,摩西 6。
③ 同上,波伊曼 96。
④ 同上,矮子约翰 27。

在斗室中，修士照常吃喝作息，干的活不外是编织藤篮、麻绳等，且不间断地默想圣经与祷告；他在这里接待弟子与访客，却十分注重防护斗室之神圣独处的功用。修士们虽然也参加集体的祷告聚会，但他们的斗室独处仍是与人接触的出发点，若需给人任何意见，都是早已在斗室的静谧中体会出来的亮光。

斗室本身也不只是修士们选择在地上生活的居所，它还有更宏伟的意念。修士们独处在斗室中最大的目的是把它当作"灵性塑造室"，这是通往天堂的门槛，在这里修士们将自己的生命意愿放在上帝的恩典氛围中，成为没有遮掩、没有干扰的相遇，将自己塑造成外界的神圣陌生人 (Holy Strangers)。① 他们"逃离"世俗，主要是为了建立另类的生活方式与伦理②：一动不如一静、开口不如缄默、情欲不如无动于衷、财富不如贫穷、评论不如伸手助人、有不如没有，而最能表达这样的另类伦理之法，莫过于在简陋无华的斗室中能与丰盛的上帝相遇，蜗居的斗室成为天堂的临在。

可是，沙漠教父们又恐怕人们因为习惯了一种生活方式，以为能一成不变地继续下去，反而成了负累。有一天，阿爸但以理与阿爸亚摩斯 (Abba Ammoes) 一道上路。阿爸亚摩斯说："先生，我们什么时候也安居在一个斗室里呢？"阿爸但以理说："有谁能使我们与上帝隔开呢？上帝在斗室里，可他也在斗室外呀！"③

贫穷就是财富

早期沙漠教父的故事表现出一种身心满足的属灵气质，对我们今日消费主义的世界而言犹如一服清凉剂。教父们谈及人生种种满足

---

① 参见 Peter Brown, "The Rise and Function of the Holy Man in Late Antiquity", *Journal of Roman Studies* 61(1971), 91-92。
② 参见 Graham Gould, *The Desert Fathers on Monastic Community* (OUP, 1993)。
③ 本书，但以理 5。

感：沉默的自由、超脱物质的潇洒，更使人折服的是：贫穷就是财富，即是"清除"阻塞在真我与欲望之间的各种障碍。这种说法都是反语式的：放弃就是得着；抛开知识才能理解；摆脱累赘的自我就是最富有的人。

阿爸马加略说："如果对你们来说，诽谤等于赞美，贫穷等于财富，缺乏等于丰足，那你就不至于死。事实上，任何人只要绝对相信，全心服侍，是不可能陷入不道德的情欲中而被魔鬼诱入歧途的。"①实际上，马加略一语中的，说出了沙漠教父简朴生活的要求和态度。贫穷就是财富，诽谤就是赞美，缺乏就是丰足，在言辞上，这些话听来都是矛盾的，②可是这种彻底的反语必须要加以反复思考。要使诽谤成为赞美，必须重新整理诽谤者所给予的价值，他诽谤是因为你给他带来威胁，所以你应高兴才是。但要让贫穷成为财富就需要双重的价值重整：就是消除俗虑和贫穷如何产生真实的"财富"！沙漠教父着重的是思想的真诚，而非意念的迷幻，所以不是故弄玄虚，让我们意乱思迷！可是贫穷岂可成为财富呢？

讨论这个主题的资料主要集中于消除俗虑的思想上。绝对奉行福音的教导是否就是沙漠教父脱俗（Detachment）与摈弃（Renunciation）背后的主要因素呢？③ 巴顿·克里斯蒂（Douglas Burton-Christie）这样说："沙漠的意念提倡追寻自由的方法就是脱俗，而达致这种自由的境况就是摈弃。"④无疑，欧洲中古时代一般都要求圣洁，这种要求通常都被认为能追溯到沙漠教父的言行榜样上，以强调物质贫乏作为圣洁生活的主要象征。这似乎是在提倡苦修主义，可沙漠教父的属灵教训却不是这样。据说，有一天，伊比芬尼（Epiphanius）主教差人去见阿

---

① 本书，马加略 20。
② 本书，尼斯特禄 4，是个好例子，他愿意放弃自己的衣物，完全依靠神的供给："……直等到神赐下能遮身之物，否则我不会向任何人求任何东西。"
③ D. Burton-Christie 就是这样认为，见上引，第 213—235 页。
④ 同上，第 214 页。

爸希拉里昂（Hilarion）说："请您在我们还未离世之前①，叙一叙好吗？"他就来了，彼此相见甚欢。到用膳时，台上摆了一只烤鸡。伊比芬尼拿来放在希拉里昂面前。老先生对他说："抱歉，自从我修道之后，就再也不吃宰杀的禽类了。"主教却说："自从我修道之后，就不让对我有不满的人［抱着怨气］睡觉，而我若对任何人有不满时，也不能安然作息。"（意指我会解决与人的冲突后，才安心作息）老先生回答说："请原谅我，你的生活方式比我的好得多。"②这传说显然对沙漠教父的生活和态度有清楚的暗示，显示出他们是如何对待物质享受和圣洁生活的。它也显明了贫穷和匮乏本身对人无益，我们不是奉行苦修，以为这样就能成为圣洁的人。没有物质，听起来使人觉得缺乏什么，其实是让我们转而专注于更重要的事。因此，阿爸伊西多说："占有欲是危险和可怕的，它使人不知餍足，奴役人的灵魂，使人邪恶到了极点。因此让我们一开始就猛力把它驱走，因为一旦它做了主就不能把它制伏了。"③

完全的摈弃就是完全依靠上帝的丰盛，即是我所干的，不再是由于我自夸能干，或者由于我以慈悲为怀，而是由于上帝的怜悯和丰盛。阿爸优伯比乌曾说："你要知道上帝是信实的，大能的，若对他有信心，你就可以享有他的一切。你若忧伤，表示你不完全相信。我们都相信他是大能的神，在他那里一切都是可能的。至于你的私事，也要凡事都信靠他，因为他也能在你身上行神迹。"④这表明我是富足的，因为我和富足的主同工。我贫穷，但事实上我在主内富足。这不单是抛开俗虑以便亲近上帝，而且是享受上帝的丰盛，但不必沾染我们因自己的劳动成果而骄傲的邪念。另一则故事也证明了这一点：

---

① 即是"离世之前"，或者"还没死之前"之意。
② 本书，伊比芬尼4。
③ 同上，伊西多6。
④ 同上，优伯比乌1。

阿爸波伊曼曾叙述关于阿爸矮子约翰的事,说他祷告上帝让他能除去情欲,使他得释放。他问一位长者,说:"我发觉自己很平安,没有了敌人的干扰。"长者对他说:"你去恳求上帝兴起争战,让你再次受到你以前的苦痛与谦卑;因为我们灵性的提升就是靠这样的争战。"于是他真的向上帝祈求,等到争战来临时,他不再祷告让它离去,反而说:"主啊,求你赐我争战的力量。"[1]

当然,财富来自各种不同的方式,譬如似乎无可分享时仍能与人分享的东西;被视为"不配得到的上帝恩赐"的先人遗产;来自上帝的丰富智慧库的智慧;学习上帝神圣和超凡的属性等。对沙漠教父来说,与完全依靠上帝相反的是过分依赖别人和积聚财富作为个人的保障。教父是反对这样做的。他们常讲的一个故事值得在这里引述:

一位弟兄弃绝了世界,把财富施舍给穷人,可又留下一些作为私己的。他来找阿爸安东尼,述说了自己所做的施舍。老先生对他说:"你若要成为修士,就先到市场里,买一些肉,把它贴在你赤裸的身躯上,然后来我这里。"他果真按照指示做了,但狗与鸟都来抢食他的肉身。当他回来问老先生是否已经遵照他所吩咐的做了,并让他看看自己受损的身躯。这时圣安东尼就说:"那些愿意弃绝世界,却仍留下一些为私己的,就像你现在的境遇,被魔鬼争战所伤。"[2]

不过这不是说他们就全无余粮以供每日所需。这正是贫穷就是财富的反论所在。自我富足就是要贫穷而完全仰赖上帝的丰足,而自我

---

[1] 本书,矮子约翰 13。
[2] 同上,安东尼 20。

贫穷就使人腾出空间来体验因上帝在生活各方面给予供应而来的兴奋。

究竟沙漠教父的灵修受到斯多葛哲学（Stoic Philosophy）多大影响，实难确定。例如色诺芬（Xenophon）在他的《居鲁士的教育》（Cyropaedia）中表示：在大自然的苛刻环境中生活，较之受庇护的文明生活更能使人有道德和快乐，"文明往往迫使人依随别人的规则和风俗行事，虽然达致经济和政治稳定，但丧失了道德尊严。"①沙漠教父的贫穷观念甚至不愿意评论世人如何运用他们的财富，因此也不愿意说出人类的"天然状态"应该是怎样的。他们所关心的是这种生活能否真正反映出他们的信仰。正如阿爸安东尼所说的："你要经常把敬畏上帝的心放在眼前，记得他能赐死亡，也能赐生命；弃绝世俗的事；藐视肉身给你的一切舒适；舍弃今生，以至于能在上帝里活着，因为你要在审判的时候交账；忍受饥、渴、赤身的痛楚；察验自己，看看你是否配得上帝；轻看肉体，以至于能保存你的灵魂。"②

满足于基本必需品的生活可以免除欲望的诱惑，因为除了要和上帝同行之外就别无所求。当然，并不是你居住的沙漠环境，能使你达致贫穷就是财富的境界，而是你的生活方式：阿爸安东尼在他的沙漠生涯中得到启示，说在城市里有一人与他不相伯仲。他是行医的，他把除了生活所需以外的一切都拿去周济穷人，而且他每天都是与天使一起唱"圣哉颂"。③

人生到了需要依靠上帝的时候，上帝所赐的任何恩惠都是财富和祝福，阿爸阿瑟纽的故事就是一例。他被认为是真正的静修主义者，他的故事如下：

---

① 参见 Peter Frame, *Hermits: The Insight of Solitude* (London: Pimlico, 1997), p.10。
② 本书，安东尼33。
③ 同上，安东尼24。

一天，有人在瑟格提斯分享一些无花果干。因为不很值钱，他们不愿意冒犯阿爸阿瑟纽，所以没有人带去给他。老先生听到之后，很不以为然，就不愿意去参加他们的祷告崇拜，说："你们不愿意让我与你们分享从上帝而来的福分，我知道我不配领受这些，可你们无形中把我逐出团契了。"他们听到后，就从老先生的谦卑学到功课。于是牧师就把那些又干又小的无花果带给他，高高兴兴地请他回来参加祷告崇拜。①

当然，用最基本的生活必需品来生存的满足感，部分在于不再和别人的物质价值比较。事实上，教父教导他们的门徒不要与别人共处，不单是因为怕会影响了他们的静修生活，更是因为要他们接受和满足于别人看来是贫穷的生活。以下是两个很好的例证：

同一个阿爸说："我们到另一位老先生那里，他留我们吃饭，给我们端上辣根油。我们对他说：'是不是可以吃较能上口的油呢？'他听了就觉得烦恼，对我们说：'可我不晓得还有其他别的油呀！'"②

相传，他年轻时度过了赤贫的独修生涯。当时，也有不少人与他在同一个地区，过着同样的生活。其中，有一位长者在自己的单间斗室里终其一生。他非常朴实，虽然老年时招收了一些弟子。这长者奇特的朴修作风是提防自己拥有多过一件衣裳，在他的有生之年，时时与他的同伴在一起，从不记挂明天的事。

当阿爸格拉修靠着上帝的帮助，建立了修道院时，他收到了许多赞助，他也获得了牲口与牛只，这些都是修道院颇为需要的。

---

① 本书，阿瑟纽 16。
② 同上，便雅悯 3。

起初他先与阿爸帕科米乌（Pachomius）商量关于建立修道院的事，也一直在建立期间与他沟通。我们前面记述的那位长者看到他的这种做法不以为然，可为了要保持对他的爱心，就对他说："阿爸格拉修啊，我深怕你的精神会为这些修道院的地土和财物所困。"可他回答说："我却深怕你为手中赖以为生的针线所困，多过于格拉修对这些财物的忧虑！"①

贫穷又使教父们避免自我虚荣和自以为义，使他们确保不断地自行反省，不断地省察他们的思想和行为的动机。当时流传着这样一个故事：有一位弟兄放弃了一切，衣衫褴褛地去守礼拜。有人问他为什么这样，他回答说："对不起，我没有其他的衣服了。"他们就给了他一件新衣穿。后来他们发觉："当他在俗世时曾经是个行政首长，他这样说，只是略施小计，为了掩人耳目，以免别人麻烦他罢了。"这个故事的含义很清楚："教父们真的非常关注要远离俗世的荣耀和平安（?）"②

在研究沙漠教父的属灵教训时，耐人寻味的一面是教父们如何成为市内穷人的周济者，但这却很少记录下来。沃德（Benedicta Ward）这样说："无论在表面上或在属灵上，修士们都使沙漠开花发旺起来。"③传说他们有兴隆的农业计划，向外面世界供应一船船的小麦和衣服④，由此可见修士们的贫穷实在可以变成有利于俗世的财富。沙漠教父们属灵气质背后的推动力，就是不把贫穷当作需要忍受的状况，而视之为体验上帝的丰盛的机会。还有，这也是促使他们对别人有仁慈心和同情心的推动力。阿爸芝诺一生中有一段特别感人的插曲是很好的例证：

---

① 本书，格拉修 5。
② 同上，克罗尼乌 5。
③ 参见 Ward 为以下一书所写的导言：Norman Russell（trans.），*Lives of the Desert Fathers*（Kalamazoo, Mich.：Cistercian Publications, 1981），p. 13。
④ 同上。

相传，阿爸芝诺一开头就不愿意接受任何人的馈赠。那些送东西来的人们，都是失望而归，因为他不肯收下。另有一些人来找他，希望能从老先生那里得到什么纪念品，也是失望而归，因为他没有什么能给人的。老先生说："我真不知道能做什么，送东西来的人，与想要得到东西的人，都一样失望而归。我现在知道什么是最好的：如果有人拿东西来，我会乐意接受；那来要我的东西的，我也会乐意送出收下的东西给他。"他就这样做了，心中平安，也满足了各人①。

我们试用阿爸佐西玛（Zosimas）的一番话来总结沙漠教父的这种属灵教训的省思：

阿爸佐西玛说："我们会逐渐变得怠慢，而失去我们在静修生活中所应有的一点点热忱。我们会变得只喜爱那些没有用的、不重要的和完全没有价值的事物，以它们代替对上帝和邻舍的爱，把世上的物质占为己有，仿佛不是从上帝而来的。'你有什么不是领受的呢？若是领受的，为何自夸，仿佛不是领受的呢？'（林前4:7）"②

沙漠教父讲究平衡，不偏激

早期的研究较负面，认为沙漠教父的群体实行极度严厉的苦行，最喜欢举的例子是"石柱苦行者"西缅，另外还有三十七年足不出斗室的阿爸拿但业（Nathaniel）；阿爸多罗提欧（Dorotheus）也在斗室中待了六十年之久，大师安东尼也有这种生活模式，在斗室中经常与魔鬼恶斗。可是这些极端的做法并不是沙漠教父们留下的典范。我们若悉

---

① 本书，芝诺2。
② 参见 John Chryssavgis: *In The Heart of the Desert: The Spirituality of the Desert Fathers and Mothers* (Bloomington, Ind.: World Wisdom Inc., 2003), p.70。

心阅读他们的言行逸事，不难看到很多指责极端行为的劝诫。

阿爸矮子约翰的训词最具代表性：

"我觉得一个人至少要有一点点各种德行的美德，这对他是好的。因此，你要每天早起，开台修炼每一种德行，实践上帝的每一条诫命。以敬畏与坚韧的心，保持极大的忍耐，在上帝的爱中，身心全力以赴。履行至深的谦卑、忍受内心的挣扎；以敬畏哀恸的心，常常警醒祷告，在言语上纯洁，谨守眼目。你若受到轻视，不要动怒；心存平安，不要以恶报恶。不要注意别人的缺点，也不要与别人比较，当知道自己比一切的受造物更不如。弃绝一切物质的和属肉体的欲望。常活在十字架旁，知道一生是斗争、心灵贫穷、自愿的属灵朴修、禁食、忏悔、痛哭、洞见、心灵纯洁，紧握那些美善的事物。安静工作，在守望、饥寒交迫、赤身露体和苦难中坚守警醒。把自己隐藏起来，像在坟墓里已经死了一样。这样，你就能无时不觉察死亡的降临。"①

阿爸波伊曼简要地说："以下三项最有帮助：敬畏主、祷告、向邻舍行善。"②沙漠不是为了操练肉体的坚韧，而是为了操练内心的真挚，不受任何物质的诱惑，避免造成依赖的心理，甚至以物质来衡量生命的意义。可是，这也容易造成苦行的偏激，因此沙漠教父极力劝勉弟子们避免与情理不相配合的极端做法。阿爸波伊曼直截了当地说："凡是做得过分的事，都是从魔鬼而来。"③若是见到极端的做法，通常就会严加阻止。一位长者述说一件卡拉门的阿爸西索的事，说他有一天想要战胜睡魔，把自己悬在彼特拉的峭壁上。一位天使来把他救起，命

---

① 本书，矮子约翰 34。
② 同上，波伊曼 160。
③ 同上，波伊曼 129。

令他不许再这样做，也不许这样教导别人。①

我们在讲述这些修士们的生活时，不愿意用"苦修"来形容，恐怕带来读者对原文 Askesis 的误解。这种沙漠的生活其实讲求朴实无华，培育真挚的内心，谨守纯洁，操练简朴，认定一切都是上帝的赐予，因此用"朴修"来形容。以下几个例子都是阿爸波伊曼的教诲：

- 朴修本身没有既有的价值，除非是为了上帝的缘故：
  一个弟兄问阿爸波伊曼："说话好还是缄默好呢？"老先生对他说："为上帝的缘故说话是好的；为上帝的缘故缄默也是好的。"②
- 朴修最需要的是自律的生活模式：
  一个弟兄问阿爸波伊曼："我如何在斗室里独处呢？"他对他说："住在自己的斗室里，明显地就是干活、每天只吃一餐、缄默、默想；可真正能做到生命有长进的话，就得在何处都要经历对自己的不满、不忽略祷告的时间，而且是在隐秘处祷告。如果你还有时间不需要干活的话，就用这时间安心地祷告。此外，要有好的同伴，避开坏的，这就能成全以上的事。"③
- 朴修不只是攻克己身，更重要的是如何控制欲念不至于跌倒：
  阿爸以撒来找阿爸波伊曼，看见他正在洗脚。他喜欢跟他闲聊，于是对他说："为何有人愿意苦行，虐待自己的身体？"阿爸波伊曼对他说："我们所学到的不是杀死身

---

① 本书，西索 33。
② 同上，波伊曼 147。
③ 同上，波伊曼 168。

体，而是杀死欲念。"①

- 朴修生活不是与自己身体的需要过意不去，而是锻炼自己不受这些需要过分的影响：

  他也说："有三件事我不能不做的，那就是：吃饭、穿衣和睡觉，可我能克制这些到某种程度。"②

灵性指导

沙漠教父们虽然主张独处的生活，可是他们日常生活中也不缺乏倾诉的对象。任何人以为能自己单独生存，就是欺骗自己，也有灵性高傲的危险。一位像阿爸安东尼这样久居独处的老先生也建议"向人交待"的做法，说："一位修士，若是可能，就必须满有信心地告诉他的长者，他走了多少步；在斗室中他饮了多少滴水，以免犯了什么错。"③这里自然就提到沙漠传统中师徒的关系了。当然，在本书中这是首要的背景。④

沙漠的气质虽然特别强调个人在上帝面前的坦诚生活，也不失去与人坦诚相处的教训。极端的隐居可能造成偏激的态度，懂得与人相处基本上是因为已经学会了如何与自己、与上帝相处。阿爸用较正面的话来劝诫："教导邻舍的事工，只适合心灵健全、无欲念的人；因为你为别人盖房子，却拆毁自己的房子，又有何用呢？"⑤可是这起先是

---

① 本书，波伊曼 184。
② 同上，波伊曼 185。
③ 同上，安东尼 38。
④ 这也是沙漠教父研究最多的课题，参见 Graham Gould, *The Desert Fathers on Monastic Community* (Oxford, 1993)。以下还有一些代表性的参考书：I. Hausherr, *Spritual Direction in the Early Christian East* (CSS 116, Kalamazoo, Mich., 1990)；A. Hamilton, "Spiritual Direction in the Apophthegmata", *Colloquium*, 15 (1983), 31-38；T. Merton, *Contemplation in a World of Action* (London, 1971), 269-293；C. Steward, "Radical Honesty about the Self: The Practice of the Desert Fathers", *Sobornost*, 12 (1990), 25-39. B. Ward, "The Spiritual Direction in the Desert Fathers", *The Way*, 24 (1984), 61-70。
⑤ 本书，波伊曼 127。

出自一颗受教的心,"心灵健全、无欲念"的态度是边学边成长的。当然,教父们的学习可分三种方法:

- 静修独处、在自己的斗室中学习是沙漠气质大加鼓励的。大师阿爸安东尼成为沙漠传统的楷模。
- 透过沙漠的团契,互相切磋磨炼。阿爸们有彼此探望的习惯,虽然不是经常见面,可以见面就是一场学习的机会。有一次,在见面时,一些长者问阿爸波伊曼:"阿爸尼斯特禄如何能够泰然地面对苦修呢?"阿爸波伊曼对他说:"换上是我的话,我还会在头下放个枕头呢?"阿爸亚努说:"那你怎么向上帝交待呢?"阿爸波伊曼说:"我会对上帝说:你也这样教导:'先去掉自己眼中的梁木,然后才能看得清楚,去掉你弟兄眼中的刺(太7:5)。'"①
- 拜师学习,以下集中谈论这个学习方法。

阿爸们收弟子完全是被动的,他们从来不会主动招徒。有人慕名而来,愿意在阿爸膝下学习;可首先弟子们先要受到严格的考验,而最大的考验莫过于顺服了。阿爸劝一个为心灵苦恼的人说:"你去与一个敬畏上帝的人联系,住在他边上,他能教你如何敬畏上帝。"②

若只是慕名而来,阿爸一眼就能看出来。一位弟兄来找阿爸西奥多,一连三天恳求他赐下一言,却得不到回应。于是就只好伤心地走了。老先生的弟子对他说:"阿爸,您为何不赐他一言呢?你看他就这么失望地走了。"老先生对他说:"我不愿跟他说话,是因为他是贩卖话语的人,企图利用别人的话语来表扬自己。"③可是一经过顺服这一

---

① 本书,波伊曼131。
② 同上,波伊曼65。
③ 同上,菲美的西奥多3。

关后,师徒灵性塑造的生涯就从此开始。相传阿爸矮子约翰退隐到瑟格提斯的沙漠中,与一位长者在底比斯(Thebes)居住。他的师父捡了一枝枯木,栽在地里,对他说:"你每天浇一瓶水,直等到它结果子。"可是水源离他们那里很远,以至于他要夜间启程,第二天早晨才能回来。但过了三年,枯木成活了,而且真的长出了果子来。于是老先生就拿了一些果子到教会去,给弟兄们说:"你们拿去吃吧,这是顺服的果子。"①

这些灵性的师父很多时候是以身作则来教导,不是开私塾,而是让弟子住在边上,观察他的一言一行,或严厉指责或开导劝诫,但是仍然尊重弟子们个人学习的空间。他严格要求弟子的顺服,不是为了显示权威,而是要他在学习顺服人的同时,懂得如何完全顺服他们共同敬拜的上帝。这是一支同行天路的小队伍。一个弟兄对阿爸西奥多说:"请您赐我一言,因为我已不久人世了。"他忧伤地对他说:"我连自身都难保,还能有什么话对你说呢?"②

可是,通常是弟子面临灵性问题时就来问师父;一个弟兄问阿爸波伊曼关于灵性低潮(Accidie)。老先生对他说:"人每次开始做事,灵性低潮就来了,没有比这个情绪更难处理的,可他若承认有这回事,就会渐渐地获得平安。"③阿姆西奥多拉的话最中肯,她劝诫说:"一个导师必须远离控制人的欲望,不炫耀自己,不骄傲;他应该不为别人的奉承所诱,也不盲目受贿赂,不受自己肚腹所左右,不被愤怒所征服;反而要尽量忍耐、温柔、谦卑;他可能会受考验,但能刚正不阿,总是存关怀的心,关爱人的灵魂。"④

这个灵性指导的方式是双向的。师父的教导不只要协助弟子梳理

---

① 本书,矮子约翰1。
② 同上,菲美的西奥多20。
③ 同上,波伊曼149。
④ 同上,西奥多拉5。

生命，他自己也从中学习耐心和爱心。即使在严厉的指责中，也是在试验双方的接受能力。但是，他们都有共通的目标：成为坦诚透明的人。

沙漠教父与基督教信仰

虽然沙漠教父的退隐行动在犹太/基督教传统中早有先例，可若算人数的众多，这是前所未有的现象，而且读者必早已觉察到沙漠教父们的言行总跟传统的犹太/基督教思想有一定的分歧，因此就出现两极的看法。一说它们已经偏离了基督教信仰的要义，走向"无政府主义"的言论；但是又有更多人认为它们是取得传统的精华，按照圣经圣典教训的提示，以另类的思维来促进人生的改变。早期基督教教父阿塔那修在几次被放逐时，逃到埃及沙漠中，记录了他与大师安东尼相遇谈道的事迹，写下著名的《安东尼传》①，其中大部分情节都为学者接受，但在神学上让人质疑的是，到底安东尼是否如阿塔那修所言完全拥护正统教义，因为沙漠教父们对神学的争议大部分采取敬而远之的态度——虽然对已经被判为异端的学说会加以斥责，但也不愿视之为离开正道的一群，因此在神学思想上采纳保守的正统看法。

其中一个衡量沙漠教父的教训与基督教信仰的关联，是在于教父们是否引用圣经作为他们教导的根基。本卷英译本沃德（Benedicta Ward）只注明93处引用圣经（45处旧约、48处新约）。可是勒尼奥（Lucien Regnault）的法文译本注明224处引用圣经；马尔塔里（Luciana Mortari）的意大利文译本却注明832处！② 沃德的圣经引用计算虽然看起来最少，可是她的一句话足以看出圣经对这些教父潜移默化的作用："沙漠文献中所运用的文字皆是孕育自默想圣经，以致无法分清哪

---

① 英译本有 Athanasius, *The Life of Antony and the Letter to Marcellinus*, Translated by R. C. Gregg (NY: Paulist, 1980).
② 参见 D. Burton-Christie, 96。

句是直接引用圣经，哪句是对圣经的解释。"①

当然，沙漠教父们对圣经的看法有几个极重要的因素：

- 圣经文本早期只有抄本，拥有一卷圣经是只有富人才能做得到的，在沙漠中能拥有圣经是非常荣幸的事②；也有很多人认为拥有这样贵重的书已经在"朴修"的原则上妥协了。
- 沙漠教父们大多都是文盲，大部分是靠口传记忆的方式，以背诵某经节为主。
- 也因为对圣经的敬畏，产生不愿随口讲解圣经的禁忌③。

无论如何，沙漠教父们都一致认为他们所倡导的朴修生活是源自圣经的教导。塞浦路斯的主教伊比芬尼这样说："研读圣经是防止犯罪的良方。"④阿爸波伊曼说："我们受到这么大的诱惑的原因，在于不好好接受自己的名分与身份，如圣经所记。"⑤一个弟兄问阿爸波伊曼："什么是假冒为善的人？"老先生对他说："假冒为善的人教导他的邻舍，自己却丝毫不做。经上说：'为什么看见你弟兄眼中有刺，却不想自己眼中有梁木呢？'（太7∶3—4）等等。"⑥一个弟兄问提班人阿爸西索说："请你赐我一言。"他说："我能向你说什么呢？我阅读新约圣经，然后又转到旧约。"⑦

---

① 参见 B. Ward, "Spiritual Direction in the Desert Fathers", *The Way* (Jan 1984), 64-65。
② 参见本书，格拉修 1；这则故事显示圣经的贵重。
③ 参见本书，尼特利亚的亚孟 2；亚孟又说："那么，我若必须与邻居谈话，你建议我与他谈圣经呢还是教父们的教导？"老先生回答说："你如果不能保持沉默，就跟他谈教父们的教导吧，这样不会比谈圣经来的危险。"老先生的意思很明显，他是恐怕解错圣经。
④ 本书，塞浦路斯的主教伊比芬尼 9。
⑤ 同上，波伊曼 71。
⑥ 同上，波伊曼 117。
⑦ 同上，西索 35。

当然，这些阿爸们在劝勉弟子时，首先注意他们是否按照圣经的教导。一个弟兄问阿爸波伊曼说："我该做什么好？"他说："经上说：'我要承认我的罪孽，我要因我的罪忧愁。'"（诗38：18）①可是这不表示阿爸们只懂得僵硬地使用圣经，他们最精彩的做法是"反讽式"的教导，让弟子们从盲从权威中进行更新的思考，以下就是一则好例子：

一个弟兄到西奈山去见阿爸西尔瓦努。当他见到弟兄们辛勤干活时，就对老先生说："不要为那会坏的食物操劳（约6：27），马利亚已经选择了那上好的福分（参见路10：42）。"老先生对他的弟子说："撒迦利亚，给弟兄一卷书，让他在斗室里待着，其余的什么都不需要。"到了下午3点，这来客注意门窗，盼着有人被差来叫他去吃饭。但一直都没人来，于是他就起身去找老先生，对他说："今天弟兄们都不吃饭吗？"老先生回答说都吃了。于是他说："你为何不来叫我去吃呢？"老先生对他说："你是属灵人，不需要这样的食物，不像我们这些属血肉的人，都必须吃，所以就要干活。可你已经选择了上好的福分，也阅读了一整天，当然不需要这些人间食品。"当弟兄听了这番话，就连忙俯伏，说："阿爸，请饶恕我。"老先生对他说："马利亚还是需要马大的。实际上，马利亚是因着马大才蒙称赞的。"②

对于早期教父来说，圣经的属灵意义比所谓的"字面意义"或者"历史意义"更重要③，这也是普通信徒对圣经首要的看法。沙漠教父们也不例外，他们旨在默想圣经对他们生活方式能给予什么启迪，不

---

① 本书，波伊曼153。
② 同上，西尔瓦努5。
③ 参见，Frances Y. Young, *Brokenness and Blessing: Toward a Biblical Spirituality* (London: DLT Press, 2007), 1。

会精心进行圣经的研究，甚至觉得这样研究圣经只能使人更加炫耀自己的学问，与沙漠的气质格格不入。这种寓意解经法，尤其在默想的沙漠环境上更加深刻。一个弟兄问阿爸波伊曼说："我怎么办呢，淫乱和愤怒的诱惑在与我争战！"老先生说："关于这事，大卫说：'我会戳穿狮子、杀死熊'（参见撒上 17：35），即是说：我会以苦干来消除愤怒、粉碎淫乱。"①大卫的英勇在于不畏惧猛兽，愿意面对面对付它们，我们也一样要坚韧不放弃消除恶念。阿爸约瑟记得阿爸波伊曼这样说："福音书上记载：'没有刀的要卖衣服买刀'（路 22：36），这话的意思是：让那些太安逸的人放弃安逸的生活，来走窄路。"②福音书的那段话本与朴修生活无多大关系，但这是耶稣警戒门徒的话，跟从耶稣要付出的代价是非同小可的。因此阿爸波伊曼认为我们应不惜一切（甚至保暖的衣服），整装预备走朴修的"窄路"，为福音的真义争战（买刀）！一位弟兄问彼特拉的阿爸西索如何生活，老先生对他说："但以理说：'欲望的食物我没有吃'（参见但 10：3）。"③和合本修订本译作："美味我没有吃"，这里能窥见沙漠教父的释经方法：原文中但以理不吃美味是因为悲伤，西索读出"因某种原因节制不吃美味的东西"，而沙漠灵修传统中的节制原因是朴修，"美味"就成为一种诱惑，因此被称为"欲望的食物"。

　　早期基督教运用圣经的做法是文本与个人默想并重的，后来成为普遍的读经法，成为"属灵阅读"（Lectio Divina）。沙漠教父们的做法也不例外，以下就是一个好例子：阿爸波伊曼被问及耶稣的一句话："人为朋友舍命，人的爱心没有比这个更大的了。"（约 15：13）他在回答时将经节的几个字眼重新综合应用：先从"舍命"的角度来思量，这是"爱心"最大的举动，在人的生活中，"舍

---

① 本书，波伊曼 115。
② 同上，波伊曼 112。
③ 同上，西索 23。

命"当然已经不是耶稣所指的流血的"红色殉道",而是为了保全邻舍(朋友)的尊严与身份,愿意放弃自己的意愿、利益甚至人身保障,因此阿爸波伊曼的答复是:"事实上,如果有人听到中伤他的恶言,他必须尽力不用同样的话回报,即便心中很想这样做。或是,有人被别人利用,他如果能忍住不报复,这样他就是为自己的邻舍舍命。"①

另一种解释是经文延伸的做法:阿爸波伊曼被问及经上的那句:"不要为明天忧虑"(太6:34),对谁较合适。老先生说:"这话是给受诱惑,却缺乏力量的人说的,因他常对自己说:'我要忍受着诱惑多久呢?'为了让他不要忧虑。他该每天对自己说:'只到今天'。"②圣经文本只限于"上帝保守供应"(Providence of God)的解释,主张人生无须焦虑的源头在于信靠上帝的恩赐,可是对于阿爸波伊曼来说,这节经文不只对任何人都合适,对那些无力抵挡诱惑的修士更是一种安慰,能抵御今天的诱惑已经足够了,不要为明天的诱惑去忧虑!

沙漠教父时期的基督教神学正在萌芽的主题就是神义论的问题,而最明显的莫过于拥有者和非拥有者之间的巨大差别③。沙漠教父都倾向避免谈论神义论等的争论:

> 同一位阿爸安东尼思想上帝审判的可怕时,就问:"主啊,为什么有的人夭折?而其他人又要延年长寿?为何有人贫穷,有人却富足?为何恶人得福,而义人却又缺乏?"他听见有声音对他说:"安东尼,你只要关注自己的事就行了;这些事是按照上帝的

---

① 本书,波伊曼112。
② 同上,波伊曼126。
③ 这也是造成信众们看着教会领袖对富有者的阿谀奉承而不满,其中一些人纷纷远离充满铜臭气的城市到沙漠修行的缘由之一。

审判，追究这些事的缘由对你毫无益处。"①

　　沙漠教父一向都不愿意论断别人，因为明知人的智慧有限，有自以为义的危险。赤贫也表示彻底放弃评论，绝不论断。他们看起来"不建立理论，不练习推理，不详细分析圣经经文"，不是因为他们当中没有杰出的神学家，而是因为他们清楚地知道人心的贫乏难以量度上帝的丰盛。

　　因此，我们可以说，沙漠教父的神学理念是趋向于保守的正统教义，他们的贡献是不愿意淡化圣经文本中听起来相当严峻的教导，旨在活出不妥协的圣洁生活。

结　论

　　古时中东一带不断出现避世静隐的修士，大部分与他们的宗教信仰有关。至于基督宗教，正如前面所述，这样的沙漠灵性早在圣经的文本中出现，而且也成为一种被接受的生活模式，是始于圣经、按照圣经的灵性追求，讲求真我的突显，却也有与世俗背道而驰的坚持，学习出淤泥而不染的另类生命哲学，不求迎合，不哗众取宠，彻底避免假冒为善，认为在上帝的眼前无法造假，因此在人眼前就毫无虚荣可言。

　　早期的沙漠教父们为了远离城市喧嚣的环境，进入沙漠寻找自己的自由空间，可是久而久之，沙漠开始产生城市式的群体，虽然这个群体已经有了非常明显的抗衡世俗的价值观，但这时却面临一个很大的威胁：如何平衡沙漠和城市之结合所产生的张力。② 这种致力于保存沙漠气质的努力到了后来有了更广大的发展，渐渐地有人提议将这个气质移植到城市里并进行实践，普遍使用修道院的形式，称之为"城市中的沙漠"，从成效的角度看，一方面能够推广沙漠的气质，在极度需

---

① 本书，安东尼 2。
② 参见有关这个主题的经典著作：D. Chitty, *The Desert A City: An Introduction to the Study of Egyptian and Palestinian Monasticism Under the Christian Empire* (Oxford: OUP, 1966)。

要返璞归真的社群中,注入可寻获自我与纯正信仰的活力与方向;可另一方面也或多或少受到世俗的引诱而在一些较严格的条规方面妥协了,在试图迎合更多人参与的同时,无法再黑白分明地表现沙漠传统最具震撼的气质。但是这并不表示沙漠传统因此就变了质。从文化的角度看,每个主义的实行,基本上都存在先纯后缓,先严后松的现象,可在缓、松的威胁上又会反思回归起初的纯、严,进行全面性的革新,以另一种面目发扬,但基本上仍保持精华。沙漠传统从严格的独修逐渐转成集体修道,再转移到城市里,后来成为基督教主流的灵修传统,这就是这个传承的演变和进化。①

(本文作者是澳大利亚墨尔本神学院华人神学研究所研究院士兼主任,神学院高级讲师,北京大学宗教系客席教授)

---

① 参见 Peter Hatlie 的详细分析,他的论文涉及上下 500 年的修道传统的演变和进化:*The Monks and Monasteries of Constantinople ca.* 350-850(Cambridge:CUP,2007)。

序　言

许多世纪以来，《沙漠教父言行录》(The Sayings of the Desert Fathers) 一直给予那些愿意竭力追求绝对顺服福音的话语和精神的基督徒以丰富的启示；可是，对于现代的读者来说，他们已经习惯了在知识和推理的解释以及对奥秘读物的热衷。对于他们来说，这里提到的直接挑战似乎很难接受，更困难的是将它融入到生活中去应用；这促使我为读者提供一些解释，并尝试介绍——在我看来——这些属灵巨人的人生态度中最重要的某些特色。

首先，读者注意的是这里所强调的一种对苦修的追求。现代人大多追求"经历"，即把自己放在一切事物的核心，企图让一切都服在这核心上；很多时候，连上帝也只是最高经历的源头而已，可他原本应是我们敬爱和崇拜的，是我们不惜代价去服侍的对象。现代人的态度在沙漠传统中是不会产生的，实际上，沙漠传统否定这种亵渎性作风：经验性的知识是上帝以他无限的爱和俯就，赐予那些全心全意追求他的人，它永远是一种恩赐；它最主要及恒久的特征就是，它本身是恩典的赐予，是上帝的爱促成的，所以是人不配的。进入天国门槛的第一项福分就是："虚心的人有福了！因为天国是他们的。"——有福的人就是那些明白自己原本没有什么值得夸耀的，自己一无所有的人。倘若他们真的有什么，也都是出自上帝的爱，因为他们确实知道他们在上帝眼中的价值，是以上帝儿子的羞辱、生命、客西马尼园的苦楚、十字架上的弃绝——基督的血来衡量的。人之所以为人，能拥有生命的赋予，能享有它一切的丰盛，这就是被上帝所爱的意思；人若能明白这个道理，就不会有任何假象，以为自己可以撒开这爱的奥秘去存活和拥有，就能进入天国，即爱的国度里。那么面对这样的慷慨、无私舍己的爱，他们的回应又如何呢？就要试图以爱来回应爱，因为再也没有其他方式能肯定爱了。这样的回应就是苦修的追求方向，可以用主耶稣的话来归纳："要舍己，背起十字架来跟从我。"只承认自己一无所有，并且发现了天国的奥秘，这是不够的：那位爱的君王也必须在我们的心和思想中做王，完全占据我们的意愿，让我们的身体成为圣灵的殿。我们的身体和灵魂原是宇宙中渺小的一点，也必须被征服，透过一生的争战，从世界与魔鬼的捆绑中释放出来，获得自由，仿佛一个被占领的国家，被交回到其合法的君王手中。"恺撒的物归给凯撒，上帝的物归给上帝"：地上君王的硬币上刻了他的形象，人却刻上了上帝的形象。于是人就单单地、完完全全地属于上帝；人就要不遗余力地、完全地奉献给上帝，因为这本身就是属于他的。这正是苦修人生观的基础。

可是，有很多人仍然惊讶于本书中所提及甚是严酷的肉体坚忍。这难道就是灵命生活的核心吗？为何不多说关于人类的内在生命的秘诀呢？这是因为属灵生命不能言传，除非用容易使人产生假象的图像和比喻来表达：理解的人不需要这些图像和比喻，不能理解的人只能用想象而非真实地去描述那许多人无法捉摸的境界。人有两个选择，或者靠着上帝的话语而活，或者从地上得到朝不保夕的生存，最终还是归回地土，可是，人越是将自己扎根于上帝，就越少依靠地上转瞬即逝的恩赐。只有通过描述沙漠修士脱离我们的日常所需到什么程度，我们才能传达出他们如何完全地扎根在上帝赐生命的国度里；也只有这样，我们才能看到，当我们将人心灵的最高成就与圣灵浇灌在虔诚信徒身心之中的生命混淆的时候，圣灵的世界与我们所相信的是何等的不同；"凡女子生的，没有比施洗约翰大的；但在上帝国里，最小的比他还大。"

　　本书中提及的人都是真诚接受福音挑战的基督徒。他们都愿意像上帝一样慷慨，不做任何妥协地以完全人来回应福音。有的将他们全部的人生建立在福音的一句话上，有的则建立在从一位长者的眼睛、行为及其品格所瞥见的永恒之光上。很多达官显贵和博学之士都来找这些不学无术的修士，因为"他们连别人拥有的智慧书中起码的知识都不懂"。

　　我们能从他们正直的品格和不屈不挠的勇气以及他们对上帝的异象中学到很多东西，他们眼中的上帝是何等的圣洁、伟大、慈爱，我们必须以完全人来回应。这些人培养出来的谦卑态度是我们无法完全理解的，因为这不是虚伪或假意作贱自己，而是扎根在上帝的异象中，因为被爱才有的谦卑经历。他们都是苦修者，对自己严厉却充满人性，不仅对人的需要，而且对人的软弱和过犯都满有怜悯；我们无法想象，他们深藏在内心的静默之中，用"生命"而不是话语来教导："如果人不能理解我的缄默，就无法理解我的话语。"我们如果要理解教父们的话语，就要以敬虔的态度，放下我们的看法和思想，好让我们能置身于他们的境遇中。如果我们能够效法他们对主迫切的追寻、坚定不移的决心、无上的怜悯，或许最终就能融入他们与上帝静谧的团契。

素罗的安东尼
(Anthony of Sourozh)

英译者前言[1]

历史背景

《沙漠教父言行录》(*Apophthegmata Patrum*)来自最早期的基督教修道传统。公元4世纪的埃及、叙利亚与阿拉伯等地,是具有基督教色彩的修道发源地;在这传统中,每一类的修道方式,每一种试验,甚至每一类极端做法,都有人尝试过。当然,修道行动比基督教更早出现的,可是基督教式的修道运动却在这时开花结果,我们更可以说,很多方面后人也无法超越。欧洲西方的修道主义源于东方的传统,而这种被誉为"沙漠智慧"的生活方式,虽然不常被提起,但它却成了很多世纪以来基督教生活的核心源头。

这个运动最大规模的中心是在埃及。到了公元400年,埃及已经成为隐士与修士之地。那里有三大类的实验,大概可以按三个不同的地区划分。

下埃及——隐士生涯。隐士生涯的典范是大师圣安东尼,他是科普特的平信徒(Coptic layman)。安东尼文化不高,是富有地主的儿子。有一天他在教会中听到耶稣的话:"去变卖你所有的,分给穷人,

---

[1] 本前言摘自:*The Wisdom of the Desert Fathers*, *Apophthegmata Patrum* (from the Anonymous Series),沃德(Benedicta Ward)译,1975年,SLG Press出版,获批准重印。

然后来跟从我。"他认为这是耶稣亲自向他说的命令，于是在约269年，他就从一般的基督教社群隐退出来，后来就越退越远，直至退到沙漠去独处。365年安东尼逝世，享年105岁，他至今仍然被誉为"修士之父"。他活着时就有很多弟子，也有很多仿效他的人，我们这本《沙漠教父言行录》可说源自安东尼和这个传统。

上埃及——修院式的群体修道。在不那么太偏僻的埃及地区，这种与俗世隔离的生活又出现了另一种形式。在提班地区（Thebaid）的达本尼西（Tabennisi），帕科米乌（Pachomius，290—347）创立了一个有组织的修道运动。这不是一些隐士围绕着一位师父居住，而是一个互称兄弟的群体，一起干活、一起祷告。我们这里也录下了这个地区留下的"言行录"，帕科米乌的试验对修道运动的发展有极重要的影响。

尼特利亚（Nitria）与瑟格提斯（Scetis）——苦修士组合。修道生活在尼罗河三角洲以西的尼特利亚，以及尼特利亚以南四十英里的瑟格提斯产生了另一种变化，这类修道生涯是在某个范围内（称之为 lavra 或 skete）的一些修士围着一位师父的斗室居住，成为"阿爸"（abba）的弟子。尼特利亚离亚历山大城较近，因此成为出入瑟格提斯的自然通道，是俗世与沙漠的交叉点，来客如约翰·卡西安（John Cassian）就先在此地接触沙漠的传统。在此也形成了较有文化的希腊式修道运动，成为知识分子的小群体，伊瓦格里乌（Evagrius Ponticus）就是其中一个佼佼者。很多"言行录"的记载都源于此地，与这地区有关的大师很多，如摩西、庞博、亚伯拉罕、西索、约翰·格罗波（John Colobos），还有两位称为马加略的阿爸。

叙利亚。埃及的修士们有自己独特的气质；他们与所居住的环境作了决定性的隔离，组合成新的团体，最基本的活动就是祷告与劳动的循环。可是，在叙利亚的埃德萨（Edessa）及安提阿（Antioch）一带，尤其在图阿宾（Tur'Abin）的山上，苦修运动又有不同的形式。这些叙利亚的修士们都很个人化，他们刻意地苦待自己，甚至到了非人的程度：他们赤身或戴着锁链往来，居无定所，吃的是在树林里寻到的食物。他们选择活在人性的极限上，近乎兽类、天使或魔鬼。其中最典型的代表是 5 世纪的"石柱苦行士"，很长时间住在一根石柱上头。第一个选择这种生活的是坐柱者（Stylites，来自希腊语 *stylos*，即"石柱"）西缅（Symeon），他在安提阿城外一根五十英尺高的石柱上头住了四十年之久。一些"言行录"也出自这个残酷的来源，如苦行士朱利安·萨巴（Julian Saba），还有石柱苦行士的记载。传说石柱苦行士西缅曾使一条瞎龙归信，并且医治了它，这不仅表明他可以接近，也表明他愿意将所修得的智慧与人分享。

小亚细亚。在卡帕多西亚地带，出现另一种修道形式，是较为有文化，以崇拜礼仪为主的修道运动，建在城市中心，环绕着教会的活动，主要人物是大师圣巴西尔（St. Basil the Great，约 330—379）。他与弟子们通常被称为神学家和作家，不像埃及式的简朴修士。

巴勒斯坦。修道运动在 5 世纪时是以巴勒斯坦为中心的。在犹大地的旷野，尤其在加沙的沙漠地区，出现了埃及传统的属灵大师如：巴萨努费乌（Barsanuphius）、约翰、多罗迪乌（Dorotheus）、犹迪米乌（Euthymius）以及萨巴斯（Sabas）。很多"言行录"来自此处。

教父言行录

4—5 世纪修道运动的尝试产生了很独特的文体，即本书这样的教父言行录（*Apophthegmata Patrum*），它比较接近比喻和民间智慧，可是它们的主题和故事却传入了欧洲中古时期以及革命前的俄国。还有另一类称《沙漠教父的生平》（*Vitae Patrum*），也深具影响力，其中最闻名的作品就是阿塔那修的《圣安东尼传》，但这些作品更为复杂。我们正是透过《沙漠教父言行录》得以更好地了解修道主义教父所理解的沙漠智慧。这一传统在西方最主要的代表人物是约翰·卡西安。

根据一个传统说，卡西安（Cassian，约 360—435）生于锡西厄

(Scythia)。他年轻时曾经加入在伯利恒的修道院，可是很快就离开，到埃及去学习那里的修道主义，受伊瓦格里乌（Evagrius Ponticus）的影响至深。他后来成为君士坦丁堡教会的执事。在那里时，约翰·克里索斯托（John Chrysostom）差他去罗马会见教皇英诺森一世（Innocent I）。他以后似乎就待在西方，并于 415 年在马赛附近建了两间修道院。在那里完成了《修道制度》(The Institutes) 及《谈道集》(The Conferences)。他以讲道的形式，介绍了他从一些出名的长者那里学到的关于沙漠长者的言行。虽然书中结合了他在沙漠中的所见所闻，可是他却用自己的个人风格书写，比起沙漠教父的思维系统得多。这两册书成为西方灵修经典，被著名的《圣本笃会规》(The Rule of St. Benedict) 多处引用，而他的《谈道集》成为本笃会修道院每天晚祷的必读作品之一。

虽然早期沙漠修道运动主要是通过卡西安的著作在西方传开，哲罗姆（Jerome）、鲁菲努（Rufinus）及帕拉迪乌（Palladius）也带了这个传统回去。这些教父很理解沙漠传统，他们常常自己亲身经历沙漠的生活，听到口传的"言行录"，进而将其系统化并加以解释，以他们的理解表达出来。虽然以上这些人的著作有很重要的作用，尤其是卡西安的作品，但缺少沙漠教父们的简朴教导。

因此这本《沙漠教父言行录》就极为珍贵了。其中记载的都是简短的箴言，原先是对着个人，在某一个特殊情境中说的话，以后才记录下来。修士们保存他们师父的话语，或者一些他们难忘的阿爸的话，这些话成为核心，以后渐渐地扩展和重新整理。有一册是按希腊字母次序排列的希腊语版（即本书，*Alphabetical Collection*），还有一册也是希腊语结集的匿名版（*Anonymous Collection*）。在欧洲西方教会最流行的是系统版（*Systematic Collection*），将这些言行按主题排列。原著可能是以科普特语（Coptic）或希腊语记录，现存的言行录有不同语文的版本：如科普特语、叙利亚语、希腊语、亚美尼亚语；后来加上拉丁语和斯拉夫语等。

这些言行录用简单的词语记载了沙漠的智慧，没有太多构架。它们记录了长年的修道与苦修操练过程中实在的劝勉。也因为这样，有时会有互相矛盾的地方，总是需要根据具体的语境来解读。它们不是什么抽象的话语，可以不加分别地应用，而是在某一种特殊情境中说的话。

《沙漠教父言行录》的教导

沙漠灵修的精要在于它不能教授，只能领悟，它是一套整全的生活方式。它不是什么怪异的教义，也不是能够学习和应用的一套既定苦修程序。这儿提到的"阿爸"不能等同与佛家禅宗的"禅师"。我们这样说是极重要的，主要是沙漠教父没有所谓的祷告之道或者属灵之道。他们没有一套系统的方法，只有一生的劳苦与历经磨炼而试图把身心灵的每一个部分全都转向上帝的过程，这就是他们经常提到的。这也是他们所谓祷告的功夫：祷告不是每天只花几个小时的工夫就算了事，而是不断转向上帝的一生。

阿爸阿伽同说："祷告是争战到最后一口气的斗争"，我们还有一则关于阿爸罗得的故事：

> 阿爸罗得去找阿爸约瑟，对他说："阿爸，只要我能做一点儿敬拜日课、一点儿禁食功夫、又祷告与默想，我就心满意足了，我也尽可能净化自己的思想。除此之外，我还能做什么呢？"老先生站起来，两手举向天空，十指像十盏火炬，他开口说："如果你愿意，也能让自己变得全是火焰。"

阿爸庞博临终前说：

> 自从我来到这沙漠之地，在这里盖了个斗室居住，我不曾吃非

我干活得来的面包,到现在为止,还没说过一句事后懊悔的话;可我现在要去见上帝了,仍然是一个还没开始真正服侍上帝的人。

对于阿爸阿瑟纽来说,他一生的原则是:"独处、静默、平静。"

属灵师父

像在以上所描述的祷告生涯中,"阿爸",即属灵师父的角色就极为关键,可以说是"给予生命的"。这位"阿爸"在自己的经历中真正认识上帝,因此就能全心全意地为他的弟子们代求。他能辨识何谓真实的,因此他的话能给予生命。《沙漠教父言行录》关键的话是:"阿爸,请赐一言。"这话在全书中常常出现,这"一言"不是什么神学阐释,也不是"辅导",也不是论证的对话;这话语出自两者的关系,若弟子能听进去就能获得生命。这些"阿爸"们与后来西方发展出来的属灵导师不同,而是在基督里生养儿子的父亲。每个修士只有一位阿爸,可是他不成天与阿爸讨论他的属灵境况。沙漠是缄默寡言之地。有一次,一个修士来找凯撒利亚的巴西尔,对他说:"阿爸,请赐一言。"巴西尔回答说:"你要尽心爱主你的上帝。"这位修士听后马上就离开了。二十年后他又回来,说:"阿爸,我努力遵行你的话;现在请再赐一言。"巴西尔就说:"你要爱人如己。"修士于是就谦顺地回到自己的斗室去,照样遵行教诲。

科普特的修士都是简单的人,在我们这样复杂的社会中很难领会他们这样的关系。阿爸们都不是什么教师或学者。当伊瓦格里乌(Evagrius)初次来到瑟格提斯,与弟兄们讨论一些事件时,犯了试图教训别人的错误,弟兄们让他说完后,其中一位对他说:"阿爸,我们都晓得如果你待在亚历山大城里,必定会成为出色的主教……"这时伊瓦格里乌才识时务地闭了嘴。另一位大师阿瑟纽是君王的导师,他也来到瑟格提斯。他与没受过多少教育的埃及修士们谈论自己时,有人来问他原因,他回答说:"我的确学过拉丁语与希腊语,可我对这些农夫的字母都还不懂呢!"修士们的关系中,都非常注重口传,使他们防范书卷——可能矫枉过正,但对我们来说,这却是我们现今失去的,值得重拾的艺术。

除了自己本身修院的师徒关系外,还有很多人来找这些阿爸询问获得生命之道。在城镇中谈论神学课题的机会多的是,但他们来到沙漠却是要寻找另类的智慧。这些阿爸们非常聪明,能分辨来者到底是出自好奇,还是出自真诚,他们区分了两类人:那些真诚的"听道"者,被称为"耶路撒冷的访客",那些肤浅的好奇者,被称为"巴比伦的访客"。对待后者,他们只给了一碗汤,就请他们离开。至于前者,则欢迎他们秉烛长谈。

彻底的简朴与合乎情理

沙漠教父们从日常社会中退隐,到沙漠去寻找独处的空间。这可以说是他们的"灵性气质"(spirituality)的第一步,然后他们就谦卑地居住在属灵师父跟前。接下来的日常生活就是祷告了,这就是他们格外简朴的生活:只有以石头砌成的小斗室,以树枝为屋顶、芦苇草织成的床铺、一块羊皮、一盏灯以及能装水或油的壶,这就足够了。食物也减至只是糊口而已,睡眠也不长,他们说:"修士若是战斗者,每晚只需要一小时的睡眠。"太多的财物反而让他们不安:一个弟子在路上看到几粒豆子,就问他的阿爸说:"我能把它们捡起来吗?"老先生诧异地问:"为什么?是你放在那儿的吗?"他说:"不是呀。""那么为何要捡起来呢?"

他们做了很多试验,尤其是禁食的功夫,最后的结果是:"作为一个祷告的人来说,一天只吃一顿就够了。"当一个小修士自夸说自己能禁食比这更长时,他们就尖锐地问他是否将来一辈子都能这样。

这样的理念不是非人性,而是超人性的,是天使般的生活;但是这样的生活要从最实际、最合乎常理的角度来理解。矮子约翰有这样的一则故事：他向弟兄宣告说要退到沙漠去过像天使一样的生活。可是经过极度挨饿的几天后，他的弟兄听到有人在外面敲门。弟兄问来者是谁，外面的回应是："约翰。"于是，弟兄回答说："约翰已经成了天使，不再需要食物和住宿。"但最后弟兄还是再次收留了降卑的约翰，让他去干活。

这是一种不断"努力"的生活，可又不是长久苦干。相传有一天安东尼与弟兄们正在放松散心，一个路过的猎人就来指责他。安东尼对他说："你张一张弓，把箭射出去。"他照着做了。于是老先生又吩咐说："再射一箭"，他又照着做了。如此反复了好几次。猎人说："我如果太使力张弓，弓会折断的。"于是安东尼对他说："做修士也是一样。我们若太使力绷紧自己，我们也会崩溃的，有时我们必须放松一下。"

有这样一则非常美好的例子，最能表达这样合乎情理的结果，是关于圣尼罗斯（St. Nilus）与妓女帕拉吉娅（Pelagia）的故事：她赤裸裸地在安提阿城骑马而行，阿爸尼罗斯身边的人连忙遮盖自己的脸，而圣尼罗斯却"目不转睛地凝望着她，然后转向对众人说：'你们不觉得她的美丽的确养眼吗？我告诉你们，她的容貌实在吸引我……'"

关　爱

沙漠修士一生的目标不是苦修，而是上帝本身，而通往上帝的路就是关爱。沙漠中温柔的关爱是他们一切工作的关键，也是他们生活方式的试金石。这是一种全然的关爱。我们这里不提《沙漠教父言行录》，先举《沙漠教父之生平》书中的一则故事：阿爸亚伯拉罕有个侄女叫玛丽亚，是亚历山大城的妓女：

……于是他打扮成军人去见她……他们一起吃了丰富的晚餐后，他把她带到自己的房间与他躺下，对她说："玛丽亚，睡过来点儿"，又拥抱她，要亲她……可是她认出他来了，哭着对他说："你先走吧，我会跟着来……我知道你很爱护我，为我悲伤，甚至到这苦坑中来寻找我。"于是他们就这样回家了。

大师安东尼说："我的生命原是与我的弟兄在一起的。"他自己两次回到城市，一次是照顾那些遭受瘟疫的人，另一次是为备受异端困扰的信仰辩护。沙漠的长者接待访客像接待基督一样。他们自己的生活可能非常简朴，可是若有来客，就会隐藏非常简朴的习惯，尽力款待他们。一个弟兄说："阿爸，真抱歉，我让您犯了规矩。"可老先生说："我的规矩就是款待迎接你，然后能让你平平安安地离开。"

我们能读到无数关于沙漠修士款待客人的故事。一个修士很有感触地问：一个迎接访客的修士与另一个不愿迎接访客的分别在哪里？他举的例子是他的两次探访，一个是贵族出身但非常简朴的阿爸阿瑟纽，另一个是盗匪出身但已悔改的阿爸摩西。前者虽然接待他，却又回到座位上缄默祷告，一直到弟兄觉得很不自在，只好离开。而摩西却从斗室出来伸展开双手热烈地迎接他，然后整天兴高采烈地交谈。当晚，这位修士得了异象，他见到阿瑟纽与圣灵一起在一艘船上，在生命之河上静静地航行，也见到了摩西在类似前一艘的船上与天使一起，正在吃蜜糖饼——于是他才知道两者都蒙上帝悦纳。

这种关爱的一个特征是，阿爸们从不愿评断人。人们都说，马加略（Macarius）像庇护世界、担当各人的罪的上帝一样，"他也庇护弟兄们，而有人若犯了罪，他会不闻不问"。有一天，那曾是盗匪的黑人摩西，听到一个弟兄被抓到公堂，准备受审时，他自己也去了，背着载满沙的篮子，说："你看我的罪像篮子里的沙一样，在我背后泻下来，我又怎能评断我的弟兄呢？"

苦修的位置

沙漠教父并不像在大型体育馆中竞赛的运动员,互相竞争看谁最有耐力。有一位阿爸,在大斋期伪装进入修道院,他的极度苦修让全体的修士汗颜。他名叫埃及人马加略,很坚韧。到了周末,那里的阿爸领他出去说:"您已经给我们所有人上了一课,现在麻烦您离开我们吧,好让我的弟子们不至于受挫,感到无奈。我们已经受益匪浅了。"

修士们昼夜不眠是因为等候主;他们缄默是因为要聆听上帝;禁食是因为觉得上帝的话语已经能喂养他们。得到的结果才是重要的,实行苦修只是途径。

在修士的苦修生涯中,他们的斗室是极为重要的。他们说:"你只要坐在斗室里,它就会教导你一切事。"重要的是你若不能在斗室这个地方与上帝相遇,也就无法在其他任何地方寻到他。可是他们对于待在斗室中意味着什么不存着幻想,要待在里面的不只是身子,还有自己的思想。如果身子在斗室里,而脑海中却是斗室外的世界,那就是已经离开了斗室。

沙漠教父对于人的灵性与自然生活有着极其深刻的理解,所以对身体的需要特别关注,因为这是祷告生活的一部分。他们诸多的劝勉都是跟身体的需要有关:吃什么?睡在哪儿?住在哪儿?收到礼物如何处置?更甚者,遇到魔鬼怎么办?在沙漠中,与魔鬼的斗争是他们的关注点。沙漠也可以说是与魔鬼的属灵争战的最后防线,修士们都是"在城墙上站岗的守望者"。他们似乎常常与魔鬼面对面相遇,有一次大师马加略问魔鬼为何看上去好像很沮丧的样子,它回答说:"因为你的谦卑已经战胜了我";可是马加略听到了反而以手掩耳,赶紧逃命。但是,很多的劝诫都没有涉及客观的、人格化的魔鬼;也不是什么圣洁的思想,或属灵生命的样板,或心灵的黑夜。除了普通的基督徒应有的爱心之外,所劝诫的都是关于作恶的问题。至于如何处理情欲,这个功课需要通过漫长而艰苦的生活经历才能学来,但城市人来到沙漠寻求的正是这大宝训。这种与魔鬼的争战才是所谓的"苦修":成为修士的"苦功"。有这样一则故事:阿爸庞博来找阿爸安东尼说:"阿爸,请赐我一言",他说:"不要自以为义;也不要为过去不复返的罪沮丧;要勒住你的舌头和肚腹……"

祷 告

他们对祷告这个话题却不常提起;一个转向上帝的生命本身就是祷告;至于默想,又有谁能说清楚?每个礼拜六的傍晚,阿瑟纽向着落日伸展双手,他就这样待着一直到礼拜天的太阳照在他的面庞上。他们一向习惯在周间诵读《诗篇》,一篇接着一篇地读,中间间隔做编织绳索的工作,有时也加上一句:"主耶稣基督,怜悯我。"他们的目标是 hesychia (静谧),让静谧遍及全人,就像一潭静水,能反映太阳的亮光。能与上帝有真挚的关系,在每个境遇中都得站立在上帝跟前——这就是修士们梦寐以求的道路,是天使般的生活,是属灵的生命,也是修道的生命。这是完全朝向上帝的生命。"除非人能说:'只有我与上帝在这里',否则就无法寻找到真正缄默的祷告。"这是圣安东尼另一句话的反面:"我的生命是跟我的弟兄一起。"

结 论

阿爸安东尼说:"你心中能有跟随上帝的意念,就去做,并继续让你的内心住在他里面。"这种个人在上帝面前的真挚,没有伪装或做作,就是沙漠属灵气质的精髓。每一种苦修功夫、每一段个人关系、每一个生命环节,都要渐渐地转向在基督里与上帝的关系。一切达到这目的的途径,都是手段而已,可以拿得起、放得下。沙漠教父的言行必须按照言行的精神来理解,要不然就会失去它们真正的价值。它们不是要满足好奇心,而是要应用出来。格外的简朴与真挚才是它们的目的和目标。这些沙漠教父留下来的文献可以说是基督教修道主义的精髓；可是因为修士们是要靠着上帝的话语生活的典型人物，所以基本上也对全部信徒都适切。沙漠教父其言行也能帮助现代的信徒对福音有合理的诠释；他们的话语无论在现今生活中哪个层面都能生动地活出来。伊瓦格里乌描写修士为一个与一切隔绝，却又与一切联合的人；我们也是抱着这样的精神来做这翻译的。

英译者的注释

《沙漠教父言行录》在众教父著作中算是较为复杂的文本。这文本来自 4 世纪埃及、叙利亚和巴勒斯坦沙漠的修士们，起初是口传的，后来才以文字记载下来，所用的语言有科普特文、叙利亚文、希腊文，再后又有拉丁文。这些修道主义的先驱以及其他出色的灵性导师们的言行被记录下来，是为了后代修士的裨益。由于评判标准是其属灵价值，因此包括多处地区与时代的著作都被收入，从大师安东尼一直到 6 世纪的阿爸的资料都有。留下的资料之文类自成一格，很难确定其确切年代。这些言行录不止是一些劝勉或者指示的话，更是属灵导师给予弟子的生命之言，能带来拯救，后来被人记住而传递下去，再后来又加进了其他的言语，归入不同的阿爸所说的话，再给予另一个处境。抄写者并不认为严谨地照抄而不能更改，他们有时会重新整理与编辑这些资料。再者，每一个修道院或修士群体也会建立各自的"来历"(*Gerontikon*)，通常围绕某一个创办者的言行录，或一位他们纪念的著名修士。有些言行录是匿名的，当然还有属于具体人物的，有时这两者交织互相关联。我们在本书字母排列系列的导言中也提到一个这样形成的个案：有一位修士汇集了不同来源的资料，然后以言行录所属教父名字的字母顺序重新排列，他又加上了一些匿名的言行在后，至于是在每段之后，或者整个汇集之后，我们就不得而知了。还有另一套汇集，由 P. Guy 出版的 *Recherches sur la Tradition Greque des Apophthegmata*

Patrum（第 8 页），是 11 世纪（约 1071—1072）的文献（Paris, Fonds Grec, 1598），在其旨趣中交代了另一种处境下的汇集过程：

> 我们修道院的教父传（Paterikon）已经古旧了，这本出自圣师萨巴（Saba）之手，我的圣师们与我谈起它，虽然我微不足道。约翰尼古（Johanikos），我们最尊敬的院长，为了自己的救恩也把他离世的过程写下来。我因此也进行了以下的事工：我汇集了其他修道院的教父传，尽力细心查考；于是我将它们按字母排列，合成两卷书，一卷以十二个字母排列，另一卷也是如此。
>
> 期盼您在使用这卷书时，多多为我们的院长，即最虔诚的圣约翰尼古代祷，因为这项事工能完成都是因为他的热心与发起。日期为创世之日后的第 6580 年，也是第十个巡年（the 10th Indiction）①。
>
> 也请为长老约翰修士代祷，他就是这卷书的著作者。愿荣耀归于上帝。阿们。

在前面两个例子中，抄写者也是编辑者。也正因为有太多的自由编写和整理，使这些言行资料的来源更加模糊。他们基本上是较流动与多变化的传统。

"字母排列版"（The Alphabetical Collection）似乎是在 6 世纪才被汇集成现在这样的形式，虽然里面记录的言行，有些可追溯到 4 世纪初期。这位言行汇集人可能也负责编辑了"匿名版"（The Anonymous Collection），而在欧洲西方教会却以"系统版"（The Systematic Collection）最为流行，以各种主题排列；由帕拉纠与约翰翻译的拉丁语版，在中古时期被称为 *Verba Seniorium*。

我们这里的译本是根据 Migne 的 Patrologia Graeca, vol. 65, col. 71-

---

① 巡年，从罗马君主君士坦丁 313 年开始，每十五年一巡。

440译出。这本是由Cotelerius从12世纪的版本（MS Paris Gr. 1599）抄写而成。无疑，这个文本并不完美，需要重新加以编辑。P. Guy与其他学者正在修订《沙漠教父言行录》的文本，希望以后能有更可靠的文本面世。P. Guy也在他的著作 *Recherches sur la Tradition Greque des Apophthegmata Patrum* 提到所面临的困难。我们这里也加了他提到的一些其余的言行，它们原本也该属于这里的，所以在Migne的文本中，也加了进去。有的文本明显地有错误或者读起来毫无意义，我也不建议加上另一种翻译，只是尽量找到较合理的译法。我只希望英语读者手上能有一卷完整的译本，但也因此存在着一些欠缺。

在每个教父言行记录之前，我尽可能加了教父生平资料作为辨认：这当然只是暂定，有很多只是提示而已。其中使用的名字在沙漠很常见，譬如我们不能完全确定"约翰"究竟是众多同名者中的哪一位，而且虽然我们能认出一位教父，却不能完全确定归入他名下的言行是否出于他自己；譬如有两位马加略，自然会产生混乱，所以我们不能草率地以人名对言行去揣测他的为人如何。但倘若其他史料，如《劳苏历史》(*Lausiac History*)、《埃及修士史》(*History of the Monks in Egypt*) 能为卡西安 (Cassian) 或索宗曼 (Sozomen) 所证实，我们就会使用。本书也提供了年代表以便认出时代背景。H. Evelyn与Derwas Chitty也做了较详细的修道院与修士们的研究。

沃德 (Benedicta Ward, S. L. G)

1975，牛津

前　言

　　这本书记载了圣洁蒙福的教父们之值得钦佩的圣洁朴修生活模式与他们的言语，希望能激励且教导那些愿意仿效他们属天生命的人们，让他们能迈向天国的道路。你首先要知道这些开创这种蒙福的修道生活的圣教父们也是修道生活的大师，他们充满了属天的热爱，看人们以为美好的事物为虚空，在世操练不做任何虚荣的事。他们把自己隐藏起来，透过极度的谦卑，不张扬所做的善事，在通往上帝的道路上迈进。

　　再者，没有人能将他们的圣洁生活详尽地记载下来，即使那些愿意辛苦记载的人们，也只是把他们最好的言行只鳞片爪地写下来。他们这样做不是为了得到人们的赏识，而是为了激发后人效法他们。因此就有了很多人将那些不同年代圣洁的老先生的言行，用朴实而自然的言语记载下来。他们只有一个目的：要让多人得益。

　　这里叙述的事出自多人之手，较为混乱无系统，容易使读者分心，因为他们的心思会被拉扯到不同的方向，无法记住散布在书中的言语。因此我们现在试图以章回方式汇集这些言行，成为有秩序、清晰易懂的排列，便于读者从中得益。这样，那些归入安东尼、阿瑟纽、阿伽同等的言行，因为希腊原名以"A"开头，就列在了 Alpha 字母部分；巴西尔、巴萨里昂、便雅悯等希腊原名以"B"开头，就列在了 Beta 字母部分，等等，一直到最后一个希腊字母。

可是有些教父的言行没有注明是属于哪位教父的，我们就把它们列在了字母排列之言行录的后面。

我们竭力探讨及参考尽可能找到的书卷，就把我们的查考成果列在书末，好使我们能彼此分享属灵果实。让我们在欣赏教父们那些比蜜甘甜、且比蜂房下滴的蜜甘甜的良言（诗 19：10）之余，也竭力按照主的恩召来生活，获得他天国的赏赐。阿们。

ALPHA

大师安东尼

大师安东尼（Anthony The Great）堪称"隐修士之父"。他于公元251年出生在埃及中部，父母务农，均为基督徒。约269年他在教堂听到福音书的宣讲，认为是针对他说的话："去变卖你所有的，分给穷人……你还要来跟从我。"他因此把生命献于朴修，①在他村庄附近跟一位隐修士学道。285年后他独自到沙漠中，完全独居。他因此声名远播，跟随者纷纷在他居住地的邻近安居。约在公元305年他从隐修生涯中出来，成为这些人的属灵导师；可五年之后又回去隐修。他曾至少两次去过亚历山大城，一次是在基督徒正受到严酷逼迫的时期，另一次是为了声援阿塔那修主教力抗异端②。他活到105岁。他的生平由阿塔那修撰写，深深影响修道主义在基督教世界的流传。

1. 圣洁的阿爸安东尼隐居在沙漠时，曾经历了一次灵性低潮

---

① 这里把Asceticism译为"朴修"，避免常用的"苦修"，主要是苦行的作风并不是沙漠教父主流的思想，而是注重朴实无求的生活，不受物质的需求干扰，见本书导言较详细的叙述。安东尼的话尤其清楚，参见安东尼8（指安东尼言行第8节，下同）。
② 阿塔那修与安东尼关系非同等闲，他曾因力抗教会中的异端成分而被异己分子放逐跑到沙漠与安东尼隐居，后将这些经历写成传世之作《安东尼传》。

(accidie)，受到很多邪念的攻击。他向上帝说："主啊，我渴望得释放①，可这些邪念一直纠缠我，我在这样的苦恼中能做什么呢？我如何能得到释放呢？"不久，安东尼起身出去，见到一个与他一个模样的人正坐着干活，又见他站起来离开工作去祷告；过一会儿，又见他坐下来编织麻绳，然后又站起来再次祷告。这是上帝的天使被差来矫正和鼓励安东尼。安东尼听见天使对他说："你去这样做，就能得释放。"他听到后，心中充满喜乐与勇气，就如此做，果真得了释放。②

2. 同一位阿爸安东尼思想上帝审判的可怕时，就问："主啊，为什么有的人夭折，而其他人却延年长寿？为何有人贫穷，有人却富足？为何恶人得福，而义人却又缺乏？"他听见有声音对他说："安东尼，你只要关注自己的事就行了；这些事是按照上帝的审判，追究这些事的缘由对你毫无益处。"

3. 有人来问阿爸安东尼："我们做什么才能讨上帝的喜悦呢？"老先生回答说："留心我的话：无论是哪一个人，要常将上帝放在眼前；无论做什么事，都要按照圣经的话语；无论住在哪儿，不要轻易离开③。你若能遵守这三项法则，必定能得释放。"

4. 阿爸安东尼对阿爸波伊曼（Abba Poemen）说："人伟大的工作是：常在上帝面前谴责自己的罪，以及意料试探会来攻击他，直到他最后一口气。"

5. 他也如此说："没有经历试探的人不能进天国。"他甚至接着

---

① 教父们喜欢称心灵得释放为"得救"，为了不让读者混淆这个意思，凡文本中与"救赎"教义无直接关系的用法，都一概译为"得释放"。

② 这则最有可能的意思是，在属灵低潮时，须在工作的间隙祷告，不至于因繁琐令工作失去意义。这也是之后开创欧洲西方修道运动的圣本笃（St. Benedict of Nursia）在其会规上所提倡的灵修方式（ora et labora）。

③ 在沙漠极其严酷的环境中，"不轻易离开"成为意志坚定的要素。

说:"若没有试探,无人能得救。"①

6. 阿爸庞博(Abba Pambo)问阿爸安东尼:"我应如何行事呢?"老先生对他说:"不要自义,不要为过往的事焦虑,但要好好管制你的舌头与你的腹肚。"(这段话在前言"苦修的位置"中翻译为:"不要自以为义;也不要为过去不复返的罪沮丧;要勒住你的舌头和肚腹……")

7. 阿爸安东尼说:"我见到敌人遍地设下陷阱②,我只有苦叹说:'如何能逃脱这些陷阱呢?'可我听到声音说:'唯有谦卑。'"

8. 他也这样说:"有些人用苦行来折磨自己的身子,但缺乏分辨能力,因此实际上是远离了上帝。"

9. 他也说:"我们或生或死都与我们的邻舍有关。我们若赢得一个弟兄,就等于得着上帝,可是若我们诬陷弟兄,就是得罪了上帝。"

10. 他又说:"正如鱼儿离开了水过久会死,同样修士若离开斗室流连在外,或者与俗人消磨时间,就失去了内在安宁的深度。所以正像鱼儿要赶紧回归水中,我们也要赶紧回归自己的斗室,恐怕在外流连太久,就会失去内在的警醒。"

11. 他也说:"那些愿意在沙漠中过独居生活的人,能摆脱三种战斗:听、说、看;剩下的只有一个,那就是与淫乱的战斗。"

12. 有些弟兄来找阿爸安东尼,想要告诉他关于他们看到的异象,让他确认是真的还是出自魔鬼的。他们在来的途中,有一头驴子死了。当他们来到老人的住处时,还没有说什么,他就先问他们:"那头小驴子怎么就死了呢?"他们说:"阿爸,你怎么知

---

① 对安东尼来说,"努力进天国"是常常胜过试探,在信仰受试探时坚持才能得救,是对耶稣之警言:"唯有忍耐到底的必然得救"的诠释(参见《马太福音》24:9—13)。
② "敌人"指魔鬼,在沙漠教父的思想中,人永远不是自己的敌人,而是邻舍,除非他们认为有些人是受到魔鬼的指示,来搅扰他们,参见安东尼9。

道这事呢?"他就对他们说:"是魔鬼让我知道发生了什么事。"于是他们说:"这就是我们这次来咨询您的原因,我们怕被诱骗了;因为我们看到的异象,大多证实是真的。"这样,老人从驴子的事件上,说服了他们,所看到的异象是出自魔鬼。①

13. 一个猎人来到沙漠,却看到阿爸安东尼和弟兄们正在开心玩乐,非常惊讶。阿爸安东尼想让猎人明白有时必须顾及弟兄们的需要,老先生就对他说:"你张一张弓,把箭射出去。"他照着做了。然后老先生又吩咐说:"再射一箭",他又照着做了。再后,老先生又说:"再射一箭。"猎人回答说:"我如果太使力张弓,弓会折断的。"于是安东尼对他说:"做修士也是一样。我们若太使力绷紧自己,我们也会崩溃的,有时我们必须放松一下。"猎人听了这教训,心被刺痛,离开时深获造就。 至于弟兄们则在回家的路程中得到了坚固。②

14. 阿爸安东尼听说有一位年轻的修士在路上行了奇迹:他看到一队行路艰难的老修士,就开口命令一群野驴来,把他们驮往阿爸安东尼那里。这些被驮来的老人向阿爸安东尼说了这事,他对他们说:"据我看,这位修士像一艘满载货物的船,不知是否能靠港呢!"过了一会儿,安东尼忽然哭了起来,非常悲痛。他的门徒连忙问:"阿爸,你为何哭了呢?"老先生回答说:"教会的一根大柱刚塌倒了(他指的是那位年轻的修士),你们赶紧去,看看发生了什么事。"于是门徒赶去,遇到那位修士正坐在草席上,为自己所犯的罪过哀哭;他见到老先生的门徒就说:"请你们向老先生说,为我祷告,求上帝再给我十

---

① 沙漠教父其中一项非常吸引慕道者的是有辨别诸灵的能力。
② 用比喻来教导在基督教的传统中也常出现,在 12 世纪的圣法兰西斯(圣方济)也有类似的教导。

天时间，希望我能做些补偿。"可他不出五天就死了。①

15. 弟兄们在阿爸安东尼面前嘉许一位修士。当这修士来探望安东尼时，老先生想知道他如何面对羞辱；却发觉他竟然一点儿也承受不了别人的羞辱，于是就对他说："你就像一座市镇，外表上金碧辉煌，里边却已被盗贼抢劫一空了。"

16. 一个弟兄对阿爸安东尼说："请为我祷告。"老先生却对他说："你若自己不用心，自己都不向上帝祷告，我就无法怜恤你，上帝也不会给你任何怜恤。"

17. 一天，一些老人家来探望阿爸安东尼，他们中间有一位叫阿爸约瑟。老先生要试验他们，就提议读一段圣经；从最年轻的开始，逐一问他们如何解释。于是每一位都按自己的能力说出自己的见解。可老先生却向他们每一位说："你们一点也不理解。"最后他对阿爸约瑟说："你又如何解释这段圣经？"阿爸约瑟回答说："我不晓得。"于是阿爸安东尼说："的确，只有阿爸约瑟找到了诀窍，因为他说'我不晓得'。"

18. 一些弟兄从瑟格提斯（Scetis）来见阿爸安东尼。当他们登上船准备前去时，发觉还有一位老人家也要去那里。弟兄们也不认识他。在船上大家颇有雅兴地谈论教父们的话、圣经以及每人的日常劳作。可那位老人家却默不作声。当他们准备登岸时，发觉老人家也是往阿爸安东尼的住处去。一伙人到达后，安东尼问他们说："你们觉得这位老人家是旅途上的好旅伴吗？"又转向老人家说："阿爸，你带了不少好弟兄来呀！"老人家说："不错，他们都很好。可他们家里肯定不安门，任谁都

---

① 这则故事较为难解，须从滥用恩赐的角度来看。年轻的修士持着能命令畜牲听从的恩赐，不在灵里得到上帝的允准，而滥用在无稽的事上。在沙漠教父的传统中，这不只是滥用的罪，也是严重地触犯了上帝的旨意，必要承受严厉的处分。而这则故事主要指出安东尼的属灵洞察力与怜惜的心肠。

能进到驴棚子内,放走了驴子。"他这样说其实是指弟兄们口无遮拦。

19. 弟兄们来找阿爸安东尼,对他说:"请你赐一言,让我们知道如何得释放?"①老先生说:"你们都听到圣经的话语,那就足够教导你们了。"可他们说:"阿爸,我们也要听听您的说法。"于是老先生对他们说:"福音书说:有人打你的右脸,连左脸也转过来由他打。"(参见太 5:39)他们说:"我们做不到。"老先生又说:"你们若不能让人打左脸,至少也能让他打右脸吧。"他们说:"这我们也做不到。"他又说:"你们若连这样也做不到,那至少能做到不以恶报恶吧!"他们又说:"这我们也做不到!"于是老先生对他自己的门徒说:"你去为这些废物预备一些高粱酒。你们这个也做不到,那个也做不到,那我真不知能为你们做什么了。你们现在需要的是祷告。"

20. 一位弟兄弃绝了世界,把财富舍给穷人,可又留下一些作为私己的。他来找阿爸安东尼,述说了自己所做的施舍。老先生对他说:"你若要成为修士,就先到市场里,买一些肉,把它贴在你赤裸的身躯上,然后来我这里。"他果真按照指示做了,但狗与鸟儿都来抢食他的肉身。当他回来问老先生是否已经遵照他所吩咐的做了,并让老先生看看自己受损的身躯。这时,圣安东尼就说:"那些愿意弃绝世界,却仍留下一些为私己的,就像你现在的境遇,被攻击他们的魔鬼所伤。"

21. 有一天,阿爸以利亚(Abba Elias)的修道院中有一位弟兄敌不过试探。他被逐出了修道院,越过山岭来到阿爸安东尼那里,窝在附近住了一段时间后,安东尼把他差回他被逐出的修道院去。弟兄们见到他回来,再一次将他逐出,他只好回到阿

---

① 参见第 49 页注释 1。

爸安东尼那里，说："阿爸，他们不愿意接纳我。"于是老先生送去了一个信息，说："一艘船在海中翻沉，损失了货物，大费周折才把船泊靠港湾；而你们却要把这好不容易找到安全港湾的船再抛回海中。"这时弟兄们才知道是阿爸安东尼差这弟兄回来的，就立即接纳了他。

22. 阿爸安东尼说："我相信人的肉体有一种自然的动力，但是若没有灵性的同意，是不会随从自然动力的，即是说，肉体还有不受情欲指使的动力。另一种动力是从狂食豪饮而来的，让血液沸腾，激起肉欲的罪行。所以使徒这样说：'不要醉酒，酒能使人放荡。'（弗5：18）在福音书中主也劝他的门徒说：'你们要谨慎，恐怕因贪食、醉酒，并今生的思虑累住你们的心。'（路21：34）但还有另一种动力是折磨那些在属灵争战中的人们，这是来自魔鬼的诡诈与嫉妒。你必须了解这三种肉体的动力：第一来自自然，第二来自狂食，第三来自魔鬼。"

23. 他又说："上帝不让这世代面临的属灵争战与诱惑比上个世代更多，因为现在的人们较为软弱，不能承受太多。"

24. 阿爸安东尼在他的沙漠生涯中得到启示，说在城市里有一人与他不相伯仲。他是行医的，他把除了生活所需以外的一切都用以周济穷人，而且他每天都与天使一起唱"圣哉颂"①。

25. 阿爸安东尼说："时候将到，人们会变为疯狂，而当他们见到有人不疯狂时，就攻击他说：'你是狂人，与我们不一样。'"

26. 一位弟兄来到阿爸安东尼那里，把《利未记》的一段经文摆在他面前。老先生走到沙漠中，阿爸亚摩纳（Abba Ammonas）知道这是他的习惯，就暗暗地尾随他去。阿爸安东尼走了一段很

---

① "圣哉颂"是早期教会在崇拜中颂扬上帝的颂词，源于旧约先知以赛亚的异象（参见《以赛亚书》6章）。

远的路后,站着祷告,大声地呼喊:"上帝啊,求你差摩西来,好让我明白这段经文。"忽然有声音向他说话。阿爸亚摩纳后来说,他虽然听到了声音,但是却不明白说了什么。①

27. 三位阿爸每年都来拜访满有福分的安东尼,其中两位与他分享自己的见解与心灵得释放的事,可另一位却保持沉默,不与他说任何话。过了很久,阿爸安东尼才对他说:"你经常来探望我,却没有什么想求于我。"他回答说:"阿爸,能够见到你已经使我心满意足了。"

28. 有人说一位老人家求上帝让他见到诸教父,他也的确见到了,唯独见不到阿爸安东尼。他就问向导说:"阿爸安东尼去了哪里?"向导只是说:上帝在哪里,安东尼就在那里。

29. 修道院有一位弟兄被诬告行淫,就跑到阿爸安东尼那里。弟兄们从修道院也来了,为了要劝诫他,把他领回去。他们首先要证明他的确犯了这个罪,可他极力为自己辩护,矢口否认做过这事。阿爸巴弗纽丢(Abba Paphnutius),又名科贝勒(Cephalus)的,刚好也在那里,他就向他们说一个比喻:"我曾看到一人在河边,陷于泥泞埋至膝盖,有些人伸出手来要救他,却弄巧成拙,反而使他越陷越深,直到他的脖子都被淹没。"阿爸安东尼听了,赞赏阿爸巴弗纽丢说:"他是个真正的人,关心并拯救人的灵魂。"在场的人们听到老先生的话,非常扎心,就向那位弟兄道了歉。经过两位老先生的劝解后,他们把弟兄带回修道院去了。

30. 有人说圣安东尼是"被圣灵提到空中"(Spirit-borne),即是说,他被圣灵提到空中行走,可他从来都不会与人说起。像他这样的人,能看透在世上发生的事,也能参透将来的事。

---

① 这则故事旨在描绘安东尼深邃的属灵光景,能直接听到上帝的亲自教导。

31. 一天，阿爸安东尼接到君士坦提乌皇帝（Emperor Constantius）的来信，邀请他去君士坦丁堡，可他琢磨是否要去。于是就问他的门徒阿爸保罗："我应该去吗？"他回答说："您若去了，就会被称为安东尼，可您若留在这儿，就会被称为阿爸安东尼。"

32. 阿爸安东尼说："我不再惧怕上帝，却是真的爱他，因为爱里没有惧怕。"（约一4：18）

33. 他也这样说："你要经常把敬畏上帝的心放在眼前，记得他能赐死亡，也能赐生命；弃绝世俗的事；藐视肉身给你的一切舒适；舍弃今生，以至于能在上帝里活着，因为你要在审判的时候交账；忍受饥、渴、赤身的痛楚；察验自己，看看你是否配得上帝；轻看肉体，以至于能保存你的灵魂。"

34. 有一次，阿爸安东尼去拜访住在尼特利亚山（Mount Nitria）的阿爸亚孟（Abba Amoun）。他们遇上时，阿爸亚孟说："靠着您的祷告，弟兄们越来越多，有的想要加盖更多的斗室，在此可以安宁地住下。你说这些斗室应离我们多远？"阿爸安东尼说："让我们在第九个时辰①吃点东西，然后我们一起进沙漠勘察这个地方。"于是他们俩出发进到沙漠，一直行走到日落。阿爸安东尼说："让我们一起祷告，在这里立一个十字架，好让那些想盖斗室的就在这儿盖好了。这样，那些居住在原处要来探望住在这儿的人，可以在第九个时辰时，吃些随身带来的食物。他们若这样做，既能保持彼此联络，也不分心。"全程是十二里路。

35. 阿爸安东尼说："谁要是捶打一块铁，事先须决定要铸什么，是一把镰刀呢，还是一把剑，或者是一把斧头。同样，我们要

---

① 地中海一带的时间计算是从早晨6点算起，第九个时辰即下午3点。

事先决定培育什么样的德行，否则一切劳力都是徒然的。"

36. 他也这样说："人若能在节制上顺服，就能驯服野兽。"

37. 他也说："有九位修士经过努力还是言败了，受到属灵骄傲的困扰，因为太相信自己的努力而被蒙骗了，就忘了诫命中说的：'问你的父亲，他必指示你。'"（申32：7）

38. 他也这样说："一位修士若能，就必须满有信心地告诉他的长者，他走了多少步；在斗室中他饮了多少滴水，以免在这事上犯什么错。"

阿瑟纽

公元360年阿瑟纽（Arsenius）生于罗马。他受过良好的教育，曾任职上议院，皇帝狄奥多西一世（Emperor Theodosius I）委任他为皇太子阿卡迪乌（Arcadius）与霍诺里乌（Honorius）之私塾导师。他在公元398年毅然离开皇宫，秘密启航至亚历山大城，从那里又到瑟格提斯，拜师在阿爸矮子约翰（Abba John the Dwarf）门下，后隐居在瑟格提斯的彼特拉（Petra）。他似乎只有三个门徒，即亚历山大（Alexander）、卓依鲁（Zoilus）与但以理（Daniel）。他以严肃与坚守静默著称，这些加上他的学识，在科普特修士群中令人谈而生畏。公元434年瑟格提斯第二次被摧毁后，他就移居到特罗尔（Troë）山上，于公元449年逝世。

1. 阿爸阿瑟纽仍在皇宫任职时，他向上帝祷告说："主啊，领我到救恩之路。"有声音对他说："阿瑟纽，远离人群，就能得救。"

2. 他离开皇宫去过隐居生活后，又向上帝做同样的祷告；这次又听到有声音对他说："阿瑟纽，避世、静默、常常祷告，这些就是你避开罪的根源。"

3. 有一次，当阿爸阿瑟纽正在斗室里静坐时，有魔鬼来骚扰他。他的门徒回来时，站在室外，听到他向上帝祷告说："上帝啊，不要离弃我。我在您面前也没做过好事，可是求你按照你自己的美善，让我重新开始行善吧！"

4. 有人给与他这样的评语：正如在皇宫里没有人的穿着能比他的更华丽，在教会中也没有人的穿着能比他的更粗劣。

5. 有人问蒙福的阿瑟纽："您说这是什么道理：我们受过整全的教育，拥有广博的知识，仍是一无所长；而这些埃及的农民却拥有这么多美德？"阿爸阿瑟纽对他说："我们从世俗的教育中的确得不到什么，可这些埃及的农民却靠着辛劳获得了许多美德。"

6. 有一天，阿爸阿瑟纽向一位埃及的老修士询问关于自己思想的对错。有人知道了来问他说："阿爸阿瑟纽，像您这样博学的人，受过上好的拉丁语和希腊语教育，又为何向这个农夫求问呢？"他回答说："我的确学过拉丁语和希腊语，可我对这位农夫话境中最基本的知识都还不懂呢！"

7. 有一天，尊贵的大主教提阿菲罗（Archbishop Theophilus）来找阿爸阿瑟纽，还有一位官员随从。他询问老先生，希望能从他那儿得到训词。老先生沉默片刻后回答他："您是否能按照我吩咐的去做？"他们应承了他，于是他说："你若听到阿瑟纽在什么地方，千万不要去那儿。"

8. 另一次，大主教打算要拜访他，于是派了人去打听老先生是否愿意接待他。阿瑟纽对那人说："你若来，我必定接待你；可我若接待你，我就必须接待每一个到访的人，因此我只好不住在这里了。"大主教听见了就说："如果我的到访反而把他赶走，那我宁愿从此不去。"

9. 一位弟兄来询问阿爸阿瑟纽，希望能得到他的训词。老先生对他说："努力使你内心的活动能符合上帝的意旨，这样你就能胜过外在的情欲。"

10. 他也这样说:"我们若寻求上帝,他必向我们显现;我们若靠近他,他必靠近我们。"

11. 有人对阿爸阿瑟纽说:"我的思绪常骚扰我,指控我说:你既不能禁食,也不会做事;只好去探望病人吧,因为这也算是付出爱心。"但是老先生知晓这是魔鬼在作祟,于是对他说:"你去,尽管吃喝、睡觉,不要做任何事,就是不要离开你的斗室。"因为他知道只有在斗室中坚守,才能让修士走正路。

12. 阿爸阿瑟纽曾说,凡旅行在外的修士,最好不要惹上任何事,这样能保住心中的安宁。

13. 阿爸马可(Abba Mark)问阿爸阿瑟纽:"您为何避开不见我们?"老先生对他说:"上帝知道我是爱你们的,可我不能既要与上帝相处,又要与人生活。千千万万的天使虽然众多,却只有一个心志,可人们却有很多心术。所以我不想离开上帝,去与人们在一起。"

14. 阿爸但以理(Abba Daniel)曾提到阿爸阿瑟纽,说他常常彻夜不眠,到了凌晨难免昏昏欲睡,就指斥睡眠说:"来吧,你这恶仆。"于是就坐下,只小睡片刻就再次清醒过来了。

15. 阿爸阿瑟纽曾说,对于一个好斗士来说,一个小时的睡眠已经足够了。

16. 老先生也曾述说这样的事:一天,有人在瑟格提斯分享一些无花果干。因为不很值钱,他们不愿意冒犯阿爸阿瑟纽,所以没有人带去给他。老先生听到之后,很不以为然,就不愿意去参加他们的祷告崇拜①,说:"你们不愿意让我与你们分享从上帝

---

① Synaxis 指修士们定时的早祷与晚祷,这里简单译为"祷告崇拜",因为在聚会中有崇拜的礼仪,但仍以祷词为主,近乎现代修道院的做法。

而来的福分，我知道我不配领受这些，可你们无形中把我逐出团契了。"他们听到后，就从老先生的谦卑学到功课。于是牧师①就把那些又干又小的无花果带给他，高高兴兴地请他回来参加祷告崇拜。

17. 阿爸但以理曾这样说："他跟我们相处了这么多年，我们每年只带一篮面包给他，而我们第二年再去的时候，我们还能吃到上一年的面包。"

18. 据说这位阿爸阿瑟纽，他为自己的棕榈叶每年只换一次水，其他时间只添一些水。一位老人家责问他说："这些棕榈叶已经发臭了，你为何不为它们换水呢？"他回答说："为了抵偿我在人世间享用奢侈的香水与香料，我必须忍受这种臭味。"

19. 阿爸但以理常说，阿爸阿瑟纽一知道各种水果成熟了，就吩咐说："给我拿一些来。"他每种都品尝一点儿，仅此一次，为此感谢上帝。

20. 有一次，阿爸阿瑟纽在瑟格提斯病倒了，他竟连一小片裹布都没有，他又没钱去买，只好接受别人慈善的施予，他却说："主啊，我感谢你，因为你看我配得接受这样的施舍。"

21. 相传他的斗室在三十二英里之外，他也甚少离开，是让其他人为他办差。当瑟格提斯遭毁后，他挥泪离去，说："世人失了罗马，修士们却失了瑟格提斯。"②

22. 阿爸马可来问阿爸阿瑟纽说："斗室内没有其他多余的东西不是更好吗？我知道一位弟兄在屋里种了一些蔬菜，他全都拔掉了。"阿爸阿瑟纽回答说："不错，这是好事，可要按照各人的

---

① 原文英译为 The Priest。这是教会神职人员的称呼，被隆重按立，分别为圣，其主要职责是施行教会的圣礼，如圣餐、洗礼、婚丧礼等，还有讲道与牧养；天主教与东正教以及安立甘教会称之为圣品人、神父、牧师等，在天主教传统中指明他们不可婚娶，终身奉献给教会。我们这里翻译为最通用的"牧师"，旨在方便基督教各派的认同。

② 关于罗马与瑟格提斯遭毁的历史，参见《中译本导言》。

能力去做。因为他若没有能力这样行,很快就会重新栽植了。"

23. 阿爸阿瑟纽的弟子阿爸但以理述说这事:"有一天我在阿爸亚历山大(Abba Alexander)身边,看到他甚是忧伤。他躺着,失落地凝视着天空。恰逢蒙福的阿瑟纽也来跟他说话,见到他还在躺着。交谈间,对他说:'那个在俗的人是谁呢?'①阿爸亚历山大回答说:'您在哪里见着他呢?'他说:'就是在我下山,往这个洞口的方向望去时,见到有人直挺挺地躺卧在地,双目仰视着天空。'于是,阿爸亚历山大悔改说:'原谅我,那个人就是我,被忧伤压倒了。'老先生对他说:'原来是你呀!好吧,我还以为是哪一个在俗的人呢,才这样问你。'"

24. 另有一次,阿爸阿瑟纽对阿爸亚历山大说:"你割了棕榈叶后,来跟我用饭,但是,如果来了客人,你就与他们用饭吧。"阿爸亚历山大慢慢地、小心翼翼地工作,吃饭时间到了,仍没有把棕榈叶割好,可因为不愿违背了老先生的指示,因此继续工作直到完工为止。阿爸阿瑟纽见他迟迟未来,就自个儿吃了,估计他可能有来客。当阿爸亚历山大完工后回来,老先生问他说:"你是不是来了客人了?"他回答说:"没有呀!""那你为何不来呢?"对方说:"您吩咐我割完了棕榈叶后才来,我就照着您的吩咐去做,我不早来是因为还没做完呢。"老先生为他一丝不苟的态度感到惊喜,对他说:"赶紧吃饭吧,好能安心去祷告崇拜,也喝一些水吧,免得体力支持不住了。"

25. 一天,阿爸阿瑟纽来到一个地方,那里有芦苇在风中摇曳。老

---

① "在俗的人"译自"Layman",表示未曾决意过隐修生活的人,因此阿瑟纽讽刺亚历山大现在的作风与一个在俗的人无异。

先生问弟兄们说:"你们听到什么东西在摇动吗?"他们说:"一些芦苇草。"老先生对他们说:"一个人在过安静的祷告生活时,一只小麻雀的叫声,便使其内心原有的平静不再。现在连芦苇草在摇曳你们都能听见,这就更糟了。"

26. 阿爸但以理复述,有几个弟兄建议到提班(Thebaid)去找亚麻①,说:"让我们顺道去探望阿爸阿瑟纽。"阿爸亚历山大来向老先生说:"有几个从亚历山大城来的弟兄想来探望你。"老先生回答说:"你去问他们为何要来。"他询问后得知他们是为着去提班地找亚麻而来,就回来报告这消息;老先生说:"他们不是为我而来,而是为了干活的缘故,那么就不用见阿瑟纽的面了。让他们休息后,就打发他们平安地回去吧,告诉他们,老先生不接待他们了。"

27. 一位弟兄来到瑟格提斯阿爸阿瑟纽的斗室前。他在外头等候时,见到老先生全身像一团火(这弟兄配得见到这奇观)。他于是敲门,老先生出来时,见到弟兄满面惊奇,问他说:"你敲了很久吗?你见着了什么没有?"他回答说:"都没有。"于是就与他谈起来,后来打发他走了。

28. 阿爸阿瑟纽住在卡诺布(Canopus)时,有一位议员级的贞女从罗马来见他,她既富有,又很敬畏上帝。提阿菲罗主教(Bishop Theophilus)前来迎接她,她就请他说服老先生接待她。于是主教就去问,说:"有一位议员级的贵人从罗马来的,希望能见你。"可老先生不愿意接见她。当主教告诉那位少女时,她就吩咐备骑,说:"我靠着上帝,必能见到他,因为我要见的不是一般的人(这样的人城里多得是),而是一位先知。"因着上帝的安排,当她来到老先生斗室前的时候,老先生也刚

---

① 亚麻是一种细长叶植物,是编织麻布的材料。

好在外头。她一见到他,就俯伏在他脚前。他反而气急了,忙把她扶起,睨视她说:"你真要看到我的面孔,那就看吧!"她羞愧万分,不敢看他。于是老先生对他说:"你没听说我如何过生活吗?这种生活需要受尊重。你竟斗胆前来。你是否忘了自己是妇女的身份,不能随意走动?或者,你只想在罗马众妇女面前夸口说,我见过了阿瑟纽?到时海路大开,妇女们就会穿梭不绝地来找我了。"她说:"若能让上帝喜悦,我就不让任何人来这里打扰你了,可我求你为我祷告,常常记念我。"但是他回答说:"我祷告上帝把你从我的记忆中除去!"她听了这话实在受不了,毅然转身离去。回到城中,她因为忧伤,发烧病倒了;她的病情传到提阿菲罗主教那里,他来探望她,问她发生了什么事。她对他说:"早知如此我就不该去那儿!我只祈求老先生记念我罢了,可他却说:我祷告上帝把你从我的记忆中除去!我现在心中忧伤,快死了。"主教对她说:"你难道忘了自己是妇人身份,忘了敌人(魔鬼)经常透过女人来与圣徒争战吗?这就是老先生的意思,可为着你的心灵,他会不间断地为你祷告的。"听了这话,少女的精神得到医治,就高高兴兴地回去了。

29. 阿爸大卫(Abba David)述说关于阿爸阿瑟纽的一件事。一日来了一位官员,将一份遗嘱交给他,是他一位议员的家属留下的一笔极大的遗产。阿瑟纽接过来,想要撕毁。那位官员急忙伏在他脚前说:"求你千万不要撕毁它,否则我会被斩首的。"阿爸阿瑟纽对他说:"在那位议员未死之前,我已经先死了。"①于是就把遗嘱还给他,什么也不要。

---

① 沙漠教父称弃绝属世物质的生活为一种殉道的行为,说是"向世界死了"。这就是阿瑟纽的意思,表示不再接受属世的财物,灵修学称之为"白色殉道"。

30. 又有话说，他在周六晚间，预备迎接礼拜天的荣耀时①，他背向夕阳，伸展两臂，向天祷告，一直到晨曦照在他的脸上才坐下来。

31. 据说阿爸阿瑟纽与阿爸菲美的西奥多（Abba Theodore of Pherme）是众教父中最不愿意受别人敬重的。阿爸阿瑟纽不大愿意会见人，而阿爸西奥多遇见任何人都冷若冰霜。

32. 阿爸阿瑟纽在下埃及时，仍经常受到骚扰，觉得是时候离开住所了。于是他什么也不带，就往弟子法然（Pharan）、亚历山大与卓依鲁那里，对亚历山大说："你起来，上船来吧。"他就照办了。他又对卓依鲁说："你也来陪我，直到大河那边，给我找一艘开往亚历山大城的船，你乘这船，好与你的弟兄会合。"卓依鲁很纳闷，但也不说什么。于是，他们就分手了。老先生到了亚历山大城一带后，就犯了很重的病。他的弟子彼此说："可能老先生对我们其中的一位有什么不满，所以才这样毅然离我们而去。"可他们又说不上有什么可责之处，或者有什么不顺服的。老先生病情稍微回转后，就说："我还是回到原处吧。"于是他再度往上游方向，来到彼特拉，就是他弟子们的所在。当船开到大河处时，有一个埃塞俄比亚小女仆到他跟前，触摸他的羊皮外套。老先生斥责她，可她却说："你若是修士，就到深山去吧！"亚历山大与卓依鲁来见他，他们就俯伏在他脚前，老先生也一起伏下来，大家痛哭一番。老先生对他们说："难道你们没有听说我犯病了吗？"他们回答说："有呀！"他继续说："那为什么不见你们来看我？"阿爸亚历山大说："您离去对我们影响很大，很多人都得不到造就，说：'我们如果不悖逆老先生，他是不会离开我们的。'"阿爸阿瑟纽

---

① 早期教会一贯称星期天为荣耀日，因为这是耶稣基督荣耀复活的日子。

说:"可现在他们会说:'鸽子现在找不着落脚之处,就飞回挪亚的方舟上了。'"他们因此受到教导,他也从此之后与他们同住,直到他逝世。

33. 阿爸大卫讲述说:"阿爸阿瑟纽曾向我们述说一件事,虽然听来像是说别人的,其实是指他自己。一位老先生坐在自己的斗室里,有声音对他说:'来吧,让我给你看看人类的劳作。'他就起身跟着去。那声音带他到一个地方,那里有一位埃塞俄比亚人正在砍柴,集了一大堆。他用尽了力气,要把成堆的柴运走,却徒劳无功。可他不但没有先搬动一些,反而越砍越多,加在那堆柴上。这样,他劳作了很长时间。老先生又被带到不远处,让他看到一人站在湖边,正在汲水,把水倒在穿孔的容器内,这样水又流回到湖里去。那声音又对老先生说:'来吧,我再给你看另一个东西。'他看到了一座教堂,前面有两个人骑着马,手上提着一根横梁。他们尝试进教堂的门,可无论如何也进不去,因为是各自提着横梁的一端,哪方都不愿意先后退,让梁木调成直行好进门,这样坚持着,还是留在教堂外。那声音又对老先生说:'这两个人背负着公义的轭,却持着高傲的态度,无法行基督谦卑的道,改正自己。因此他们只能在上帝的国度之外。那个砍柴的人代表活在众罪中的人,不愿意悔改,反而变本加厉地犯罪。那个汲水的人代表行善的人,却将恶事混入其中,结果破坏了善事。所以,每人都要谨慎自己所做的事,不致徒劳无功。'"

34. 同一位阿爸又讲述关于几位牧师从亚历山大城来探访阿爸阿瑟纽的事。来的人中有亚历山大城的大主教老提摩太,号称穷简者①;可老先生不愿意见他们,主要是害怕其他人也跟风来

---

① 这样的称号是表扬大主教清简、朴实无华的生活。

骚扰他。那时他仍住在特罗尔的彼特拉一带（Petra of Troë）。他们只好败兴而归。过了些日子，有蛮夷入侵那里，老先生逃到下埃及去居住。那些人一听到这消息，就再次来探望他，这次他很高兴地接待了他们。一位同来的弟兄对他说："阿爸，您没听说我们曾到特罗尔去探望您吗？可您却不愿意见我们。"老先生说："你们现在已吃了饭，饮了水；可我的孩子啊，我却因为令你们失望而惩罚自己，一直不吃不喝，也不坐下，直等到觉得你们已经回到家为止。弟兄们，请你们原谅我的不敬。"这样，他们就欣慰地回去了。

35. 同一位阿爸又说："一天，阿爸阿瑟纽叫我去，对我说：'你来安慰安慰你的长者，这样等他息劳归主时，他也能向上主祷告，让你到的时候，主也善待你。'"

36. 据说，有一次阿爸阿瑟纽在瑟格提斯时病倒了，一位牧者把他带到教会去，为他预备一张床，用小枕头枕着他头部。这时来了一位老人家，看到老先生躺在床上，有小枕头垫着他头部，觉得惊讶，忙说："这就是阿爸阿瑟纽吗，怎么这样躺在这里？"牧师连忙把他叫到一边，对他说："你在村庄里住的时候，干的是哪行？"他回答说："我是一个牧羊人。"牧师又问他："那你当时的生活如何呢？"他回答说："生活很艰苦。"牧师又问："那你现在在斗室中的生活又如何呢？"他说："现在舒适多了。"牧师对他说："你看看现在的阿爸阿瑟纽，他身在俗世时，是皇帝的长辈，身边环绕着上千的奴仆，个个都腰束金带，脖子上束金衽，身穿丝缎，下身穿着华贵的衬裙。你呢，在俗世生活时，你是牧羊人，没有享受你现在的舒适，可他呢，却再没有享受他在俗世时的荣华富贵。所以我说，你如今得到舒适，他反倒正在受苦痛。"老人家听了之后，深觉惭愧，于是俯伏下来说："原谅我吧，因为我实在得罪了他。的确，这位长者所追随的是真理的道路，因为能让人谦卑，而我的道路却只是引至舒适而已。"于是，老人家得到造就，告辞了。

37. 一位长者来见阿爸阿瑟纽。他敲门时，老先生来开门，老先生以为敲门人是他的仆人。当他看到是那位长者（另外一个人）时，急忙俯伏在地。那长者对他说："请您起来，应该是我向您问安才是。"可老先生回答说："我会这样俯伏，只等到您离开为止。"无论怎样苦苦相劝，他真的等到那人离去后才起身。

38. 相传一个弟兄想要到瑟格提斯来拜访阿爸阿瑟纽，他先到教堂去，问问牧师他是否能去探望阿爸阿瑟纽。他们对他说："弟兄，你先吃点东西，然后再去看他吧。"他却说："我没见着他之前，什么也不愿意吃。"阿爸阿瑟纽的住处离那里很远，于是他们就派一个弟兄去陪他。他们来到，敲门进去，向老先生请安后，就坐下来，没再说一句话。那位从教堂来的弟兄接下来说："我先告辞了，请为我祷告。"而那位到访的弟兄，在老先生面前，浑身不自在，就说："我也跟你走。"于是他们就一起离开了。那到访的说："请你带我去见阿爸摩西，就是曾经当过强盗的那位。"来到时，老先生欣然欢迎他们，之后又高高兴兴地与他们道别。那个带路的弟兄对到访的说："我已把你带到外省的老先生那里，也带你到本地埃及的老先生那里，两者之间，你更喜欢哪一位？"他回答说："对我来说，我较喜欢埃及的那位。"那时，一位长者听到了，就祷告上帝说："主啊，求你告诉我这是怎么回事：一个为着你圣名的缘故远离人群；可另一个也是为着你圣名的缘故张开双手欢迎人来。"然后有一个异象在他眼前显现：在河中有两艘大船，他看见阿爸阿瑟纽与上帝的灵坐在一艘船上，安然自得，又见阿爸摩西与上帝的天使在另一艘船上，他们都在吃着蜜糕。

39. 阿爸但以理说:"阿爸阿瑟纽临终时有话说:'不要为我做任何奉献,因为我已经为自己做好了奉献,也相信将来会回来的。'"

40. 阿爸阿瑟纽临终时,他的弟子很忧伤。他对他们说:"时候还没到呢,时候到了,我自然会告诉你们。可如果你们把我的遗体交给人,我们将会在可畏的审判台前受审判。"①他们就问他说:"那怎么办呢?我们也不懂得如何埋葬死人。"老先生对他们说:"那你们大可用绳子拴着我的双脚,把我拖到山里去!"老先生经常提醒自己说:"阿瑟纽,你要记得为何离开俗世。我须经常为我说过的话悔改,可不后悔保持沉默。"当死亡真的临近时,弟兄们见到他哭了,就问他:"阿爸,你真的也害怕吗?"他回答说:"自从我成为修士以来,这种畏惧的心理从来没有离开我。"他说完话,就闭目而逝。

41. 相传老先生胸膛前有一凹陷,这是他一生坐着干手工活,不断地流眼泪形成的。当阿爸波伊曼听到他的死讯时,就哭着说:"阿爸阿瑟纽啊,你真是有福的,因为你在世时,为自己痛苦。凡在世不为自己哭泣的人,将来必永远要痛哭,所以,人不能不为自己而哭,无论出于自愿,还是为痛苦所激发。"

42. 阿爸但以理讲述关于阿爸阿瑟纽的事时说:"他从来不愿意回答关于圣经的疑问,其实他若愿意是能够讲解清楚的,他也从不轻易下笔写信。他有时会来教堂,可只坐在柱子后面,免得别人看到他,引人注意。他面容活像天使,像雅各一般。他身材雅逸修长,胡须垂到腰间。因为经常哭泣,连他的睫毛都脱落了。他长得高,年长了背也驼了,逝世时已是 95 岁的高

---

① 早期教会有一个将圣徒遗体当作圣物的做法,甚至还迷信地认为这些遗骸有神奇的作用,可当作护身符。现在一些宗派仍保持圣物,但是自宗教改革后,基督教已全盘拒绝这种做法。阿瑟纽在这里就特别厌恶这种做法,严厉地警告弟子们。

龄。他在虔诚的阿卡迪乌（Arcadius）与霍诺里乌（Honorius）之父，即狄奥多西大帝宫中服侍了40年，后又在瑟格提斯住了40年，10年在巴比伦上方的特罗尔，即孟菲斯（Memphis）对面，然后在亚历山大城的卡诺布三年。他最后两年又回到特罗尔，在敬畏上帝的氛围里，安然去世。他'是个好人，被圣灵充满，大有信心'（徒11：24）。他留下给我的是他的皮外套、白色的粗里衣、棕叶制成的凉鞋。虽然我觉得不配，但我仍然穿在身上，能从其中得到他默默的祝福也未可知。"

43. 阿爸但以理也常提到这个关于阿爸阿瑟纽的事："一天，阿爸阿瑟纽把我的两位长者阿爸亚历山大与阿爸卓依鲁叫来，自谦地说：'魔鬼在攻击我，也不知道夜间我睡觉时会不会来偷袭我，请你们与我分担这苦楚，为我守望，使我不致守夜时睡着了。'因此，他们一个在左，一个在右，静默守望到深夜。他们说：'我们啊，都睡着了，可惊醒过来时，仍不见他打瞌睡。大清早，他打了三个呵欠，就连忙起身，对我们说：'我真的睡着了吧？'（我们不知道，只有上帝知道，他是打圆场让我们相信他也睡着了，还是真的睡着了）我们只好回答说：'我们真的不知道。'"

44. 一天，有几位长者来找阿爸阿瑟纽，坚持要见他。于是他就接待了他们。他们问他是否能告知那些修士们如何独处不见人。老先生对他们说："一个年轻的女孩在父家深居简出，有很多小伙子意欲向她求婚，可她已出嫁从夫，就不再受人思念。有的人轻视她，有的人称许她，她现在已经不能公开露面，不再能享受未嫁前的风光了。人的灵魂也是这样，自从他在人面前公开自己［独处］的身份后，就不再能取悦任何人了。"

阿伽同

阿伽同（Agathon）少年时来到提班，获得波伊曼的教导。他的这位导师非常赏识他，波依曼言行录61节中记载了阿爸约瑟对波伊曼称这位年轻的弟子为"阿爸"表示惊讶。阿伽同后来去了瑟格提斯，有一段时间与阿瑟纽的弟子亚历山大及卓依鲁住在一起。大约在瑟格提斯被毁后，他与弟子亚伯拉罕离开那里，来到尼罗河边离特罗尔不远处安住。他也与亚孟、马加略、阿爸约瑟与阿爸彼得相识。

1. 阿爸罗得（Abba Lot）的弟子阿爸彼得叙述："有一天，我在阿爸阿伽同的斗室里时，一位弟兄来找他说：'我很想与其他弟兄一起居住，请您告诉我如何与他们相处。'老先生对他说：'从你与他们在一起的时间起，就要保持做客的心情，不要太亲近他们。'阿爸马加略就问：'太亲近会产生什么问题呢？'老先生回答说：'这就好像带火的烈风一样，一刮起来就无法收拾，毁坏一切树上的果实。'阿爸马加略继续追问说：'你是说，无稽之谈会造成这么大的毁坏吗？'阿爸阿伽同说：'没有什么情欲比勒不住的舌头更糟糕的了，因此它是诸般情欲之母。所以好的工人都会避免它，即便自己在斗室里独处时也是一样。我认识一位弟兄，在自己的斗室隐修很久，也只有一张小床，他说："假如没有人告诉我这里有一张小床，我到离开这斗室时，还不会用这张床呢！"所以，勤奋的修士其实是一个斗士。'"

2. 阿爸阿伽同曾说："修士在任何情况下，都不能让自己的良心在任何事上谴责自己。"

3. 他又说："人若不遵守上帝的诫命，就不可能有进步，连一个好德行都做不到。"

4. 他也说:"我不会带着埋怨任何人的心就寝,我也尽量避免任何人带着埋怨我的心入睡。"

5. 据说,几个修士听说阿爸阿伽同有很强的洞察力,就过来探望他。他们要试探他是否会发脾气,就对他说:"你就是那位盛传是好色、傲慢的阿伽同吗?"他回答说:"的确是的!"于是他们追问说:"你也是那位经常信口开河的阿伽同吗?""我的确就是。"他们又问:"你就是别人所说的异端分子阿伽同吗?"这时他答道:"那我肯定不是异端分子。"他们又问他说:"你说说为何我们抛了这么多的控诉,你却只否认最后那个诽谤呢?"他回答说:"前面几条控诉我能接受,因为这对我心灵有益处。可异端分子分明与上帝是隔绝的。我则不愿意与上帝隔绝!"他们听了都惊讶于他的洞察力,得到造就,就回去了。

6. 相传,阿爸阿伽同花了很长时间与他的弟子建造斗室。盖好之后,就定居在那里。可住下一个星期后,他发觉这里可能对他们不妥,就对弟子说:"起来吧,让我们离开这里。"他们很失望,回答他说:"您既然已经想过要离开这里,为何当初要费这么多工夫建造这斗室呢?别人不就会传我们的谣言说:'你看看他们,又搬动了,真是心神不安的人啊!'"他见到他们这种胆小的心理,就对他们说:"有些人会传我们的谣言,可有些人也会因为我们所做的,得到造就,他们会说:'他们为着上帝的缘故离开这里是有福的,因为心中没有了牵挂。'不管怎样,谁愿意跟我来的就走吧,至于我自己,已经决定走了。"于是,他们俯伏在地,恳求让他们与他一道走。

7. 据说他经常外出,只带编制柳条筐篓的刀器。

8. 有人问阿爸阿伽同说:"哪个更好,攻克己身,还是内在警醒?"老先生回答说:"人就像一棵树,攻克己身是树叶,内在警醒是果子,这是根据经上所说的:'凡不结好果子的树就砍下来,丢在火里。'（太3∶10）因此很明显，我们的功夫应该朝着结果子去做，即是说：谨守心灵；可又需要树叶的保护与衬托，那就是攻克己身。"

9. 弟兄们也这样问他说："在一切善事上，哪种德行需要最大的努力呢？"他回答说："抱歉，可我觉得再没有什么事能比祷告更需要努力了。因为每当人要祷告时，他的敌人，即魔鬼，就要阻止他，因为知道只有拦阻他祷告，才能引他离开圣道。一个人做善事，只要坚持下去，必定能完成后休息。可祷告却是争战到最后一口气的斗争。"

10. 阿爸阿伽同灵里满有智慧，身体勤奋不懈。他的每件事，无论是自己身体的需要还是干活、衣食，都亲力亲为。

11. 同一位阿爸阿伽同，有一天与弟子们行走。其中一个在路边找到一颗小绿豆，对老先生说："阿爸，我可不可以捡走呢？"老先生惊奇地问他："是你将它放在那儿的吗？"弟兄说："没有呀！"老先生继续说："你没有放在那儿，那你怎么能把它捡走呢？"

12. 一位弟兄来见阿爸阿伽同，对他说："让我与您同住吧！"他在来的路上捡到一块硝石，随身带着。老先生问他："那块硝石是从哪儿得来的呢？"弟兄就回答说："我在来的路上看到这块硝石，就捡了起来。"老先生问他说："你如果是决定来与我同住，为什么捡了不属于你的东西呢？"于是，他就让他走回去，把硝石放回原处。

13. 一位弟兄问老先生说："我得了上帝给我的一道命令，但是执行命令的地方有诱惑的危险。我知道这是上帝的命令，我愿意去做，可我又不敢去，因为有这种危险。"老先生说："如果这是阿伽同的问题，他一定会先执行那命令，然后就能胜过诱惑了。"

14. 一个会议在瑟格提斯召开，讨论一些问题，也做了决议。不久，阿爸阿伽同到了，就说："你们这样的决议是错的。"他们反驳他说:"你是谁,竟然这样说话?"他说:"我是人子,因为经上说:人子啊,你们若说出的是真话,就要按正义来判断。"(诗7:2)

15. 相传,阿爸阿伽同把石子含在嘴里,有三年之久,直等到他学会严守静默。

16. 相传,他与阿爸亚孟一样,当他们去卖什么东西,只出了一次价,此后就默默、安然地接受对方要的定价。同样,他们如果要买什么东西,对方说价格多少,他们就默默地付了,不再说一句话,就把货拿走。

17. 同一位阿爸阿伽同说:"我从没有设过爱筵(Agape)①,对我来说,有施有受,就是爱筵,因为弟兄们的爱心就是献上的祭物。"

18. 每当他脑海中漾起对看不惯的事的批评时,他就提醒自己说:"阿伽同,这不关你的事!"这样他的心灵就能平静下来。

19. 同一位阿爸说:"一个发怒的人,即使他能让死人复活,还是不能讨上帝的喜悦。"

20. 有一阵子,阿爸阿伽同收了两个弟子,他们各自按照自己的方式过独修的生活。有一天他问第一个弟子:"你在斗室的生活好吗?"他回答说:"我一天禁食到傍晚,然后吃了两块硬饼干。"他对他说:"这样的生活不错,不会觉得苦修是太沉重的负担。"他又问第二个弟子:"那你呢?过得还好吗?"他回答说:"我禁食两天,然后吃了两块硬饼干。"老先生说:"你这样做其实用尽了力量来承受两种斗争,一种是要能每天吃饭却不贪吃,另一种是能禁食两天才起了食欲;而你更好,能禁食

---

① *Agape* 原意是"爱",这里指崇拜后的餐筵,是一齐庆祝信徒的团契。 在这则故事中,是指爱心的奉献,或者贷款。

两天后，仍不贪吃。"

21. 一个弟兄来问阿爸阿伽同关于淫乱的事。他回答说："你去吧，将你的软弱交给上帝，就能得到安息。"

22. 阿爸阿伽同与另外一位老先生一齐病倒了。他们躺在自己的斗室里，一位弟兄为他们诵读《创世记》，读到雅各哀叹的那一章时说："约瑟不在了，西缅也不在了，你们还要带走便雅悯，你们就害我白发苍苍、悲悲惨惨下阴间了。"（创42：36，38）另一位老先生就说："老祖宗雅各呀，难道有了十个儿子还不足够吗？"可阿爸阿伽同却说："老人家，你甭管，上帝若是公义的神，谁还能定雅各的罪呢？"

23. 阿爸阿伽同说："如果有一个人虽然是我所特别亲爱的，可我一旦发觉他引我去做不那么好的事，我一定要远离他。"

24. 他也曾这样说："人必须常常警惕上帝的审判要来临。"

25. 一天，弟兄们正在谈论关于爱心的事，阿爸约瑟说："我们真的知道什么叫做爱心吗？"于是他就讲述一个故事：有一次，一个弟兄来看阿爸阿伽同，阿伽同迎接他来，临别时，一定要他接受自己拥有的小刀，否则就不让他走。①

26. 阿爸阿伽同曾说："我如果能遇见一个长麻风的人，我愿意与他对换身体，这样我就会觉得很欣慰了。"这的确是完全的爱心。

27. 相传有一天他到城里去卖他的制品，在广场中遇见了一个发病的游客，竟没有人去理他。于是老先生租了一间房，与他一起住下，自己亲手干活来换租金，其余的钱他都用来解决病人的需要。这样，他共住了四个月，直等到病人痊愈为止，然后他才安然回到自己的斗室去。

---

① 小刀听来事小，其实是沙漠地区维生的用具。这里因为是讲爱心，对伽同赠送小刀，最可能的解释是：他知道那位弟兄做编织活需要刀子，就连自己的小刀也让给了他。

28. 阿爸但以理有这样一个故事:"阿爸阿瑟纽还没来与我们的师父们同住前,曾与阿爸阿伽同住在一起。这位阿爸阿伽同十分喜爱阿爸亚历山大,因为他很细心,也很刻苦。有一天,众弟子都一起在河边洗刷割来的草,只有阿爸亚历山大较为细心地筛选洗刷。① 其他弟兄对老先生说:'亚历山大弟兄太浪费精力了。'老先生为了要纠正他们的误解,就对亚历山大说:'亚历山大弟兄,你要好好洗刷呀,因为都是亚麻。'他听了觉得受了伤,可老先生之后安慰他说:'弟兄,我难道不知你做得好吗?我在他们面前这样说,是为了用你的顺服来教导他们呢!'"

29. 相传阿爸阿伽同竭力遵行一切诫命。每当坐上船时,他是头一个去撑桨的。弟兄们到访时,祷告完毕后,他就连忙亲手去预备餐桌,因为他充满了上帝的爱心。他临终时,睁大眼睛,凝视三日。弟兄们唤醒他说:"阿爸阿伽同,你神游到哪里了?"他回答说:"我现在站在上帝的审判宝座前。"他们问:"阿爸,您不害怕吗?"他回答说:"直到这个时刻,我已经竭力遵守上帝的诫命,可我只是人呀,我又如何知道我所做的都蒙上帝的悦纳呢?"弟兄们又问:"那您对您一切按照上帝的律法去做的事都有信心吗?"老先生回答说:"我还未见着上帝前,我没有信心。的确,上帝的审判与人的不同。"他们很想追问下去,可老先生说:"你们行行好,我现在已经没有时间与你们继续谈话了。"于是他含笑而逝。他们看他离去,好像去跟知己赴会一样。他在一切事上,保持严格的警醒,常说:"人若不持严格的警醒,就无法在德行上有任何进展。"

30. 一天,阿爸阿伽同到城里去卖一些小物品,在路边遇见了一个瘸子,双脚瘫痪。瘸子问他去哪里,阿爸阿伽同回答说:"去城

---

① 亚历山大从割来的草中,只选有用的亚麻去洗,看来太费事,引起其他弟子的非议。

里卖些东西。"他说："麻烦你把我背到那儿，好吗？"于是他把他背到了城里。瘫子又对他说："把我放到你卖东西的边上就好了。"他就照办了。他卖了一件物品后，瘫子问他："你卖了多少钱？"他把价格告诉了他。那人又说："给我买一块糕吧！"他也照办了。等到阿爸阿伽同又卖了一件物品后，瘫子又问："卖了多少钱？"他又告诉他价格多少。那人再说："再给我买一些吧！"他也照办了。后来，阿爸阿伽同卖完了所有的物品，想要回去，瘫子对他说："你要回去了吗？"他回答说："是的。"然后，瘫子又说："麻烦你再把我背回到原先的地方。"于是，他就把他背了回去。这次，瘫子对他说："阿伽同，你在天与在地，都充满了上主的恩福。"当阿伽同举目仰望时，却不见一人，那是上帝的天使来试验他。

亚摩纳

亚摩纳（Ammonas）是阿爸安东尼的弟子，他继承了皮斯比(Pispir)外山的主持。他可能也来自瑟格提斯，后来成为主教，一些流传下来的书信可能是他执笔的。

1. 一个弟兄求阿爸亚摩纳说："请赐我一言。"老先生回答说："你走吧，让你的要求像那些被监禁的恶人。他们总是焦虑地等候判官的到来，迫不及待地一问再问。同样地，作为修士，就应该经常责备自己的灵魂，说：'我真是苦呀，又怎能站在基督的审判宝座前呢？我还能用什么话来维护自己呢？'你若让自己不断地这样做，就能得释放。"

2. 相传阿爸亚摩纳杀了一条沙漠的猛蛇。经过是这样的：有一天，他到湖里汲水，突然看到一条猛蛇，就俯伏着将脸贴在地上，说："主啊，不是我死就是它亡。"即刻，上帝的力量就使这猛蛇爆裂成了碎块。

3. 阿爸亚摩纳曾说:"在瑟格提斯的时候,我花了14年之久,昼夜向上帝祈求让我胜过愤怒。"

4. 一位长者讲述关于塞尔斯(Kellia 或 the Cells)那里的事:有一个老人家非常勤奋,却身穿草席,他去找阿爸亚摩纳。阿爸见到他身穿草席,就对他说:"这对你起不了作用。"可老人家这样询问他:"有三个念头困扰我,使我做不了决定:我应该到沙漠去漫游还是到无人认识我的陌生之地呢?或者应该把自己关在斗室里,不开门让别人进来,每两天只吃一餐呢?"阿爸亚摩纳回答说:"三种方式对你都不合适,你最好是静坐在自己斗室里,每天吃些许,经常将税吏忏悔的话反复思想,这样你就能得释放。"

5. 一些弟兄觉得他们所居住的地方生活实在困难,很想离开,就去找阿爸亚摩纳。可老先生却外出搭船过河。他远远地看到弟兄们沿着岸边走,就叫撑船的把船靠岸。他招呼弟兄们,对他们说:"我就是亚摩纳,你们不是要到我那儿去吗?"他就劝慰他们,然后再送他们回到原处,因为他们的困难不是出自心灵的困扰,而实在是自然的烦恼。

6. 一天,阿爸要坐船过河,看到有摆渡准备走,就下了船。这时另一艘船要送一些人去教堂。船上的人对他说:"阿爸,你就到我们这船,和我们一道过河吧!"他却对他们说:"我不下来了,除非乘坐公共渡船。"他手持着一束棕榈枝,就坐在那儿编织起来,编好了拆,拆了又编,一直到另一艘船靠过来。他就这样到了彼岸。后来那些弟兄向他鞠躬,问他:"您为何这样做呢?"老先生回答说:"这样能让我心平气和地上路。"这就是一个榜样,我们必须学习如何安然在上帝的道路上行。

7. 有一天,阿爸亚摩纳去探望阿爸安东尼,却迷了路。于是他就坐下来，小睡片刻。醒来时，他向上帝祷告说："主啊我的上帝，求你不要让你的造物就此丧生。"突然，从天上似乎有一只手伸出来，为他指路，一直把他引导到阿爸安东尼的洞穴前。

8. 阿爸安东尼预测这位阿爸亚摩纳将在敬畏上帝的事上大有进展。他把亚摩纳带到洞穴外头，指着一块石头说："你击打这块石头，损坏它。"他真的做了。阿爸安东尼问他："石头跟你说了什么没有？"他回答说："没有呀！"于是安东尼说："你也能做到这样。"事实上真的是这样。阿爸亚摩纳果真的在德行上大大长进，以至于百邪不侵。就这样，他当上了主教，有人把一个怀了孕的少女带来，对他说："你看看这可怜的人做了什么事，请你处罚她吧！"可他却在少女的肚腹上画十字架，吩咐要给她六对精致的裹布，说："恐怕她生产时，她或者孩子会丧生，而没有埋葬的裹布。"可是，她的控诉者仍不罢休，说："你为何这样做，应该惩罚她呀！"他却对他们说："弟兄们，你看她快要死了，我还要做什么呢？"于是他叫她回去，从此，再没有长者敢控告人了。

9. 相传，有一些人来找阿爸亚摩纳，要他评理，他却装起疯来。一个站在他旁边的妇女向她的邻居说："这老人家疯了。"阿爸亚摩纳听到了就向她喊叫说："我在沙漠中几经劳苦，才能达到这种疯癫状态，而你今天就一语道破了。"

10. 一天，阿爸亚摩纳到一个地方进餐，那里有一位臭名远扬的修士。这时，一个女人偷偷进入那位修士的斗室中。其他在那里居住的弟兄很不满，就聚集一起要把那位修士赶走。他们听说亚摩纳主教当时在那儿，就请他一起去。那位弟兄听到消息，紧忙把女人藏在一个大木桶里。这时，众弟兄赶来。这景况阿爸亚摩纳看得很清楚，可为着上帝的缘故，他保守秘密；于是他先进去，就坐在那个大木桶上，然后叫众人搜查现场。弟兄们到处寻搜，却怎样也找不到那女人。阿爸亚摩纳说:"这是怎么回事?愿上帝饶恕你们!"他祷告后,就差各人出去,然后拉着那弟兄的手说:"弟兄,千万要小心呀!"说完就离开了。

11. 有人询问阿爸亚摩纳说:"什么是又窄又难行的路?"(参见太7:14)他回答说:"又窄又难行的路是这样的,为了上帝的缘故,要克制你的思想,彻底除掉自己的意愿,这也是另一节经文的意思:'看哪,我们已经撇下一切跟从你了。'"(太19:27)

阿喀琉斯

1. 一天,有三位老人家来见阿爸阿喀琉斯(Achilles),其中一个臭名远扬。第一个长者跟他说:"阿爸,请你为我编织一张鱼网好吗?"他回答说:"这不行,我不会为你做的。"第二位求他说:"凭你的爱心,为我们编织吧,这样我们的修道院就能有你的杰作做纪念。"可他说:"我没有时间!"第三位,就是那位有着坏名声的,说:"阿爸,请你为我编织鱼网吧,我想要留你的手艺做纪念。"阿爸阿喀琉斯这时不假思索地说:"为了你,我会编织一张。"于是,前两个长者私下里问他:"你为何不答应我们的请求,反而答应他呢?"老先生就给他们以下的答复:"我跟你们说不会为你们编织,你们不会感到失望,会认为我真的是没有时间。我如果不为他编织,他可能会说:'老先生一定已经听到了我的罪过,所以不愿为我编织什么。'这样,我们的关系岂不是断绝了吗?可现在我这样做反而让他的心灵振作起来,不至于过度忧伤。"

2. 阿爸毕迪米乌(Abba Bitimius)曾这样说:"有一天,我下到瑟格提斯去,有人给我一些水果,让我带给其余的老人家。于是我就到阿爸阿喀琉斯的门前敲门,也想给他一些。可他对我说:'弟兄啊,以后不要带着什么食物来敲我的门,也不要去敲其他斗室的门了。'于是我连忙离开他的斗室，把水果带到教会去。"①

3. 一天，阿爸阿喀琉斯到阿爸以赛亚（Abba Isaiah）在瑟格提斯的斗室去，见到他正在吃东西。他将它和了盐与水，放在一个盘子里，却又遮遮掩掩地把它盖在草席布内，阿爸阿喀琉斯看见了，就说："告诉我，你在吃什么呀？"阿爸以赛亚回答说："阿爸，真抱歉，我刚去砍了些棕榈叶消暑，我把一块干粮放在嘴里，加了点盐，可这大热天我的喉咙灼热，无法吞咽食物，只好在盐巴上加了些水，这样才能咽下去。真抱歉！"老先生说："大家来看吧！以赛亚在瑟格提斯吃起酱来了。你如果要吃酱，应回到埃及去！"②

4. 一个长者来见阿爸阿喀琉斯，看到他口吐鲜血，就连忙问他："阿爸，你没事吧？"老先生说："一位弟兄的话让我非常苦闷。我挣扎着不告诉他，只求上帝把这些话从我脑海中除去。这些话却像我口中的鲜血一样，我不吐不快。现在可好了，我已经能忘怀了。"

5. 阿爸亚摩斯（Abba Ammoes）说："我与阿爸毕迪米乌去看阿爸阿喀琉斯，听到他正在琢磨经上的话：'雅各啊，不要害怕下埃及去。'（创46：3）他就这样琢磨了良久。于是我们去敲他的门，他开了门，问我们从哪里来。我们本是从塞尔斯（The Cells）③来的，恐怕他误解，就说是从尼特利亚山（Nitria）那边来的。他就对我们说：'远方的来客呀，我能为你们做什么呢？'于是请我们进屋。我们发觉他彻夜干活，织了很多布，就请求

---

① 教父们习惯于自力更生，不喜欢别人的施舍，却不吝啬自己所拥有的。阿喀琉斯无疑觉得毕迪米乌带来水果，不仅破坏了自力更生的规则，也是一种贪食偷懒的诱惑。
② 这则故事较难理解，它的意思可能是阿喀琉斯嘲笑以赛亚不能克己。
③ 即尼罗河下游地区，他们因为阿喀琉斯正在琢磨《创世记》经文，提到"埃及"，恐怕会让他误解经文与他们来的含意，就改称从尼特利亚来。

他赐下一言。他对我们说：'自昨天傍晚到现在，我已经编织了二十码，虽然我不需要这些布，只是害怕上帝会愤怒指责我说："你有能力做，为何不继续干活呢？"这就是我不断劳作的原因。'就这样我们大大地得到造就，便告辞离开了。"①

6. 另有一次，一位德高望重的老先生来提班见阿爸阿喀琉斯，对他说："阿爸，你成了我的诱惑！"他对他说："抱歉，像您这样的老先生，也会因为我而受到诱惑吗？"老先生谦卑地说："阿爸，的确是这样！"这时，门外坐着一个既瞎又瘸腿的老人。老先生对阿喀琉斯说："我本想在这里多住几天，可是知道不合适，因为这老人在等着。"阿爸阿喀琉斯听了，对老先生的谦卑态度非常惊讶，说："这哪里是淫乱，简直是对恶魔的憎恨呀！"②

亚摩斯

1. 据说，阿爸亚摩斯（Ammoes）去教会敬拜时，他不让自己的弟子走在他旁边，要他保持一段距离；如果弟子有什么要问他的，他会回答他，然后又离开他保持距离，亚摩斯解释说："我只是恐怕给你一些教训之后，会无意间陷入无谓的闲话中，所以与你保持距离。"

2. 起初，阿爸亚摩斯对阿爸以赛亚说："你现在认为我的为人如何？"以赛亚对他说："阿爸，你是天使的化身。"后来，他又问："那么，现在你又认为我的为人如何？"以赛亚回答说："你现在像撒旦，即使你对我说好话，仍像铁一样硬邦邦的。"

---

① 他们这里学到的功课，可能不只是阿喀琉斯的勤奋干活，而是他一面琢磨圣经的意思，一面思想自己的行为：上帝差雅各下埃及，叫他不要害怕，对阿喀琉斯来说是信心与警醒的功课，既然是上帝的差遣，就要凭信心去做，也要警醒把它做好，因此若用在他编织的事上，也颇合适。

② 老先生指的可能是学问的诱惑，想在阿喀琉斯身上得到更多，以致受人尊重，可是他见到门外有病人在等着阿喀琉斯，知道不能占了时间，别人的需要更大，就告退。阿喀琉斯称赞他的谦卑态度，说这不是淫乱（诱惑的别称），而是不给恶魔留地步，留恋在诱惑中。

3. 据说，阿爸亚摩斯多年躺在病床上，却没有注意自己的斗室是什么样子，也不清楚到底里面有什么。可人们来探病时送了很多礼品。亚摩斯的弟子进出时，都闭着眼睛，不看他在做什么，因为他知道老师是忠诚的修士。

4. 阿爸波伊曼讲述一个弟兄来找阿爸亚摩斯讨教一言的事。他待了整整七天，老先生却一句话不说。后来老先生遭他走，对他说："你走吧，谨守自己！至于我，我的罪恶成为我与上帝之间黑暗的井。"

5. 相传阿爸亚摩斯存有五十升的小麦，他拿出去晾晒。可小麦还未晒干，他却看到了那个环境对他有害的一些事情，他就对仆人说："我们赶紧离开这儿吧！"而仆人对于离开感到悲伤。亚摩斯看到他们惊讶的样子，就说："你们悲伤是因为这些粮食吗？我实在告诉你们，我见过修士逃离，他们遗弃粉刷好的斗室和他们的羊皮经书。他们连房门都不关，就走了！"

尼特利亚的亚孟

亚孟（Amoun）与安东尼及帕科米乌（Pachomius）齐名，是埃及修道主义的第三位创立者。他于公元约295年出生。结过婚，他与妻子度过十七年的苦修生活。在公元330年，他退隐到尼特利亚，成为那里的第一位修士。他收了一些弟子，成为他们的领袖，卒于公元约353年。

1. 尼特利亚的阿爸亚孟来见阿爸安东尼，对他说："我的院规比你的更严厉，为何你的名声远扬比我更甚呢？"阿爸安东尼回答说："这是因为我比你更爱上帝。"

2. 据说，少量的小麦就已经足够阿爸亚孟吃两个月了。有一次，阿爸亚孟与阿爸波伊曼会面，对他说："每当我去拜访邻居的斗室,或者他有什么需要来找我时,大家都不愿意多谈话,恐怕会陷入无谓的闲话中。"老先生说:"你们做得对,年轻人的确要警醒呀!"阿爸亚孟继续说:"那么,老人家呢,他们应当如何做?"他回答说:"老人家若在德行上有进展,就在他们身上找不到俗气了,即使他们说话,一点也不带俗气。"亚孟又说:"那么,我若必须与邻居谈话,你建议我与他谈圣经呢?还是教父们的教导?"老先生回答说:"你如果不能保持沉默,就跟他谈教父们的教导吧,这样不会比谈圣经危险。"①

3. 一位弟兄到瑟格提斯,来找阿爸亚孟,对他说:"我的师父差我去办事,可我害怕会犯淫乱。"老先生回答说:"什么时候试探来临,你就说:'拥有一切德性的上帝啊,求你垂听我师父们的祷告,来拯救我脱离试探吧!'"结果有一天,一个少女把他逼到门里,他就开始大声呼喊:"我师父的上帝啊,救救我吧!"说时迟,那时快,他已被提到瑟格提斯的路上去了。

亚努

《沙漠教父言行录》记载了很多关于波伊曼的言行,亚努(Anoub)就是波伊曼的七个亲兄弟之一。他们中有三个兄弟:亚努、帕伊西乌(Paesius)和波伊曼,苦修的早期他们一起住在瑟格提斯,由波伊曼带领。瑟格提斯第一次被毁后(407—408),他们与其他兄弟一起到特勒努提斯(Terenuthis)去,在那里决定建立修道的共同生活,以亚努为院长。瑟格提斯被毁是埃及修道运动的转折点,从那时开始,修士们各散东西,渐渐地,中心活动从埃及移到了巴勒斯坦一带。以下关于亚努与他兄弟的故事指出建立修道共同生活的关键,即是防止外侵。

---

① 这里,"危险"表示解错了经文。

1. 阿爸约翰述说：阿爸亚努与阿爸波伊曼以及其他亲生兄弟们都在瑟格提斯成为修士。当蛮族第一次入侵时，整个地区遭到毁坏，他们就离开那里，来到一处叫做特勒努提斯的地方，决定待下来。初来时，他们在一所庙宇中住了几天，阿爸亚努对阿爸波伊曼说："为了爱的缘故，让我们各自安静地住上一个星期，不要接触对方。"阿爸波伊曼回答说："好的，就照着你的意思做吧。"他们就这样做了。在那间庙宇里有一座石像，阿爸亚努早晨起来就向这座石像掷石子，黄昏时又向那石像说："真抱歉！"他整整一个星期都是这样做。到了周六，他们聚集在一起，阿爸波伊曼对阿爸亚努说："阿爸，我发觉整个星期你都向那石像掷石子，然后又跪在它前面求它原谅。这是一个信徒应该做的吗？"老先生回答说："我所做其实是为了你们的缘故。你们看见我向那石像掷石子时，它是否说话了？或发怒了？"阿爸波伊曼说："没有。""或者，我向它俯伏求饶时，它感动了没有？它有没有说：'我不宽恕你呢？'"阿爸波伊曼也说："没有。"于是，老先生又继续说："我们七个弟兄，如果要一起相处，让我们就像这座石像一样，打它也好，奉承它也好，都无动于衷。如果你们不愿意像它这样，这庙宇有四道门，就让我们各走各路吧！"于是，他们都俯伏下来，对阿爸亚努说："阿爸，我们愿意按你的意思行，都听你的！"阿爸波伊曼加了一句："让我们终生住在一起，按照老先生的吩咐去干活吧！"阿爸亚努选了一位做管家的，无论他给他们什么，他们都吃了，没有人敢说"以后给我们不同的东西"，或者敢说"我们不愿吃这个"。他们就这样终其一生，活在宁静安逸中。

2. 阿爸亚努说："自从基督的名在我身上被高举后，我口中没有说过一句谎言。"

亚伯拉罕

1. 据说,有一位长者省吃俭用长达 50 年之久。他自己也夸口说:"我已经把淫乱、贪婪、自夸从我的身上消除掉了。"阿爸亚伯拉罕(Abraham)听到了,就去找他,问他说:"你真是这么说的吗?"他回答说:"是呀!"于是阿爸亚伯拉罕又问:"你若发觉有一个女人在你斗室里,躺在你的席上,你能说她不是女人吗?"他回答说:"那不可能!我会与自己的欲念斗争,这样就不会触摸她!"阿爸亚伯拉罕说:"啊!这样你其实没有真的除掉情欲呀,它们还在你的身上,而你只是能暂时控制它们而已。我再问你,你若行路时,忽然在石子与贝壳堆中见到黄金,你会觉得它们的价值相等吗?"他回答说:"当然不会!可我会在心中挣扎,以至于不会拿走那黄金。"老先生说:"看!贪婪的心还在你里面呢,只是暂时能控制而已。"阿爸亚伯拉罕继续说:"假如你发觉有两个弟兄,一个喜爱你,而另一个却憎恨你,说你的坏话;他们若一起来见你,你是不是两个同样欢迎呢?"他回答说:"那不能,我会努力压制自己,以至于能对那个憎恨我的表示谦和,正如对那个喜爱我的一样。"阿爸亚伯拉罕对他说:"所以我说呀,我们的情欲仍继续活在我们里面,只是圣洁的人能够加以控制而已。"

2. 一位弟兄询问阿爸亚伯拉罕说:"我如果发觉自己吃得太多,会有什么后果呢?"老先生反问说:"弟兄啊,你在说什么话啊?你怎能吃得这么多呢?难道你以为是到打谷场去打谷吗?"①

3. 阿爸亚伯拉罕曾讲述关于瑟格提斯的文士,说他不吃面包。②

---

① 老先生嘲笑这位弟兄无谓的询问,做一个修士本应吃得少而简单,怎会问起这样的问题来呢?
② 表示愿意过清苦的生活。

一位弟兄来请他抄写一册书卷。这老先生静心默想,在抄写时,漏了一些句子,又没有加上标点符号。弟兄拿到书卷,想要为它加上标点符号,可发觉有些地方漏抄了,就对老先生说:"阿爸,有些句子漏了。"老先生对他说:"去吧,你先践行已经抄好的,然后回来,我再为你加上遗漏的部分。"

亚烈

1. 阿爸亚伯拉罕去找阿爸亚烈(Ares)。他们正坐在一起,这时来了一位弟兄要找阿爸亚烈,对他说:"请你告诉我如何得救?"他回答说:"去吧,你在这一年里,只在黄昏时刻吃面包夹盐。然后,你一年后回来我们再谈。"这位修士回去了,照阿爸亚烈说的做。一年后,他回来见阿爸亚烈。恰巧这时阿爸亚伯拉罕也在场。老先生再次对弟兄说:"你再回去禁食,隔两天才进餐,要坚持一年之久。"当弟兄离开后,阿爸亚伯拉罕就对阿爸亚烈说:"你对其他弟兄都放宽处理,为何偏偏对这位弟兄这么严厉呢?"老先生回答说:"我这是按照弟兄们来寻找我的目的,吩咐他们回去做的。这位弟兄真的是为了上帝的缘故来求赐一言的,他很勤奋,我如何吩咐,他都会乐意去做。所以,我才这样将上帝的话给他。"

亚罗尼乌

1. 阿爸亚罗尼乌(Alonius)说:"人若不在心里说,在这世界就只有我与上帝,他就无法得到平安。"
2. 他也这样说:"我若没有彻底消除我自己,就无法重建、重整自己。"
3. 他也说:"人若在一天之内,从早到晚都渴望上帝的德性,他必能达到。"

4. 一天，阿爸阿伽同来询问阿爸亚罗尼乌说："我如何能控制自己的舌头不再撒谎？"阿爸亚罗尼乌对他说："你若不撒谎，你就为自己预备了很多罪恶。"他问："这是什么意思呢？"老先生对他说："假设你见到两个人犯了谋杀罪，而其中一个逃到你的斗室里。判官来追捕时，问你说：'你见到了谋杀犯没有？'你这时候若不撒谎，你就无形中把他交出来，处死了他。我认为你最好还是无条件地把他交在上帝手中，因为他无所不知。"①

亚菲

1. 相传，奥西林古（Oxyrrynchus）的主教阿爸亚菲（Apphy）在做修士时，过着严格的苦行生活。当他成为主教时，他虽然在俗世中，仍想过同样的苦修生活，却没有毅力这样做。因此，他俯伏在上帝面前说："难道你的恩典因为我的职位，已经离开我了吗？"于是，他得到了这个启示："不是的，当你仍在独处时，你没有其他，只有上帝是你的帮助；现在你在俗世中，你只有靠人了。"

亚波罗

亚波罗（Apollo）成为瑟格提斯的修士之前，行了令人发指的暴行。科普特修士是埃及修士群中为数最多的，他们的个性较为粗俗，亚波罗是其中一个极端的例子。他们与文质彬彬的伊瓦格里乌（Evagrius）以及罗马贵族出身的阿瑟纽（Arsenius）相去甚远，这就酿成了后来的冲突。

1. 在塞尔斯（The Cells）有一位老先生叫做亚波罗。假如有人找他干活，他就会欢欢喜喜地去做，说："我今天要去与基督同

---

① 这里又是一个怜悯胜过一切的例子。

工，因为这是为拯救我的灵魂而做，那是他赐给我的奖赏。"

2. 相传，在瑟格提斯有一位阿爸亚波罗，他从前是一个牧羊人，性格粗野怪异。一天，他在田野里见到一个怀孕的妇女，他像受到魔鬼的指使似的，对自己说："我真想看看婴孩在母胎里是怎样的。"于是他把孕妇的肚皮割开，看到了胎儿的样子。他即刻心中不安，懊悔莫及，就到瑟格提斯去，与阿爸们说了他所做的坏事。他听见修士们颂歌；"我们一生的年日是七十岁，若强壮可到八十岁，但是所矜夸的不过是劳苦愁烦。"（诗90：10）他就向他们说："我已经活了四十年，却从来没有作过一次祷告！现在，即使只有一年的活命，我也要穷尽一生不间断地求上帝赦免我的罪。"他就真的不再用手干活了，而是以祷告度过每一天，说："我是罪人，你是上帝，求你赦免。"就这样，他的祷告就是他昼夜的活动。一位与他同住的弟兄常听到他祷告说："主啊，我得罪了你；主啊，赦免我，让我得到一点安宁。"他很肯定上帝已经赦免他的一切罪，包括杀害那妇女，可他却怀疑杀害婴孩的罪能否得到赦免。于是老先生对他说："上帝已经赦免你了，包括婴孩的丧亡，可他让你忧伤，因为对你心灵是有好处。"

3. 关于如何接待弟兄的事，同一个阿爸亚波罗要我们向来访的弟兄俯伏，因为这不是对着他们，而是对着上帝俯伏的。他说："当你看到弟兄，你就像看到我们的主上帝一样。"他接着说："这是我们从亚伯拉罕那里学到的（参见创18章）；你接待弟兄时，请他们稍息一会儿，又是我们从罗得怎样接待天使的做法学到的（参见创19：3）。"

安得烈

1. 阿爸安得烈（Andrew）说："以下三件事对修士是合适的：自我

流放、贫穷、在沉默中忍耐。"

亚伊奥

1. 相传,在提班有一位老先生,叫阿爸安迪奥努(Antionus)。他年轻时做了很多善事,到年老时却又病又瞎。弟兄们知道他病了,就细心照顾他,甚至把食物喂到他的口里。他们来问阿爸亚伊奥(Aio)如何处理这让人担心的事。他回答说:"我告诉你们,如果他连一颗枣子都吃得乐意,那么上帝就会除去他以前的善行;可如果他吃得勉强,上帝会保存他的善行,因为他不得不做这违背他的意愿的事。你们弟兄也得了应得的赏赐。"①

亚摩纳达

1. 有一天,一位税官到比路夏(Pelusia)来向修士们纳税,要他们像其他居民一样缴税。弟兄们一齐聚集商量这件事,然后去找阿爸亚摩纳达(Ammonathas)。几个长者认为应该上达皇帝恳请他作主。阿爸亚摩纳达对他们说:"这么麻烦的事就免了。你们大伙先回到各自的斗室去,好好禁食两个礼拜,至于我呢,靠着上帝的恩典,就让我来处理这事吧!"于是大家就各自回去了。老先生也安然待在自己的斗室里。两个礼拜过去了,大伙儿看到老先生那里好像没有什么动静,非常不满,他们说:"老先生一点儿也不管我们的事!"到了第十五天,大伙儿按照计划又聚集在一起,这时老先生来了,还带着盖有皇帝玉玺的信。他们看到了十分惊讶,忙问他说:"阿爸啊,您是从哪儿得来的

---

① 原文较难理解。英译者也无法表达清楚,估计最可能的意思是:病人已经完全接受上帝对他生命的安排,他若仍想要享受吃喝,即使是吃一颗枣子也是违背上帝的旨意;他若不情愿吃,则表示他愿意让上帝安排他的生死。这样,他的善行在上帝面前就得赞赏,弟兄们也尽了关怀的心。

这个?"于是,老先生就说:"弟兄们,请相信我,那天我连夜赶到皇上那里去,是他写了这封信;后来,我又跑到亚历山大城的税官那里去,请他附签了字,然后才回到你们这里。"大家听了,就惊慌地向他请罪。就这样,事情办好了,税官也不再来搅扰他们了。

BETA

大巴西尔

大巴西尔（Basil the Great，约330—379）是尼撒的格列高利的亲哥哥，姐姐是玛格里娜（Macrina）。他受过卓越的教育，在叙利亚与埃及一带做修士，后来作为隐修士回到新凯撒利亚（Neocaesarea）居住了一段时间（358年）。公元370年时，他承袭优西比乌（Eusebius）任凯撒利亚的主教，维护正统派神学，竭力与阿里乌（Arius）的异端思想抗争。他又在凯撒利亚建立了修道院，以他从埃及那里学来的方式组织这里的活动。他书写了两册关于修道生活的规则，称为《长会规》与《短会规》。在9世纪时，经学者西奥多（Theodore the Studite）修改，成为东方修道运动的根基。

1. 一位老先生说："有一天，圣巴西尔来到修道院，给他们劝勉讲道后，对那里的主持说：'这里有没有哪一位弟兄是顺服的？'他回答说：'师父，他们每一个都是你的仆人，都为他们自己的拯救下工夫。'可他又问：'你们这里有没有哪一位弟兄是完全顺服的？'于是主持把一个弟兄带来，圣巴西尔就叫他来服侍餐食。用完餐后，那位弟兄端水让客人洗手，圣巴西尔对他说：'过来，让我也给你端水。'这位弟兄就让主教为他倒水。于是圣巴西尔对他说：'等会儿我进入圣所时，你也跟着我来，我要按立你为执事。'圣巴西尔这样做了之后，又按立他为牧师，然后带他回主教府，因为知道他是顺服的。"

巴萨里昂

巴萨里昂（Bessarion）的言行录是由他的弟子都拉斯（Doulas）以第一人称记载下来的。这里记载的第四则讲的是（391年）亚历山大城的异教庙宇被毁，当时塞拉皮翁（Serapion）异教受到驱逐，都拉斯正在拜访利古城的约翰（John of Lycopolis）的故事。这就是亚历山大城的提阿菲罗主教，利用粗俗的科普特修士，以暴力的手段与异教及异端开战的历史事件。传说著名的希巴霞（Hypatia）的故事就是以它为经纬的。① 这则故事同时介绍了妇女们在沙漠苦修中成为女修士的事迹，她们的言行也记录在后。

1. 阿爸巴萨里昂的弟子阿爸都拉斯曾说："有一天，我们在海边行走时，我感到口渴，就对阿爸巴萨里昂说：'师父，我渴了。'他祷告后对我说：'你就喝几口海水吧！'我真的喝了，感觉水是甘甜的。我甚至将一些水倒进皮袋里，以防再口渴时有水喝。老先生看见了，就问我为何这样做。我就对他说：'抱歉，这是恐怕等会儿会再渴。'老先生却说：'上帝在这里，上帝无所不在呀！'"

2. 在另一个时候，阿爸巴萨里昂有机会到克里索罗亚河那边（Chrysoroas）去，他祷告之后，就启程，竟然在水上步行并且过了河。我见了感到惊奇万分，就请教他说："您在河上行走时，

---

① 希巴霞是当时著名的哲学家和数学家，在亚历山大城深受尊重，以提倡自由思想著称，但是因为不满当时的教会势力镇压异教思想，极力抗议，后被当局以莫须有的罪名处死，在历史上成为非常有争议的事件。

足下感觉如何?"他回答说:"我只感觉水到了脚跟,其余部分都是干的。"

3. 又有一天,我们在去探访一位老人家的路上,正逢太阳西沉,阿爸巴萨里昂就祷告说:"主啊,求你让太阳停住,一直到我们抵达你仆人那里。"事情真的就这样发生了。

4. 又有另一天,我到他斗室那里时,见到他站着祷告,双手向天举起。他就这样做了 14 天。然后他喊我过来跟随他。从那里我们进入沙漠地区。我当时觉得口渴了,就对他说:"师父,我渴了。"于是老先生拿起我的羊皮衣,到不远处去祷告,然后回来,羊皮衣就沾满了水。我们继续行走,来到一处山洞就进去,见到一位弟兄正聚精会神地编织绳子。他不看我们一眼,也不与我们打招呼,估计不愿意与我们交谈吧。老先生对我说:"让我们走吧,老先生可能不愿意与我们交谈。"于是我们又上路,继续行走,直到利古城阿爸约翰的斗室那里。我们问候他之后,一起祷告,然后师父就向我们讲述关于他所看到的异象。阿爸巴萨里昂说他得到话语,说异教的庙宇将倾塌。事情的确是这样:庙宇果然倾塌了。在回来的路上,我们又来到起先那位弟兄的洞穴前。老先生对我说:"让我们再进去看看他,可能这次上帝告诉他要与我们说话也未可知。"当我们进去时,却发觉他已经死了。老先生对我说:"弟兄,来吧,让我们处理他的尸体,这就是上帝要我们回来这里的原因吧!"可我们拿着尸体去埋葬时,才发觉原来这是一位妇人。老先生很惊讶,就对我说:"你看,这妇人在这里战胜了撒旦,而我们在城中却做了丑事。"我们临走前,就向那爱他、保护他的上帝感恩祷告。

5. 有一天,一个被鬼附的人来到瑟格提斯,牧师们都为他祷告,可魔鬼不离去,因为是一只顽鬼。牧师说:"我们如何对付这顽鬼呢？我们这里没有人能把它驱走，只有阿爸巴萨里昂能够，可我们要是去找他，他也不肯来，即便是来教会这里。所以我们可以这样做：我知道他明天比别人更早到教会来，我们事先让这被鬼附的人在这里下榻，他来时，我们依时祷告，然后对他说：'阿爸，请你叫醒他吧！'"他们就按计划做了。老先生来时，他们依时祷告，然后对他说："请你叫醒他吧！"老先生对那人说："起来，离开吧！"魔鬼即刻就离他而去，从此那人就得了医治。

6. 阿爸巴萨里昂说："我曾挺身站立在荆棘丛中，总共14天之久，也没睡着。"

7. 一位弟兄因为犯了罪被牧师从教会赶出去；阿爸巴萨里昂也起身，与他一同出去，说："我跟他一样，也是罪人。"

8. 同一位阿爸巴萨里昂说："我有14年没有躺下来了，我是经常坐着或站着睡觉的。"

9. 同一位阿爸说："当我们活得安稳时，没有什么挣扎，就要谴责自己，恐怕因为安乐而误入迷途，这就不合适了。我们若夸耀自己，便是自投争战中。可上帝会因为我们的软弱，不让我们受到试探，恐怕我们不能胜过。"

10. 一位弟兄，与其他弟兄们同住一室，来问阿爸巴萨里昂说："我该怎么做？"老先生说："只要保持沉默，不要与别人比较。"

11. 阿爸巴萨里昂临终时说："修士该像基路伯和撒拉弗：浑身全是眼睛，昼夜警醒。"

12. 阿爸巴萨里昂的弟子们称，他的生活像天空的飞鸟、水中的鱼、地上的动物一样，一生没有忧虑与挣扎。他不担心住在哪里，心中从不苟求什么住处，只要充满喜乐；也不苟求有房子或博览群书。他只是完全摆脱了身体的情欲，单靠未来福分的盼望、坚韧与信心的力量。他忍耐过活，像一个囚犯，任人拖拉，受寒受暑。他经常在露天生活，在沙漠边缘流浪。他也不怕漂洋过海到渺无人烟之处。他若来到较舒适的环境，有弟兄共同生活时，就会跑到修道院大门外流泪哭泣，像一个沉船的人被抛回到陆地一样。若有一个弟兄出来时，见到他坐在那里像在世间漂流的穷困乞丐，起了怜悯的心，近前来对他说："你为何哭泣？你有什么需要，我们会尽力让你得到援助，只是你先进来，歇一会儿，与我们一齐用饭吧！"他就会回答说："我若不找到我失去的家财，我是不能有瓦遮头的。"接着说如何多次遇难失掉了家财："我遇到过海盗，也沉过船，我曾小有名气，可现在却侮辱了自己的名。"于是弟兄很受感动，回去把一些面包带来给他，说："老先生，你拿着吧！至于其他的，你不是说了吗，上帝会偿还你的：就是你睡的房子呀、荣誉呀、钱财呀，等等。"可是，他更加嚎啕大哭，叹气说："我也不知是否还能找到失掉的宝贝，不过，我还是要受更多的苦，天天要冒着生命危险，无法消减我极大的灾祸。因此，我必须流浪，为要行完我的人生路程。"

便雅悯

1. 阿爸便雅悯（Benjamin）说："收割时分过后，我们回到瑟格提斯，我们的酬劳是一斗从亚历山大城运来的油，放在灰泥罐里。当下一年的收割季节又来到时，弟兄们就都把去年留下的油带去送给了教会。至于我，我没有揭开泥罐盖，只是扎了个孔，倒一小部分出来用，心中以为自己做了一件称心的事。可弟兄们带来的灰罐是原封不动的，而我的却是已经扎了孔，我真是无地自容，像自己犯了奸淫一样。"

2. 克利亚的牧师阿爸便雅悯说："有一天，我们到瑟格提斯去找一位老先生，想要送他一些油，可老先生说：'你看我还有你们三年前给我送来的小油罐，一直摆在那里还没用呢！'我们听了就惊讶于老先生的美德。"

3. 同一个阿爸说："我们到另一位老先生那里，他留我们吃饭，给我们端上辣根油。我们对他说：'是不是可以吃较能上口的油呢？'他听了就觉得烦恼，对我们说：'可我不晓得还有其他别的油呀！'"

4. 阿爸便雅悯临终时对他的儿子们说："你们若遵行以下的教训就能得释放：'常常喜乐，不住地祷告，凡事谢恩。'"

5. 他也说："要行在上帝辉煌的道上，心中不存诡诈，数算路上的每个路标。"

毕亚勒

1. 有人询问阿爸毕亚勒（Biare）说："我应如何做才能得释放？"① 他回答说："去吧，减轻你的食欲和劳作，无忧无虑地住在你的斗室里，就能得释放。"

---

① 参见第 49 页注释 1。

GAMMA

神学家格列高利

1. 阿爸格列高利（Gregory the Theologian）说："上帝向那些已受洗的人要的是：心存真信仰，口存真实话，身存真节制。"
2. 他也这样说："对于勤奋劳作、心存指望的人来说，一生就像一天的日子那样轻易度过。"

格拉修

格拉修（Gelasius）在埃及一带学习苦修生活，在公元5世纪中叶成为尼罗波利（Nilopolis）的主持，是著名的学者和主持，参与教会的政治与修道院的诉讼案件。他大力支持优弗纳主教（Juvenal），并坚守卡尔西顿会议的信条。这里在第二则故事中介绍了著名的石柱苦行士西缅（Saint Symeon Stylites）在安提阿城外所建的石柱上苦修。西缅在这里扮演举足轻重的仲裁角色，很多宗教内外的人遇到纷争都会来找这位兼具先知与圣贤身份的修士做裁决。

1. 相传，阿爸格拉修曾经收藏一册皮革圣经，值十八块银元，包括旧约与新约圣经。他把它摆放在教会里面，任人阅读。一个陌生的弟兄来找老先生，看到了那册圣经，想占为己有，就在离去时偷了去。老先生虽然知道了，却不去追赶，讨回窃物。那位弟兄跑到城里，试图把它卖掉，有一个买主问价，他开价十三块银元。买主说："你可否先借给我，让我仔细查验，也好出个价格。"于是他就让买主带走。买主把它带给阿爸格拉修看，请他查验，并告诉他卖主开的价格。老先生对他说："你就买下吧，这圣经实在很美，很值得开的那个价格。"买主回去时，向卖主说了查验的事，却与老先生对他说的话不同。他说："我让阿爸格拉修查验过了，可他说你开的价格太贵了，不值得。"他听了，连忙问："老先生还说了什么？"他回答说："没有啊！"于是卖主说："我不想卖了！"他心中充满懊悔，就去找老先生，求他拿回那册圣经，愿意悔罪补偿。可老先生不愿领回所失去的。于是弟兄对他说："你若不拿回去，我永远心里不安。"老先生说："你若真的心里不安，那我只好拿回来了。"因此这位弟兄从老先生的处世为人中得到造就，就终身留下来了。

2. 一个曾住在尼罗波利的老修士，把一个斗室与周遭的地留给阿爸格拉修。适逢一个也住在巴勒斯坦尼罗波利的巴塔克（Batacus），属下有一个农夫来求见阿爸格拉修，要阿爸格拉修为他作主把那块地给他，因为按法律规定，那块地应属于农夫。巴塔克是一个蛮不讲理的人，就试图从阿爸格拉修那里把地抢回去。可是，阿爸格拉修不愿见到修道圣地沦作世俗用途，不肯放弃。巴塔克看到阿爸的牲口从那地里驮载橄榄，就硬把牲口拖到一边，自己抢走了橄榄，经过一番暴力折腾，好不容易才让牲口与脚夫脱身逃回。老先生没有追讨那些橄榄，可因为以上的原因，他还是不肯放弃那块地的拥有权。巴塔克很愤怒，因他有其他要事（他喜欢诉讼人），就先出发到君士坦丁堡去；来到安提阿附近，这里圣西缅的名声非常显赫，如日中天，巴塔克也听说过这伟大的人物，作为信徒的他，盼望见到这位圣人。

他刚进入修道院，圣西缅从石柱顶上就看到了他，便问："你从哪里来？要往哪里去？"他回答说："我是从巴勒斯坦来，要往君士坦丁堡去。"他继续问："去做什么？"巴塔克回答说："要做的事可多呢！可我盼望你能为我祷告，等我再回来时，必在你神圣的足迹前下拜。"圣西缅却对他说："你这可恶的人，你不愿意说出，你其实是要与上帝重用的人作对。你这一去必不顺利，也再不能回到家了。但是，你若听我劝告，现在就离开这里，赶紧回去，若还能活命，就向他道歉吧。"巴塔克立时就发起烧来，他的同伴连忙把他放在担架上，按照圣西缅的话，赶去见阿爸格拉修，恳求他的赦免。可是，他只到贝鲁特 (Beirut) 就死了，正如老先生所言，回不到家了。这是他的儿子，也叫做巴塔克，向许多有信誉的人述说关于父亲之死时所讲的故事。

3. 许多弟子经常提起以下这则故事：一天，有人送来一条鱼，厨师把鱼烧好后，就把鱼带到管地窖的人那里。他因为有急事在身，把那碟鱼放在地窖的地上，让阿爸格拉修的一个小弟子看管，直到他回来。那小弟子忽然食欲大作，贪婪地把鱼吃了。管地窖的人回来时，看到他吃着那条鱼，就向坐在地上的小弟子发怒，不假思索地用脚踢他。怎知这一踢，鬼使神差，正中要害，小弟子就一命呜呼了。管地窖的人异常惊慌，连忙把他放在自己床上，盖住，然后跑到阿爸格拉修脚前伏下，说明发生的事。格拉修让他不要向任何人说，吩咐他等到夜间全部人都去休息了，把小弟子拉到议会室去 (*diaconicum*)，放在那里的祭坛上，然后离开。老先生自己进到议会室去，不断地祷告。到了晚祷时刻，众弟兄都汇集了，老先生就退出，后面紧跟他的是那位小弟子。没有人知道发生了什么，只有他与管地窖的人晓得，一直到死。

4. 有一件事，不只是阿爸格拉修自己的弟子，还有那些见过他的人都很乐意述说。在卡尔西顿大公会议中，一位叫做狄奥多西（Theodosius）的人，曾加入巴勒斯坦的狄奥斯库若（Dioscorus）之异端，因为兴风作浪，被驱逐出本国，这时也在会议中，他估计主教们不久就要各自回返，把决议带回去宣告，便连忙去阿爸格拉修的修道院找他。他报告说聂斯脱利的学说大获全胜，其实根本就是与大会决议相反，他以为这样做，就能拉拢老先生同护异端，与教会分裂。可老先生看破他的言词，靠着上帝启示的洞见，知道这些言词能带来的破坏；他不仅没有像其他人那样，加入这种叛教的行动，反而责备他一番后赶他走，他还叫了那位他盼咐从死里复活的小弟子前来，慎重地对他们说："你们若要争辩信仰，你们之间愿意听你们、顺从你们的人多得是，至于我，是没时间听你们的。"狄奥多西听了觉得很狼狈，就急忙离开，赶回圣城去，在那里召集了全部修士，以对信仰的火热为借口，以护教为由，夺了耶路撒冷的主教席。其实他老早已经用暗杀的手段，违反上帝的诫命与教会的会规，为自己预备了篡位。他篡位得逞，坐上主教的宝座后，就马上按立很多主教，强占还未归回的主教们之席位，然后他又下令要阿爸格拉修前来。他到底还是敬畏老先生，于是就请他到圣所来，试图说服他。当阿爸格拉修进入圣所时，狄奥多西对他说："请你开除优弗纳（Juvenal）的教籍吧！"可他无动于衷，回答说："除了优弗纳之外，我不承认任何其他的耶路撒冷主教！"狄奥多西恐怕别人也会仿效他的义怒，就连忙毁谤奚落他，把他驱出教会。这些叛教的人们抓住他，用柴捆围困他，恐吓要把他活活烧死。可是，不管怎样也不能使他屈服，也吓不倒他。他们害怕民众骚动，因为他有来自天上的帮助，受到大众的爱戴，他自己本来也不惜将身体献给基督为殉道者，他们只好把他放了，让他安然无恙地回去。

5. 相传，他年轻时度过了赤贫的独修生涯。当时，也有不少人与他在同一个地区，过着同样的生活。其中，有一位长者在自己的单间斗室里终其一生。他非常朴实，虽然老年时招收了一些弟子。这位长者奇特的朴修作风是，提防自己拥有多过一件衣裳；在他的有生之年，时时与他的同伴在一起，从不记挂明天的事。

　　当他靠着上帝的帮助，建立了修道院时，他收到了许多赞助，他也获得了牲口与牛只，这些都是修道院颇为需要的。起初他先与阿爸帕科米乌（Pachomius）商量关于建立修道院的事，也一直在建立期间与他沟通。我们前面记述的那位长者看到他的这种做法不以为然，可为了要保持对他的爱心，就对他说："阿爸格拉修啊，我深怕你的精神会为这些修道院的地土和财物所困。"可他回答说："我却深怕你对手中赖以为生的针线所困，多过于格拉修对这些财物的忧虑！"

6. 相传，阿爸格拉修经常泛起回到沙漠的念头。有一天，他对弟子说："弟兄，请你对我要做的事加以忍耐，在这整整一个礼拜中，千万不要与我说话。"于是，他手里拿着一枝芦苇，绕着自己的小花圃行走。他累了，就坐下一会儿，然后又再次站起来行走。到了傍晚，他自言自语说："在沙漠行走的人，不吃面包，只嚼香草，所以你现在累了，就吃点菜吧！"他就吃了点菜，然后又对自己说："在沙漠行走的人，都是露宿的，你也应该这样做。"于是他就躺卧在花圃边上睡觉。就这样，他在修道院里三天，傍晚吃几片菊苣叶，整夜露宿在外。他开始觉得疲乏不堪。他就用以下的话来反驳他想放弃的念头，说："你若不能忍受沙漠中的生涯，就必须老老实实地待在自己的斗室里，为自己的罪哭泣，别再奢想来这儿去那儿的了。因为上帝的眼目看到人所行的一切，没有什么能瞒得过他的，他晓得哪个是行善的！"

格荣提乌

1. 住在彼特拉的阿爸格荣提乌（Abba Gerontius）说：很多人受到身体欲望的诱惑时，其实已经犯了奸淫，不是在身体上，而是在心灵中，虽然保持身体的贞洁，可心灵已经犯了淫乱："所以，亲爱的，最好能按着经上所说：你要保守你心，胜过保守一切。"（箴4：23）

DELTA

但以理

但以理（Daniel）是阿瑟纽的弟子。阿瑟纽在公元449年去世时，他在阿瑟纽身边，阿瑟纽给弟子们留下了外套、粗里衣与凉鞋，但以理说："虽然我觉得不配，我仍然穿在身上，能从中得到他默默的祝福也未可知。"

1. 相传，当蛮族侵略瑟格提斯时，其他长者们都逃了，阿爸但以理这位老先生说："如果上帝不看顾我，我还活着干什么？"之后他在蛮族群中经过而没有被发觉。于是，他对自己说："你看，上帝不是看顾我吗？因为我没有死。既然如此，我也应与常人一样，与教父们一块儿逃生。"

2. 一个弟兄来询问阿爸但以理说："请你赐下诫命，我好遵守。"他回答说："千万不要把你的手和女人的手，同放在一个盆子里洗，别与她一起用餐；那样你就能避开淫乱的魔鬼。"

3. 阿爸但以理说："在巴比伦，有一个重要人物，他的女儿被鬼附。一位受到这个父亲敬爱的修士对他说：'除了我认识的几个独修人士外，再也没有其他人能医治你的女儿了。可是，你如果请他们来医治，他们会拒绝你，因为他们都是很谦卑的人。

我想我们只有这样做：他们若到市集去，你就佯装要买他们的物品，他们来取钱时，就赶紧请他们做一个祷告，我相信你的女儿必能得医治。'于是，他们就到市集去，见到老先生们的弟子在兜售他们的物品，就连人带篮子拉回去，让他去取钱。可是，当那位修士到了主人家时，被鬼附的那个女人跑来，掴了他一巴掌。而他只是转过脸来，按照主耶稣的吩咐做（太5：39）。魔鬼因此被击伤了，就大喊说：'好厉害啊，耶稣的命令把我赶出来了！'女人即刻就得洁净了。当老先生们来访时，他们就复述了这件事，归荣耀给上帝，说：'这证明了魔鬼的骄横如何能被击败，就是靠基督谦卑的命令！'"

4. 阿爸但以理又这样说："心灵软弱时，身体的欲望就相应膨胀，同样身体欲望减弱时，心灵就相应强盛。"

5. 有一天，阿爸但以理与阿爸亚摩斯（Abba Ammoes）一道上路。阿爸亚摩斯说："先生，我们什么时候也安居在一个斗室里呢？"阿爸但以理说："有谁能使我们与上帝隔开呢？上帝在斗室里，可他也在斗室外呀！"

6. 阿爸但以理曾述说一则关于阿爸阿瑟纽在瑟格提斯时的事，说那时有一个修士常去偷窃老先生的东西。阿爸阿瑟纽把他拉到自己的斗室里，为了要改变他，同时也让其他长者能过上安宁的日子。他对这个修士说："你要什么我会给你，只是你不要偷窃了。"于是老先生就给他黄金、硬币、衣物，他需要的一切都给了他。可这位弟兄恶性难改，又再次行窃。老先生见他仍不改过，就把他赶走，说："如果一个弟兄因为意志软弱而犯罪，我们必须忍耐承受，可是，如果他偷窃，就要赶走他，因为他这样做，不仅伤害了他的灵魂，也骚扰了邻居们。"

7. 以下是法然人（Pharanite）阿爸但以理讲述的一则故事："我们的师父阿爸阿瑟纽跟我们述说了一个住在瑟格提斯的人，他颇有名气，信仰却是很单纯；他太单纯，以至于被骗了还不知，却说：'我们领受的这饼不是基督的身体，而是一种象征而已。'有两位长者曾听到他所说的这话，知道他的为人颇为正直，不是出于恶意，而是思想单纯。于是，他们找他谈话，说：'先生，我们听说有人提出了一个与我们信仰相悖的说法，认为我们领受的饼不是基督的身体，而是一种象征。'长者说：'说的人就是我。'他们便劝勉他：'先生，请不要相信这种说法，应该接纳大公教会传给我们的教义。至于我们，都相信圣餐的饼就是基督的身体，也相信圣餐的杯是基督的宝血，这都是真理，不是象征而已。正如起初上帝以他的形象造人时，他用地上的尘土造他，我们虽然看不到形象如何，却不能说人没有上帝的形象；同样地，他说那饼就是他的身体，我们也相信那就是基督的身体。'长者对他们说：'我觉得没有完全合理的解释，就不能完全信服。'于是他们说：'让我们用整个星期的时间，为这个奥秘向上帝祷告，相信上帝必会给我们启示。'长者很乐意接受这意见，就这样祷告说：'主啊，你是知道的，我不信服不是出于恶意，只是不愿意因为我的无知而走入歧途，就求你向我启示吧，主耶稣基督。'其他的长者都各自回到他们的斗室，也向上帝祷告说：'主耶稣基督啊，求你向那长者启示这奥秘，让他相信，不至于失掉应得的赏赐。'上帝聆听了双方的祷告。周末，他们三位都到教会去，三个人坐在一处，那长者坐在中央。这时，他们的心眼被打开来了，当圣餐的饼放在圣桌上时，有一位像小孩童的，只向他们显现。当牧师伸出手掰饼时，忽然见到一位天使持着剑，从天而降，他把小孩童的血注入圣杯里，那天使也把小孩童切成了碎片。当他们前来领受圣餐时，只有那位长者领受一块血淋淋的肉。他看到了非常惊慌，就喊叫说：'主啊，我现在相信这饼是你的身体，这杯是你的宝血！'那块肉即刻就在他手中，按照上帝的奥秘，变回了饼。于是他就感谢上帝领受了。那些长者对他说：'上帝知道人类的本性，晓得人不能吃生肉，所以就让他的身体变为饼，让他的血变为酒，给那些凭信心领受的人。'于是他们就为这位长者感恩，因为上帝没有让他失掉他努力得来的赏赐。这样，他们高高兴兴地回到了自己的斗室。"①

8. 同一位阿爸但以理讲述一位住在下埃及的伟大老先生，他也是思想单纯，说麦基洗德是上帝的儿子。这事传到亚历山大城的主教西利尔（Cyril）那里，就叫人请他过来。他听到这位老先生行过神迹，而且他向上帝祈求的事都应验了，也听说他那样说话是因为他是单纯的人，就很有智慧地对他说："阿爸，我本也相信麦基洗德是上帝的儿子，可另一个念头又说他只不过是人，是上帝的大祭司。我为此觉得非常困扰，就差人到您那里，请您祷告上帝让他启示给你知道。"老先生对自己的恩赐很自信，就不假思索地说："你给我三天时间，让我祷告上帝关于此事，我必给你答案让你知道他是谁。"于是他就退下去，为着这个问题向上帝祷告。过了三天，他就回来告诉西利尔，说麦基洗德果真是个人而已。主教就对他说："阿爸，您是怎样知道的？"他回答说："上帝让我们的列祖在我眼前一一掠过，从亚当到麦基洗德。所以确实是这样。"老先生就这样说服自己，麦基洗德只不过是人，便退去，西利尔也为此大大喜乐。

狄奥斯库若

狄奥斯库若（Dioscorus）是尼特利亚的修士。他是传说中的

---

① 基督教在圣餐神学上的争论仍没有一致的看法。天主教承接传统上的说法，坚持圣餐的饼与酒，在神职人员祝圣后成为基督的身体与血；其他的说法不一，另一端的说法是，施行圣餐礼只是纪念耶稣为人死，让人得到拯救。这则故事明显是站在传统的说法上。

"四高弟兄"的一个，与提阿菲罗（Theophilus）争论奥利金的异端性见解。大主教帕拉迪乌（Palladius）说梅拉尼娅（Melania）在公元373年探访埃及时，曾见过狄奥斯库若。他后来在尼特利亚十英里外的赫尔摩波利（Hermopolis）做主教，在公元394年参加君士坦丁堡大公会议。他因为对奥利金的异端性见解表示同情而被革职逐出教会，于5世纪前期去世。

1. 相传，拿其亚斯人（Nachiaste）阿爸狄奥斯库若吃以小麦和小扁豆烤出的面包。每年他都会下定决心做某一件事，譬如说"我今年不愿意见人"；或者"我要保持沉默"；或者说"我今年不吃烧熟的食物"；或者"我不吃果蔬类的食物"。因此，他样样事都这样做，能胜任一事，然后才转向另一事，每年都是这样。

2. 一个弟兄这样询问阿爸波伊曼说："我的思想正困扰我，它们让我把自己的罪放下，去关注别人的过错。"老先生就以阿爸狄奥斯库若的故事来回答他说："他在自己的斗室里痛哭，而他的弟子在另一个斗室里坐着。后来弟子去找老先生问他说：'师父，你为何痛哭？'老先生说：'我为我的罪痛哭。'可弟子对他说：'可是，你哪有什么罪呢？'老先生回答说：'说真的，孩子，如果我真能够看到自己的罪，我相信四个人一起为我痛哭还不够呢！'"

3. 阿爸狄奥斯库若说："我们若能穿上属天的袍子，就不会觉得赤裸了，可如果我们没穿上这袍子，我们该怎么办呢？我们甚至也会亲耳听到这声音，说：'把他丢在外边的黑暗里，在那里必要哀哭切齿了。'（太22：13）所以，弟兄们，我们这些一生穿着修士衣袍的人，若在紧要的时刻没有穿上婚宴的衣裳，就有极大的羞耻在等候我们。那时，我们必定懊悔莫及！我们在弟兄和长者面前必降入黑暗中，让他们看到那些惩治的天使刑罚我们了。"

都拉斯

1. 阿爸都拉斯（Doulas）曾说："敌人若诱惑我们放弃内心平安的话，我们不要听他的，因为没有什么能比得上这平安与禁食的了。平安与禁食联合起来能抵抗敌人。因为这两个能使我们内在的眼光更清晰。"
2. 他也说："让自己脱离喜欢热闹的心理，不让敌人使你的心灵存疑，以致干扰了你内心的平安。"

EPSILON

塞浦路斯的主教，伊比芬尼

伊比芬尼（Epiphanius）来自巴勒斯坦，到埃及在阿爸希拉里昂（Abba Hilarion）门下学习修道。他在巴山度（Basanduk）建立了修道院，位于耶路撒冷与加沙之间，离俄路特罗波利（Eleutheropolis）不远。他极力反对奥利金主义。这里的第三则故事讲述了他如何高举埃及的传统，在祷告与唱诗的事上，反对在巴勒斯坦他自己的修道院的做法。正如巴萨里昂（Bessarion）一样，他对亚历山大城推翻异教庙宇表示关注。他做了主教之后，一反埃及传统的修士作风，储藏了很多书与经典，促进研修风气。

1. 圣洁的阿爸伊比芬尼曾讲述以下的故事：一天，有几只乌鸦在塞拉皮斯（Serapis）的神庙上空盘旋，尊敬的阿塔那修（Athanasius）也在场。乌鸦不停地叫着，于是几个异教徒站在阿塔那修面前骂喊道："你这邪恶的老头，告诉我们，乌鸦为什么这样叫？"阿塔那修回答说："这些乌鸦：呱呱叫，拉丁语是明天的意思。"明天你们将要看到上帝的荣耀降临。"不久，朱利安皇帝（Emperor Julian）驾崩的消息就传来了，众人连忙跑到塞拉皮斯神庙，大骂这个神明说："你如果不要他了，为何还要接受他的贡物呢?"①

2. 同一位阿爸也述说了在亚历山大城中的一位战车骑士,他的母亲叫马利亚。他在赛马时堕了马,可又立刻起来继续跑,超过了那位拉他下马的骑士,结果夺得了胜利。观众哗然喊叫:"马利亚的儿子堕下去,却又起来,他全胜了!"这边厢哗声四起,那边厢又传来欢呼声,说伟大的提阿菲罗主教已经把塞拉皮斯的塑像推倒,在神庙中称主了。

3. 有人向塞浦路斯的主教伊比芬尼述说他在巴勒斯坦的修道院所发生的事:"按照您的指示,我们没有忽略宣唱诗篇,也严格诵读第三、第六、第九时祷的经课。"而伊比芬尼纠正他,说:"很明显,你们忽略了其他时祷,等于忽略了不住祷告的原则。修士必须不住地在心里充满祷告与诗篇的宣唱。"

4. 有一天,圣伊比芬尼主教差人去见阿爸希拉里昂那里请求一件事:"请您来,在我们还未离世前聚一聚好吗?"他就来了,彼此相见甚欢。到用膳时,台上摆了一只烤鸡,伊比芬尼拿来放在希拉里昂面前。可老先生对他说:"抱歉,自从我修道之后,就再也不吃宰杀的禽类了。"主教却说:"自从我修道之后,我不曾让人怀着对我的怨气去睡,我也不曾怀着对他人的怨气去休息。"老先生回答说:"请原谅我,你的生活方式比我的好得多。"

5. 同一位老先生说:"麦基洗德是基督的预表,蒙福的亚伯拉罕是犹太人的祖先,我们岂不是更为蒙福,更得以成圣吗?因为我们相信基督是真理本身!"

6. 同一位老先生又说:"福音书中那个迦南妇人喊叫,就被听见了

---

① 朱利安皇帝是最后一位反基督教的罗马君王,他在位时不但极力阻止基督教的传播,也热心提倡恢复希罗多神宗教。

(太 15∶21—28)，那患血漏的女人不出一声，却被称为蒙福的 (路 8∶40—47)；法利赛人扬声，却被定罪 (太 9∶10—13)，那税吏一声不出，却被听见了 (路 18∶9—14)。"

7. 这老先生还说："大卫这位先知在夜间祷告；他半夜醒来，天未亮就祷告；天亮了他又站在主面前；凌晨时他祷告；傍晚与晌午他也祷告，所以他才能说：'一天七次赞美你。'"

8. 他还说："收藏基督教书籍，对于使用它的人来说，是必需的；因为将这些书摆放在眼前，就让我们更少倾向于犯罪，而能激励我们更坚守正义。"

9. 他也说："研读圣经是防止犯罪的良方。"

10. 他又说："我们若对上帝的律法一无所知，就是对救恩的大背叛。"

11. 他又说："对圣经一无所知，就如临到悬崖和深渊还不知情一样。"

12. 同一位阿爸说："义人的罪由口而出，恶人的罪出自全身。所以大卫如此唱：'耶和华啊，求你禁止我的口，把守我的嘴。'(诗 141∶3) 也说：'我要谨慎言行，免得我舌头犯罪。'"(诗 39∶1)

13. 有人问他说："为何律法的诫命有十条，而却只有九福？"他回答说："十诫等同于摩西在埃及降灾的数目，可九福等同于三位一体形象的三倍。"①

14. 另有人来问他说："若只剩下一个人是义的，这是否能满足上帝不致惩治我们呢？"他回答说："那当然，因为他自己也这样写道：'看看有一人行公义、求诚实没有？若有，我就赦免这

---

① 早期教会有两种说法：一种说法是现在基督教认可的"八福"，是按照《马太福音》5∶3—11 所说的；另一种说法却认为耶稣在《马太福音》5∶10 后又加了一福："人若因我辱骂你们，逼迫你们，捏造各样坏话毁谤你们，你们就有福了。"(11 节)，因此共有九福。认可"八福"的说法认为《马太福音》第五章十一节是对第十节的加深解释而已。

城。'"(耶 5:1)

15. 同一位阿爸说:"上帝免除那些悔改的罪人的债,譬如那个犯罪的妇人与税吏等,可对义人就较严厉,是要连本带利的,这就是他为何对使徒们这样说:'你们的义若不胜于文士和法利赛人的义,断不能进天国。'"(太 5:20)

16. 他又说:"上帝的义对于那些愿意获得的人来说是很便宜的:只要付出一小片面包、毫无价值的外衣、一杯凉水、一块小铜板就可以了。"

17. 他又接着说:"人若因为自己的穷困或者需要而接纳别人的东本,本是应该报答的,但是他因为觉得羞耻,所以当他还债时要在暗地里还。可是上帝主却是截然相反的,他在暗中接纳,却要在天使、天使长与其他义人面前偿还。"

以法莲

(可能是叙利亚的以法莲,圣诗作者)

1. 阿爸以法莲(Ephrem)小时候曾做了异梦,看到异象。他舌头长出一支葡萄枝,越长越大,及至充满了全地。它结果累累,都是上好的。天下的鸟儿都来吃树上的葡萄,可它们吃得越多,果实也就长得越多。

2. 有一次,其中一位长者得了异象,按照上帝的指示,一群天使手中拿着科法利(Kephalis,即是一张写满字的莎草纸)从天而降。他们之间商量说:"我们要将这科法利给谁呢?"有的说:"给这位吧!"又有的说:"给那位吧!"然而他们听到上面回答的话语说:"说实在的,他们都是圣洁而虔诚的,可没有一位能领受,除了以法莲。"于是老先生看到那张科法利的确给了以法莲,他又看到有水像喷泉一样从以法莲口中流出来。然后他明白了,从以法莲口中所出的话都是属于圣灵的。

3. 又有另一次，以法莲在路上碰到一个妓女，她用尽勾引的伎俩，试图让他陷入美色中，即使不能也要让他发怒，因为听说从来没有人见过他发怒。以法莲对妓女说："你跟我来！"当他们来到一个人多喧嚣的地方时，他又对她说："来吧，你就在这样的地方，干你想干的事吧！"而妓女望了望嘈杂的人群，对他说："我们怎能在这样喧嚣的地方干我们的事呢？这有多羞耻呀！"他回答说："你若能在人面前腼腆，在上帝面前你岂不更脸红吗？他知道你在暗中所隐藏的。"于是她觉得非常羞耻，徒劳而去。

俗修士优加利斯都

1. 两位长者祈求上帝让他们知晓在灵命长进上究竟要达到什么地步，听到有声音对他们说："在埃及的一个村庄里住着一个名叫优加利斯都（Eucharistus）①的人，他的妻子叫马利亚。你们还没达到他们德行的程度呢。"于是两位长者上路到了那村庄，询问后找到了他的住所，见了他的妻子，问她说："你丈夫在哪儿？"她回答说："他是个牧人，正在牧羊呢！"她就请他们进屋，到了黄昏，优加利斯都把羊群领回来，看到两位长者，就连忙准备餐台，并给他们端上水来洗脚。两位长者就对他说："你先告诉我们你的生活方式，否则我们不吃饭。"优加利斯都谦卑地说："我只是一个普通的牧人，这是我的妻子。"两位长者追问他，而他也不想再说更多。他们又说："是上帝差我们到你这里来的。"优加利斯都听了，甚是惊慌，说："你看我们这些羊，都是我父亲留给我们的；我们靠着上帝的帮助，如果挣

---

① 早期教会经常出现这些愿意过苦修生活的人，因为种种原因无法正式加入修士团体，却在生活方式上极力遵守修士的规律，我们这里称这些人为"俗修士"。

了点，就把它分成三份：一份给贫穷人，一份用来接待来客，另一份留给自己使用。自从我娶了这个妻子，就从来没有与她行过房，因此她仍然是童身；我们分房居住。夜里我们穿粗里衣，白天穿普通衣裳。在此之前，从来没有人知道这些。"两位长者听了这席话，非常仰慕他们，离开时将荣耀归给上帝。

牧师优罗基乌

1. 主教约翰的弟子优罗基乌（Eulogius）是一位牧师，也是一位出色的苦修者。他经常一连禁食两天，有时甚至延长到整周，只吃面包夹盐。人们都很敬仰他。他到帕尼费斯（Panephysis）去找阿爸约瑟，希望能从他那里找到更清苦的生活之道。老先生高高兴兴地欢迎他，给他一切所需的，要让他焕然一新。可是优罗基乌的弟子们却说："他只吃面包夹盐就足够了。"于是阿爸约瑟自己缄默吃饭。这些来访者到了三天仍没有听到唱诗与祷告的声音，因为这里的弟兄是不愿意炫耀的，只是暗中这样做。所以他们在那里完全没有学到什么功课。可是，因为是上帝的安排，天黑后他们迷了路，只好再回到老先生那里。当他们要敲门时，就听到了唱诗声，所以他们就在外面等候合适的时机，再去敲门。里面的弟兄做完颂唱诗篇的晚祷，就热情地接待了他们。那时，天气炎热，优罗基乌的弟子们连忙用罐子去打水让他喝。可是，现在的水是河水和海水混合的水，所以他喝不下去。优罗基乌恍然大悟，就俯伏在老先生足前，询问起他们在这里的生活方式，说："阿爸，这是什么意思呢？我们在的时候，你们不唱诗，直到我们走了才做。现在，我要喝水，却发觉罐中的水掺进了咸水。"老先生对他说："那个弟子一定精神恍惚，不小心误将海水兑了进去吧！"但优罗基乌还是紧紧追向老先生，无论如何也要知道真相。于是老先生说："这里有酒是用来接待来客的，弟兄们通常只饮你说的那些水。"然后，他教导优罗基乌如何慎思明辨，如何控制自己里面纯粹属人的性情。这样优罗基乌在思想上就较之前更平衡了，吃了送给他的各种食物，也懂得了不炫耀地在暗中干活。于是他对老先生说："您的生活方式的确是真诚的。"

优伯比乌

1. 阿爸优伯比乌（Euprepius）曾说："你要知道上帝是信实的，大能的，若对他有信心，你就可以享有他的一切。你若忧伤，表示你不完全相信。我们都相信他是大能的神，在他那里一切都是可能的。至于你的私事，也要凡事都信靠他，因为他也能在你身上行神迹。"

2. 同一位老先生曾帮助过那些来偷东西的小偷。他们把他斗室里的东西几乎扫荡干净，而阿爸优伯比乌发觉他们落下他的拐杖，觉得有点失望。于是，连忙拿起那拐杖，追出门去要给他们。可小偷不敢要，恐怕拿了会有什么不祥的事发生。所以他只好请求那个顺着小偷方向走的人，让他把拐杖交给他们。

3. 阿爸优伯比乌曾说："我们身外之物只是物质而已，仍贪恋世界的人就是自寻堕落。因此我们若遗失了东西，应当欢喜感恩地接受，知道这其实是让自己从忧虑中得释放。"

4. 一个弟兄询问阿爸优伯比乌他是如何生活的，老先生对他说："吃麦秸，穿麦秸，睡麦秸，即是说，看万事为粪土，让自己的心刚强。"

5. 另一个弟兄问老先生："敬畏上帝的态度如何能扎根在我们心灵里呢？"老先生说："人若谦卑贫乏，不论断别人，那么敬畏上帝的心就会来到。"

6. 他也说："但愿敬畏、谦卑、节食和忏悔常陪伴我。"

7. 早年的阿爸优伯比乌，曾去见一位老先生，对他说："阿爸，请您赐我一言，好使我们能得释放。"老先生回答说："你若要得释放，在你探访人时，对方还未对你说话，你不要开口。"他听了之后，非常懊悔，就跪下来说："我读过万卷书，却没有获得像今天这样的教导。"于是他离开，大大地得到造就。

赫拉迪乌

1. 相传，阿爸赫拉迪乌（Helladius）在塞尔斯住了二十年，却从来不抬起眼睛看教会的屋顶。
2. 同一位阿爸赫拉迪乌已经习惯了吃面包夹盐，到了复活节时，他会说："弟兄们想必也是吃面包夹盐吧；至于我，复活节期间我也必须多尽一番努力，因此，其他日子我都是坐着吃，现在是复活节了，这次我会努力，要站着吃。"

伊瓦格里乌

　　伊瓦格里乌（Evagrius）约在公元345—346年生于伊波拉的本都（Ibora in Pontus），圣巴西尔立他为宣讲者，到了纳西盎的格列高利时，又被立为执事。他曾陪同圣格列高利赴君士坦丁堡的大公会议。他在公元382年到耶路撒冷去时犯了重病，得到梅拉尼娅（Melania）的照顾。从公元383年起，他在埃及的尼特利亚成为修士，共住了两年。他曾在亚历山大城的马加略（Macarius of Alexandria）门下，于塞尔斯地区做其弟子十年，他以学识与清苦的生活著称。他也是支持奥利金群体的焦点人物，但在公元400年这个学说还未陷入危机前，他就在埃及去世了。他是一位满有知识的修士，曾书写关于属灵生命的著作，最著名的是《信仰的实践》(Praktikos）和"祷告篇"。

1. 阿爸伊瓦格里乌曾说："你要坐在斗室中仔细思量。常常思念你死亡的日子，琢磨死去的身子如何，让你的心灵沉重、警醒、弃绝世上的虚荣，这样就能靠着眼前的平安，不致软弱。也要常思想在地狱的情景，灵魂在那里的遭遇：它们无言的痛苦、极度凄惨的呻吟，它们的惧怕、挣扎、等候。想想他们永不完结的苦楚、流不尽的眼泪以及灵魂永恒地脱落。可也要记住身体复活的那日，要站在上帝面前交账，想象那可怕的审判。再想想恶人的命运，他们在上帝、天使和天使长以及众人面前的羞愧：就是惩治、永烧的火、不断的虫蚀、黑暗、切齿、惊恐和哀求。也想象为义人所预备的好处：在父上帝与他的儿子面前以及在天使、天使长和众圣徒面前的信实；还有天国要属于他们，包括国度里的赏赐、喜乐和福分。常常记住这两种事实。为着恶人要受的审判而哭泣，刻苦己身，恐怕你们也要面对像他们的苦楚。可是，要为着义人能得到的赏赐而欢呼喜乐。竭力获得那喜乐，可要避免遭受那痛楚。无论你在斗室里或者斗室外，谨记这些思想，不要让它们离开你，这样你就能透过这提醒、躲避错误、有害的思想。"

2. 他又说："记住不要让自己向太多人付出感情，恐怕你会分心，使你内在的平安受到干扰。"

3. 他又说："能够专心祷告是好事，可能够专心诵唱诗篇更好。"

4. 他也说："常常把死亡放在心里，不要忘记永远的审判，那么你的心灵就不会犯错。"

5. 他又说："如果拿掉诱惑，就没有人能得救了。"①

6. 他也讲述关于一位阿爸的话，说："当食有定时，不多吃，若能

---

① 这种吊诡的说法，能追溯到早期教会对始祖亚当故事的解释：没有蛇的诱惑，亚当不犯罪，也就不需要救赎；可这里把这个论点推到灵命的增长：没有诱惑，就没有挣扎，人变为懒散，就无法得救。

加上爱心，很快就能让一个修士达到无欲（*apatheia*）的境界。"

7. 有一天，在塞尔斯举行会议，商讨一些事，都是由阿爸伊瓦格里乌来主持的。一位牧师对他说："阿爸，我们知道你若住在自己家乡，大概就会被按立为主教，成为好领袖；可惜你现在坐在这里像异乡人一样。"他听了心中懊悔不已，可情绪并没有受到任何影响，就伏下头回答说："我说了一次，再不回答；说了两次，就不再说。"（伯 40：5）

优德门

1. 阿爸优德门（Eudemon）述说关于瑟格提斯的阿爸巴弗纽丢（Paphanutius）："我年轻时常去他那里，他就让我留住下来，跟我说：'我不让女人的面出现在瑟格提斯，因为是要跟敌人争战。'"

ZETA

芝诺

芝诺（Zeno）是西奈山之阿爸西尔瓦努（Abba Silvanus）出名的弟子。他与其他早期埃及修士一贯的做法一样，经常在埃及、叙利亚与巴勒斯坦各地走动。年长时他在加沙（Gaza）附近定居，从公元451年起他就闭门不再接见人，直到去世。

1. 阿爸西尔瓦努的弟子，阿爸芝诺曾说："不要住在著名的地方；不要住在名人的居所边上；不要想有一天为自己的斗室打地基。"

2. 相传，阿爸芝诺一开头就不愿意接受任何人的馈赠。那些送东西来的人们，都是失望而归，因为他不肯收下。另有一些人来找他，希望能从老先生那里得到什么纪念品，也是失望而归，因为他没有什么能给人的。老先生说："我真不知道能做什么，送东西来的人，与想要得到东西的人，都一样失望而归。我现在知道什么是最好的：如果有人拿东西来，我会乐意接受；那来要我的东西的，我也会乐意送出收下的东西给他。"他就这样做了，心中平安，也满足了各人。

3. 一个埃及的弟兄到叙利亚来找阿爸芝诺，在老先生面前责备自己受到的试探。芝诺非常羡慕他,说:"埃及的弟兄们隐藏自己的美德,虽然没有过错,却不断地指责自己的不是;而叙利亚和希腊的弟兄们没有美德,却装作虔诚,有过错,却隐藏起来。"

4. 几个弟兄来找他,问他说:"《约伯记》有一句话应该如何解释:'在他眼前天也不洁净'?"(伯15:15)老先生回答说:"这些弟兄们忽略了自己的罪,只关注天上的事。这就是那句话的解释:'只有上帝是圣洁的',因此他说:'天不圣洁。'"

5. 相传,阿爸芝诺住在瑟格提斯的时候,有一天夜间,他从斗室中出来,往湿地走去。他三天四夜在那里了无方向地走,身体实在支撑不住时,扑跌在地,像死了一样。忽然,在他眼前站着一个小孩,捧着面包和一壶水对他说:"起来,吃吧!"他即刻起来,连忙祈祷,以为是幻觉。小孩对他说:"你做得好!"他又第二次祈祷,然后第三次祈祷。小孩又说:"你做得好!"这时,老先生就站起来,拿着食物吃了。小孩对他说:"你这次走动,离开你的斗室实在太远了;所以,你赶紧起来,跟我来。"他即刻发觉自己已经回到斗室。于是老先生对小孩说:"进来吧,我们一起祷告好吗?"可是他进去时,小孩已不知去向了。

6. 另一次,同一位阿爸芝诺在巴勒斯坦地区行走,结果累了。于是他坐在一株黄瓜边上,想吃黄瓜,他对自己说:"你摘一根吃吧,它只是很小的东西而已。"但是他回答自己说:"小偷被抓就要逮去处罚,你自己想想,是否能承受处罚?"他起来,站在太阳下有五天之久,这样他几乎被晒焦了,就说:"你承受不了处罚,"又自言自语说:"你既然受不了处罚,就不要偷,也不要吃!"

7. 阿爸芝诺说:"人若要上帝快快听到他的祷告,就要在为其他事祷告前,甚至为自己的灵魂,站着向上帝伸开双手时,就必须尽心地为他的敌人祷告。这样做,上帝必垂听他的一切祷告。"

8. 在一个村庄里,有一个人出了名地经常禁食,被称为"禁食者"。阿爸芝诺听说过他,就请他来,他很乐意地来了。他们一起祷告后坐下来。然后老先生就开始沉默地干活。那禁食者因为无法跟他交谈,就觉得很闷,于是就对老先生说:"阿爸,请你为我祷告吧,我要回去了。"老先生对他说:"为什么呢?"他回答说:"因为我心中好像有一团火,我也不知发生了什么事。说真的,我在村庄的时候,能禁食到黄昏,可从来没有发生像现在的情况呀!"老先生说:"在村庄里,你用耳朵喂饱自己。现在你就回去吧,可从今以后就在第九个时辰进食,以后做什么,都得暗地里做。"当那禁食者照着吩咐去做时,发觉未到第九个时辰就饥饿难忍。那些认识他的人对他说:"这个禁食者被鬼附了。"他就跑到老先生那里,老先生却说:"这是上帝的旨意!"

撒迦利亚

撒迦利亚(Zacharias)是阿爸卡里昂(Abba Carion)的儿子,卡里昂在瑟格提斯的沙漠地区抚养他成人。他年轻的事迹记录在"卡里昂"的言行录中。阿爸马加略与阿爸摩西也来向这位年轻人问道,阿爸波伊曼称许他的智慧。他似乎很年轻就去世了。

1. 阿爸马加略对阿爸撒迦利亚说:"告诉我,修士应做什么事?"撒迦利亚对他说:"阿爸,您为什么来问我这个问题呢?"阿爸马加略说:"我儿撒迦利亚,你启迪我要更有信心。这是不是上帝让你这样问我的呢?"于是撒迦利亚对他说:"阿爸,按我的意见,一个修士的工作就是凡事都挑剔自己做得不怎么样。"

2. 有一天,阿爸摩西去汲水,看到阿爸撒迦利亚在井边祷告,上帝的灵降在他身上。

3. 一天,阿爸摩西问撒迦利亚弟兄:"告诉我该做什么?"小弟兄听到了就赶紧俯伏在老先生足前说:"阿爸,岂敢让你这样问我?"老先生对他说:"我儿撒迦利亚,你要相信我,我的确看到圣灵降在你身上,从此我有事就非要问你不可。"可撒迦利亚摘下头上的兜帽,践踏在地,说:"人若不能像这样被践踏,就不能当修士。"

4. 一天在瑟格提斯,阿爸撒迦利亚正坐着时看到了一个异象。他就跑到父亲卡里昂那里告诉他。老先生本身是朴修者,却不明白到底发生了什么事。于是就站起来,痛揍他一顿,说这是从魔鬼来的把戏。可撒迦利亚还是耿耿于怀,夜间跑到阿爸波伊曼那里,把事实告诉他,并说他心中像有一团火。老先生看出这是从上帝而来的,就对他说:"你这就去找某某老先生,他说什么,你就照着他的意思去做。"于是撒迦利亚找到这位老先生,可他还来不及说什么,老先生已经抢着说话,告诉他整个事情的经过,并且说这是从上帝而来的。他又说:"你回去吧,好好孝顺你的父亲。"

5. 阿爸波伊曼曾讲述阿爸摩西在阿爸撒迦利亚临终时所问的一些事。阿爸摩西说:"你见到了什么?"阿爸撒迦利亚回答说:"阿爸,我不说出来不更好吗?"他说:"我儿,是的,你不说会更好。"在他去世的那时刻,坐在他旁边的阿爸伊西多尔(Abba Isidore)抬头望天说:"我儿撒迦利亚,你要喜乐,因为天国的门都为你打开了。"

ETA

以赛亚

1. 阿爸以赛亚（Isaiah）说："对初学当修士的人来说，没有比被侮辱更有益处的了。初学者如果能忍受得住侮辱，就像天天得浇灌的树一样。"

2. 他也对那些来找阿爸指导的初学者说："就像紫染一样，头一次上色永远不会掉色。"又说："初学者如果能常常顺服，就好像初生的枝丫一样能屈能伸。"

3. 他也说："初学者若不断地转换修道院，就好像害怕被缰绳勒住的牲畜一样，不断地挣扎，四处跳动。"

4. 他又说在一次爱筵中，弟兄们在教会中吃喝，不停地彼此交谈，帕路夏的牧师责备他们说："弟兄们，不要喧哗。我看到一个弟兄跟你们一起吃饭，也和你们一样喝了许多酒，而他的祷告升到上帝那里，像一团火。"

5. 相传，有一天阿爸以赛亚拿着一根树枝到打麦场要去打麦，他向场主说："给我一些大麦好吗？"那人说："阿爸，你是带了你的收成来的吗？"他回答说："没有呀！"场主就对他说："你既然没有收割，怎么能要求给你大麦呢？"于是老先生就好像恍然大悟一样，对他说："原来如此，人若不做工，哪能得到工资呢？"

场主说："是呀，不会的。"老先生就这样走了。弟兄们看到了，就伏在他面前，询问他为何这样做。老先生就对他们说："我这样做是存心给你们一个示范：那些不努力修行的，就不能指望上帝的奖赏。"

6. 同一位阿爸以赛亚叫来其中一个弟兄，给他洗脚，将一把小扁豆放在锅里煮，煮开了就拿给那弟兄吃。这位弟兄却说："阿爸，这都没有煮熟呢！"老先生说："能够看到有火在焚烧不是已经足够了吗？这本身就是很大的欣慰了。"

7. 他也说："上帝若要对一个人施怜悯，无论他如何反叛，不愿意承担任何事，偏行己路，上帝仍会先让他自食其果，为的是让他能再回来寻找上帝。"

8. 他也说："当一个人要以恶报恶时，他单单一点头就能使弟兄的心灵受创伤。"

9. 有人问同一位阿爸以赛亚什么是贪婪，他回答说："贪婪就是：不信上帝眷顾你、对上帝的应许放弃希望、喜爱夸口。"

10. 又有人问他关于毁谤的事，他回答说："毁谤就是对上帝的荣耀无知以及憎恨自己的邻舍。"

11. 他也被问及发怒的事，他回答道："吵架、欺骗、无知！"

以利亚

1. 阿爸以利亚（Elias）说："至于我，我害怕三件事：当我的灵魂离开身体的时候；我要站在上帝审判台前的时候；再有就是审判我的时候。"

2. 在埃及，一些长者对阿爸以利亚说及阿爸阿伽同："他是一位好阿爸。"老先生对他们说："若与他同辈的阿爸们相比，他真的是好的。"他们就问他："那么如果跟古代的阿爸比较呢？"他回答他们说："我已经说过在他那一辈人中他是好的，可是在瑟格提斯地区,我见过一个古代的阿爸,他就像嫩的儿子约书亚一样,能够使日头在天当中停住(书10:12—14)。"他们听了就非常惊讶,将荣耀归给上帝。

3. 作为牧者的阿爸以利亚说:"在有悔改的地方,罪能立得住脚吗?可是在骄横存在的地方,爱又能做什么呢?"

4. 阿爸以利亚说:"我曾见过一个人,手臂上挂着一个酒袋,他这样做其实是一种幻想,以为能让魔鬼自觉羞惭而脸红。我就对这个弟兄说:'拜托你把外衣脱掉。'他真的脱去外衣,却发觉他没有挂着任何东西。我告诉你们这事,是不要你们看到或听到什么就确信不疑。更重要的是,谨慎自己的思想,要谨守心与灵,知道魔鬼会将不正确的意念放在你里面,让你们的灵魂败坏,以致你们的心灵不愿思想自己的罪和上帝。"

5. 他又说:"人们的思想要么转向犯罪,要么转向耶稣,要么转向人。"

6. 他也说:"人的灵若不能与自己的身体一同歌唱,他所做的事都是徒然的。那些愿意承受苦难的,以后就能享受喜乐与平安。"

7. 他也这样述说:"一个长者曾住在神庙里,魔鬼来跟他说:'你赶紧离开,这儿是属于我们的。'长者却说:'没有什么地方是属于你们的。'于是它就捣蛋,将他的棕榈叶散布各处,可是长者却不厌其烦地把它们一叶叶地捡回来。过了不久,魔鬼又来了,扯着他的手,把他拉到门槛。到了门槛,长者用另一只手,拼命拉住门楣,喊叫说:'耶稣,救我!'魔鬼即刻就离开了。长者这时哭了起来。主对他说:'你为什么哭呢?'长者说:'因为魔鬼竟然大胆地抓住人,这样对待我。'主对他说:'是你掉以轻心。你看,当你转向我时,我就在你旁边。'我这样说,是要提醒你们,要努力警醒,否则就不能到上帝那里。因他为我们的缘故被钉十字架。"

8. 一个弟兄一直在阿爸撒巴（Abba Saba）的修道院洞穴里追随宁静的生活方式，他来找阿爸以利亚，对他说："阿爸，请您指教我生命之道。"老先生对这位弟兄说："我们的先辈们特别注重以下这几个德行：贫乏、顺服和禁食。可现今我们的修士们，已经被贪财、自信、极度贪婪控制了。你自己选择最需要什么吧？"

赫拉克利德

1. 一个饱受魔鬼攻击的弟兄来找阿爸赫拉克利德（Heraclides）诉苦。为了安慰这位弟兄，他说了这则故事："有一位老先生收了一个弟子，多年来对他百依百顺。可是有一天，这个弟子受到魔鬼的攻击，他俯伏在老先生面前说：'让我自己离开修道去。'老先生回答说：'好，你去勘查这个区域，看能在哪里为你建造一个斗室。'他们约在一里地之外找到了一处，于是就在那里盖了一个斗室。老先生对弟兄说：'你要按照我的吩咐去做。你每次遇到试探时，尽管吃、喝、睡；就是没到星期六之前，不准离开你的斗室；然后你才来见我。'这位弟兄就按照他的吩咐度过了两天，可是到了第三天，他陷入了灵性低潮（accidie），就对自己说：'老先生为何要安排我这样做？'他站起来，唱了好多首诗篇，到了黄昏就去吃饭，然后上席床睡觉。忽然他看到一个埃塞俄比亚人躺在他身边，咬牙切齿，把他吓坏了。就跑到老先生家里敲门，说：'阿爸，救命呀，请您开门吧！'老先生见他不按他的吩咐行，就是不开门，直到天明。天一亮，他打开门，看到弟兄还在那里恳求他帮助，于是起了怜悯的心，让他进屋去。他说：'阿爸，我真的需要你呀！我正要上床睡觉时，见到埃塞俄比亚的黑人。'老先生回答说：'你受这个苦，完全是因为你不听我的吩咐。'然后，他就尽他所能，教导他如何过独处的生活，不久他就成为了好修士。"

THETA

菲美的西奥多

西奥多（Theodore）是瑟格提斯的修士，可能是在大马加略门下受训。他曾受过良好的教育，后来虽然被按立为执事，却出于谦卑，不甚愿意执行此圣职。在瑟格提斯第一次遭受毁坏之后，他就到了菲美。史书上记载帕拉迪乌这地方为"埃及的一座山，在瑟格提斯大沙漠的边缘地带"。

1. 菲美的阿爸西奥多曾得到三册书卷。他到阿爸马加略那里，对他说："我这里有三卷好书，从中得了很多收获；弟兄们也读过，都获益良多。请您告诉我该如何处置它们：把它们留着，让我和弟兄们都用得着，还是变卖了，去周济穷人？"老先生这样回答他说："你提议的方法都是好的，可最好的是不要拥有任何东西。"他听了，就去变卖了他的书卷，把得来的钱周济了穷人。

2. 一位弟兄住在塞尔斯，在他独处的生活中遇到了困难。他就跑到阿爸西奥多那里去诉说。老先生对他说："去吧，不要强求太多理想，要有顺服的心，与人和睦共处。"过了不久，他又回来见老先生说："我无法与人和睦共处。"老先生对他说："你如果不能与自己以及别人和睦，那为什么仍要当修士呢？你以为不受试炼吗？告诉我你穿上这修士袍有多久了？"他回答说："有八年了。"老先生却对他说："我穿了修士袍已经有七十年了，却连一天的平安都得不到。你以为八年就能吗？"弟兄听了就勇气大增，安然回去。

3. 一位弟兄来找阿爸西奥多，一连三天恳求他赐下一言，却都得不到回复。于是就只好伤心地走了。老先生的弟子对他说："阿爸，您为何不赐他一言呢？你看他就这么失望地走了。"老先生对他说："我不愿跟他说话，是因为他是贩卖话语的人，企图利用别人的话语来荣耀自己。"

4. 他又说："如果你要好的朋友陷入淫乱的诱惑中，你应该伸出援手，把他救回来。可是他若陷入异端里，你无法说服他转回头，就要赶紧与他断交，恐怕迟了，连你都会被拉进陷阱里。"

5. 相传，阿爸西奥多谨守三项基本的原则：贫乏、朴修、远避人群。

6. 有一天，阿爸与弟兄们一起欢宴。进餐时他们很恭敬地饮酒，却沉默不语，连礼俗的话都不说。于是阿爸西奥多说："修士们都失礼了，连礼俗的话都不会说了。"

7. 一个弟兄来询问他说："阿爸，你准许我一连几天都不吃面包吗？"老先生对他说："你这样做很好，我也是这样做的。"弟兄说："我其实要到面包厂去，让他们将鹰嘴豆磨成豆粉。"老先生回答说："你既然要去面包厂，为何不再把豆粉烤成面包呢？为何浪费精力要来回两次呢？"①

8. 其中一位老先生来找阿爸西奥多，对他说："你看，某某弟兄回

---

① 这里提到的面包厂是市区烤面包或饼的公众烤炉，现在在中东一些地区仍然有这样的做法，据译者所知，阿富汗地区也有，下同。

到世俗生活去了。"阿爸西奥多回答他说:"你觉得惊奇吗?不要惊奇,要惊奇的是当你听到有人能脱离敌人的魔掌!"

9. 一个弟兄来找阿爸西奥多,开始谈了一些他还无法践行的事。老先生对他说:"你都还没找到货船,也还没把货物运到船上,也还没启航,就先说已经到了彼城了!我劝你还是先干活,然后才能达到你现在的速度。"

10. 又有一天,同一个阿爸去见自小成为太监的阿爸约翰,在交谈间,他对阿爸约翰说:"我在瑟格提斯的时候,主要的工作是培育灵性,劳作是次要的;可现在培养灵性反而成了次要的,本来次要的却成了主要的。"

11. 一个弟兄询问他说:"我们认为次要的灵性培育到底是什么,而本来是次要的,却被我们当作是主要的又是什么?"老先生说:"凡是你遵行上帝的诫命去做的事,就是培育灵性的工作;凡是你为着自己的利益去干活或者聚财的事,都是次要的。"弟兄又问:"您再说详尽一些好吗?"于是老先生说:"假如你听到我病倒了,觉得应该来探望我,向自己说:'我是否需要放下我的工作,这就去呢还是先把事情做完后再去呢?'可又有另一个思想出现,以致你不能成行;或者有另一个弟兄对你说:'弟兄,请你过来帮帮忙。'你说:'我是否应该放下自己的工作不干而去帮助他呢?'你如果不去,就是不遵行上帝的诫命,就是不做培育灵性的工作;而去做你自己的工作,即是做次要的工作了。"

12. 阿爸西奥多说:"人若说自己悔改了,却仍然骄傲地挺立着,就没有遵守诫命。"

13. 他又说:"只有一种称得上是德行的事,那就是不轻慢人。"

14. 他又说:"人若尝过待在斗室中的甜蜜,就愿意远离人群,这不是因为轻视人。"

15. 他也说:"我若不切断同情的感受,它们就会阻止我当修士。"

16. 他也说:"时下的人们,在上帝还未赐安息之前,已经忙着停止努力了。"

17. 他又说:"不要在有妇人的地方下榻。"

18. 一个弟兄对阿爸西奥多说:"我要践行上帝的诫命。"老先生就用阿爸迪奥纳(Abba Theonas)的话来回答他。阿爸迪奥纳曾这样说:"我愿意上帝充满我的灵。"于是他拿了面粉到面包厂去,烤成面包后,穷困的人来向他乞讨,他就全数给了他们;还有人要多讨,他就连篮子也给了他们;后来连他的外套也给了,等他回到自己斗室时,就只剩下披肩缠腰。之后,他又责怪他自己,说仍然没有完成上帝的诫命。

19. 有一次阿爸约瑟病倒了,他就差人去跟阿爸西奥多说:"请你快来,让我去世前能见你一面。"可是这正值一周中间,西奥多就没有去,让人传话说:"如果你能等到星期六,我必会来;如果你等不及走了,我们就在将来的国度再见吧!"

20. 一个弟兄对阿爸西奥多说:"请您赐我一言,因为我已不久于人世了。"阿爸西奥多忧伤地对他说:"我连自身都难保,还能有什么话对你说呢?"

21. 一个弟兄总是找阿爸西奥多求他教编织。他自带了一根绳子。老先生对他说:"你先回去,明天一早再来。"而他却站起来,泡软绳子,开始准备一切编织事宜,老先生说:"你按照我说的如此如此做。"说罢,就离开他,回到自己的斗室休息。过了一段时间,老先生给这位弟兄送了一些吃的东西,便让他离去。可第二天天还未亮,这位弟兄就赶着回来了,老先生对他说:"将你的绳子拿走吧,你来只能布下诱惑与烦恼的陷阱!"于是,老先生就不让这位弟兄再来了。①

22. 阿爸西奥多的弟子说:"今天有人来兜售洋葱,却送我满满一盆子。老先生说:'你也去装满一盆子大麦给他。'那里有两堆大麦,一堆是纯麦,另一堆是渣麦。我装了一盆子的渣麦拿来。老先生又气又恼地睨视我,我很害怕,就仆跌在地,摔碎了盆子。可当我要俯伏求饶时,老先生却说:'快起来,这不是你的错,都怪我,因为是我这样吩咐你的。'于是,他亲自去,用前袍装上了纯麦,送给卖洋葱的伙计。"

23. 一天,阿爸西奥多与一个弟兄一起去汲水。弟兄走在前头,看到湖中冒出一条龙蛇。老先生对他说:"你去,践踏它的头部。"可他很惧怕,不敢去,老先生只好自己去。那猛兽见了他,连忙逃往沙漠,看起来很是羞愧。

24. 有人问阿爸西奥多说:"阿爸,如果一个灾祸突然发生,你会害怕吗?"老先生回答说:"即使天和地相撞,我西奥多也不会害怕。"这是因为他已经求上帝把惧怕的心理除去,也因为这样才有人来问他这问题。

25. 相传他虽然在瑟格提斯被按立为执事,却拒绝执行圣职,为此逃到很多地方躲避。每次其他长者拉他回瑟格提斯,都对他这样说:"不要再离开你当执事的圣职。"阿爸西奥多还是跟他们说:"让我祷告上帝,让他告诉我是否应在礼仪上侍奉。"于是他如此向上帝祷告:"若是你的旨意让我履行这圣职,求你明确指示。"忽然在他面前出现一根火柱,从地直伸到天,有声音对他说:"你如果能像这根火柱,那就去当执事吧!"他听

---

① 阿爸西奥多的这种古怪的行径,翻译时很伤脑筋。有的翻译把事件次序更改,试图安排更合理的步骤。这里我们还是按原文的次序,有两个解释的可能性:一,阿爸吩咐弟兄先回去,他却不听从,留下来学习,在沙漠教父的神学上出现不顺服,肯定无法学习正确的功课(编织不单是维持生计,更重要的是学习灵性的修养);二,弟兄对编织的热忱,使阿爸分心,不能专心修道,可能在灵性的培育上两败俱伤,所以热忱反而是诱惑的陷阱。

到之后，就下定决心不接受那圣职。当他来到教会时，弟兄们都向他鞠躬说："您若不愿意当执事，至少也能捧圣杯吧！"① 可他还是拒绝了，说："你们如果还是不放过我，我这就离开这儿！"于是他们只好应允他。

26. 相传瑟格提斯被毁后，阿爸西奥多到了菲美居住。老年时犯了重病。有人给他送饭。可凡是第一个人送来的饭，他就转送给第二个来的人，如此类推；他得到什么，就送给下一个来的人。到了进餐时，他就吃当时送来的，不管是什么食物。

27. 相传阿爸西奥多在瑟格提斯安顿下来后，有一只魔鬼试图闯进屋内，西奥多就把它捆在了斗室外。之后又来了一只魔鬼，也想闯进来，却又被他捆住了。一会儿又来了第三只魔鬼，看到前两个的光景，对它们说："你们为何这样子站在斗室外呢？"它们回答说："他在里面坐着，不让我们进去。"于是这只魔鬼也试图强闯，又被捆住了。他们害怕老先生的祷告，就苦苦地哀求他说："你放过我们吧！"于是老先生斥责它们说："走吧！"它们就狼狈地逃走了。

28. 其中一个长者讲述关于阿爸西奥多的事："一天傍晚，我来找他，见他穿着一件破烂的修士袍，赤裸着胸膛，头罩悬挂在前边。适逢一位到访的大人物来敲门，老先生去开门，见面后就在门槛坐下，与他交谈起来。我则帮老先生将披肩盖住他的双肩，可老先生伸出手把它扯下。等到那大人物走了，我就对他说：'阿爸，你为何这么做？那人来是要领受教诲，你这样做，可能会使他惊讶。'老先生对我说：'你是什么意思？我们难道还是人的奴隶吗？我们只管做必要的事，其余的都不重要。谁希望受教益，就能受益；那要觉得惊讶的，就让他去惊

---

① "捧圣杯"指协助圣餐的仪式。

访好了；至于我，平时怎样，有访客来我仍是怎样。'于是他对他的弟子说：'如果有人来找我，不要去迎合别人说客气话，我若正在用餐，你就说他正在用餐。我如果正在睡觉，你就说他正在睡觉。'"

29. 有一天，西奥多遭遇三个盗贼打劫：两个把他按住，第三个去抢了他的东西。那家伙拿走了书籍，还想把他的修士袍也卷走。西奥多向盗贼说："留下它吧！"可他们不答应。于是西奥多挣开双手，推倒那两个盗贼。他们见此情景，就害怕起来。老先生对他们说："不要害怕；把东西分成四份，三份你们拿走，留下一份给我。"他们就这样分了东西。西奥多拿到了修士袍，是在参加祷告崇拜时穿的。

伊纳顿的西奥多

伊纳顿的西奥多（Theodore of Enaton）是阿爸欧尔（Abba Or）的伙伴，也是阿爸亚孟（Abba Amoun）的弟子。在公元308年就定居亚历山大城以西八里的伊纳顿的一间修道院。到了公元4世纪末，这间修道院在充满活力的主持阿爸隆吉努（Abba Longinus）的管理下，闻名于埃及。公元364年时西奥多仍在世。

1. 伊纳顿的阿爸西奥多说："我年轻时曾在沙漠居住。有一天，我到面包厂去烤两条面包，碰到一位弟兄也想烤面包，却没有人能帮助他。于是我把自己的放在一边去帮他。刚烤好，又有一个弟兄进来，我又帮助他烤他的食物。然后，又来了第三个，我也这样帮助他，后来，一个接着一个地来了，我都一一帮助他们烘烤，共做了六轮。最后，我才为自己烤面包，因为再没有其他人来了。"

2. 相传，伊纳顿的阿爸西奥多和阿爸卢奇乌（Abba Lucius）在五十年里不断地嘲弄自己的诱惑说:"过了冬天,我们一定离开这鬼地方。"可到了夏天,他们又说:"过了夏天,我们肯定要离开这鬼地方。"如此,他们就这样度过了一生。我们应保存这两位阿爸的记忆。

3. 伊纳顿的阿爸西奥多说:"若上帝真的责备我们祷告的松懈和唱诗篇的不忠,我们就无法得救了。"

瑟格提斯的西奥多

1. 瑟格提斯的西奥多(Theodore of Scetis)说:"一个念头一直困扰我,让我不得释放,它虽然不能使我做错事,却使我在德行的功夫上停顿了;可是我想,一个更警醒的人可以中断这样的念头而起来祷告。"

俄留特罗波利的西奥多

1. 伊比利亚的阿爸亚伯拉罕,问俄留特罗波利的阿爸西奥多(Theodore of Eleutheropolis):"阿爸,您认为哪种态度是正确的?我应为自己追求好名声还是坏名声呢?"老先生说:"以我所见,我宁愿追求好名声,多于坏名声。如果我做了件好事,而夸耀自己的话,那我大可谴责自己,说我不配得到这好名声;可坏名声是从干坏事而来的,人们会因为我行的恶而吃惊,那我又如何对得住自己的良心呢?所以我说,能因为做好事而夸耀自己比较好。"阿爸亚伯拉罕说:"阿爸,您说得好。"

2. 阿爸西奥多说:"节食能治死修士身体的欲望。"另一位老先生说:"守望更能。"

3. 阿爸西奥多也说:"你若是温顺的,就不要论断淫乱的人,因为你这样做,已经违背了律法,与他没有两样。因为那位教导我们的上帝说：'不要犯奸淫'，同时也说："不要论断人。"①

迪奥纳

1. 阿爸迪奥纳（Theonas）说："我们若将自己的心灵转离对上帝的默想，就会成为肉身情欲的奴隶。"

大主教提阿菲罗

提阿菲罗（Theophilus）是亚历山大城的大主教，他极力反对奥利金主义，在尼特利亚与塞尔斯，凡是拥护奥利金思想的人，都被他驱逐出教会。他与传说中的"四高兄弟"的争论甚是激烈，而在公元412年他临终时已与这些修士们修好。以下记载可看出他与这些修士有着说不清的关系。

1. 有一天，提阿菲罗大主教到尼特利亚的山区去，有一位山里的阿爸出来与他会面。大主教对他说："阿爸，您在这里的生活，什么事对您来说是最好的？"老先生回答说："就是控诉自己，常常谴责自己。"阿爸提阿菲罗对他说："再没有其他方法了。"

2. 同一位大主教，有一天，阿爸提阿菲罗来到瑟格提斯。弟兄们聚集在阿爸庞博（Abba Pambo）面前请求说："请您向大主教说话，好让他得到勉励。"老先生对他们说："如果我的沉默不能造就他，那他也不会因我的话得造就。"

3. 一天，大主教提阿菲罗下令叫几个阿爸到亚历山大城祷告，要拆毁异教徒的庙宇。他们一起用餐，端上来的是小牛肉，他们虽然吃了却不知道是什么。大主教拿起一块肉，递给坐在他旁

---

① 原文按 J.-C. Guy 版本（第22页）。

边的老先生说:"阿爸,这是一块上好的肉,请慢用。"可老先生回答说:"一直到现在,我们还以为吃的只是菜蔬而已,如果这里加了肉,我们就不吃了。"于是,他们没有一个再吃那些端上来的食物。

4. 同一个阿爸提阿菲罗说:"当我们的灵魂离开了身体的刹那,是何等恐怖、何等令人惊畏和不安的事啊!那时我们敌对的恶势力会大大地袭击我们,都是黑暗的权势、掌握邪恶世界的力量、属灵气的恶魔。它们像在法庭上一样控诉我们的灵魂,呈上我们从年轻时直到离开身体的刹那所犯的一切罪过,无论是明知故犯的,还是无意的。就这样,它们控诉灵魂的一切所作所为。再者,在等候审判,得到解脱之前,我们的灵魂的确要经过极大的焦虑,这就是它苦痛的时刻,直到能清楚接下来要发生的事。可是,话得说回来,在另一边却有上帝的权势矗立着,呈上的却是灵魂的好行为。试想灵魂要站在这两种势力中间,是何等的惊畏颤抖,等候公义的审判者的判决。如果配得好判决,魔鬼就得到应得的惩罚,而灵魂就会被天使们领走。从此你就再也不会觉得惊慌,能像经上说的那样存活:'他们都以住在你里面为乐。'(诗87:7)①这样就应验了经上所说的:'忧伤叹息尽都逃避。'(赛35:10)

"这样,你被释放的灵魂就能进入给你预备的喜乐与无法形容的荣耀里。可是,如果上帝对你灵魂的判决是:你过得浑浑噩噩,你就会听到可怕的声音,说:'把恶人带走,让他见不到主的荣耀。'(参见赛26:10)于是愤怒的日子、苦痛的日子、幽暗的日子都来困扰他。他就会被遗弃在黑暗之外,受到永无

---

① 沙漠教父使用的圣经是希腊译本,七十士译本;马索拉版本是:"歌唱的、跳舞的,都要说:'我的泉源都在你里面。'"(和合本修订本)

止境的火刑,直到永永远远。世界的虚荣何在?自夸何在?情欲的生活何在?享乐何在?狂想何在?安逸何在?狂妄何在?财富呢?尊贵呢?父母亲呢?兄弟呢?有谁能抽出在火刑中的灵魂,让它从酷刑中得到解脱呢?

"如果是这样,我们又为何不在圣洁与虔诚的事上下功夫呢?我们要培育什么爱心呢?我们当如何生活呢?要培育什么德行?如何说话?怎样警醒?如何祷告?如何谨慎?经上说:'在等候中,让我们在平安的事上下功夫,以致无可指责。'(参见林前1:7—8)这样,我们就配得听到这样的话:'你们这蒙我父赐福的,可来承受那创世以来为你们预备的国。'(太25:34)阿们。"

5. 同一位大主教阿爸提阿菲罗在临终时说:"阿爸阿瑟纽你是有福的,因为你一生就把这时刻放在心中。"

西奥多拉

西奥多拉(Theodora)是伟大的女苦修者之一。帕拉迪乌也在其历史记载中提到一位称为西奥多拉的女子,她是"军人的妻子,一生清俭,靠接受别人的施舍维生,最后在海边的和希卡(Hesychas)之修道院去世。"她常向大主教提阿菲罗问道,自己却又是很多修士们问道的对象,人们常问她关于如何过修道的生活。

1. 阿姆西奥多拉向大主教提阿菲罗询问使徒所说的一些话:"我们如何理解:'晓得如何在处境中得益处'(西4:5)?"①他对她说:"这句话告诉我们如何在任何情况下取得益处。譬如,对你

---

① 原文的意思是:"你们要把握时机"(这是修订本的译法,和合本错误译为:"你们要爱惜光阴"),我们这里是按照 B. Ward 的译法:"Knowing how to profit by circumstances",主要是配合提阿菲罗的回答。

来说这是不是遭受暴行的时候？你可以用谦卑和忍耐来承受，从中得益。这是否是你羞辱的时刻？你可以用安然心理来接受，从而得胜。因此凡是对我们不如意的事，如果我们愿意，就可以把它们变为有益。"

2. 阿姆西奥多拉说："让我们竭力进窄门。正如果树若经不起冬天的风暴，就无法结果子。我们的处境也是这样，现今就是风暴世代，只有胜过考验与试探，我们才能获得天国的基业。"

3. 她也说："我们能安静过活是好事，聪明人保持不住祷告的习惯。对男女修士①来说安静过活最好，尤其是那些年轻一辈。可是要注意，你一想到要安静过活，恶势力便开始以灵性低潮、意志不定、邪念来攻击你。它也能以疾病、身心衰弱、四肢无力来攻击你。他能消耗你身心的力量，让你觉得自己犯了病，无法再继续祷告。可你若警醒，这些诱惑都要离开你。事实上，有一个修士每次要祷告时都发冷发热，还犯头疼。在这样的情况下，他对自己说：'我真的犯了病，几乎要死；所以我临死也要爬起来祷告。'他这样酌量后，强迫自己祷告。可他祷告完毕，烧也退了。所以这位弟兄这样酌量，反而让他有反抗的能力，能以祷告来克服自己的念头。"

4. 同一位阿姆西奥多拉讲述说："有一位虔诚的人受到别人的侮辱，他就对那人说：'我可以用像你一样的话来侮辱你，可上帝的诫命使我闭口。'"她同时也说："一位基督徒与摩尼教徒辩护关于身体的教义，这样说：'你只要好好锻炼身体，就会发现你的身体其实就是为它的创造主而活。'"

5. 同一位阿姆劝诫说，一个导师必须远离控制人的欲望，不炫耀自己，不骄傲；他应该不为别人的奉承所诱，也不盲目受贿

---

① 原文称女修士为"贞女"(Virgin)，这是修道主义一贯的称号。

略，不受自己肚腹所左右，不被愤怒所征服；反而要尽量忍耐、温柔、谦卑；他可能会受考验，但能刚正不阿，总是存关怀的心，关爱人的灵魂。

6. 她也警告说：苦修、祈祷守夜或者任何的苦痛都不能拯救人，只有真正的谦卑才能拯救人。有一位隐修士能驱赶魔鬼，他问它们说："用什么方式能把你们驱走呢？是禁食吗？"它们回答说："我们都不吃不喝的。""是祈祷守夜吗？"他们回答说："我们也不打盹儿。""是离开世俗吗？""我们也是住在沙漠地区的。""那么什么力量能把你们驱走？"它们说："没有什么事物能驱走我们，只有谦卑。""你们现在明白了吗？只有谦卑才能胜过魔鬼。"

7. 阿姆西奥多拉也这样说："有一位修士，经常受到很多的诱惑，于是就说：'我还是离开这里好了。'可是在他穿凉鞋要动身时，他见到另一个人，也正在穿凉鞋。这位修士对他说：'您现在要离开这里是因为我吗？因为你到哪里去，我已经先到了。'"①

8. 同一位阿姆被问及人们听到的谈话："如果我们习惯了听世俗的闲言碎语，又怎样能像您所劝勉的那样，只为上帝而活呢？"她回答说："正如你们坐席吃饭时端上来的很多菜肴中，有一些不合你的口味，你就觉得食而无味。同样地，若有什么世俗的闲言碎语传到你耳中，只要你一心转向上帝，这些话语听来就无趣了，它们也不会对你发生什么坏影响。"

9. 有另一个修士满身发痒，身上长了虱子，可他本来是富有的。因此魔鬼就来取笑他说："你生了这么多虱子，怎么受得了

---

① 另一位修士其实就是他自己的幻象，告诉他无论他到哪里，诱惑还是会跟着他。应该做的不是逃避，而是面对。

呢?"可这位修士因为有坚韧的灵性,能克服痛苦,战胜魔鬼。

10. 又有另一个长者来询问阿姆西奥多拉说:"到了死人都复活的那天,我们是如何复活的?"她回答说:"我们有为我们死而复活的基督做我们的担保、榜样和典范。"①

---

① 第一至第 10 节源自 J. -C. Guy 之版本(第 23 页)。

IOTA

矮子约翰

矮子约翰（John the Dwarf）于公元339年在特斯（Tese）出生，家道贫穷。以下的第二节叙述的故事，明显属于他年轻时代发生的事，那时他住在家里，还未当修士。18岁时他去了瑟格提斯，拜阿爸亚摩斯为师，共十二年之久。他是沙漠教父中个性最鲜明的一个，吸引了很多弟子，可是为了保存自己的独处生活，他挖掘了一个地洞住在里边。他也被按立为牧师，他对弟子们的至深影响，可见于他众多的言行之记录和保存。公元407年之后，他去了苏伊士(Suez)和安东尼山区。

1. 相传阿爸矮子约翰退隐到瑟格提斯的沙漠中，与一位长者在底比斯（Thebes）居住。他的师父捡了一枝枯木，栽种在地里，对他说："你每天浇一瓶水，直等到它结果子。"可是水源离他们那里很远，以至于他要夜间启程，第二天早晨才回来。但过了三年，枯木长活了，而且真的结出了果子。于是长者就拿了一些果子到教会去给弟兄们，说："你们拿去吃吧，这是顺服的果子。"

2. 相传有一天，阿爸矮子约翰对一位老弟兄说："我真想像天使一样,无忧无虑的,也不需要干活,只是不间断地敬拜上帝。"于是他就脱下大衣,跑到沙漠去。过了一个星期,他又回到他的弟兄那里。当他敲门时,听到弟兄问道:"你是谁啊?"他说:"我就是你的弟兄约翰啊!"这位弟兄回答说:"约翰已经成了天使,他已不在人间了。"于是,他只有恳求说:"我仍在这里啊!"可他的弟兄还是不让他进屋,让他苦苦地站在那儿直到天亮。后来门打开了,他对他说:"原来你还是人啊,那么就还要干活,否则没饭吃。"于是约翰在他面前伏下,说:"请你原谅我。"

3. 阿爸矮子约翰曾这样说:"一个国王如果要占领敌国的城,首先必须截断敌人的水源和粮食,这样敌人必为饥饿所迫而投降。对待人的肉身情欲也是这样:他若禁食饥饿,就逼使他灵魂的敌人软弱。"

4. 他也说:"人若暴食,而又与男童闲聊,就已经在思想上与他犯了奸淫罪。"

5. 他又说:"我带着一些绳子,往瑟格提斯方向走的时候,见到赶骆驼的正在闲扯,惹我生气,于是,我连忙抛下货物,赶紧逃走。"①

6. 又有另一次,正是盛夏,他听到一个弟兄不客气地责骂邻居说:"喂!你也是这样的吗?"②他赶紧抛下自己的农作物,逃跑了。

7. 在瑟格提斯有几位长者一起欢宴,阿爸约翰也在里边。一位德高望重的牧师站起来敬酒,可没有人愿意接受,除了矮子约翰。他们都觉得诧异,对他说:"你年纪轻轻,如何敢让牧师来服侍你

---

① 逃走的原因在于情绪受到了影响而生气,在沙漠的属灵气质上是要不得的。
② 这句话甚难解,可能指邻居也干不出什么坏事来;或者指邻居与别人一样干出这等事,同流合污,总之是吵架的话。老先生逃跑的原因是不愿情绪受影响,甚至偏袒一方,或者论断人。

呢?"于是他回答他们说:"当我起来敬酒时,我很高兴每位都赏脸,这就是我的荣幸;我这次接受他敬的酒,是因为我也愿意他能感到欣慰,而不会因为别人不领情而觉得难过。"他们听了就很佩服他,并因为他能顾全别人而得到造就。

8. 一天,他坐在教会前面,弟兄们都来向他讨教关于自己的思想正确与否。其中有一位长者见到了,心中漾起了嫉妒,对他说:"约翰啊,你是装满毒药的器皿。"阿爸约翰没有生气,反而对他说:"阿爸,你说得对;你看到了我的外表,就能这样说;可你若能看出我里面,不知还会说什么呢!"

9. 弟兄们常提到,有一天他们坐下领受爱筵时,一个弟兄在餐桌上开始笑了起来。阿爸约翰见到了,却开始哭了起来,说:"这位弟兄心中在想什么,以致发笑呢?其实我们正在吃爱筵,他应该伤痛哭泣才对。"

10. 一天,几位弟兄来找他,想要考验他是否也会分心去想别的事,或议论世俗的事。他们对他说:"我们向上帝感恩,因为今年雨水多了,让棕榈树都得到滋润,枝叶茂盛,弟兄们也都有活可干了。"阿爸约翰对他们说:"当圣灵降在人的心里时也是这样,在敬畏上帝的事上都得到更新而枝叶茂盛。"

11. 据说,有一天他正在为编织两个篮子编绳,可他一不留神却把它织成了一根绳子,长到触墙,这是因为他的灵完全沉浸在默想之中。

12. 阿爸约翰说:"我就像一个坐在大树底下的人,看到有很多猛兽和蛇来攻击他。当他再也不能抵抗时,就跑去爬上大树,这就安全了。我也是这样,我静坐在自己的斗室里,感觉到邪念在攻击我,等我再没有力气抵抗它们时,我就靠着祷告,到上帝那里避难,就能摆脱敌人而得救。"

13. 阿爸波伊曼曾叙述关于阿爸矮子约翰的事,说他祷告上帝让他能除去情欲,使他得释放。他去向一位长者说:"我发觉自己很平安,没有了敌人的干扰。"长者对他说:"你去恳求上帝兴起争战,让你重新获得你以前的苦痛与谦卑;因为我们灵性的提升是靠争战达到的。"于是他真的向上帝祈求,等到争战来临时,他不再祷告要它离去,反而说:"主啊,求你赐我争战的力量。"

14. 阿爸约翰说:"这是一位在魂游象外①的长者说的事:有三位修士站在海边,有声音从对岸传来,说:'展开火焰般的翅膀,到我这里来。'有两个按照吩咐去做,飞到彼岸,第三个却留在那里,悲哀痛哭。可是后来他也获得了翅膀,不过,并非火焰般的,而是柔弱无力的,因此历尽艰难才飞到彼岸,时而沉入水中,时而漂在水上。现代的人也是如此,虽然也能获得翅膀,可并非火焰般的,而是又柔弱又无力的翅膀。"

15. 一个弟兄询问阿爸约翰说:"我的心灵虽然伤痕累累,但在诬陷我邻舍时,却仍不觉得羞耻。"老先生就给他说了一个关于诬陷的比喻:"有一个穷人已经有了自己的妻子,看到另一个美丽的女子,又收了做妾。两个女人都无衣遮体。恰巧附近有人摆筵席,两个女人都吵着要丈夫带她们去。于是丈夫把妻妾放在一个木桶里,带着她们乘船到了那里。当时因为天气炎热,人们都躺下休息。其中一个女人往木桶外张望,见没有什么人,就偷偷地跑到垃圾堆里,捡了破旧的布条,凑在一起连成腰带扎着,然后很自信地行走。另一个女人却仍躲在木桶里没有衣服遮身,却说:'看那个妓女,光着身子到处走,真不知羞耻。'她的丈夫听了很不是滋味,就对她说:'好呀,她至少还遮一下身体,可你呢,赤裸裸的,却还不知羞耻地这样

---

① 魂游象外 (Ecstacy),是一种神秘经历,在默想中,灵被提到天外,或能看到灵界的事。

说。'用恶言诬陷邻舍的,也是如此。"

16. 老先生还这样对一个来问他灵魂如何得救的弟兄说了一个比喻:"某城有一个妓女,她有很多姘头。其中一位长官来找她,对她说:'你只要应承我行为检点,我就必把你娶过来。'她果真答应了他,于是他就把她带回家。她的姘头们再次到处找她,彼此商量说:'那个主子把她带回家里,如果我们上门找她,他知道了必定惩治我们。要不我们到后面,向她吹哨,她若认出哨声,必会出来与我们会面,这样就不会被抓。'那妇人听到了吹哨声,连忙捂住耳朵,跑进内室,紧关门户。"老先生解释说那个妓女就是我们的灵魂,姘头就是我们的情欲和其他人;主子就是基督;内室就是永远的居所;那些吹哨的就是魔鬼,可是灵魂只有在主里才能找到避难所。

17. 有一天,阿爸约翰与几个弟兄上瑟格提斯去,因为天黑了,向导迷了路。弟兄们就问阿爸约翰说:"阿爸,我们的向导弟兄已经迷了路,我们该做什么,才不至于游荡致死呢?"老先生对他们说:"如果我们去跟他说,他肯定觉得忧虑和尴尬。这样吧,我就假装说我犯了病,走不动了,这样我们就可以待在这里一直到天亮。"他就这样做了。其他弟兄们说:"我们也不走了,就留下陪您吧。"他们就坐在那里直到天亮,这样就不须为难向导弟兄了。

18. 在瑟格提斯有一位长者家,很能攻克己身,可思想却不是太清晰。他到阿爸约翰那里去问他关于健忘的事。他听了阿爸的话后,就回到了自己的斗室,但他却把阿爸的话忘得一干二净。他于是又去讨教,又听到同样的话并再次回去。他来到距自己斗室不远的地方,又把阿爸的话忘掉了。他就这样多次来回,去了,回头又忘掉了。过后,他碰上老先生就对他说:"阿爸,你知道吗?我又把你的话忘了。可我不愿再难为你,所以就不再来找你了。"阿爸约翰对他说:"你去点一盏灯。"他点着了。老先生又对他说:"你再拿几盏灯来,用第一盏灯的火来点其他的。"他也照着吩咐做了。然后阿爸约翰对这位长者说:"你用这盏灯点了其他的灯,这盏灯受到什么损失没有?"他说:"没有呀!"老先生继续说:"我,约翰,也是这样,即使全瑟格提斯的人都来找我,他们也不能让我与基督的爱隔绝。因此,你什么时候愿意,就什么时候来找我,不要犹豫。"所以,由于这两位长者的坚韧,上帝便把这健忘症从他们的身上除去。这就是瑟格提斯修士们的善行,他们为了激发那些正受困扰之人的热情而强制自己,让他们能行善事。

19. 一个弟兄询问阿爸约翰说:"有一件事我不知该如何处理:一个弟兄常来找我去干活,可我犯了病,身体虚弱,干活时感到筋疲力尽,我该如何做才能遵守爱的诫命呢?"老先生回答他说:"迦勒对嫩的儿子约书亚说:'耶和华的仆人摩西打发你我窥探沙漠那地时,我正四十岁;现今我八十五岁了,我还是强壮,无论是争战,是出入,我的力量那时如何,现在还是如何。'(书14:7—11,节录)同样地,你如果觉得还有足够的精神,可以出入,那就去干活吧;可是,你如果觉得精神不足,就坐在自己的斗室里,为自己的罪痛苦,当他们看到你忏悔的情形时,就不会要求你出去了。"

20. 阿爸约翰说:"谁把约瑟卖了?"一个弟兄说:"是他的哥哥们。"老先生对他说:"错了,是他的谦卑卖了他,因为他本可以说:'我是他们的弟弟',而出声抗议,可是因为他不作声,他因着谦卑卖了自己;也是因着他的谦卑,使他被提升为埃及的宰相。"

21. 阿爸约翰说:"我们已经把轻的担子,即自我批判,摆在一边,然而却挑起了重的担子,即自圆其说。"

22. 他也这样说:"谦卑和敬畏上帝超过一切德行。"

23. 有一天,阿爸约翰坐在教会里,长叹一声,可是不留意有人在他背后坐着。等到他察觉时,连忙俯伏在那人面前说:"阿爸,真对不起,我连开始修道的资格都没有。"

24. 阿爸约翰对他的弟子说:"让我们只敬拜一位上帝,那么每个人都会尊敬我们,如果我们轻慢那位上帝,每个人都会鄙视我们,那么我们就失落了。"

25. 相传,有一次阿爸约翰到瑟格提斯的教会时,听到一些弟兄们正在争论,就返回自己的斗室。他绕着斗室走了三圈,然后才进屋。几个弟兄见了,好生奇怪,就跑去问他为何这样做。他对他们说:"我满耳都充满了那些争论,只好多走几圈,以清除这些辩辞,这样就能安心地进屋去。"

26. 一天,一个弟兄来到阿爸约翰的斗室。那时天色已晚了,他匆忙着要离开。当他们正在谈论德行时,不知不觉地,已到了破晓时分。阿爸和他一起出来给他送行,可他们又继续谈论直至第六个时辰①。于是阿爸约翰又再次请这位弟兄进屋,吃过午饭后才让他离开。

27. 阿爸有这样的劝勉:"警醒的意思就是坐在自己的斗室中,常常思念上帝。这就是经上的意思:'我正在等候时,上帝就临格了。'"②

28. 他也说:"有谁能像狮子一样凶猛呢?即便是这样,它却因为贪吃而跌在坑里,什么力气都没了。"

29. 他也告诉我们,在瑟格提斯的阿爸们吃了夹盐的面包这样说:"我们觉得面包和盐是可有可无的。"因此他们为主工作满有

---

① 即晌午 12 点。
② 这句话可能不是直接引用圣经,Ward 认为是引自《马太福音》25:36,原文是:"我在监里,你们来看我,"可能是教父对这段经文的一种寓意解释。

力量。

30. 一天，一个弟兄到阿爸约翰那里去取藤篮。他从屋里出来对他说："弟兄，你来干什么？"他回答说："阿爸，是来取藤篮的。"于是，他回到屋里去拿，可忘了这事，自己坐下来继续编织起来。那位弟兄又敲门，阿爸约翰又从屋里出来，弟兄就对他说："阿爸，请您把藤篮给我吧！"可老先生再次进屋时，又坐下编织起来。结果弟兄又再次敲门，阿爸约翰又出来问："弟兄，你来干什么？"他回答说："阿爸，来取藤篮呀！"这次，阿爸约翰拉着他的手，领他进屋说："你如果要取这些藤篮，就赶紧拿走吧，老实说，我真的没时间理这些琐事。"①

31. 有一天，一个赶骆驼的车夫来提货，提了货，好赶往别处去。阿爸约翰进屋去拿他编织好的东西，可忘了这事，因为他全神贯注在上帝身上。于是赶骆驼的车夫又来敲门打扰他，阿爸约翰又再次进屋，又忘了这事。车夫第三回敲门，这回阿爸约翰进屋时念念有词说："编织——骆驼；编织——骆驼"，以防又把事情给忘了。

32. 同一位阿爸心中火热。有人来探望他，称许他的侍奉，可他保持沉默，因为正在专心编织绳子。于是来客又开口说话，可他还是默不作声。到了第三次时，他就对来客说："自从你到我这里来，你已经把上帝从我身边赶走了。"

33. 一位长者到阿爸约翰的斗室中，看到他正在沉睡，有一个天使站在他的上空，为他扇凉。长者看到这个情景，就连忙退出去。当阿爸约翰起身时，对他的弟子说："我睡着时，有人进来过？"弟子说："有的，一位长者来过。"这时，阿爸约翰觉察到这位长者与他一样，也能见到天使。

---

① 参见第31节，那里解释阿爸约翰之所以忘记这些琐事，是因为"他全神贯注在上帝身上"。

34. 阿爸约翰说:"我觉得一个人至少要有一点点各种德行的美德,这对他是好的。因此,你要每天早起,开始修炼每一种德行,实践上帝的每一条诫命。以敬畏与坚韧的心,保持极大的忍耐,在上帝的爱中,身心全力以赴。履行至深的谦卑,忍受内心的挣扎;以敬畏哀恸的心,常常警醒祷告,在言语上纯洁,谨守眼目。你若受到轻视,不要动怒;心存平安,不要以恶报恶。不要注意别人的缺点,也不要与别人比较,当知道自己比一切的受造物更不如。弃绝一切物质和肉体的欲望。常活在十字架旁,知道一生是斗争、心灵贫穷、自愿的属灵朴修、禁食、忏悔、痛哭、洞见、心灵纯洁,紧握那些美善的事物。安静工作,在守望、饥寒交迫、赤身露体和苦难中坚守警醒。把自己隐藏起来,就像在坟墓里已经死了一样,这样你就能无时不觉察死亡的降临。"

35. 相传,阿爸约翰每次参加丰收的庆祝会或者会晤长者回来后,必做祷告、默想与唱赞美诗,一直到能再次恢复出门前的宁静。

36. 一位长者对他说:"那位约翰是谁?他的谦卑竟能让整个瑟斯提斯听命于他的小指头。"

37. 一位长者问阿爸矮子约翰说:"修士该是什么样的人?"他回答说:"他就是劳作的化身。修士在每件事上都会努力劳作,这就是所谓的修士。"

38. 阿爸矮子约翰说:"有一位属灵的长者,过着独修的生活。受到城里人极大的尊重,享有很好的声誉。消息传来,有一位长者已不久人世,在去世前请求能见他一面,与他握别。他琢磨着:'如果我在白天前往,必有人尾随我,借此称誉我,这种情形之下,我又如何能有安宁呢?因此还是天黑了才去,这样就能避开别人的注意。'瞧!上帝差了两个天使提着灯,为他照明。这时整个城里的居民都出来观望他的荣耀。他越是想逃避荣耀,越是获得荣耀。在这事上就应验了经上所说:'自卑的,必升为高'(路14:11)。"

39. 阿爸矮子约翰说:"要盖一所房子,不是从屋顶开始往下盖。你必须从地基开始,往上盖到屋顶。"弟子们问他:"这是什么意思呢?"他说:"地基就是我们的邻舍,我们必须赢得他们,这是我们的起点。因为基督的一切诫命都系于这一个原则上。"

40. 以下讲述的是阿爸约翰的事迹。一个女孩的双亲去世了,撇下她成了孤女,她的名字叫巴尔喜雅 (Paësia)。她决定将自己的房子改成救济院,让瑟格提斯的长者们使用。于是她诚心款待,服侍这些长者多年。可是时间长了,她的财源枯竭,开始穷困起来。

　　一些恶人来找他,让她改变她的初衷。于是她就开始了罪恶的生涯,结果成了妓女。那些长者听了这个消息,就深感忧伤,去找阿爸矮子约翰,对他说:"我们得知这位姊妹在罪恶中过活。她以前有能力时,对我们付出爱心,现在正是我们向她付出爱心去助她一臂之力的时候了。请您去见见她,靠着上帝给您的智慧,帮她改邪归正吧!"于是阿爸约翰就动身去她那里,对看门的老妇人说:"去向你的女主人报告,说我来了。"可老妇人要把他遣走,说:"从一开始你们就花了她的积蓄,现在你看她有多苦呀!"阿爸约翰对她说:"请你告诉她,我带来了对她很有帮助的东西。"看门妇人的孩子嘲笑他说:"你有什么好东西,以致非要见她不可?"他回答说:"你怎么晓得我要给她东西呢?"于是那老妇人进屋去,通报女主人他的到来。巴尔喜雅对她说:"这些修士们经常到红海一带寻获珍珠。"于是准备一番后,就对看门的妇人说:"请你带他进来吧!"阿爸进来时,她已经准备好要迎客,躺在床上。阿爸进去,坐在她身边,两眼注视她,对她说:"你对耶稣有什么仇恨,以至于如此放荡?"她听到这话,整个人完全僵硬了。然后,阿爸约翰低下头,痛哭起来。她连忙问他说:"阿爸,您为什么哭了起来?"他抬起头,之后,头又低了下去,哭着对她说:"我看到撒旦在你脸上嬉戏,我能不哭吗?"她一听到这话,就对他说:"阿爸,我还有悔改的余地吗?"他回答说:"当然有啊!"她回答说:"你要我去哪里,就带我走吧!"他说:"我们现在就走。"于是她真的随他走了。阿爸约翰发觉她并没有为自己的住宿做任何安排,他默不作声,却觉得奇怪。他们来到沙漠,已是黄昏时分。他在沙堆上做了一个小枕头,在上面画了十字符号作为标记,对她说:"你就睡这儿。"然后他在稍远处,也给自己做了同样的安排,祷告后就躺下睡觉了。午夜时他醒来,看到一瞥闪光,从天上一直延伸到女人那儿,又看到天使接走了她的灵魂。于是他连忙起身,去摸她的脚跟,发觉她已经离世,就俯伏在地,向上帝祷告。他听到这样的话:"一霎那的忏悔所带来的福分,远胜于很多长久说悔改,却不真诚地忏悔。"

41. 阿爸约翰曾说有三个哲学家是他要好的朋友。有一位去世前,将他的儿子交给了另一位朋友照管。可这小孩长大后,却与监护人的妻子有染,被监护人发现,把他赶出了家门。这孩子虽然回去向监护人求饶,但监护人却不肯见他,说:"你走吧,去当三年船夫,或许我会饶恕你。"过了三年后,他又回来了,这次监护人对他说:"你还是没有忏悔;再回去多做三年,把你所有的施舍给人,去忍受一切凌辱。"于是他真的去行,后来他的监护人又对他说:"你现在到雅典去学哲学吧!"有一个长者坐在哲学家的门口,专门辱骂每一个进来的人。可他辱骂年轻人时,年轻人却发出笑声。长者问他:"我辱骂你,你为什么反而笑了?"年轻人对他说:"你没想到我会笑吧?三年以来,我要付钱来忍受辱骂,可现在我不花分文就能忍受辱骂,这就是我为什么要笑的缘故。"于是阿爸约翰说:"主的门也是这样,我们这些阿爸们也必须经过诸多的辱骂,才能欢欢喜喜地进入上帝之城。"

42. 阿爸约翰对他的弟兄说:"虽然我们在人的眼中被藐视,却要欢喜,因为在上帝的眼中,我们是受尊重的。"

43. 阿爸波伊曼述说,他曾听阿爸约翰说:"圣徒们就像一个树林,每棵树都会结出不同的果实,但所浇灌的水却来自相同的一个源头。每一位圣徒的修行都各自不同,却同是一位圣灵在他们里面工作。"

44. 阿爸约翰说:"人若在心灵里头有上帝所赐的器具,即使没有世界的器具,也能安居在自己的斗室里。如果他有世界的器具,却缺乏上帝所赐的器具,他仍然能用这些器具安居在斗室里。可他既没有上帝的器具,也没有世界的器具,就绝不可能安居在斗室里。"①

45. 老先生也说:"你们都晓得撒旦攻击约伯的第一招是通过他的财富,可它知道这不能击伤他,也不能使他与上帝分离。它的第二招也只能触及他的肉身,可这个勇敢的健将,口也不出恶言,以致犯罪。其实,他心中存着属上帝的事物,他不断地汲取这个泉源。"

46. 有一天,阿爸约翰在瑟格提斯那里坐着,弟兄们来看他,请教如何处置他们的思想。一个长者说:"约翰,你就像一个妓女,卖弄姿色,好增加更多的情人。"阿爸约翰亲他一口说:"阿

---

① "器具"是指才干、德性、坚韧等。

爸，你说的正是！"阿爸约翰的一个弟子问他说："你心里头难道不介意他这样说吗？"可他回答说："我不介意，因为我是表里一致的。"①

47. 有人说，当他做完了田里的收割工作后，得了工资，就带到瑟格提斯，说："我的寡妇与孤儿们都在瑟格提斯等着呢！"

独隐士约翰

1. 一位弟兄住在独修室里，过着严谨的苦修生活。一些瑟格提斯的弟兄们听到了消息都来探望他。他们进入他干活的地方。他向他们打过招呼后，随即转身继续干活。弟兄们见到了这个情景，就对他说："约翰，是谁给你穿上修士袍的？是谁让你当修士的呢？难道没有人教你在收到弟兄们赠送的羊皮时要对他们说：我们一起祷告，或者请他们上座的礼貌吗？"他却对他们说："约翰是个罪人，无暇理会这些事。"

牧师伊西多尔

牧师伊西多尔（Isidore the Priest）是瑟格提斯的修士，是马加略早期的伙伴。卡西安提到他，说他是瑟格提斯四大群体中的一个领导。

1. 相传，瑟格提斯的修士阿爸伊西多尔知道在群体中的弟兄有谁犯了病，或者不羁，或者讨人厌，让人想要打发他走，他就会发话说："把他领到我这里。"然后他会管制他，透过他的长久忍耐，医治好他。

2. 一位弟兄求问他说："魔鬼为何这样怕你？"老先生对他说："因

---

① "表里一致"是自嘲的话，承认自己"表里"都像长者所说的那样污秽不堪。

为自从我当了修士,我就一直践行苦修生活,也不让怒言出口。"

3. 他还说四十年来,他常常为邪念所诱惑,但他却没有落入贪婪与愤怒的圈套中。

4. 他又说:"我年轻时,一直待在斗室里,祷告从不间断,对我来说,夜间与白天一样,都是我的祷告时间。"

5. 阿爸波伊曼常提到这则有关阿爸伊西多尔的事:他每晚都在编织一束棕榈叶,弟兄们来求他说:"请您先休息一会儿吧,您年纪也不轻了。"可他却对他们说:"即便伊西多尔被火焚烧了,骨灰全在风中飞散,我也不会让自己闲着,因为上帝的儿子为我们的缘故来到世上。"

6. 同一位阿爸讲述了阿爸伊西多尔的事,说他如果有什么念头对自己说:"你真是一位大人物呀!"他就会反驳它们说:"难道我能与阿爸安东尼相比吗?我像阿爸庞博(Abba Pambo)还是像那些能取悦上帝的阿爸?"他这样说,心中就能感到平安。有时那些专门与人作对的魔鬼,尝试来吓唬他,说他经过这么多的试炼后,还是要下地狱,他就回答他们说:"即使我被送到那里,我还是知道你们将在我下面。"

7. 阿爸伊西多尔说:"有一天,我到集市去卖一些小物品,当我发觉愤怒从我里面油然而生时,丢下物品就逃跑了。"

8. 一天,阿爸伊西多尔去见亚历山大的大主教阿爸提阿菲罗,回到瑟格提斯时,弟兄们问他:"城市里有什么新鲜事儿?"他却对他们说:"弟兄们,老实说,我什么人的面孔也没有看见,只见到大主教。"他们听到了,甚是焦虑,问他说:"阿爸,是不是发生了什么灾难了?"他说:"不要瞎猜,只是我没有想到要四处张望看其他人。"他们听到这话,心中充满钦羡,就立志谨守自己的眼目,不至于分心。

9. 同一位阿爸伊西多尔说:"圣徒的智慧在于能认清上帝的旨意。的确,人若顺从真理,他就比一切更高,因为他就是上帝的形象与样式。在众多的恶念中,最可怕的是随从自己的心愿,即是说,体贴自己的私欲,而不是上帝的律例。人若这样做,最终会受到伤害,因为他还看不清这个奥秘,也寻不到圣徒之道,以至于能努力践行。现在是为主工作的时候,因为在苦难中,能寻到救恩,正如经上所说:'你们长存忍耐,必得生命'。"(路21:19)

10. 阿爸波伊曼也这样述说关于阿爸伊西多尔的事,说每当他在教会中向弟兄训勉时,只说一件事:"饶恕你的弟兄,这样你也能得到饶恕。"①

比路夏的伊西多尔

1. 比路夏的阿爸伊西多尔(Abba Isidore of Pelusia)说:"行而不言,要比言而不行好。因为前者行得合宜,即使静默不言也是有益的,后者即使说了很多,也毫无益处。当言语与生命相符时,它们就共同构成了全部的哲学。"

2. 同一位阿爸说:"要珍惜德行,却不要成为荣誉的奴隶,因为前者是永恒的,后者却很快就消失。"

3. 他又说:"许多人虽然渴慕德行,却在这道路上裹足不前,而另一些人则认为德行根本不存在。所以必须教导前者克服惰性,指导后者什么才是真正的德行。"

4. 同时他又说:"恶行使人离开上帝,也使人与人分离。所以我们必须尽快转离恶行,追求德行,因为德行将人引到上帝那里,也使人与人团结。所以我说,德行与哲学的定义是:明智的

---

① 第十节补录自 J.-C. Guy 文本(第24—25页)。

朴实。"

5. 他还说："谦卑之人必升到极高之处，自夸之人必坠入无底深渊。高峰点是高尚的，所以我劝你们要专注前者，不至于跌入深渊。"

6. 他又说："渴望得到财富是危险可怕的，永不会满足；它控制了灵魂，驱使它走向罪恶的极点。所以让我们一开始就竭力赶走这种欲望。因为它一旦成为主人，就很难胜过了。"

塞尔斯的牧师以撒

塞尔斯的以撒（Isaac, of the Cells）是尼特利亚的隐修士。他是阿爸克罗尼乌（Abba Cronius）的弟子，在公元395年继任牧师与主持。大主教提阿菲罗指责他是奥利金一派的异端，与所谓的"四高弟兄"被逐出教门。这里第五节涉及同性恋诱惑的主题，在尼特利亚第一代修士中从来没有发生过，可是在修院被毁后经常发生，成为修院准则没落的一部分。这些言行充满对早期德行与严谨生活的怀念，可能出自第三代修士。

1. 有一天，人们来找阿爸以撒要按立他成为牧师。当他听到这个消息，就连忙逃到了埃及。他跑到田野里，躲进干草堆。按牧团在后边追赶，来到同一个田野时，天色已经暗了，于是大伙儿就停下来歇息。他们脱下驴子的套，让它吃草。驴子走到老先生附近，就这样，黎明来临时，他们去找驴子，也同时找到了阿爸以撒，让他们大为惊讶。他们想要捆住他，可他不让，说："我再不会逃跑了。这是上帝的旨意，我无论跑到哪里，都逃不过他。"

2. 阿爸以撒说："我还年轻时，与阿爸克罗尼乌同住。他从来不叫我干任何活儿，即便他年事已高，而且全身颤抖着，却还起来端食物给我，还有其他人。后来我又与菲美的阿爸西奥多 (Abba Theodore of Pherme) 同住，他也是一样，不叫我干任何活儿，自己却准备餐食，对我说：'弟兄，你要吃的话，就来吃吧。'我回答说：'我到这里为的是来帮助你，你为何从来不叫我干活？'可老先生也不回答我。于是我去找其他的老先生。他们都来了，对他说：'阿爸，这位弟兄来您这儿是为了帮助您。您为何不叫他干活呢？'老先生对他们说：'我又不是隐修士，能这样吩咐他干活吗？对我来说，我不会吩咐他，可是他愿意的话，我做什么，他也可以照着做。'从那时候起，我就主动照着老先生所做的事去做。至于他，无论干什么，都默默地干。这样他教会了我如何在静默中干活。"

3. 阿爸以撒与阿爸亚伯拉罕曾住在一起。一天，阿爸亚伯拉罕回来时，发现阿爸以撒正在落泪，就问他说："你为什么哭泣呢？"老先生说："我们怎能不哭泣？我们何去何从呢？我们的长辈去世了，我们要去看他们，可手工活所挣的钱又不够旅程的盘缠，我们现在成了孤儿，我又怎能不哭泣呢？"

4. 阿爸以撒说："我认识一位弟兄，他在麦田里收割时，想要啃一根麦穗。于是他就问工头说：'你能让我啃一根麦穗吗？'工头听到了，觉得很诧异，对他说：'阿爸，这块麦田本来是您的，为何来向我要这些。'你看，这位弟兄是何等地小心谨慎呀！"

5. 他还向弟兄们说："不要带男孩来这里。在瑟格提斯有四间教会因为男孩的色诱都空置了。"

6. 相传，阿爸以撒把献上的香烛灰，连同面包一起吃下肚子。

7. 阿爸以撒对弟兄们说："我们的长辈与阿爸庞博只穿棕榈叶织成的旧衣裳，到处是修补的痕迹，可你们却像纨绔子弟。你们还是赶紧离开这儿吧！"当他们准备下田收割时，他对他们说："我再也不给你们什么指示了，因为我知道你们是不会坚守的。"

8. 一位长者述说在阿爸以撒的时代，有一天，一位弟兄到塞尔斯的教会来，穿着有兜帽的装束。老先生把他赶出去说："这地方是给修士的，你是俗人，不该住在这里。"

9. 阿爸以撒说："有弟兄得罪我，我从不让自己带着对他的任何恶念进入我的斗室；我也会想方设法不让任何弟兄带着对我的恶念进入他的斗室。"

10. 阿爸以撒得重病很久了。他的弟子为他煲了一些面粉粥，加了点水果。可老先生无论如何也不肯尝，于是弟兄就劝他说："阿爸，您就吃一点吧，您是有病在身呀！"老先生对他说："弟兄，我其实很希望这病能拖上三十年。"①

11. 相传，阿爸以撒临终前，长者都围在他的身旁说："没有您，我们怎么办呀？"阿爸以撒便对他们说："你们都看到我在你们面前是如何生活的；你们如果要跟从我，并遵守上帝的诫命，他就会赐下恩典，保护这地；可是如果你们不遵守他的诫命，就不可能留在这里。记得我们的师长临终时，我们不也是痛不欲生吗，可我们仍遵守上帝的诫命与劝诫，我们坚守这些，犹如他们没有离开一样。现在轮到你们了，如果你们同样照着去做，就会释然的。"

12. 阿爸以撒曾对阿爸庞博说："把修士的衣裳扔到斗室外三天，也没有人来拿走才好。"

帕尼费斯的约瑟

阿爸约瑟（Joseph）与他的弟子们在帕尼费斯（Panephysis）过着独修生活，连阿爸罗得与阿爸波伊曼也来向他讨教。约瑟及其弟子这一群人似乎颇有影响力；卡西安与他们同住一段时间，他

---

① 这则故事起初令人纳闷，其实老先生宁愿承受病患之苦，表示他苦修的决心。

的著作《谈道录》(XI-XVII，XIX-XXIV）便是在此处写就的。

1. 一些长者来到帕尼费斯看望阿爸约瑟，询问他如何接待寄宿的弟兄们：是否应该与他们相处，并且自由交流。可是他们还没问之前，老先生已经先嘱咐弟子说："你只要看我今天所要做的事，但不可作声。"他将两块席子放在他身旁，一块在左边，一块在右边，向来客说："请坐。"他自己却起身进到屋里，穿着乞丐的装束，然后出来，游走在来客面前。稍后，他又进屋，换上他平时的衣服，再次出来坐在他们当中。他们看到他所做的事，都觉得诧异。于是他就问他们说："你们都看到我做了什么吗？"他们说看到了。"我是否因为穿上那不体面的衣服，就变了一个人呢？"他们说："没有。"他又对他们说："其实，我仍旧是我，不管我穿上哪类衣裳，前者没有改变我，后者也没有损害我。这就是我们接待到访弟兄的方式，根据经上所说的：'凯撒的物当归给凯撒，上帝的物当归给上帝'（太 22：21）。所以如果有弟兄到访，让我们接待他们，与他们自由交流。可是另一方面，当我们独处时，理应哭泣，这样我们就能保持坚忍。"这些话令到访的长者们感到非常惊讶，因为在他们还没有问及心中的问题前，已经得到了答案，于是就归荣耀给神。

2. 阿爸波伊曼对阿爸约瑟说："请您告诉我如何成为修士。"他回答说："你若愿意今生与将来都能得到安息，就要凡事都先问：我是谁？以及不要论断任何人。"

3. 同一位阿爸问阿爸约瑟另一个问题："欲念袭击我时，我该怎么做？是抗拒呢还是让它进来？"老先生对他说："让它进来，然后与它争战。"这样，他就回到瑟格提斯住了下来。有人从底比斯来到瑟格提斯，对弟兄们说："我问过阿爸约瑟，欲念前来时，我是抗拒它还是让它进来，他回答我说：我必须抗拒它，哪怕只是小诱惑，也必须立刻驱除它。"当阿爸波伊曼听到阿爸约瑟是这样劝勉来自底比斯的弟兄时，就连忙跑到帕尼费斯去见老先生，说："我来咨询你关于我的念头，你对我是这样说，可对底比斯弟兄说的却是另一回事。"老先生对他说："难道你不知道我是爱你的吗？"他说："我晓得。""你不也请求我，要像说给自己听一样的对我说吗？""是啊，我是这么要求。"于是老先生说："说真的，如果欲念进来了，你能与它争战，你就会更有力量。我与你说的话也是这样对自己说。可有些人若这样面对欲念对他们无益，就要赶紧与它了断。"

4. 一位弟兄问阿爸约瑟说："我该怎么办呢？我既没有力量承受苦难，又无力为爱而做善事！"老先生说对他说："如果你两者都做不到，至少要好好护着良心，不让自己去损害你的邻舍，那么必能得救。"

5. 一位弟兄讲述这样的事："有一天，我到下赫拉克里奥波利(Lower Heracliopolis)去见阿爸约瑟。那里的修道院里有一棵非常好的桑树。清早起来，他对我说：'你去那里吃桑葚吧！'我们逢周五都禁食，那天是周五，所以我没去；我就问他说：'请您给我个解释，好吗？您吩咐我去吃桑葚，我不去，因为是禁食时光。可一想到是您的吩咐，却又很难堪。我琢磨着老先生这样吩咐的理由何在，我是否真的要去做，因为这是他吩咐的话。'老先生说：'起初，长辈们是这样教导弟子的，不会直截了当地说，通常是含糊其辞，可他们看到弟子能正确去做，就不再用这样的方式了，等到他们凡事都能顺服时，就会对他们直言不讳了。'"

6. 阿爸约瑟对阿爸罗得说："你若不能成为焚烧的火，便无法成为修士。"

7. 阿爸罗得去找阿爸约瑟，对他说："阿爸，只要我能做一点儿敬拜日课、一点儿禁食功夫，又祷告与默想，我就心满意足了，我也尽可能洁净自己的思想。除此之外，我还能做什么呢？"老先生站起来，两手举向天空，十指像十支火炬，他开口说："如果你愿意，也能让自己变得全是火焰。"

8. 一位弟兄对阿爸约瑟说："我想离开修道院，去过独处的生活。"老先生对他说："去吧，只要能找到心灵的安身之地，你就不要计较在哪儿，就住下吧。"弟兄又对他说："可是无论我在修道院，或者过独处的生活，我都能享受平安，那你叫我如何选择？"老先生对他说："你若能平安住在修道院，也能平安过独处的生活，那么你衡量一下这两种想法，看看哪一种对你更有益处，更使你上进，那就选择哪一种吧。"

9. 一位长者与其一位同伴会合，一起去找阿爸约瑟。长者对他说："请您叫您的弟子给我们备驴好吗？"他回答说："好的，你就唤他来，他会照你的吩咐做。""他叫什么名字？""我不知道。""他跟您相处多久了，怎么连他叫什么名字您都不知道？"他回答说："有两年了。"长者说："这两年您从来不查问您的弟子叫什么，我只来一天，就没有必要知道他叫什么了。"①

10. 一天，适逢一些弟兄在阿爸约瑟的斗室里与他会面。他们围着阿爸约瑟坐下，求问他，他感到高兴，心情特别愉快，对他们说："我今天当上了皇帝，因为我已能掌管自己的欲念了。"

11. 相传，帕尼费斯的阿爸约瑟临终时，有一些长者围在他身边坐着，他眼睛望着窗户，看到魔鬼靠在窗口坐着。于是他叫他的弟子，对他说："你给我把杖子拿来，因为还有东西以为我老了，就无力抵抗它了。"当他的手握紧杖子时，长者们看到魔

---

① 沙漠教父漠视俗世的传统做法，在这里可见一斑：人的价值不在于他的名字或身份。这里也表达了阿爸约瑟已超越名分的区分，其所关心的事不在此。

鬼像狗一样，连忙夺窗而逃，不知去向了。

雅各

1. 阿爸雅各（James）说："能受到款待比款待人更好。"①
2. 他警告那些受到别人赞赏的人，要常常记住自己的罪，这样就会发觉自己并没有资格受到人的称许。
3. 他又说："正如一盏灯能照亮黑暗的屋子一样，如果敬畏神的态度能渗透人的心，就能照亮他，教导他一切的德行与上帝的诫命。"
4. 他还说："我们不需要只懂得'口到'的人，因为当今的时代，人群中的话语已经太多了；可我们现在需要的是'手到'的人，因为只懂得说话，是不会结出任何果实的。"

赫尔热斯

1. 一位弟兄咨询阿爸赫尔热斯（Hierax）说："请赐一言，我到底如何能得释放？"老先生对他说："你只要安坐在你的斗室中，饿了就吃，渴了就喝；可要注意不要说别人的不是，那么你必定释然。"
2. 他也说："我从来不口出俗世的话，也不愿意听到这些凡言俗语。"

当过太监的约翰

1. 当过太监的约翰（John the Eunuch）年轻时曾咨询一位长者："你如何能安安心心地施行上帝的工作呢？我们无论如何也不能，即使尽了最大的能力。"老先生说："我们之所以能够这样

---

① 这句话似乎与圣经的格言"施比受更为有福"相对立，其实阿爸雅各是站在沙漠的典型传统教导上说的：我们不要以为能款待人因此自高自大，能知道自己需要被款待，而能欣然接受比款待人更能培养自觉、谦卑的生活。这里所记录的几则故事也持同样的看法。

做，是因为我们把上帝的工作摆在首位，而我们身体的需要屈居第二位；可你们却将身体的需要摆在前头，上帝的工作屈居第二位，所以你们就会觉得吃力，也因为这样，救主会对他的门徒说：'你们要先求上帝的国和他的义，这些东西都要加给你们。'"（太 6 : 33）

2. 阿爸约翰说："我们的长辈阿爸安东尼曾说他从来不把自己的利益放在弟兄的利益之上。"

3. 西西里人阿爸约翰是莱岛城的修道院主持 (hegumen of Rhaithou)，他对弟兄们说："我儿啊，我们要避开肉身的欲望，正如我们能避开俗世的引诱一样。"

4. 他也说："让我们效法长辈们，他们能在这里过着苦修而平安的生活。"

5. 他又说："我儿啊，不要让这地方成为脏地，我们的长辈已经洁净这地方，将魔鬼赶走。"

6. 他还说："这地方纯粹是为苦修而存在的，并非为世俗之事。"

塞尔斯的约翰

1. 塞尔斯的阿爸约翰 (John of the Cells) 给我们说了这个故事："在埃及有一位既富有又漂亮的艳妓，很多达官贵人都来光顾。有一天她恰巧路过一间教堂，想进去。一位执事站在门口，拦住她不让她进门，说：'你没有资格踏进上帝的家，因为你不洁净。'主教听到他们争论的噪声，便从里面出来。那位艳妓对他说：'他不让我进教堂。'主教对她说：'他不让你进去，是因为你不洁净。'这时她心中充满悔意，对他说：'我从此以后再也不犯奸淫。'主教对她说：'你如果把你的家产带到这里，我就能知道你真的不再犯奸淫了。'她果真把家产带了来，主教将它付诸一炬。于是她到教堂里去，痛哭说：'若这事不在地上发生,也不知在天上要受什么苦呢!'于是她就完全悔改了,成为被拣选的器皿。"

提班的约翰

1. 提班的阿爸约翰(John of the Thebaid)说:"修士首先必须学会谦卑;因为这是主的第一条诫命:'虚心的人有福了,因为天国是他们的。'"(太5:3)

牧师伊西多尔

1. 相传,有一天,一位弟兄来请牧师阿爸伊西多尔(Isidore the Priest)去吃饭。可老先生就是不愿意去,说:"你听说过亚当因为食物受骗,结果要在伊甸园外居住吗?"弟兄对他说:"你是不是害怕离开自己的斗室呢?"他回答说:"我儿啊,我害怕,因为魔鬼如同吼叫的狮子,寻找可吞吃的人(彼前5:8)。"他经常这样劝解说:"如果有人喝起酒了,他就无法控制自己的思想。你曾听说过罗得抵挡不住女儿的劝酒,因此醉了酒。魔鬼就借着他的酒意,使他行了羞耻的奸淫。"

2. 阿爸伊西多尔说:"你若真心渴慕天国,就要撒弃财富,回应上帝的恩宠。"

3. 他也说:"你若贪恋享受与钱财,就无法按照上帝的旨意生活。"

4. 他又说:"即便你能经常禁食,也不要引以为傲;你若因为这样就自以为了不起,那么我宁愿你去吃肉。你吃肉反而比趾高气扬、炫耀自己好。"

5. 他又说:"作为弟子,必须爱他们真正的导师,就像爱自己的父亲一样,并且要敬畏他们,如同敬畏他们的领导一样;不要因为只顾爱而忘了敬畏,也不要因为敬畏,却把爱隐藏起来。"

6. 他也说："你若真正渴慕救恩，就必须竭力做一切能引向救恩的事。"

7. 相传，有一次，一位弟兄前来找阿爸伊西多尔时，他躲到自己斗室最远的角落里。弟兄问他说："阿爸，您到底在做什么？"他回答说："即使凶猛的野兽，也觉得能够躲到自己的洞穴里是最安全的。"他说这话是要让弟兄得到造就。

波斯人约翰

1. 一天，有一位被鬼附的小孩来求医治，埃及修道院的几位弟兄也跟着来了。当老先生出来迎接他们时，看到一个弟兄正与这位小孩行不轨的事，可他没有指责他，却说："如果造他们的上帝看到他们的行径而没有烧死他们，我又有什么资格指责他们呢？"

2. 一位长者讲述关于波斯人阿爸约翰（John the Persian）的事，说因为他有极大的爱心，反而使他成为非常单纯的人。他住在埃及的阿拉伯（Arabia of Egypt）。有一天，他向一位弟兄借钱，为自己的工作买一些亚麻。后来有一位弟兄前来请求他，说："阿爸，请您给我一些亚麻好吗？我想织一件外袍。"他很爽快地就给了他。不久之后，又来了另一位弟兄，跟他说："请您给我一些亚麻，我想要编织一块麻布。"他也给了他。其他人有事情来求问他，他都欣然给予他们帮助。后来，钱主来向他讨债。老先生对他说："我去拿给你。"可他哪有什么能够还债的呢？于是他就去找当执事的阿爸雅各，求他给他一些钱好还债。在路上他看见地上有一块铜板，却没敢碰它。他做了一个祷告，就回到自己的斗室去了。但是钱主又来讨债了，老先生对他说："我也为这事非常焦虑。"他再次出去，到原先的地方找到了铜板，他再次做了一个祷告，然后又回到了自己的斗室。可是钱主又再回来苦苦追债。老先生对他说："这次我一定会还债的。"他又再次出去，还是到原先的地方，在那里做了祷告，然后就去告诉阿爸雅各说："阿爸，我在来这里的路上，拾到这块铜板。请您向邻舍们招呼，看看是谁丢了这块铜板，若找到失主，就还给他吧！"于是阿爸雅各挨门查问了三天，可都没有人认领。后来，老先生又对阿爸雅各说："如果没人来领取，就交给这位弟兄吧，因为我欠他的钱。其实这是在我准备向您讨些施舍来还债时，在路上拾到的。"阿爸雅各非常惊讶：明知道自己欠人的债，为何见到铜板，不马上拾起来，好去还债？同样值得称赞的是，当有人来向阿爸约翰借东西时，他不是亲自交给他，而是对弟兄说："你自己去看看，你需要多少就拿多少。"如果有人来还他什么东西，他只说："你就放回原处吧。"如果有人借了东西不还，他也不作声。

3. 相传，一些歹徒来找波斯人阿爸约翰时，他拿了一盆水，要为他们洗脚。他们一时不知所措，就开始向他忏悔。

4. 有人对波斯人阿爸约翰说："我们为着天国的缘故受了很多苦，这是否表示我们就能承受天国？"老先生说："至于我，我有信心能获得天上耶路撒冷的基业，这是在天上已经写好的。你说，我怎能不对这事抱着信心呢？长久以来，我一直像亚伯拉罕一样款待人，像摩西一样温柔，像亚伦一样圣洁，像约伯一样忍耐，像大卫一样谦卑，像约翰一样成为隐居者，像耶利米一样懊悔，像保罗一样领导，像彼得一样满有信心，像所罗门一样有智慧。像那被钉的强盗一样，我相信那本来就是至善的上帝已经给了我所有的一切，必定也会让我承受天国的。"

底比斯人约翰

1. 相传，年轻时的底比斯人约翰（John the Theban）是阿爸亚摩斯

(Abba Ammoes）的弟子，他在老先生犯病时足足服侍他十二年之久。他就在他草席上陪他坐着。可老先生对他视若无睹，年轻人为他苦苦干活，他连一句"愿你得着救恩"的话也不说。可是，在他临终的刹那，其他长者都围着他时，他才拉住年轻人的手，对他说："愿你得着救恩，愿你得着救恩，愿你得着救恩！"然后就将他交托给长者们说："他确实是天使，不是普通人。"

阿爸保罗的弟子约翰

1. 相传，阿爸保罗的弟子约翰（John, Disciple of Abba Paul）是个极其顺服的人。附近有几座荒墓成为鬣狗的窝穴，老先生见那里有粪堆，就叫约翰去取来。他问老师说："阿爸，那么我又如何处置那只鬣狗呢？"老先生开玩笑地说："如果它扑向你，你就把它捆起来，带到我这里。"于是黄昏时，弟兄就出发了。果真，那鬣狗扑向他，可他按照老先生的指示，连忙冲过去捉住它。然而，那鬣狗逃跑了。他追上去，说："我的阿爸要我把你捆起来。"于是他捉住它，把它捆住。这时候，老先生开始感到不安，坐在那里等候。当弟子回来时，用绳子牵着那鬣狗，老先生看到了非常诧异，可他又想羞辱他，就把他打了一顿，说："你这傻瓜，为何把这只愣狗带来呢？"于是，老先生就为它松绑，让它逃走了。

底比斯人以撒

1. 一天，底比斯人阿爸以撒（Abba Isaac the Theban）到修道院去。他看到一个弟兄行为不轨，就指责他。可他一回到沙漠时，主的天使临格，站在他斗室的门口，说："我不能让你进去。"他坚持说："发生了什么事？"天使回答说："上帝差我来问你,你要把刚才指责的犯罪弟兄扔到哪里去?"他听到了,立刻悔改说:"我犯了罪,求你赦免我。"那时天使对他说:"起来吧,上帝已经赦免你。可是以后在上帝还没有判断之先,小心不要判断任何人。"

2. 相传,阿爸亚波罗(Abba Apollo)有一位弟子叫以撒,他在全部善事上都有完整的训练,在圣餐礼时,又有不住祷告的恩赐。他不让人跟着他上教堂。他常说凡事逢其时都是善的,因为"凡事都有定期"。祷告聚会刚结束,他就像逃避大火的袭击一样,急忙赶回自己的斗室。在祷告聚会中,通常都会给每个弟兄一块面包和一杯酒,可他从来不领受。他这样做,不是拒绝弟兄们的爱筵,而是愿意保持不住祷告的侍奉。有一天,他病倒了,弟兄们获悉后都来探望他。他们围坐在他的身边问他:"阿爸以撒,你为什么聚会结束,就从我们中间逃跑了?"阿爸以撒对他们说:"我不是想要避开弟兄们,我只是想逃避魔鬼的诡计。如果有人亮着一盏灯,他若在露天的地方流连太久,灯就会被风吹灭。我们也是一样,如果我们在圣餐时得到了亮光,若在自己的斗室外流连,我们的心灵也会成为阴暗。"这就是阿爸以撒圣洁的生命之道。

底比斯的约瑟

1. 底比斯的阿爸约瑟(Abaa Joseph of Thebes)说:"有三件事在上帝眼中看为正,即有人犯病时,遭遇诱惑跌倒,他能以感恩的心去接纳他们;其次,有人无论做什么活,只知道是在上帝的面前做的,不管别人的看法如何;其三,有人能完全顺服他的属灵导师,完全放弃自己的意志。最后一项真的配得冠冕。至于我,我选择了那种犯病时的态度。"

希拉里昂

1. 阿爸希拉里昂（Hilarion）从巴勒斯坦来，上山去找阿爸安东尼，阿爸安东尼对他说："欢迎你来，你是点燃白日的火炬。"阿爸希拉里昂说："平安，你是照亮世界的光柱。"

伊斯克里昂

1. 长者们正在就将来的世代说预言。他们说："我们呢？我们又做了什么？"他们中的一个，伟大的阿爸伊斯克里昂（Ischyrion）回答说："我们都已经完成上帝的诫命了。"众人回答说："可那些随着我们来的晚辈们，他们能做什么呢？"他说："他们将努力完成我们所做的一半。"众人说："那么接下来的世代又如何呢？"他回答说："那个世代的人将一事无成，他们将受到诱惑，那时，能够得到悦纳的，比我们或者我们的长辈更伟大。"

CAPPA

卡西安

卡西安（Cassian，360—435）年轻时进入伯利恒的一所修道院，后来与一个叫泽马努（Germanus）的朋友离开那里，前往埃及与叙利亚地区学习修道主义。在这次旅程中所收集的资料，后来成为他所著的两卷书《修道制度》（The Institutes）及《谈道集》(The Conferences)的来源。《修道制度》描述了他在埃及与叙利亚所经历的修道生活，提到七项阻碍达成完全的事项；在他的《谈道集》中，卡西安用颇长的篇幅来讨论各项属灵的主题，以对话的形式描述了他与早期修道主义的领袖在埃及相遇的经历。公元415年他在马赛附近建立了两所修道院。于公元435年去世。

从卡西安的著作可以看出他是非常杰出的作家，他反省他自己的经验，然后以不同的学说来阐释那些经验。但是，他所用的基本数据，来自沙漠的传统教导，他把这些早期的理想加以润饰，使之更适合西方的读者。本笃会的院规推荐了他的《修道制度》与《谈道集》，"以及圣贤列传，与圣巴西尔的院规"（院规73），誉之为"给想过好生活与顺服的修士提供培育德行的工具"。因此，由卡西安传下来的传统，成为西方修道主义举足轻重、最具影响力的要素之一。

1. 阿爸卡西安讲述以下这则故事:"圣泽马努与我一起去埃及探访一位长者。他要款待我们,我们就对他说:'我们在巴勒斯坦时,即使有来客,我们仍然谨守禁食的会规,可您接待来客时却为何不遵守这规则呢?'他回答说:'禁食总是我们的常规,可我却不能常与你们在一起。再者,即便禁食对我们有益处,也是必须的,可是如果上帝的诫命是要我们行爱心,那么我们必须在两者之间做选择。所以,我是接待你们心中的基督,我必须殷勤地服侍你们,等你们走了之后,我再继续谨守禁食的规则也不迟。因为:"新郎和陪伴之人在一起的时候,陪伴之人岂能禁食呢?但新郎要被带走,那日他们就要禁食了"'。"(可2:19—20)

2. 同一位阿爸说:"有一个长者,得到一位圣洁的贞女的服侍,众人都说他很不检点。长者听到这些闲言碎语,到了临终时他就对众长者们说:'我死后,请将我的手杖植在我的坟墓上;如果它长了起来,而且结起果实来,你们就知道我与贞女所有的接触都是纯洁的;可如果它没有生长,那么就知道我与她犯了罪。'于是,他们就将手杖栽植在坟地上,第三天,手杖发芽,结了果实,于是他们一起归荣耀给上帝。"

3. 他也这样说:"有一天,我们去探望一位长者,他坚持要留我们吃饭。当我们已经吃饱的时候,他又勉强我们再吃多一点。于是我对他说,我真的再也吃不下了。他回答说:'这是我第六次为到来的弟兄准备用餐,我请他们吃,也陪着他们吃,可我仍然觉得饿。而你们只吃了一顿,就已经满足了,无法再吃了。'"

4. 同一位阿爸讲述了这样的事:"阿爸约翰是一所庞大的修道院的主持,有一次,他去找阿爸帕伊西乌 (Abba Paesius),他住在沙漠极远处有四十年之久。阿爸约翰很喜欢他,于是毫无拘束地对他说:'你在这里退修了如此之久,也无人来干扰你,你到底成就了什么?'他回答说:'我自从这样隐居,连太阳都没见过我进餐。'①阿爸约翰对他说:'至于我呢,太阳从未见过我发怒。'"

5. 这位阿爸约翰临终时,弟兄们围坐在他床边,他已经准备好,充满期待与欣喜要回到上帝的怀中。于是弟兄们请求他留下金玉良言,好作为他的遗言,让他们能在基督里完全。他呻吟着对他们说:"我从来没有随己意行事,凡我自己做不到的,我也不会教别人去做。"

6. 他又述说另一位住在沙漠的长者的故事。这位长者求上帝让他在灵修会上打起精神,不至于睡着了,但是,如果有人开口说闲话,或者说诬陷人的话,求上帝让他赶紧睡着,使他耳朵清静,不听这些恶毒的话。这位长者又说,那个属灵教导之敌,即是魔鬼,它竭力煽动无稽之谈。他举了一个例子:"有一次,我跟弟兄们谈论对他们有益的话题,他们打起盹儿来,沉沉地入睡了,连眼皮都懒得动。我为了让他们经历魔鬼的力量,就插了一段无关痛痒的话。他们忽然醒过来,兴致盎然。于是我不断地叹息,对他们说:'我们一直都在谈论属天的事,你们却昏昏欲睡;可我开始说一些闲话,你们就醒过来了,而且打起精神要听我说些什么。所以,我劝大家千万要警醒,认清恶魔的诡计,免得自己在听属灵教训或做属灵操练时陷入昏睡。'"

7. 他也说:"有一位出色的长官,他弃绝了一切事情,将所有的物品捐献给穷人。可是,他仍留下一点儿作为己用,因为他不愿接受一无所有的屈辱,也不愿意完全顺服在修道院的院规之下。圣巴西尔对他说:'你赔了议员的高位,又做不成修士。'"

8. 他还说:"有一位修士,住在沙漠的洞穴里。他的亲属来告知他

---

① 表示阿爸有白天禁食的习惯。

噩耗，说：'你的父亲已经病入膏肓，你赶紧回家去继承他的产业吧！'他回答说：'在他之前，我已经向世界死了，死人不会继承活人的产业。'"

克罗尼乌

克罗尼乌 (Cronius)，约公元 285 年出生，早期曾在修道院待过一段时间，后来到埃及与大安东尼一起，成为他的希腊语翻译员。之后，他在尼特利亚成为独修士，还被按立为牧师。他有很多弟子，其中一位是塞尔斯的以撒 (Isaac of the Cells)。他大约卒于公元 386 年。

1. 一位弟兄对阿爸克罗尼乌说："请赐我一言。"阿爸克罗尼乌说："以利沙来到书念时，他发觉书念妇人没有跟别人随意来往。因此，以利沙的到来，使她能怀孕，生下了一个婴孩（王下 4 章）。"那弟兄纳闷地问："这是什么意思呢？"老先生说："一个警醒的心灵，若能排除一切干扰，放下自己的意志，那么上帝的灵必会临格，让它成形，因为已经得了自由。"

2. 一位弟兄问阿爸克罗尼乌说："我有健忘的毛病，一直困扰我心，使我不知不觉间犯了罪才醒悟过来，我该怎么办呢？"老先生说："因为以色列子民的罪，外族人掳了约柜之后，他们把它带进他们的神明大衮的庙中，大衮的神像却仆倒在地。"（撒上 5 章）弟兄再问："这到底是什么意思呢？"老先生说："如果魔鬼要捆住人心，它们会透过他的冲动，把他引入不知情的欲念中。可是，如果这时候，他的心灵苏醒过来，去追寻上帝，记起永刑的后果，他的欲念就会即刻消失。经上也如此说：'你们得救在乎归回安息。'"（赛 30：15）

3. 一位弟兄问阿爸克罗尼乌，人是如何成为谦卑的。老先生对他说：'靠着敬畏上帝。'弟兄又问：'他要怎样做才能表达对上帝的敬畏？'老先生说：'我的意见是，他须放下一切，专注身体的苦难，竭力记住把自己的身体交在上帝的审判之下。'

4. 阿爸克罗尼乌说：'如果摩西不到西奈山上放羊，他就看不到荆棘丛中的火焰了。'弟兄询问老先生说：'那么荆棘丛象征什么呢？'他对他说：'荆棘丛象征人的劳作。因为经上说："天国好比宝贝藏在地里。"'（太 13：44）弟兄又问老先生：'您的意思是说，人要忍受身体的苦难才可望得到奖赏吗？'老先生对他说：'经上明明白白地记载："仰望为我们信心创始成终的耶稣。他因那摆在前面的喜乐，忍受了十字架的苦难。"（来 12：2）大卫也说："我不容我的眼睛睡觉，也不容我的眼皮打盹儿，直等到我为耶和华寻得所在。"'（诗 132：4）

5. 阿爸克罗尼乌说，比路夏的阿爸约瑟告诉他这样的一则故事：'我住在西奈的时候，认识一位又好又简朴的弟兄，也长得非常俊秀。他来到教堂参加祷告聚会，穿着破旧的装束（Mafort），盖住全身。有一次，我看到他去祷告聚会时，对他说：'弟兄，难道你没有看见其他弟兄来参加聚会，都穿得像天使一样吗？你怎能穿上这破破烂烂的衣服来呢？'他对我说：'阿爸，真抱歉，除了这件之外，我也再没有其他的了。'于是我把他带到我的斗室里，送给他一件衣衫，以及其他日常所需的用品。自此之后，他穿上那件衣衫，与其他弟兄一样犹如天使。有一次，长者们有事要差派十个弟兄去见君王，他是其中被选上的弟兄。可他听到了这消息，就赶紧俯伏在长者面前说：'求你们看在主名的分上，免了我去，因为我曾是那里一位大人物的奴隶，如果这次他认出我，他必会要我脱下修士的装束，逼我回去服侍他。'弟兄们都确信他所说的，就让他留下。可是后来，他们从认识他的人那里知道，原来他还在俗世时，是行政高官，他这样说是要隐藏真情，不想别人知道，免得有人来干扰。你看他是如此的伟大，他是那些关注逃离世界的荣耀与平安的长者之一。"

卡里昂

卡里昂（Carion）是埃及人，结过婚，有一妻两子。他离开自己的家室到瑟格提斯区当修士。在一次饥荒中，他的妻子把他们的儿子撒迦利亚送到他父亲那里，从此他就在沙漠中长大。因为孩子到来的原因招致舆论，可是这孩子也成为了修士，他既热心又富有洞见，后来比他父亲更受人尊重。

1. 阿爸卡里昂说："我努力地操练，更甚于我儿子，可我怎样也无法达到他的谦卑与沉默的程度。"
2. 在瑟格提斯有一位修士叫阿爸卡里昂。他有两个子女，当他决定退避俗世时，把孩子交给妻子抚养。后来，埃及闹饥荒，他的妻子处于极度穷困中，只好带着子女，跑到瑟格提斯（一个是男孩，叫撒迦利亚，另一个是女孩）。她在沼泽地中等候，离阿爸卡里昂住处不远（这是瑟格提斯边上的沼泽地，人们在这里建教堂、打井）。在瑟格提斯居住的人们有个习惯，如果有妇人来求见弟兄，或者要见来找的人，谈话时就坐必须隔得远远的。就这样，妇人对阿爸卡里昂说："你已经当了修士，而外面正在闹饥荒，那么谁来抚养你的子女呢？"阿爸卡里昂对她说："送他们到我这里来。"妇人对孩子说："你们去你父亲那里。"可是当他们走近父亲时，小女儿忽然回头跑向母亲，儿子却留在了父亲那里。于是，老先生对他的妻子说："这样也好，你就把女儿带回去吧；我会照管这个儿子的。"这样撒迦利亚就在瑟格提斯长大，众人都知道那是老先生的儿子。他渐渐地长大了，大伙儿开始在团契中议论起来。老先生听到了，就对他的儿子说："撒迦利亚，起身，我们还是离开这儿吧，因为长者们在议论了。"这个年轻人对他说："阿爸，这里每个人都知道我是你的儿子，可我们到其他地方去，我们就不能父子相认了。"可是，老先生仍然说："你起来，我们还是动身离开这里。"于是，他们来到了提班，这里的人给他们让出一个斗室，他们就在这里住了几天。可是在这里也同样传出关于这孩子的话。于是，父亲对孩子说："撒迦利亚，起来，我们还是回到瑟格提斯吧！"他们回来才几天，又传来了对他们的埋怨声。撒迦利亚这年轻人毅然跑到满是硝酸的湖边，脱掉衣服，跳进湖里，水高至鼻。他就这样浸在湖水里多时，直到他的皮肤变色，像麻风病人一样。他从湖里上来，穿上衣服，回到他父亲那里，连他父亲都几乎认不出他来了。当他跟往常一样去参加聚会时，瑟格提斯的牧师，阿爸伊西多尔因他所做的事得到了启示。在聚会中见到他时，就非常惊讶。于是对他说："上个星期天，撒迦利亚来这里，和正常人一样与我们团契；可现在他却像天使一样。"①

3. 阿爸卡里昂说："如果一个修士与男孩同住，不能保持安稳，就会跌倒；但即使他能保持安稳而不跌倒，也不能保证他能有所进展。"

克帕拉斯

1. 阿爸波伊曼讲述关于阿爸克帕拉斯（Copres）的圣洁，说他即使发病在病床，他仍然献上感恩，不求自己的意思。

2. 阿爸克帕拉斯说："能在苦难中仍献上感恩的人有福了。"

---

① 这则故事收录自 J.-C. Guy 的补篇。

3. 有一天，瑟格提斯的众居民聚集在一道，讨论关于麦基洗德的事，可大伙儿忘了邀请阿爸克帕拉斯。后来，他们去请教他。他三次拍了拍自己的口说："克帕拉斯，你有祸了！上帝要你做的事，你却把它搁置一边，反而多管闲事去探讨你不需知道的事。"弟兄们听了这话，赶紧逃回自己的斗室中。

居鲁士

1. 有一次亚历山大的阿爸居鲁士（Cyrus）被一个弟兄问及犯奸淫的事，他回答说："如果你从来没有这个念头，那么你一点希望都没有；如果你现在没有这个念头，那么就表示你正在行这事。我的意思是：如果你从来没有与这个罪念搏斗，心灵中不抗拒它，就会在肉身上犯罪。的确，那些犯奸淫的，从来也不担心会不会有这个念头。"老先生问这个弟兄："你不常跟女人说话吧？"这个弟兄说："没有，我脑子里想的都是她们的新老表现，我一想到这些心中就不能自已。"老先生对他说："不要害怕那已经死去的，但要避开还活着的，无论何时总要警醒祷告。"

LAMBDA

路奇乌

路奇乌（Lucius）来自西里西亚（Cilicia），是隆吉努（Longinus）的同伴；也是叙利亚的修士，后来成为伊纳顿修道院（Enaton）的主持。这里提到的异端称为犹凯派（Euchites），也称作密萨派（Messalians），即"祷告的人"。这是4世纪虔诚派的组织，源自美索不达米亚，传进小亚细亚、埃及、叙利亚等地，在公元432年的以弗所会议中被判为异端。以下的故事把这派别的二元论思想与过分属灵化的祷告方式，与修士们正统、合乎常理的方式做了鲜明的对比。

1. 一些称为犹凯派的修士到伊纳顿找阿爸路奇乌。老先生问他们说："你们是如何干活的？"他们说："我们从来就不干活，正如使徒吩咐那样，我们不住地祷告。"老先生又问他们是否吃饭，他们都回答：是的。于是他对他们说："你们吃饭时，有谁为你们祷告呢？"接着，他又问他们是否睡觉，他们回答：是的。于是他对他们说："你们睡觉的时候，有谁为你们祷告呢？"他们再无法回答他的问题。他对他们说："抱歉，那么你们就是言行不一；让我来告诉你们，如何一面干活，一面不住地祷告。我坐在上帝面前，浸软了芦苇草，然后一面编织绳子，一面说：'上帝啊，求你怜悯我；靠着你的大美善以及数不清的怜悯，拯救我脱离罪恶！'"于是，他就问他们这样是不是祷告，他们点头称是。他又对他们说："我就这样整天工作与祷告，总共挣了约三块钱，我将两块钱放在门外，其余的钱用来买食物。有谁来领取我的两块钱，就会在我吃饭和睡觉时为我祷告；靠着上帝的恩典，这样我就成就了不住祷告的劝勉。"

罗得

罗得（Lot）是一位单纯的科普特修士，帕尼费斯的约瑟（Joseph of Panephysis）的弟子，也是阿瑟纽（Arsenius）的好友。他在离阿爸安东尼不远的亚西诺（Arsinoe）过独居的生活。他与其他科普特修士一样拒绝奥利金的学说。

1. 一位长者来到阿爸罗得的居所，是在亚西诺的小沼泽附近；他开口向他要一个斗室，阿爸罗得就给了他。有一天，长者得了病，阿爸罗得就来照顾他。有人来找阿爸罗得时，罗得让他也去探望这位犯病的长者。可是老人家与来客们开始引用奥利金的话。这让阿爸罗得犯愁，他自言自语说："但愿长者们不要以为我们都是这样的。"可是，因为诫命的缘故，他又不敢让他走，于是阿爸罗得动身到阿爸阿瑟纽那里，把真相告诉他。阿爸阿瑟纽对他说："你也不必赶他走，只要对他说：我看你还是吃上帝为你预备的食物，也尽情喝你喜欢喝的，只是不要再说那些话了。其实，如果他愿意，大可改改自己，不致失言。如果他不愿意改掉自己的说法，他就会主动要求离开你那里的。这样，他要是离开了，也不是你强迫他的。"于是阿爸罗得就回去，按照指示做了。老人家听到这话，可是不愿意改正，就说："因着主的缘故，让我离开这里，这沙漠真的让我住不下去了。"于是,他起身走了,阿爸罗得怀着仁慈的心送他到门口。

2. 相传,一位犯了错的弟兄来找阿爸罗得,可心中总觉得不安,犹犹豫豫地走进走出,坐立不安。阿爸罗得对他说:"弟兄,你到底有什么事呀?"他回答说:"我犯了一个大错,可又不敢在长者面前陈明。"老先生对他说:"你向我认错,让我来担当。"于是,他就对他说:"我犯了奸淫罪,为了这罪我也去向偶像献了祭。"老先生对他说:"你要有信心,你是能悔改的。你去,安坐在自己的斗室里,每两天只吃一顿饭,我会为你担当你一半的罪过。"过了三个星期,老先生确信上帝已经接受了弟兄的悔改。这样,那位弟兄从此就顺服这位老先生,直到逝世。

隆吉努

隆吉努(Longinus)与路奇乌有亦师亦友的关系,后来在伊纳顿修道院成为著名的主持,带领修士们反对卡尔西顿会议(Council of Chalcedon)。伊纳顿是埃及首屈一指的修道院,"基督一性说"的领袖在6世纪时以这个修道院为基点,到了公元617年才被波斯的政权攻毁。

1. 一天,阿爸隆吉努问阿爸路奇乌关于三个说法,头一件是:"我愿意自我放逐。"老先生对他说:"如果你在这里,连自己的舌头都勒不住,放逐到哪里都没用。"接下来,他又提出另一个说法:"我愿意禁食。"老先生回答说:"以赛亚说:'你即使把自己的脖子扭曲得像绳子,或者像芦苇般低头,这也不是我接受的禁食,我要的是你能控制你的恶念'。"(参见赛58章)他又第三次开口说:"我愿意逃避人群。"老先生说:"你如果不能首先与人好好相处,你就无法好好独处。"

2. 阿爸隆吉努说:"如果你发了病,你要对你的身体说:'你要病,最好快死；你若叫我在还没到开饭的时间给你饭吃，我会连日常的饭食也不再给你。'"①

3. 一个妇人犯了所谓的乳癌；她听人说及阿爸隆吉努，很想见见他。可是他住的地方很远，离亚历山大城有九英里的路程。这妇人寻找他时，正好这位好人来到海边捡浮木。她遇见了他，就问他说："阿爸，请问您，上帝的仆人阿爸隆吉努住在哪儿？"她这样问是不知道此人就是。他回答说："你为什么要找那个骗子呢？不要去找他，他真的是个骗子。你到底发生了什么事？"妇人指着犯病的部位告诉他。他在肿瘤处画了十字架记号，然后差她回去，说："你回去吧，上帝会医治你的；那个隆吉努哪有能力帮助你。"妇人因这话，就凭信心离开了，发觉自己当场得了医治。后来，她跟人说起这事，并描述老先生的特殊模样时，才知道那人就是阿爸隆吉努本人。

4. 又有一次，他们带一个被鬼附体的人到他那里。阿爸隆吉努对那些护送的人说："我无法为你们做什么。你们最好还是带他去见阿爸芝诺吧！"他们就带那人去见阿爸芝诺。于是，阿爸芝诺开始赶鬼。魔鬼大声喊叫说："阿爸芝诺，你可能以为我离去是因为你的缘故；其实，在下村阿爸隆吉努正在祷告，挑战我。我离去是因为害怕他的祷告，可对付你这人，我懒得给你任何反应。"

5. 阿爸隆吉努对阿爸亚凯士（Abba Acacius）说："妇人知道自己怀了孕，因为月经不来了。我们的灵魂也是这样，他知道已经被圣灵充满，是因为它再不发出欲念。如果我们仍然对欲念依恋不忘，我们又怎么敢说自己是无罪的呢？你要排出'污血'，迎接圣灵。"②

---

① 这是沙漠教父们一向对付身体的欲念的方法："攻克己心，叫身服我。"
② 古代医学理解尚浅，虽然现代人能理解这样比喻的意思，但还是觉得说法相当粗俗。

MU

大师马加略

　　大师马加略（或称埃及的马加略，Macarius the Great）约公元300年出生，早期是赶骆驼的，经商卖硝石。他是瑟格提斯修道运动的先驱之一。他也被按立为牧师。在一个村庄独修的时候，他被人诽谤使一个女孩怀孕。后得以平冤昭雪，就去了瑟格提斯。从以下的故事看，他与其他早期的修士一样，巡回各地，居无定所。卡西安曾这样称：「他是瑟格提斯沙漠隐修生活的第一位创立者。」他受阿爸安东尼的影响至深，曾二度去探望他。他卒于公元390年。

1. 阿爸马加略曾这样述说他的生平："我年轻时，在埃及的一个斗室居住，人们把我拉去要在一个村庄按立我。我不愿意接受这种荣誉，就逃到别处去。后来有一位虔诚的信徒同我一起，是他帮我贩卖我的手工，而且服侍我。有一天，村里的一个童女，因为经不起诱惑，犯了罪。当人们发现她怀了孕时，就询问她到底是谁干的事。她说：'就是那位独修士。'于是，众人来抓我，把我拉到村里，在我脖子上挂了盛满炭灰的黑锅以及其他东西，拉我游街，一面打我，一面喊着说：'这个修士玷污了我们的童女，打他！打他！'于是他们把我打得半死，后来有一位长者站出来说:'你们到底在做什么?你们这样殴打这位外来的修士,要打多久呀?'那位服侍我的信徒跟在我后边,垂头丧气,因为他们不断地辱骂他说:'你自己看看你担保的这个独修士,他做了这等丑事!'女孩的父母也说:'你们不可让他逍遥在外,要他保证娶她。'于是,我与我的仆人商量,请他为我担保。我回到自己的斗室里,将全部织好的藤篮拿出来,说:'你去把这些篮子卖了,好买一些东西回来给我的老婆吃。'我又对自己说:'马加略啊,马加略,你真的给自己找来了老婆;你要加紧干活,来养活她!'于是,我不间断地昼夜干活,把手工交给她。等到那可怜的女孩分娩的时候到了,她阵痛好多天,还是不能分娩,众人就发问她说:'这是怎么一回事?'她回答说:'我知道为什么,是我诬陷了那位独修士,这样诬告他对他不公平;这事不能怪他,是某某年轻人干的。'那位服侍我的信徒高高兴兴地回来对我说:'那位姑娘无法分娩,直等到她告白说"这不关那位独修士的事,是我诬陷了他。"现在全村人都要来慎重地向你赔罪。'我一听到这事,知道大事不好了,众人必定要来干扰我,于是,我就赶紧逃跑到瑟格提斯这里来,这就是我到这里的缘由。"

2. 有一天,埃及人马加略从瑟格提斯到尼特利亚的山上,给阿爸庞博(Abba Pambo)带去礼物。老先生对他说:"请你赐我们弟兄一言。"他说:"不敢当,我自己都还没有正式成为修士,可我曾见过一些修士。一天,我正在自己的斗室坐着,忽然思潮起伏,示意我要到沙漠里去,看能见到什么。可我还是待下来不走,就这样有五年之久。抗拒这样的想法,恐怕是来自魔鬼的诡计。然而,这个念头一直没有离开我,因此我就动身前往沙漠去。到了那里,我见到了一片水,有一个小岛在其中,沙漠的野兽都来这里饮水。在这野兽群中,我忽然看到两个赤裸裸的人，我全身颤抖，以为他们是什么精灵。他们看到我正在颤抖，就对我说：'不要害怕，我们也是人呀！'于是，我就大胆对他们说：'你们是从哪里来的？又是如何来到这沙漠的？'他们回答说：'我们来自一所修道院，因为志气相投，就在这里待了四十年。我们一个是埃及人，另一个是利比亚人。'然后，他们好奇地问我，说：'外面的世界现在怎样了？河水还是按时涨落吗？大家是否能安居乐业？'我说是的，又问他们说：'我如何能成为一名修士呢？'他们回答说：'你若不能放弃俗世的荣华富贵，就不可能成为修士。'我对他们说：'可我生性软弱，不能做到你们所做的。'他们又对我说：'你如果不能像我们，那就在自己的斗室中，为自己的罪痛哭吧！'我又问他们：'冬天到来时，你们不会觉得冷吗？大热天时，身体不会被晒焦吗？'他们说：'这是上帝给我们的生活方式。我们冬天不冷，夏日也不伤我们。'所以我说，我自己还不是修士，可是曾见过一些修士。"

3. 阿爸马加略是第一位在大沙漠过独修生活的修士，但是在这下边又有另一处沙漠，在那里就有较多的弟兄居住。老先生正在路边观望时，忽然见到撒旦化作人的样式走来，经过他的住所。他像是穿着布衣，上面满是破洞，每个破洞上悬挂一个小壶。老先生对他说："你要到哪里去？"它说："我要去搅动弟兄的记忆。"老先生说："那么，这些小壶又有什么作用？"它回答说："我带了食物给弟兄们品尝。"老先生说："有那么多种类吗？"它回答说："是的，如果弟兄不喜欢其中一类食物，我还可以提供另一类；第二类不喜欢，我还可以提供第三类；我相信他一定能在这么多种类中找到自己喜欢的。"它说完这话就离去了。老先生仍然在路边观望，直等到它回头经过此处，老先生见到它时，对它说："祝你身体安康。"它回答说："我如何能安康呢?"老先生问是什么意思,它回答说:"因为他们都拒绝我,不愿意接受我。"老先生说:"你在那里连一个朋友都没有吗?"它回答说:"其实有一个修士是我的朋友,他还算顺从我,一见到我,就像风一样马上变了。"老先生问它那个修士叫什么,它回答说:"迪奥便都"(Theopemptus)。它说完后就离去了。于是,阿爸马加略动身下到底下的沙漠去,弟兄们听说他来了,就连忙提了棕榈叶来迎接他。每个人都准备好,以为老先生是为了他们自己而来的。然而他只问那位在山上叫迪奥便都的,找到了他,就到他的斗室去。迪奥便都欣然迎接他。当他们俩单独在一起时,老先生问他:"你好吗?"迪奥便都说:"靠着您为我祷告,我还好。"老先生又问:"你的思想没有跟你作战吗?"他回答说:"直到现在为止,我还可以。"他其实不敢承认真相。老先生对他说:"我告诉你,我多年过苦修的生活,大家都很欣赏我,我人虽然老了,可是仍然受到奸淫欲望的困扰。"迪奥便都说:"阿爸,相信我,我也是这样。"老先生继续向他告白说,他还要与其他邪念作战,直等到他能一一承认自己的真实光景。之后,老先生又问他:"你能禁食多长时间?"他说:"到第九个时辰。""那你以后就加长一点时间,记得默想福音书与其他经文,如果有什么邪念从你里面发出来,千万不要正视它,只要向上仰望,主必定即刻来帮助你。"老先生给了他这个劝勉之后,就回到他自己的独修室去。后来他再次在路边观望时,又见到撒旦,于是又问它:"这次你又要到哪里去呢?"它回答说:"还是去搅动弟兄们的记忆。"说完就走了。它回来路过时,老先生问它说:"弟兄们怎样了?"它回答说这回很不顺。老先生问它为什么。它回答说:"他们个个都实在太顽固了,尤其那个曾经很听我话的所谓朋友,也不知道为什么,他改变得好厉害,他不只不再顺服我了,更是当中最最顽固的一个。因此，我答应自己，以后再也不到那里了，至少要过很长一段时间再去。"它说完之后，就离开了老先生，这位圣洁的长者也回到了自己的斗室。

4. 有一天，阿爸马加略出发上山到阿爸安东尼的住所去。他敲门时，安东尼出来开门，对他说："你是谁？"他回答说："我叫马加略。"可是安东尼转过身去，把门关上，让他站在外面。过了一段时间，他见他很有耐性，就去开门，高高兴兴地迎接马加略，对他说："久仰大名，老早就想与你会面。"他殷勤地招待他，知道他必定累坏了，就让他先休息。到了傍晚，阿爸安东尼为自己浸了一些棕榈叶，阿爸马加略说："让我也为自己浸一些吧！"他回答说："你就浸吧！"于是他把棕榈叶束成一捆，浸在水中。他们就这样在晚间一面谈论关于灵魂得救的问题，一面编织棕榈叶。马加略所织的绳子长长地从洞穴的窗口垂下来。圣安东尼清晨起来，看到马加略所织的绳子那么长，就说："可见从那双手显出来的力量有多大！"

5. 说及瑟格提斯被毁的事，阿爸马加略对弟兄们说："你一见到有人在沼泽附近盖斗室，就知道瑟格提斯遭受浩劫的时候不远了；你一见到树木，就知道已经迫在眉睫了；你一见到小孩，就要穿上羊皮衣，赶紧逃生。"

6. 再者，为了安慰弟兄们，他说："有一个母亲，带了被鬼附的小孩到这里来，小孩对他母亲说：'妇人，起来，我们赶紧离开这儿。'她回答说：'我再也走不动了。'小孩对她说：'那么让我来扛你吧！'我惊讶于魔鬼的诡计，他是多么急着要他们逃走呀！"

7. 阿爸西索（Abba Sisoes）说："我在瑟格提斯时，与马加略一行七人，到禾场去收割。一个寡妇在我们背后不停地哀号痛哭。于是，老先生就叫来禾场的主人，问他说：'这个妇人为何不停地哭呢？''是这样的，她的丈夫为人保管一些钱，可他忽然去世了，还来不及说他把钱藏在哪里。钱主就要把她们母子抓去，卖给人作奴隶。'老先生对他说：'你去告诉她，让她在午间休息时来见我们。'妇人来时，老先生对她说：'你为何这样不停地哭？'她回答说：'我丈夫为人保管一些钱，他死了，还来不及告诉我们他把钱藏在哪里。'老先生对她说：'来吧，你带我去他葬身的地方。'于是，他带了众弟兄一起跟她去。到了那里，老先生对她说：'你先回屋去。'当众弟兄一起祷告时，老先生问死者说：'某某人，你把保管的钱藏在哪里了？'死尸竟然回答说：'藏在屋里，床脚下。'老先生说：'你再安息吧，直到身体复活的那日。'众弟兄见到了这境况，非常害怕，赶紧伏在他脚前。可是老先生对他们说：'这事的发生不是为了我的缘故，上帝行这个神迹是为了那孤儿与寡妇的缘故。最值得注意的是，上帝不愿意灵魂承受罪过，他会应允所求的事。'他就去向寡妇说那笔钱在哪里。于是，妇人就把钱奉还给钱主，恢复孩子们的自由身。凡听到这故事的人都归荣耀给上帝。"

8. 阿爸彼得述说关于圣马加略的事说："一天他去探访一位生病的独修士。明明知道屋子里空空如也，他还是问病人要吃点什么。当这位病人说：'我想喝果汁'时，他竟毫不犹豫地大胆答应了，并且跑到了大老远的亚历山大城去给他买了回来。最让人吃惊的是，谁也不知此事。"

9. 同时他也说阿爸马加略很好客，但招待得很简朴。一些弟兄问他为何跟这些人打成一片。他的回答是："我这样服侍上帝已经有二十年了，是我向他祈求获得这样的服侍恩赐，你们怎么能要我放弃它呢？"

10. 有人说，当阿爸马加略去探望弟兄们时，他对自己要求如下：

"如果有酒，可以因着不失礼与弟兄们喝几口，然而，每逢喝了人家的一杯酒，就要以一天不饮水来补偿。"于是，弟兄们端上饮料时，老先生为了攻克己身，欣然接受；可是当他的弟子得知此事，连忙对弟兄们说："因着上帝之名的缘故，不要再给他喝了，否则他会到斗室中克己直至身亡的！"①他们听到了这话，就不敢再端上酒了。

11. 有一次，阿爸从沼泽那里回到自己的斗室，手中拿着棕榈叶，在路上遇见了持着镰刀的魔鬼。它左砍右砍，尽力攻击他，可是都枉费力气，就对他说："马加略啊，你这是什么力量，叫我无法施展力量攻击你？你所做的，我都做了；你禁食，我也禁食；你守夜，我自己也不睡眠；只有一件事你击败了我。"阿爸马加略问它是什么，它回答说："你的谦卑。正因为你的谦卑，使我无法胜过你。"

12. 几位长者来咨询埃及人阿爸马加略："为什么无论你吃饭还是禁食，你的身子永远瘦骨如柴？"老先生对他们说："我们燃烧葡萄枝时，是用一根小木柴来拨火，最后连着小木柴也被焚烧了；同样，人们能在敬畏上帝的事上洁净自己，而敬畏上帝的心能让整个身子燃尽。"

13. 有一天，阿爸马加略从瑟格提斯出发上到特勒努提斯（Terenuthis）去，进入一所庙宇中去休息。那里搁置着几个异教徒古旧的棺材。他就搬一个来当枕头。一些魔鬼见到他的胆识，就非常嫉妒，要让他害怕，于是用招呼女人的口吻，向他喊叫："喂，你呀，来跟我们一齐上浴池去吧！"另一个魔鬼在他底下，像死人说话一样回答它："我走不了，因为有个讨厌的陌生人躺在我上面！"可是，老先生一点也不害怕，反而充满

---

① 如果按照他对自己的要求，再多喝几杯，就要在接下来的几天不进水，这可能要致命的。

信心地敲打那棺材说:"你起来,你若还有力量,就赶紧逃进黑暗里去吧!"魔鬼们听到了,就大声喊叫说:"你已经胜过我们了!"于是就狼狈不堪地逃走了。

14. 相传,有一天,埃及人阿爸马加略从瑟格提斯提了一大堆篮子,他精疲力竭地坐下来倒在地上,开始自言自语地说:"我的上帝呀,你很清楚,我实在走不动了。"说完,忽然发觉自己已经被带到了河边。

15. 有一位埃及人,他的儿子是个瘫子。他把孩子带到阿爸马加略的斗室跟前,痛哭着把他放在门口,自己却跑得远远的。老先生弯下腰看这孩子,对他说:"是谁把你带到这里来的?"孩子回答说:"我爸把我扔在这里,自己走了。"老先生就对他说:"你站起来,回去找他!"孩子当场被医治了;于是站起来,赶上了爸爸,一齐回家去。

16. 阿爸大马加略在一次散会后,对瑟格提斯的弟兄们说:"弟兄们,赶紧逃吧!"一位长者问他:"我们除了逃出沙漠之外,再也没地方去了。"他将手指捂住自己的口说:"要逃避的是这个!"说完自己赶紧回到斗室,关上门,安坐在里面。

17. 同一位阿爸马加略说:"如果你责备人,你就是被愤怒冲昏了头脑,你满足的是你自己的欲念,因此,不要为了救别人,而丧失了自己。"

18. 同一位阿爸马加略在埃及时,发现有人牵自己的牲口忙于载运从他那里盗来的物品。他向盗贼走去,仿佛他是个陌生人,他帮助那个盗贼把物品装载到牲口背上。他还给他送行,心中有大平安,说:"我们没有带什么到世上来,也不能带什么去(提前6:7);赏赐的是耶和华,收取的也是耶和华;耶和华的名是应当称颂的(伯1:21)。"

19. 有人问阿爸马加略:"我们如何祷告?"老先生说:"我们无须说

冗长的祷词；只要我们伸出双手说："主啊，你若愿意，照你所知的，怜悯我吧"，这就足够了。可是如果内心的挣扎变得更大，就说："主啊，拯救我！"他完全知道我们所需要的，也会给我们施怜悯。"

20. 阿爸马加略说："如果对你们来说，诽谤等于赞美，贫穷等于财富，缺乏等于丰足，那你就不至于死。事实上，任何人只要绝对相信，全心服侍，是不可能陷入不洁的情欲中而被魔鬼诱入歧途的。"

21. 相传，瑟格提斯有两个弟兄犯了罪，亚历山大城的阿爸马加略（Abba Macarius of Alexandria）开除了他们的教籍。一些弟兄来告诉埃及的大阿爸马加略这事。他说："不是那两个弟兄被开除教籍，而是马加略本身！（他说这话是因为爱护他）"亚历山大城的马加略听到老先生开除他，就逃跑到沼泽地躲起来。大阿爸马加略动身去找他，发现他在那里被蚊虫咬得不成样子，对他说："你开除了弟兄们的教籍，他们却仍在村庄里，虽然要与人分离。我开除你教籍，你却像深闺里娇滴滴的小姑娘，躲到这里来。我已经把那两个弟兄叫来，听他们说出真相。我告诉他们，就当什么事情也没有发生。弟兄啊，你要检讨自己，看看你是否被魔鬼所愚弄，我看得出，在这事上你缺乏明鉴，你要为这过错悔改！"亚历山大城的马加略对他说："那你就惩罚我吧！"老先生看到他的确谦卑下来，就对他说："那么你回去，禁食三个星期，每个星期只准吃一顿饭。"这也是他一向的习惯，整个星期禁食。

22. 阿爸摩西（Abba Moses）对在瑟格提斯的阿爸马加略说："我很想过一种宁静的祷告生活，可是弟兄们都不让我这样做。"阿爸马加略对他说："我能看出你很重情，不会赶逐弟兄们，让他们离开。我想你如果真的要过宁静的生活，我建议你到沙漠深处，像彼特拉（Petra）地区，在那里你就会很宁静。"于是他照办，找到了平安。

23. 一位弟兄来找埃及人阿爸马加略，对他说："阿爸，请赐一言，我好得释放。"于是老先生就说："你到坟场去，辱骂那些死者。"这位弟兄果真去辱骂死人，还向他们的坟墓掷石头。然后就回去向老先生报告。老先生对他说："他们没有跟你说什么吗？"他回答说："没有呀！"老先生说："那么明天你再去，夸奖他们。"于是弟兄再一次去，夸奖他们，称他们为"使徒、圣人、义人"。他又回到老先生那里，对他说："我已经夸奖了他们。"老先生问他："他们有没有答复你？"弟兄说没有。于是，老先生对他说："你看看，你辱骂他们，他们没反驳；你夸奖他们，他们不作声；你也该如此，你若要得到释放，就要学会做死人。像死人一样，甭管人们对你是讥讽还是夸奖，你就能得释放了。"

24. 一天，阿爸马加略与几个弟兄下到埃及去，他听到一个男孩对他母亲说："妈妈，有一个富人喜欢我，我却很讨厌他；可是有一个穷人讨厌我，我却很喜欢他。"阿爸马加略听到了深感惊奇。弟兄们来问他："阿爸，为什么你对他说的话感到惊奇呢？"老先生对他们说："说真的，我们的主既丰盛又爱我们，可我们却不愿听他的；我们的仇敌魔鬼又穷又憎恨我们，可我们却喜欢它的污秽。"

25. 阿爸波伊曼哭着对他说："求你赐我一言，我好得释放。"可是老先生却说："可惜你所追求的，如今在修士中再也没有了。"

26. 有一天，阿爸马加略去见阿爸安东尼。他跟他交谈后回到瑟格提斯。长者们来迎接他，当他们说话时，老先生对他们说："我向阿爸安东尼说，我们这地区没有做奉献。"可是，长者们正在谈论别的事，没有追问他，到底阿爸安东尼如何答复，他也不再提起。其中一位长者提起这事说,如果长辈们见到弟兄们对有益的事没有反应,他们应该主动向弟兄提出;可是,如果弟兄们也不追问,那么就不应再谈,免得说多了废话,去答复别人没有兴趣的东西。

27. 阿爸以赛亚（Abba Isaiah）请求阿爸马加略说:"请赐我一言。"老先生对他说:"逃避人群。"阿爸以赛亚对他说:"你说逃避人群是什么意思?"老先生说:"意思是你要静坐在斗室里,为自己的罪哭泣。"

28. 阿爸马加略的弟子,阿爸巴弗纽丢（Abba Paphanutius）说:"我曾求我师父赐我一言,他回答说:'不要做对不起人的事,不要论断人。你如果能谨守这些,就能得释放。'"

29. 阿爸马加略说:"不要寄宿在声名狼藉的弟兄的斗室中。"

30. 一天,弟兄们到瑟格提斯来找阿爸马加略,他们看到他斗室里什么都没有,只有一潭死水。于是,他们对他说:"阿爸,请你到村里去吧,我们可以给你清水喝。"老先生对他们说:"弟兄们,你们听说过村里某某的面包厂吗?"他们说知道。老先生对他们说:"我也知道。你们听说过某某的田地有河流淌过吗?"他们说:"知道。"老先生又对他们说:"我也知道。所以呀,我如果要去,我自个儿会去,不需要你们的帮助。"

31. 相传,若有弟兄战战兢兢来见阿爸马加略,如同去见一位伟大的圣贤一样时,他就不会与他交谈。可是,如果一个弟兄用辱骂的口吻对他说:"阿爸,你本是赶骆驼的,听说你偷了硝石,拿去卖了,被管矿场的打了一顿,是不是?"他就会很乐意与他交谈。

32. 有人甚至说,伟大的阿爸马加略像传说中的神仙下凡一样,正如上帝保护这个世界,阿爸马加略同样能遮掩别人的过错,好像从未见到一样,也充耳不闻那些过错。

33. 阿爸毕迪米乌(Abba Bitimius)记得阿爸马加略曾跟他述说自己的一则故事:"我仍住在瑟格提斯时,有两个陌生人到我这里。一个长了满脸胡须,另一个刚开始长胡须。他们问我说:'阿爸马加略的斗室在哪里?'我对他们说:'你们找他干什么?'他们回答说:'我们听人提起他和瑟格提斯的事,所以来想见他。'于是,我就对他们说:'我就是。'他们连忙深深地鞠躬说:'我们很想住在这里。'我见他们柔弱、养尊处优的样子,就对他们说:'你们不可能待在这儿。'较年长的那位说:'如果我们不能待在这里,就得到别处去。'我自己琢磨:'我为什么要把他们赶走,成为他们的绊脚石呢?他们忍受不了痛苦就会自动离开的。'于是,我又对他们说:'如果是这样,你们愿意的话,就来吧,为自己盖一间斗室好了。'他们说:'那请您指定地点,我们好盖一间。'老先生①就给他们一把斧头、一篮面包和盐,并指着一块大石说:'你们凿开这石头,到沼泽地取一些木头,把屋顶盖上,就住在这儿。'他接着说:'我以为他们怕辛苦,会选择离去。怎知他们问我还有什么事要做。'我回答说:'织绳子的工作。'于是,我从沼泽地捡来一些芦苇叶,教他们织绳子的基本技术,以及如何处理芦苇叶,对他们说:'你们就开始织篮子吧!织好了交给管理员,让他们帮你换取面包。'我说完就离开了。可是他们非常有耐心,按照我的吩咐去做,三年了仍没有来见我。现在我努力地琢磨着:'他们现在过得怎样了?为何不来找我谈谈他们的想法?住得老远的尚来找我,可他们住得这么近却不来。他们也

---

① 这里忽然转用第三人称叙述,显得很别扭,我们无法确定真正的原因,只好当作是毕迪米乌叙述的方法。他时而引马加略的故事,时而从自己的角度述说他的故事;也有可能是记录者的疏忽。参见第38节,文中也有类似的叙述方法。

不到其他人那里去；他们只去了教堂，沉默着领受圣餐。'于是我祷告上帝，整个星期禁食，求他指示到底他们现在过得怎样了。之后，我就动身去探望他们，想知道他们的近况如何。我敲了门，他们就来开门，沉默着迎接我进去。我祷告后，就与他们坐下来。较年长的那位向年轻人打手势，要他出去，自己仍然坐着编织绳子。到了第九个时辰，年轻人敲门，端了一些汤进来，照着年长弟兄的手势，准备饭桌。他把三块小面包摆上，安静地站在一边。我说：'来吧，让我们一起用饭吧。'于是，我们起来去吃饭，年轻人又端来一壶水给我们喝。到了傍晚，他们问我：'您要走了吗？'我回答说：'不走，我要在这里过夜。'于是，他们为我在一边铺了一张席子，在另一边为他们两个也铺了一张。他们解开了腰带、脱下了袍子，两人躺卧在席子上。他们这样安置妥当后，我祷告，求上帝让我看看他们的生活方式。屋顶忽然开了，照下如同白昼的光芒，他们好像一点也看不到。可是他们以为我睡着了，较年长的拍拍年轻人，他们一齐起身，再次束上腰带，双手伸向天空。我能看到他们，可他们却看不到我。这时，我看到魔鬼们像苍蝇般飞舞，扑向较年轻的一个，有的沾在他的嘴上，有的扑到他眼睛。我又看到主的天使挥起火剑，绕着他把魔鬼们驱走。可是，魔鬼们却不能靠近那位较年长的。天一亮，他们才躺下来，我装作刚睡醒，他们也这样做。那位较年长的简单地对我说：'我们来背诵十二首诗篇好吗？'我对他说：'好吧。'年轻人朗诵五首诗，每六节加上一句'哈利路亚颂'，可他每朗诵一节，就有舌头一般的火焰从他口中冒出，直升到天上。同样，那位较年长的一开口朗诵，就像有火柱从他口中冲出，也是直升到天上；轮到我时，我只能心中朗诵一两句。我离开的时候，对他们说：'请你们为我祷告。'可是他们只是鞠躬，什么也没说。于是我现在明白,第一位的确是完全人,可是敌人仍然在攻击那年轻人。过了几天,那位较年长的逝世了,再过三天,年轻人也死了。"每当长者们来见阿爸马加略时,他会带他们去看那两位的斗室,说:"你们来看这两位年轻的殉道者的住处。"

34. 一天,山上的长者们派人到瑟格提斯去找阿爸马加略说:"求你赏脸来访,让我们在您魂归主怀前能见着您,不然我们会觉得非常伤心遗憾的。"于是,他就出发到山上去,众人热烈地围绕他。长者们请他赐弟兄们一言。他听到了,就说:"弟兄们,让我们悲伤痛哭吧!在我们还没去眼泪焚烧身体的所在之前,让我们的眼泪倾泻吧!"于是,他们就伏地痛哭了一番,说:"阿爸,为我们祷告吧!"

35. 另有一次,魔鬼近前来要用刀砍下阿爸马加略的腿。可是因为阿爸的谦卑,魔鬼无法做出来,于是对他说:"你有什么,我们都有;你与我们不同的是你的谦卑,你借此胜过我们了。"

36. 阿爸马加略说:"假如别人对我们的伤害,我们不能释怀,就会毁了我们对上帝的纪念。可是,如果我们提醒自己关于魔鬼的诡计,则会百毒不侵。"

37. 阿爸马加略的弟子,阿爸巴弗纽丢常常复述老先生的格言说:"我小时候与其他小朋友一起,我常常吃覆盆子,而他们常常去偷采无花果。他们逃跑时,丢下一颗无花果,我把它捡起来吃了。每逢想起这事,我就会坐下哭泣。"

38. 阿爸马加略说:"有一天,我在沙漠行走,见到路边有一个髑髅。我用一根棍子移动它,它忽然跟我说话。我对它说:'你到底是谁?'髑髅回答说:'我本是居住在这里的偶像与异教徒的大祭司;可我知道你是马加略,圣灵的承载者。每当你怜悯那些受苦刑的人，为他们祷告时，他们就得到缓刑。①'"老先生②对他说：'这个缓刑是什么？苦行又是什么？'他对老先生说：'天离地有多远，在我们底下的火就有多大；我们现在从头到脚，正处在火中，我们无法面对面看到人，而只能一个人的脸贴着另一个人的背部。可是，当你为我们祷告时，我们每个人都能稍微看到别人的样子，这就是缓刑了。'老先生流着泪说：'唉！那人出母胎就有祸了。'又对髑髅说：'还有什么酷刑比这个更难忍的吗？'髑髅对他说：'我们底下，还有一种更悲惨的酷刑。'老先生问：'是谁在底下呢？'髑髅对他说：'我们并不认识上帝，然而上帝仍给我们一点怜悯，可在我们底下的却是那些认识上帝，又不认他的人。'于是老先生捡起髑髅，把它埋好了。"

39. 相传，有一天埃及人阿爸马加略从瑟格提斯出发，到尼特利亚的山上去。快要到达时，他差弟子先行一步。弟子走时，看见前面有一个异教徒的祭司。弟子大声地叫喊道："喂！喂！魔鬼，你想往哪儿去？"那祭司转过身来狠狠地把他打个半死，然后捡起棍子，飞快地逃走了。可是他逃了不远，就在途中遇见了阿爸马加略，阿爸对他说："你好！你好！你一定累了。"那祭司觉得很惊讶，就跑过来问："我身上有什么值得你称道的，以至于你这样向我问好？"老先生对他说："我见到你精疲力竭的样子，却不知你为何要白白地如此累坏身子。"那人就对他说："你这样向我问好，让我非常感动，我觉察你肯定是在上帝这一边。可有另一个修士，见到我就辱骂我，于是，我就让他尝尝我拳头的滋味，足以致命。"老先生发觉他是在说

---

① 这种为死人祷告，使他们得到缓刑的观念，是根据天主教的炼狱说；基督教不接受为死人祷告的观念。
② 故事从这里开始，忽然转用第三人称叙述，使人纳闷，可能是记录者的疏忽。参见第33节。

自己那位弟子。可是，那祭司却俯伏在地，说："如果你不允许我当修士，我就不让你走。"他们来到弟子被毒打的地方，把他扛在肩上，抬他到山上的教堂。众人见到那祭司与阿爸马加略一起来时，都感到惊讶，就让他当了修士。借着他，很多异教徒都成了基督徒。于是，阿爸马加略说："一句恶言使善变为恶，一句善言使恶变为善。"

40. 相传，阿爸马加略不在时，有一个小偷潜入他的斗室里。马加略回来，看到小偷正在把东西装载到骆驼背上。于是他进到屋里，拿起了他的物品，帮他装载。东西装载完成后，小偷忙打骆驼要它起身，可它一动也不动。阿爸见它不动，就进屋去，找到了一把小锄头，拾起往骆驼背上放，说："弟兄，骆驼还等着要这个呢！"于是，老先生踢了骆驼一脚，说："起来！"那骆驼乖乖地站了起来，听到他的吩咐，便往前走了几步，可又再次卧下，拒绝起来，直等到东西完全被卸下，才再站起来往前行。

41. 阿爸亚伊奥（Abba Aio）求问阿爸马加略说："请你赐我一言。"阿爸马加略对他说："避开人群，住在你的斗室里，为自己的罪哭泣，不要以与人闲谈为乐，那么你就能得释放。"

摩西

摩西（Moses），又称强盗，或者非洲黑人，原是被释放的奴隶，在尼特利亚做过强盗，晚年才正式当修士，在牧师伊西多尔手下受训。后来他也被按立为牧师，成为瑟格提斯伟大的阿爸。他按马加略的建议退隐到伯特拉，最后与其他七位弟兄一起殉道。

1. 有一次，阿爸摩西在奸淫的邪念上挣扎。他无法继续在自己的斗室中安居，就去找阿巴伊西多尔，告诉他这事。老先生还是劝他回到自己的斗室中。可是,他拒绝说:"阿爸,我做不到。"于是,阿爸伊西多尔领他到平台上,对他说:"你往西看看。"他望过去,见到成群的魔鬼在飞舞,嚷叫着,开始出击。阿爸伊西多尔又对他说:"你再往东看看。"他转过身去,见到成千上万的圣天使,大放异彩。阿爸伊西多尔说:"你看到了没有,这些都是主差派来的,为要协助他的圣徒;可是,在西边的那些是要与他们争战的。在我们这边的为数比那边的更多。"于是,阿爸摩西就向上帝感恩,鼓起勇气,毅然回到自己的斗室中。

2. 在瑟格提斯,有一位弟兄犯了错。为了这事那里的人召开会议,阿爸摩西也被邀请参加,可是他拒绝了邀请,不肯去。牧师差人去跟他说:"请您来,我们大家都在等着您呢!"于是他就动身去了。他提着盛满水的破壶,带着去。他们出来迎接他,都好奇地问:"阿爸,这是怎么回事呀?"老先生对他们说:"我的罪在我身后倾倒出来,可我却看不见,今天还来审讯别人的过错呢!"他们听到这话,再不敢对弟兄说什么,都宽恕了他。

3. 又有一次,在瑟格提斯召开了另一次会议,长者们想要考验阿爸摩西,因此对他很不尊重,说:"这个黑人怎能来到我们当中呢?"他听到这话,也不吭声。会议结束后,他们对他说:"阿爸,你难道不觉得难过吗?"他对他们说:"我是觉得难过,可我还是要保持静默。"

4. 相传,阿爸摩西被按立时,他们把以弗得①披在他身上。大主教对他说:"阿爸摩西,你看,今天你已经全然洁白了。"老先生对他说:"我的主,我的父啊!我看来真的是外表洁白,可对那

---

① 旧约圣经记载祭司穿的外袍(参见出 39:2—7),早期基督教的礼仪也称圣职人员的外袍为以弗得。

能看清我里面的,我又是什么样子呢?"主教要考验他,就对其他的牧师说:"阿爸摩西进到圣堂时,你只管把他赶出去,可要尾随他,听他有什么话说。"于是,当老先生进来时,他们辱骂讥讽他一番后,把他赶出去说:"你这黑人,滚出去!"他只好出去,自己琢磨说:"他们这样做其实也是对的,你皮肤本来就像炭灰一样黑。你不是人,怎能让人与你会面呢?"

5. 有一次,上面传令下来要瑟格提斯"禁食一个礼拜"。适逢几位弟兄从埃及来探望阿爸摩西,他为他们煮了些吃的。邻居们见到炊烟,就对管理员们说:"你们看,摩西违反了指令,在斗室里烧饭。"管理员们说:"他来时,我们会亲自与他交涉。"到了礼拜六,这些管理员晓得阿爸摩西特殊的习惯,就在众人面前对他说:"阿爸摩西啊,我们知道你不遵守人的命令,是因为你要遵守上帝的诫命!"

6. 一位弟兄来到瑟格提斯见阿爸摩西,求他赐一言。老先生对他说:"你去,安坐在自己的斗室中,你的斗室会教你一切。"

7. 阿爸摩西说:"避开人群独居的人,就像太阳底下熟透的一串葡萄,可是那留住在人群中的人,就像熟不透的葡萄。"

8. 一位地方官员听人说起阿爸摩西,有一天,就到瑟格提斯去见他。有人告诉了老先生,他便连忙起身逃到沼泽边。有人遇见他,对他说:"请问老先生,阿爸摩西的斗室在哪儿?"他回答说:"你们找他干什么?他只是一个傻瓜!"于是,地方官员就回到教堂,对管理员说:"我听人说起阿爸摩西,就去找他,可在路上遇见了一个要去埃及的老先生,我们问他阿爸摩西的斗室在哪儿,他对我们说:'你们找他干什么?他是个傻瓜。'"牧师听到这话,就忿忿不平地说:"那位长者以为自己是谁,竟敢这样向你们批评圣洁的老先生呢?"他说:"那位长者身穿破陋的衣裳,是个身材高大的黑人。"他们说:"不好了,那位就是阿爸摩西本人，他是因为不想见你们，才这样说话的。"地方官员很得造就，欣然回去。

9. 在瑟格提斯，阿爸摩西常说："如果我们能遵行长者们的指令，我敢代表上帝向你们保证，蛮族不会来攻打这里。可是如果我们不遵守上帝的诫命，这地方将会沦为荒场。"

10. 有一天，弟兄们围坐在他身边，他对他们说："看啊，蛮族今天就要攻到瑟格提斯了；你们赶紧动身逃跑吧！"他们对他说："阿爸，你不跟我们一起走吗？"他回答他们，说："至于我，我等候这一天的到来已经很多年了，知道主基督的话语将要应验说：'凡动刀的，必死在刀下。'（太 26：52）"他们对他说："那我们也不逃跑了，我们愿意跟您一起死。"他又说："这事与我无关；大家各自决定去留。"他们中间有七个弟兄，他对他们说："看啊，蛮族已经攻到门口了！"说时迟，那时快，蛮族攻到，杀死了他们。可是有一个弟兄逃脱，躲在一堆绳子下，他看见有七顶冠冕从天而降，加在他们七人头上。

11. 一位弟兄询问阿爸摩西说："我眼前出现了一件东西，可我无法捉住它。"老先生对他说："你若不能像埋在坟墓里的死人一样，就无法捉住它。"

12. 阿爸波伊曼（Abba Poemen）说起，有一位弟兄去问阿爸摩西：一个人如何向邻舍死？老先生对他说："如果这个人无法在心中想到他已经在坟墓里死去了三天，就不能领会这句话。"

13. 相传，瑟格提斯的阿爸摩西启程要到伯特拉去，途中他感到疲倦，就对自己说："我需要喝水，可我到哪里找水喝呢？"忽然他听到有声音对他说："你只管去吧，不要为什么忧虑。"于是他就开步走下去。有几个长者来见他，他只剩下一小瓶水。他用了全部的水为他们煮小扁豆。老先生开始焦虑，从斗室走出走进，向上帝祷告，这时候，有一片云雨飘到伯特拉来，降下的雨水盛满了蓄水池。这事之后，来客对老先生说："请告诉我们，你为何从斗室走出走进？"老先生对他们说："我是与上帝争辩，说：'你领我来这里，现在我没有水给你的仆人们享用。'这就是我进进出出的原因；我不断地拽住上帝直到他降下水来。"

以下是阿爸摩西传给阿爸波伊曼的七项指示。无论是谁，或住在沙漠中的，或在弟兄们中居住的人，只要能践行这些指示，必能逃避一切惩罚，平平安安地度日。

1. 作为修士，他必须向他的邻舍死，无论怎样，也不要论断他。
2. 作为修士，在他离开这世界前，必须向一切死，以至于不让别人遭损。
3. 如果修士心中不说自己是个罪人，上帝不会垂听他。弟兄问："你说在心中要承认自己是个罪人，这话是什么意思呢？"于是，老先生说："如果一个人心中专注于自己的过错，就不会注意邻舍的过错。"
4. 如果一个人的行动与他的祷告不一致，他就是徒劳无功。弟兄问："那什么才算是祷告与行动一致呢？"老先生说："我们不应该做与我们祷告相冲突的事。因为一个人若已经放弃了主权，那么上帝就与他和好，接受他的祷告。"弟兄又问："修士加在他身上的众多苦痛中，哪一个最能帮助他？"老先生说："经上说：'上帝是我们的避难所，是我们的力量，是我们在患难中随时的帮助。'（诗46：1）"
5. 有人问老先生："人约束自己要禁食与守夜，对他有什么好处呢？"他回答说："这样能让他的心灵谦卑。正如经上说：'求你看顾我的困苦、我的艰难，赦免我一切的罪。'（诗25：18）所以人若专注这些煎熬,上帝就会赐下怜悯。"

6. 有人问老先生:"人受到一切的诱惑与恶念的袭击时,应该如何做呢?"他回答他说:"他就要痛哭,求良善的上帝来帮助他;他如果恒切地祷告,就会得到平安,正如经上说:'耶和华在我这边,我必不惧怕,人能把我怎么样呢?'"(诗118:6)

7. 一位弟兄问老先生说:"有这么一个人,因为他的仆人犯了错,就毒打他一顿;那个仆人如何面对这事呢?"老先生说:"如果他是好仆人,就会说:'宽恕我,是我犯了错。'"弟兄又问:"就是这样吗?"老先生说:"不是,因为他若已经把责任担在自己身上,说'是我犯了错'时,上帝已经赐下了怜悯。这里的目的在于不论断邻舍。说真的,如果上帝的手要在埃及地把头生的婴孩全部杀掉,那么没有一家会幸免的。"弟兄问:"这又是什么意思呢?"老先生说:"如果我们警觉自己的过错,就看不到邻舍的过错。我们不至于糊涂到去凭吊邻舍的死亡亲属,而不顾自个儿家的死亡亲属吧?向邻舍死的意思是:要承担自己的过错,而不过问其他人对错与否。不要伤害人,心中不要存对别人的恶念,不要轻视那些犯错的人,也不要相信陷害邻舍的人,更不要与伤害邻舍的人同乐。这就是向邻舍死的意思。不要向人发脾气,却要说:'上帝晓得人心。'不要赞同那些诽谤别人的人,不要与诽谤者同乐,也不要憎恨诽谤邻舍的人。这就是不论断人的意思。不要对任何人心存恶意,也不要让恨恶充塞你的心;不要憎恨那些憎恨邻舍的人。这就是平安的意思:要以这样的思想勉励自己说:'苦痛只是暂时的,可是靠着上帝的恩典,平安确实是永恒的。阿们!'"

马多斯

1. 阿爸马多斯(Matoes)说:"我会选择轻省但又持久的工作,好过一开头艰难，但很快就无以为继。"

2. 他也说："人越接近上帝，就越看清自己的罪。先知以赛亚就是这样，当他看到上帝的异象时，就宣称自己是'嘴唇不洁的人'。"（赛6：5）

3. 他也说："我年轻时，常对自己说：可能有一天我会做出什么好事来；可现在我已经老了，才发觉我一无所是。"

4. 他又说："撒旦根本不知道用什么欲念能让人跌倒。它只顾栽种，却不知是否能有收成，有时种下奸淫的欲念，有时种下诬陷人的念头以及其他的欲念。它不断地滋养一些它发觉人们会渐渐陷入其中的欲念。"

5. 一位弟兄去找阿爸马多斯，对他说："瑟格提斯的修士们为何在'爱邻舍如同爱自己'的事上做多于圣经所吩咐的：爱邻舍比爱自己更多呢？"阿爸马多斯对他说："至于我呢，我还未能做到像爱自己一样地去爱那些爱我的人。"

6. 一位弟兄来咨询阿爸马多斯说："在我禁食的那天，或者在我早祷时，有弟兄来探望我，我该怎么办呢？"老先生对他说："你如果不大惊小怪，只是跟弟兄一起用饭，那没什么。可是如果你不在等人来，却自个儿去吃，那就是你自己的意思。"

7. 阿爸雅各（Abba James）说他来探望阿爸马多斯，离开斗室前，他对马多斯说："我现在就去塞尔斯。"马多斯对他说："请您代我向阿爸约翰问安。"于是我①就到阿爸约翰那里，对他说："阿爸马多斯向您问安。"老先生对我说："阿爸马多斯是个真以色列人，他心里没有诡诈。"②过了一年，我又回去见阿爸马多斯，将阿爸约翰的问候带给他。老先生说："我不配让老先生这

---

① 接下来的故事，忽然转用第一人称的叙述方法，可能是记录者的疏忽。参见马加略第33、38节。
② 引用福音书耶稣称赞拿但业的话，参见约1：47。

样称赞;可我告诉你,你如果听到哪位长者称赞他的邻舍胜过他本人,这是因为他已经有很高的身量:一个人的完全能从他称赞邻舍多于自己上彰显出来。"

8. 阿爸马多斯说:"一位弟兄来找我说:'诬陷人比犯奸淫更糟。'我对他说:'这话很难理解。'他问我:'你是什么意思?'我对他说:'诬陷人虽然不好,尚可以复原,因为诬陷的人还能悔改,说自己实在不该这样说话;可是,犯奸淫就等于肉身的死。'"

9. 有一天,阿爸马多斯到马多罗区(Magdolos)的莱岛(Rhaithou)去。一位弟兄与他同去。当地的主教趁机把老先生抓住,按立他为牧师。他们一起进食时,主教说:"阿爸,真对不起;我知道你老大不愿意,我这样斗胆地做,是因为要您为我带来祝福。"老先生谦恭地对他说:"我的确不愿意,可真正使我忧虑的是,我必须与我同行的那位弟兄分开,而且我再也不能有自己独处的时间来祷告了。"主教对他说:"你如果觉得那弟兄也配得,我这就连他也按立好了。"阿爸马多斯说:"他配不配得,我不知道,可有一件事我是知道的:他比我还好。"于是主教也按立了那位弟兄。可是他们两位到死也没有上到圣所前来主持圣餐礼。① 老先生经常说:"我在上帝里满有信心,知道自己不会因为为人按手而受上帝的惩罚,因为我从不主持圣餐礼。只有没有瑕疵的人才配得为人按手。"

10. 阿爸马多斯曾述说这事:有三个人去找阿爸巴弗纽丢,他又称克法路(Cephalus),求他赐下一言。老先生对他们说:"你们要我说什么?关乎灵性的还是关乎身体的?"他们说:"关乎灵性的。"老先生对他们说:"你们去吧,要选择考验,而不是平安;

---

① 原文称他们没有"做奉献",在教会的圣职中,神职人员的最高服侍是主持圣餐礼,称之为"奉献",主要是在圣餐礼上神职人员把饼与酒"献上",代表耶稣把自己的身体献上为赎罪祭。在圣餐礼上也为信徒"按手"祝福。

选择被人唾骂，而不是被人夸奖；选择施予，而不是接受。"

11. 一位弟兄来求问阿爸马多斯说："请你赐下一言。"他对他说："你去吧，求上帝给你忏悔的心，也求他让你谦卑；常常警觉自己的罪；不要论断人，视自己比别人低下；不要亲近男孩以及持异端的朋友；远离口若悬河的习惯；好好勒住你的舌头以及你的肚腹；只喝一点儿酒。如果有人发表什么意见，不要与他争辩；他若是对的，你就说：'对'；他若是错的，你就说：'你知道自己在说什么'，不要与他争辩他所说的话。这就是谦卑的表现。"

12. 一位弟兄来求问阿爸马多斯说："请你赐下一言。"他对他说："你要管制心中一切具有争论性的念头，为自己哭泣，要忏悔，因为那日子将到。"

13. 一位弟兄来求问阿爸马多斯说："我怎么办呢？我的舌头给我带来挫折，我每次在人群中，就无法勒住它，他们做了一切好事我反而谴责他们，说他们的不是。我怎么办呢？"老先生回答说："你如果管制不住自己，还是逃离去独处吧！你这是一种病态，凡住在弟兄中间的人必须是圆形的，而不是方形的，这样就能转向众人。"他继续说："我自己独处，不是因为我有什么德性，而是因为我的软弱；那些能够在人群中居住的都是强人。"

阿爸西尔瓦努的弟子马可

1. 相传，阿爸西尔瓦努（Abba Silvanus）在瑟格提斯时，收了一个弟子叫马可（Mark），马可对他非常顺服。他本是文士出身，老先生因为他的顺服，对他疼爱有加。其他十一个弟子都很受伤，因为他疼爱马可多于他们。长者们听到这事，都愤愤不平，于是有一天来找他，指责他的不是。老先生就领了众长者，到每一位弟子门口敲门，说："某某弟兄，请你出来，我需要你帮忙。"可是没有一个即传即到。他来到马可的斗室门前，敲门说："马可！"他一听到是老先生的叫声，马上一跃而起，老先生就差他去办事，对长者们说："老先生们，其他弟兄到哪里去了？"他又进入马可的斗室，拿起他的笔记本，看到他正开始写"Omega"（俄梅戛）这个字母①，但因为听到老先生在叫他，还没来得及写完那字母。于是长者们说："阿爸，说真的，你所疼爱的，我们也一样疼爱，上帝也爱他。"

2. 有人述说，有一天阿爸西尔瓦努要与其他长者一起行路去瑟格提斯，他要显示弟子马可的顺服，让人知道他对他疼爱有加的原因。在途中阿爸西尔瓦努见到一只小野猪，就对马可说："孩子，你看到那头小水牛没有？"他回答道："看到了，阿爸。"阿爸西尔瓦努又说："你看到它的两只角吗？多么好看呀！"他回答说："是的，阿爸。"长者们都对他的回答感到惊讶，向他学到了顺服的功课。

3. 有一天，阿爸马可的母亲来见他，声势十分浩大。老先生出去迎接她。她对他说："阿爸，你去叫我儿子出来，我要见他。"于是，老先生进屋里去，对他说："你出去吧，让你母亲见见你。"他正在厨房干活，本来穿着破烂的衣裳，现在更是污秽不堪。他很顺服地出去，闭上眼睛，对来客们说："欢迎！欢迎！欢迎！"可是他没有睁开眼睛看他们。他的母亲认不出他来。于是她传信给老先生说："阿爸，请你叫我儿子出来，我要见他。"他又向马可说："我不是叫你出去，让你母亲见见你吗？"马可说："阿爸，我已经照着您的盼咐去了；请您不要再叫我出去，因为我不愿违背你。"老先生自己出去，对他的母亲说："刚才出来迎接你们说'欢迎'的那位，就是你的儿子。"于是

---

① "俄梅戛"是希腊文最后一个字母。

他安慰了她几句，就送她走了。

4. 又有一次，马可决定要离开瑟格提斯，到西奈山上定居。他的母亲传信给他的阿爸，流着泪请求他，让他出来见她。于是，老先生就命令他出去。可当他穿上羊皮外衣准备出去，向老先生辞别时，忽然眼泪夺眶而出，结果还是没有出去。

5. 相传，阿爸西尔瓦努很想到叙利亚去，他的弟子马可对他说："阿爸，我不愿意离开这里，也不愿意你离开。请您再待三天好吗？"到了第三天，马可就死了。

米勒修

1. 阿爸米勒修（Milesius）路过一个地区时，遇到一个修士被抓，被诬告谋杀罪。老先生去询问弟兄们这事。他听到那修士是被诬告的，就对抓他的人说："那个被谋杀的死者在哪里呢？"于是他们指给他看。他让每个人都祷告，然后走到死者面前。当他向着天伸展双手时，死者忽然站了起来。于是，他当着围观人的面问死者说："你来告诉我们，是谁杀了你。"那人说："我上教堂时，把一些钱交给牧师。他站起来就杀我；然后他把我拉走，扔进阿爸的修道院。因此恳求你把那笔钱给我的孩子。"然后老先生对他说："你安息吧！直等到主再来唤醒你。"

2. 另一次，当他在波斯的边界与他的两个弟子居住时，有两个皇子，是亲兄弟，按以往的惯例到那里打猎。他们在很大的范围内设下网罗，至少有四十英里，以便于捉捕每一只陷入网罗的动物。适逢老先生与他的两个弟子也在这里。皇子们见到他满身长着毛，像个野人，就非常诧异，问他说："告诉我们，你到底是人还是鬼魂？"他对他们说："我只是一个罪人，来这里是要为自己的罪过哭泣；我尊崇耶稣基督，永生上帝的儿子。"他们对他说："这世界没有其他神，只有太阳、火和水（这是他们跪拜的），因此你也来尊崇他们，向他们献祭吧！"可是他对他们说："你们错了，它们只是受造物。我劝你们悔改，承认这位创造万物的真神。"他们对他说："你说那位被审判、被钉十字架的人就是真神吗？"老先生说："他把罪钉在十字架上，被杀死，他就是我说的真神。"可是，他们却向他与弟子施酷刑，强迫他们献祭。经过了许多酷刑后，他们将两个弟子拉去杀头，还折磨老先生多天。后来，他们又换了另一种方式，将他摆在他们两个人中间，向他射箭，一支在他前身，一支在他后背。 可是，他对他们说："你们既然已经同意要流无辜人的血，明天这个时候，你们的母亲将要失去你们这两个儿子，你们的孝心也将被剥夺，你们也要在彼此的箭下流血。"他们对他的话不屑一顾，第二天仍继续去打猎。有一只母鹿从他们身边蹿过，他们连忙快马加鞭地追赶它，两人把手上的标枪向母鹿掷去，却击中对方的心，正如老先生所预言与警告的那样，他们就死了。

莫丢

1. 一个弟兄咨询阿爸莫丢（Motius）说："如果我到别处去住，你要我如何生活呢？"老先生对他说："如果你在别处生活，不要在那里做任何格外引人注意的事；譬如，不要说'我从不去参加祷告聚会'，或者'我从不会在爱筵中进食'。这样的事只是为了虚荣，以后你就要为此付出代价。因为别人发现你这样的特别行为就会熙熙攘攘地涌到这里。"弟兄问他："那怎样生活呢？"老先生说："你到什么地方去，只要入乡随俗就好了，做别人惯常做的事，如果你见到一位敬虔的人所做的值得仿效，就跟着他做，你就会得平安。这就是谦卑的意思：把自己看成与别人没有两样。当人们看到你没有出格的举动，就会把你看成与别人没有两样，就不会来干扰你了。"

2. 阿爸以撒是阿爸莫丢的弟子（他们两位都当过主教），他曾这样叙述师父的事："这位老先生是第一个在赫拉克里奥波里斯（Heracliopolis）建立修道院的人。他离开那里后，又到另一处地方同样建立修道院。可是，一位弟兄受制于魔鬼，就反对他，让他伤心。于是老先生动身退避到自己的村庄去，在那里又建立了修道院，自己却完全退隐了。过了不久，他伤心离开的那个地方的长者们，把反对他的那位弟兄领来，请求他收留那位弟兄进隐修院。他们来到阿爸索洛（Abba Sores）的住处时，就把他们的羊毛外衣留给这位阿爸，同时也把那位弟兄留下。当他们再上路去敲莫丢的门时，莫丢爬上梯子往外张望，认出是他们，就说：'你们的羊毛外衣在哪儿呢？'他们回答说：'在下边，那个弟兄那里。'他一听到那位曾让他伤心的弟兄的名字，异常惊喜，连忙用斧头把大门凿下来，跑到那位弟兄留住的地方。他到弟兄面前，向他鞠躬，然后拥抱他，把他带进斗室。他又接待来客三天，与他们有说有笑。这也是他一向接待来客的习惯；然后他就启程与他们一道回去。后来，他成了主教，其实他也能行神迹，伟大的西利尔（Cyril）也按立他的弟子阿爸以撒为主教。"

莫戈提乌

1. 相传，有一天，阿爸莫戈提乌（Megethius）忽然心血来潮要离开自己的斗室，这个他曾经生活过的地方，便不再回来了。在这世界上他什么也没有，只有一把刀，可作为割芦苇草之用，他每天编织三个篮子，这样就足够买需要的食物。

2. 相传，阿爸莫戈提乌是个非常谦卑的人，他接受了很多埃及长者们的栽培，包括阿爸西索（Abba Sisoes）与阿爸波伊曼。他住在西奈山的河边上。他曾叙述说，有一天，一位圣贤来探望他，对他说："弟兄，你在沙漠是如何生活的？"他回答说："我两天只吃一个面包。"老先生对他说："我建议你每天吃半个。"他按照吩咐做了，心存平安。

3. 几个长者来询问阿爸莫戈提乌说："如果有一些剩余的隔夜饭，你会不会提议弟兄们把它吃了？"老先生对他们说："如果饭已经坏了，最好不要逼着弟兄们吃，免得生起病来，还是把它扔掉吧。可是如果饭还没坏，就把它扔掉再去煮别的，那就错了。"

4. 他也说："我们起先一起聚集时，说有益身心的话，彼此鼓励，我们就像天使一般；像升到天堂去；可现在我们聚集时，我们因为说别人闲话，就彼此被拖下来，所以像跌进了地狱中。"

米乌

1. 阿爸米乌（Mius）说："顺服与顺服相应。人若顺服上帝，上帝必定会应允他的请求。"

2. 他曾叙述一位住在瑟格提斯的长者的故事，说他原本是奴隶出身，后来成为一个真正能理解人心的人。每年他必会去亚历山大城一趟，将自己挣到的钱交给他的主人们。他们恭敬地来迎接他，可是长者盛满了一盆水带来，准备为他的主人们洗脚。他们对他说："阿爸啊，您不能这样，不要让我们难堪。"可是他对他们说："我仍然是你们的奴隶，我也知道你们释放我，让我能服侍上帝；我来为你们洗脚，这里是挣到的钱，请你们接受。"他们还是一直推辞，不愿意接受他所要做的事，于是他对他们说："如果你们不接受的话，那我就只好留下来，继续服侍你们。"他们因为敬爱他，就让他做他想要做的；之后，他们跟他辞别，又给他很多东西和钱，让他能为他们去施舍给别人。也因为这样，他在瑟格提斯名声大噪，也深得人心。

3. 一个士兵来问阿爸米乌,上帝是否接受悔改。老先生就悉心教导他很多的事,然后对他说:"告诉我,亲爱的,你的外衣撕烂了,你就把它扔掉了吗?"他回答说:"不会,我会把它缝补好再用。"老先生对他说:"既然你能这样对待你的外衣,难道上帝不能同样善待他的创造物吗?"

埃及人马可

1. 相传,埃及人阿爸马可(Mark the Egyptian)住在自己的斗室里达三十年之久,从来不踏出斗室一步。牧师常把圣餐带去给他领受。可是,魔鬼见到他这样坚忍,就决定试验他,它的方法是要他怪罪牧师。它让一个被鬼附的人去找老先生,借口说要他为他祷告。那个被鬼附的人还来不及说其他的话,就向老先生喊叫说:"你那个牧师充满罪恶的臭味,不要让他再接近你。"可是马可被上帝的灵充满,对他说:"我儿啊,每个人都愿意除去自己的污秽,可你却带在身上来。经上说:'你们不要论断人,免得你们被论断。'(太7:1)但是,你若承认自己是罪人,上帝仍要拯救你,因为经上说:'你们要互相代求,使你们可以得医治。'"(雅5:16)他说完这话,就为那人祷告,把魔鬼从他身上赶走,医治他后就差他走了。牧师按照惯例又来了,老先生就欢欢喜喜地迎接他。上帝看到这位老先生一点儿也没有苦毒的心理,就让他看到异象。当牧师准备站在圣餐桌前时,老先生叙述所看到的事说:"我见到主的天使从天而降,将手放在牧师头上,他就像一根火柱。我见到了就很惊喜,又听到有声音对我说:'人子啊,你为何对这些感到诧异?其实,地上的君王也不愿意看到来朝见他的达官们身穿污秽不堪的衣裳,而是要他们穿着华美的服饰,更何况是上帝本身,他难道不会站在天上荣耀前服侍"圣奥秘"①洁净地的仆人吗?'"而这位埃及人阿爸马可,基督的高贵战士,名声大噪,是配得这个恩典的,因为他没有论断那位牧师。

亚历山大城的马加略

亚历山大城的马加略(Macarius of Alexandria)出生于公元296年左右,他是个商人,是个卖熟肉的贩夫。他在大斋期至少去观光帕科米乌(Pachomius)一次。后来他成为隐修士,也是塞尔斯的牧师,他以极度苦修的生活著称;他其中的一个弟子是巴弗纽丢(Paphnutius),卒于公元393年。

1. 有一天,亚历山大城的阿爸马加略与几个弟兄一起去割芦苇叶。头一天,弟兄们对他说:"阿爸,请你跟我们一起吃饭吧。"他答应了,跟他们去。第二天,他们又邀请他去吃饭。可这次他拒绝他们说:"我儿啊,你们需要吃,因为你们身体还有需要,可是我现在不需要吃什么。"

2. 一天,阿爸马加略到达本尼西(Tabennisi)去见阿爸帕科米乌。帕科米乌问他:"如果弟兄们不顺从规章行事,是不是要纠正他呢?"阿爸马加略对他说:"你只能纠正与公平地判断在你教导之下的人,可不要判断其他人。因为经上实在这样说:'教内的人岂不是你们要审判的?上帝会审判教外的人'。"(参见林前5:12—13)

3. 阿爸马加略每天去探望一位弟兄,共有四个月之久,可是从来没有见到这位弟兄的祷告生活受干扰。他觉得十分惊讶,说:"他可真是地上的天使呀!"

---

① 教会礼仪中,通常称圣餐为"圣奥秘"。

NU

尼罗斯

1. 阿爸尼罗斯（Nilus）说："你的弟兄得罪你，而你所做的一切报复，在你祷告的时候都会出现在你的思想中。"

2. 他也说："祷告是温柔的种子，是缺乏愤怒的。"

3. 他又说："祷告是医治伤痛与消沉的良方。"

4. 他也说："你去，变卖你所有的，全给穷人，背起十字架，舍己；这样你就可以专心地祷告。"

5. 他也说："你为了爱智慧的缘故所遭受的苦痛，会在你祷告的时刻结果实。"

6. 他又说："你如果要踏实地祷告，就不要让自己犯愁，否则你就会徒然奔跑。"

7. 他也说："不要期望什么事都会如你所愿，而要期望凡事都如上帝所愿，这样你必定能在祷告时不受干扰，而且能感恩。"

8. 他也说："一个修士若能称自己被所有人弃绝，才是有福的。"

9. 他也说："喜爱内在平安的修士不会被敌人的毒箭所摇动，可是那些喜爱与人来往的，会受到攻击。"

10. 他也说："仆人如果忽略了主人的工，就要预备受责打。"

尼斯特禄

1. 有一次，伟大的阿爸尼斯特禄（Nisterus）在沙漠中与一个弟兄行走。他们见到一只毒龙，就赶紧逃跑。弟兄对他说："阿爸，你是不是也害怕呢？"老先生对他说："我儿啊，我一点也不害怕，我这样逃跑，是为了要逃脱虚荣的心理。"

2. 一个弟兄来询问老先生说："我该做什么善事，才能存活？"老先生说："只有上帝知道哪件是善事。我曾听说过，有一位长者问过阿爸安东尼的朋友，即伟大的阿爸尼斯特禄，说：'我该做什么善事？'他对他说：'每件事不是都有同等的功效吗？圣经说亚伯拉罕很好客，上帝就与他同在。大卫谦卑，上帝也与他同在。以利亚喜爱内在的平安，上帝也与他同在。因此，你只要做你心灵渴慕又合上帝心意的事，并谨守自己的心就好了。'"

3. 阿爸约瑟对阿爸尼斯特禄说："我该怎样对付我的舌头呢？我真的勒不住它。"老先生对他说："你说话的时候，你是否觉得有平安？"他回答说："没有。"老先生说："你若没有平安，为何还要说话呢？你只要沉默，大家交谈时，你最好只听不讲。"

4. 一个弟兄看到阿爸尼斯特禄穿着两件外套，就问他说："如果有穷人来向你要一件外套，你会给他哪一件呢？"他回答说："较好的那一件。""如果有另一个人来向你要，你会给他什么呢？"老先生说："另一件的一半。"弟兄追问，说："如果有人来向你要，你又给他什么呢？"他说："我会把其余的再裁成两半，一半给他，其余的束在腰间。"于是弟兄又问："如果再有人来向你要，你会怎办呢？"老先生说："我就给他余下的，然后找个地方坐下，直等到上帝赐下一些能遮体的东西，因为我不会向任何人要什么。"

5. 阿爸尼斯特禄说修士要每天早晚问自己说:"我做了哪些合上帝心意的事,没做哪些不合上帝心意的事?"他要终身这样检讨自己。这就是阿爸阿瑟纽一贯的做法。你要每天努力无罪地来到上帝面前。在上帝面前祷告,因为上帝真的与你同在。不要为自己设下什么条规;不要论断人。脏话、发假誓、欺骗、发怒、辱骂在笑的人,所有这些都不是修士的所作所为。如果受人抬举过于他所配得的,就会蒙受极大的损害。

6. 相传,阿爸尼斯特禄住在莱岛的时候,每年有三个礼拜专心编织篮子,一个礼拜编织六件。①

独修士尼斯特禄

1. 阿爸波伊曼形容阿爸尼斯特禄(Nisterus the Cenobite)如摩西用以医治百姓的铜蛇:他拥有全德,不说话就能医治人。

2. 阿爸波伊曼问阿爸尼斯特禄,他如何能培育以下的德行:每当修道院中发生了麻烦的事时,他可以不作声,也不介入。他回答说:"原谅我这么说,阿爸,我初次来到修道院时,对自己说:'你和驴子本是一伙的。驴子被抽打却不作声,它被苦待,也不回应;至于你呢,你也应该如此,正如诗篇说的:"我在你面前如畜类一般,然而我常与你同在。"'"(诗73:22-23)

尼甘

1. 一个弟兄问长者中的一位说:"撒旦如何试探圣徒呢?"老先生对他说:"有一位长者,叫尼甘(Nicon),住在西奈山。有人闯进一个法然人(Pharanite)的帐篷里,见到只有他的女儿在里面,就强暴了她。事后,他对她说:'你要说是那个独修士阿爸尼甘

---

① 摘自 J. -C. Guy 的补篇。

干的。'女孩的父亲回来，一听到这事，就气冲冲地拿起一把剑，跑去找老先生算账。他敲了他的门，老先生出来相见。可是，当他拔剑要砍他时，他的手忽然枯萎了。于是，那位法然人就去找他的祭司们，他们就派人把老先生叫去。他出来时，他们连续地击打他，还要把他赶走，而他向他们求饶说：'为了上帝的缘故，让我留下来赎罪吧！'于是，他们把他隔离三年，命令谁也不许接触他。他用了三年时间，每星期天来认罪悔改，向每个人求饶说：'为我祷告吧！'后来，那个强暴女孩却把自己的罪孽推到独修士身上的人，被邪灵附体，他在教会中承认说：'是我犯的罪，却说要把罪加在上帝的仆人身上。'于是，所有的会众都到老先生那里去忏悔，说：'阿爸，原谅我们！'他对他们说：'该原谅的，就得原谅；至于我呢，我不想再留在这儿，因为你们中间没有一个人觉得要向我施行怜悯。'说完这话，他就离开了那个地方。"老先生说："你现在就能理解撒旦是怎样试探圣徒的。"

尼特拉斯

1. 相传，阿爸西尔瓦努的弟子阿爸尼特拉斯（Netras）在其西奈山的斗室居住时，很谨慎地照顾自己身体的需要；可是，他成为法然（Pharan）的主教后，就约束自己过非常简朴的生活。他的弟子对他说："阿爸，我们在沙漠的时候，你并没有过这种苦修的生活呀！"老先生对他说："在沙漠的日子，我有内在的平安与贫穷，我只是好好照顾身子不致犯病，自己没有的也无须强求。可我现在是在世界中，有许多世界的忧虑，即使我犯了病，还会有人来照顾我，我这样做是为了不毁掉我心中的修士心态。"

尼色塔斯

1. 阿爸尼色塔斯（Nicetas）述说：有一次遇见两位弟兄，大家谈妥要一起生活。头一个弟兄琢磨着说："我弟兄若要我做什么，我必会去做。"第二位也同样琢磨着说："我会按照弟兄的意思做。"于是他们充满爱心地生活在一起好多年。敌人看见了，就想方设法使他们分开。它站在他们的斗室门前，以一只鸽子的样子向一个弟兄显现，而向另一个弟兄却以一只乌鸦的样子显现。头一个弟兄说："你看到那只鸽子了吗？"另一个说："那是乌鸦！"于是他们开始争执，反驳对方，又站起来打起架来，流了血，让敌人高兴不已，从此他们就分开了。但是，过了三天，他们觉悟了，回来彼此道歉。他们承认自己坚持所看到的鸟是什么，也觉察这是敌人制造的冲突。于是，他们又住在一起，再也不分开了。

XI

卓伊乌

1. 一个弟兄问阿爸卓伊乌（Xoius）这个问题："如果我吃了三个面包，这算是太多吗？"老先生对他说："弟兄，你来打麦场是为了打麦吗？"①于是，他回答说："如果我喝了三杯酒，这算是太多吗？"他对他说："如果魔鬼不存在，那不算太多，可它是存在的，所以算是太多。酒与愿意靠上帝而活的修士是格格不入的。"

2. 一个长者叙述关于底比斯人阿爸卓伊乌的事，说他有一天到西奈山去，出发时一位弟兄来找他，呻吟着说："阿爸，我们这里不降雨，愁死人了。"老先生对他说："你为何不祷告上帝，求他供给？"弟兄对他说："我们祷告了。也念了祷文，可还是不降雨。"老先生对他说："这是因为你不努力祷告，你要看到努力祷告的功效吗？"于是，他举手向天祷告，天即刻降了雨。弟兄见到了就很惊恐，马上俯伏在地上，低头对他下跪，可是老先生逃走了，弟兄把事情告诉每个人。他们听到了就归荣耀给上帝。

---

① 这有趣的回答很像中国人的歇后语："你到打麦场去不是要打麦吗？ 还要多此一问。"

展提亚

1. 阿爸展提亚（Xanthias）说："那被钉十字架的强盗，只说一句话就得称义了；犹大原贵为使徒中的一位，却一夜之间前功尽弃，从天堂堕入地狱。所以，让我们不要为自己所做的自夸，因为凡太信任自己能力的必跌倒。"

2. 一天，阿爸展提亚从瑟格提斯上到特勒努提斯去。在他小歇的地方，有人知道路途劳累，就给他一些酒喝。听说他来了，有些人就把一个被鬼附的人带到他面前。可是魔鬼开始辱骂老先生说："你们怎么能把我带到一个酒鬼面前呢？"老先生本不想驱赶它，但是他忍不住它的辱骂，就说："我相信基督能在我没喝完这杯酒之前把你驱走。"于是，老先生开始喝那杯酒，魔鬼大声喊叫说：'你在焚烧我！你在焚烧我！'他还未喝完，靠着基督的恩典，魔鬼已经逃之夭夭了。

3. 同一位阿爸说："狗比我好，它有爱心，而且它不论断人。"

OMICRON

奥林匹乌

1. 阿爸奥林匹乌（Olympius）这样说："有一次，一个异教的祭司从瑟格提斯下来，到我的斗室来过夜。他仔细地思量修士的生活，就对我说：'你既然是这样生活，你的神是不是常让你见到异象？'我对他说：'没有。'于是，这祭司又问我说：'我们的神可不同呀，我们如果向他献祭，他不隐藏什么，会告诉我们他的奥秘；可你们的神又怎样呢？你们给自己带来这么多麻烦，又守夜又祷告又苦修，他连什么都不让你们见着？我相信，你若什么也没见着，那是因为你心存恶念，使你与你的神分隔，这就是你见不着他的奥秘的原因吧！'于是，我将那祭司的话告诉众长者。他们心中充满钦羡，说他说得不错。"

2. 塞尔斯的阿爸奥林匹乌受到奸淫念头的试探。这个念头对他说："你去吧，找个老婆算了。"他起身，找来一些泥，为自己塑了一个女人的泥像，对自己说："这就是你的老婆了，你一定要苦苦干活来养活她。"于是，他就苦苦干活。第二天，他又用泥塑了一个女孩像，对自己的念头说："你老婆给你生了个孩子，你更要加把劲儿干活，不单要养活老婆，还要让孩子穿得暖。"于是，他又疲累不堪地干活，对自己说："我再也无法承受这样的疲累了。"

他的念头回答说:"如果你不能承受劳累,就打消娶老婆的念头吧!"上帝见到他的苦行,就把他的挣扎挪走,他才有了平安。

欧西修

1. 阿爸欧西修（Orsisius）说:"如果把烧不透的砖头堆在河边做基石,它一天也耐不住,可是烧透的砖头就像石头一样坚实。所以人若心中仍体贴肉体,还未像约瑟那样经过敬畏上帝的火炼,当他接受高职时,很快就会垮掉。住在人群中就有很多的试探。明知道自己的软弱,就不要担当责任重大的职位,可是,信心稳固的人就不会动摇。人们一提起伟大的圣约瑟时,就不得不提到他不属世的操守。在一个丝毫没有上帝信仰的地方,他受的试探是何等的大啊!可是,他列祖的上帝与他同在,拯救他脱离一切困难,现在他与列祖已经同在天国中。所以,让我们看清自己的软弱,让我们继续争战;即便我们逃脱不了上帝的审判。"

2. 他也这样说:"我想人若不谨守自己的心,就会忘记或忽略他所听到的教训,敌人就能找到空隙来击倒他。就好像点亮的油灯,如果你忘了加油,它就渐渐地熄灭了,结果是一片黑暗。更坏的是,老鼠前来要咬掉灯芯,它在油还未烧尽时做不到。可它看到灯不仅没有了光,也没有了热气,就试着去拉扯灯芯,打它打翻。如果是泥土制成的就会被毁坏,可如果是黄铜制成的,主人还能再加油。我们的灵魂也是这样,如果不警醒,圣灵就会渐渐撤离,心中的火热也消减至熄灭。最后,敌人吞噬了心灵之火热,罪恶蚕食身体。可是,人若正确地仰赖上帝,而只是因忽略暂时迷失,靠着上帝的怜悯,他会再给他敬畏的心,谨记审判的可能,以后就能准备好,适当地谨守自己,直到他再来。"

PI

牧者波伊曼

波伊曼（POEMEN）的言行录占了这部以字母次序编排的文集之七分之一。很有可能这是整个文集的核心，其余的言行录是环绕着这一核心来收集的。波伊曼也在其他阿爸的言行中被提及。我们现在较难确定到底这些文集是否全属一个称波伊曼的，因为在埃及，被称为"善牧"很常见（希腊语 Poemen 即"牧人"的意思）。也很难确定到底是哪一个"波伊曼"：在公元370年间，有一位波伊曼在皮斯比（Pispir）遇见鲁菲努（Rufinus），他在4世纪后十年是瑟格提斯的长者，若是这样，这里的言行可能就是属于他的，因为其他属于这个世纪末的阿爸，如安东尼、亚摩纳、比奥（Pior）、庞博、约瑟等提到这样一人。他也可能是那位在公元407年与七个弟兄一起离开瑟格提斯的波伊曼，比阿瑟纽岁数更长（卒于公元449年）。他与那些经瑟格提斯的浩劫的阿爸如矮子约翰、阿伽同及摩西有来往，这本言行录很可能就是最后定居在特勒努提斯的群体所留下的；这样的估计看来较为合适，因为第一代的长者故去后，下一代为了要纪念这些长者而把伟大的老先生们的言行记录了下来。

值得一提的是，波伊曼与他肉身家庭的关系也不少：他提到亲生弟兄们、他的母亲、他的外甥以及跟他相关的一个孩子。但是，为了能够在沙漠中寻找到自由，这些埃及修士经常要与自己的家庭和村庄隔离。

1. 阿爸波伊曼年轻时，有一天，去找一位长者请教三个问题。而他到了长者那里，却忘了其中一个问题，于是又回到自己的斗室。可他伸出手刚要开锁时，又回想起了他所忘记的问题，而留下了钥匙，跑回长者那里。长者对他说："弟兄，你回来得真快。"波伊曼对长者说："在我伸手要开锁时，立即就想起我忘记了的问题，于是我门也没开，就沿路回来了。"其实来回的路程很远，长者对他说："波伊曼，群众的牧者，你的名字会在埃及家喻户晓的。"

2. 有一次，阿爸波伊曼的亲兄弟帕伊希乌在自己的斗室外与人交谈。阿爸波伊曼不以为然，于是动身跑到阿爸亚摩纳那里，对他说："我亲兄弟帕伊希乌与人交谈，让我不安。"阿爸亚摩纳对他说："波伊曼，你还活着吗？你回去，静坐在斗室里；你要铭记在心，你已有一年处在坟墓里了。"①

3. 一天，当地的牧师来探望阿爸波伊曼所处地区的修道院。阿爸亚努（Anoub）来找他，对他说："今天，让我们邀请他们进来。"可是他只站在那儿，好长一段时间也不回答；阿爸亚努生气了，就离去。在旁的人问阿爸波伊曼说："阿爸，你为何不答复他呢？"阿爸波伊曼对他们说："这与我无关，我已经死了，死人不再说话。"

4. 阿爸波伊曼的群体还没到瑟格提斯前，一个埃及的长者享有很高的声誉。可是，波伊曼的群体一到那儿，众人都离开那位长

---

① 亚摩纳的意思很简单：要记住你已经向外界死了，还管得了弟兄在做什么。

者而来找阿爸波伊曼。阿爸波伊曼对此有点伤感，对他的弟子说："瞧！对这位伟大的长者做了什么？众人离开他来找我们，这些无用的人，让他伤心。我们能做什么来安慰这位长者呢？"于是，他对他们说："这样吧，你们去准备一些食物，把一袋酒拿来，让我们一起去探望他，与他吃饭，这样，或许能给他带来安慰。"于是他们就去准备好膳食，一道出发。当他们敲门时，老人家的弟子应门说："你们是谁？"他们回答："请你告知阿爸，说波伊曼希望能得到他的祝福。"那弟子进去报告，可是长者差弟子回答说："你们走吧，我没有时间见你们！"虽然天气酷热，他们仍坚持着说："我们见不着老先生，无论怎样也不离开。"长者领会他们的谦卑与忍耐，非常懊悔，于是就亲自去为他们开门。这样他们就进去了与他共享膳食。吃饭时，他说："我现在明白，我听到关于你们的事不止属实，而且更伟大百倍。"从那天起，他们成了好朋友。

5. 有一天，地方的官员来找阿爸波伊曼，可是老先生不愿意见他。于是官员捉拿了他的外甥，强加上一个莫须有的罪名，押到监狱去，说："如果老先生来代他求情，我会放了他。"阿爸波伊曼的姐姐赶来找他，在他门口哀哭，可他不理她。她就斥责他说："你这铁石心肠的人，你可怜我吧，他是我唯一的孩子。"而阿爸波伊曼这样回答："波伊曼从来就没有孩子。"她的姐姐听到了，就绝望地走了。官员听到这消息，就让人给波伊曼传信说："如果你肯哀求我一句，我就会放人！"老先生回话说："你就照着法律审他吧。他若该死，就让他死，要不然，你爱怎样就怎样。"

6. 一天，修道院的一个弟兄犯了罪。那里有一个独修士，好久都不出门一步。修道院的主持去见他，把弟兄犯罪的事告诉了他。独修士说："把他赶走吧！"于是那弟兄离开了修道院，跑到山洞里，悲伤痛苦。适逢一些弟兄在探望阿爸波伊曼的途中，听到哭声。他们进入洞穴，看到他极度可怜的样子，就邀请他一起去见老先生，而他拒绝了，说："我还是在这里死了好。"于是，他们只好上路，到了阿爸波伊曼的斗室，他们就把弟兄的情况告诉了他。阿爸波伊曼劝勉了他们一番后，差他们走，说："你们去告诉那弟兄，说阿爸波伊曼召他来。"那弟兄果真来了。阿爸波伊曼见到他这样哀恸，就站起来拥抱他，对他百般温柔，请他一起用餐。他差一个弟兄到那位独修士那里去说："久仰大名，可是一直没有机会见面，这是因为我们太懒了。现在，如果上帝许可，而你也能抽出时间的话，麻烦你来我这里一趟，这样我们可以见见面。"那位长者从来不出斗室的门，可他听到这话却说："如果不是上帝启示这位老先生，他也不会差人来召我去。"于是，他就动身去见阿爸波伊曼。他们彼此高兴地拥抱后落座。阿爸波伊曼对他说："两个人住在一起，其中一个他的亲人去世了，而他不为自己死去的亲属吊唁，却跑去哀悼别人的死者。"那位独修士听了这话，懊悔万分，想起他所做的事，就说："波伊曼啊，你已上了天堂，而我却被打入地底。"

7. 很多长者经常来见阿爸波伊曼，一天，阿爸波伊曼的一个亲戚也来找他，他有一个孩子，在魔鬼的掌控下，脸朝后转。孩子的父亲见到如此多的长者在场，就带着孩子到修道院外痛哭不已。恰好一个长者出来见到了他，就问他："先生，你为何哭泣呢？"他回答说："我是阿爸波伊曼的亲戚，你看，我这孩子遭到这样的不幸。我虽然很想把他带到老先生那里，可又害怕他不肯见我们。每次他听到我来了，就把我赶走。现在你们都在场，我才敢来。阿爸，可怜可怜我，把孩子带进去，为他祷告吧！"于是，这位长者就带孩子进去，很有智慧地安排步骤。他首先没有即刻把孩子带到阿爸波伊曼那里，而是先请求一位小弟兄，说："请你在孩子头上画十字架。"然后逐一请众人画，最后把他呈在阿爸波伊曼的面前。阿爸波伊曼本不愿在他上头画十字架，而其他人催促说："请你也与众人一样做吧！"于是，他呻吟着站起来，祷告说："上帝啊，求你医治你所造的，免得他受魔鬼管制。"当他在孩子的头上画十字架时，孩子便即刻痊愈了。孩子被完完整整地交还给了他的父亲。

8. 一天，阿爸波伊曼邻近的一位弟兄远行到外国去。在那里他碰见了一位独修士。他对人充满爱心，很多人都来找他。这位弟兄向独修士提起阿爸波伊曼，他听到了他的好德行，就很想见他。这事不久，这位弟兄回埃及去了，那位独修士也去找这位曾探访过他的弟兄。他早先曾告诉他住在哪里，所以弟兄见到他，诧异不已，但非常欢迎他。独修士对他说："麻烦你带我去见阿爸波伊曼好吗？"于是，他带他去见老先生，介绍他说："这人很伟大，充满爱心，在他乡镇里声誉很高。我跟他提起您，他来是因为很想见您。"于是阿爸波伊曼高兴地接待他。他们彼此问安后坐下。这位客人开始谈论起圣经、属灵及属天的事。然而，阿爸波伊曼转头看别处，也不回应。这客人见他不愿跟自己说话，就伤心地走了。他对那带他来的弟兄说："我老远来这里，真是白来了。我是专程来见老先生的，他却不愿跟我说话。"于是，那弟兄进去见阿爸波伊曼，对他说："阿爸，这么一个在他国内享有声望的伟人来这里，是真的想见你，你为何不愿意与他交谈呢？"老先生说："他的确是了不起的人，他说的是属天的事，而我呢，我只是凡夫俗子，只会讲属地的事。如果他提及人灵魂的欲念，我还可以对答，可他说的是属灵的事，这我就一窍不通了。"弟兄出来跟来客说："老先生不很愿意谈圣经，可是如果有人问及关于灵魂的欲念的事，他必会回答的。"来客觉得非常懊悔,转回到老先生那里,对他说:"阿爸,灵魂的欲念在支配我,我该怎么办呢?"老先生转向他,高兴地回答他说:"这次你来对了,现在你若张口询问这些,我保证会给你好东西享用。"独修士领受了大教训,对他说:"我这次真的来对了!"当他回到他自己的国家时,他为配得上与如此一位伟大的人见面,向上帝感恩。

9. 一天,地方的长官来抓捕阿爸波伊曼村中的一个人,众人就来找老先生求他出面解救那人。他回答说:"给我三天,我会去的。"阿爸波伊曼向上帝这样祷告:"主啊,求你不要给我这样的恩典,否则,他们不会让我继续住在这儿。"①过后,老先生就去长官那里为那人求情,长官回答他说:"阿爸,你也来为这个土匪求情吗?"老先生很高兴,因为上帝没有给他这样的恩典。

10. 相传,阿爸波伊曼与他的弟子们正在编织绳子,这工作拖延,是因为再也没有钱买亚麻了。他的友人把这事告诉了一位友善的商人。阿爸波伊曼一向不愿意受人的恩惠,免得麻烦。然而,那商人很愿意为老先生做点事,于是,就佯装需要绳子,带了一头骆驼来取绳子。弟兄们来见阿爸波伊曼时,听说了那个商人所做的事,想要赞赏他一番,于是说:"阿爸,说真的,他来取绳子是为了服务我们,其实他自己不需要的。"阿爸波伊曼听到他来取绳不是因为需要,就对弟子说:"你赶紧动身,去雇一头骆驼,把绳子追回来,你如果追不回来,波伊曼就不会再跟你们同住。既然他不需要那些绳子,我不愿让他受罪,使他有亏损,也把我的赏赐抢走。"弟兄费了很大的劲才把绳子追回来;否则老先生必会离开他们。当他见到那些绳子

---

① 阿爸波伊曼所求的并非"有请求,别人必应"的恩典,否则,村里的人就会没完没了地来要他求情,如果他不愿意帮助,村里的人很可能就不会让他继续住下去,他也无法过安静的生活。

时，欢天喜地的，如寻到珍宝一般。

11. 一个比路夏的牧师听说有一些弟兄常到城里的浴池去冲洗，行为很不检点。他就到敬拜聚会的地方，把修士们的修士袍拿走。过后，他心感内疚，有了悔意，来找阿爸波伊曼，心思非常烦乱。他带上修士袍，向阿爸告白。老先生对他说："你身上不也常有旧亚当的表现吗？"牧师说："是的，我也有旧亚当的表现。"阿爸对他说："你看看自己，你跟那些弟兄没有两样；你如果有一丁点儿旧亚当的表现，那么你也跟他们一样受罪的辖制。"于是牧师就去把弟兄们叫来，恳求他们的赦免，给他们穿上修士袍，让他们走。

12. 一位弟兄有个难题来找阿爸波伊曼说："我犯了大罪，我愿意为我的罪做三年的补偿。"老先生对他说："这太多了些。"这位弟兄说："那就一年吧？"老先生又说："这也太多了。"在场的众人说："那么四十天又怎样？"他又说："那也太多了。"老先生补充道："依我的意见，如果一个人真心悔改了，也立志以后不再犯的话，我想只需三天，上帝就接受了。"

13. 他也说："修士的特点在他受诱惑时表露出来。"

14. 他也说："正如君王有侍卫常在他左右保护他一样，人的灵魂也要严加防范淫乱的恶魔。"

15. 阿爸亚努问阿爸波伊曼关于人心中产生的邪念与幻想。阿爸波伊曼对他说："如果没有人用斧头来砍伐，斧头自己也产生不了什么作用（参见赛10：15）。所以你如果不去迎合这些念头，它们同样也不起作用。"

16. 阿爸波伊曼也这样说："如果大厨师尼布撒拉旦不来的话，主的圣殿也不会被焚烧，①这就是说：如果惰性与贪婪不侵入人

---

① 参见《列王纪下》25：8—12；尼布撒拉旦在圣经中是巴比伦王尼布甲尼撒的护卫长。

心，与敌人争战时，心灵就不会被征服。"

17. 相传，如果阿爸波伊曼被邀请去赴宴，他会哭着去。为了不拒绝，遵从弟兄的盼咐，所以他痛苦。

18. 阿爸波伊曼也说："如果你觉察有人嫉妒你，就不要住在那儿，因为你不可能有进步。"

19. 一些弟兄告诉阿爸波伊曼说，有一个弟兄不喝酒，他说："酒本不适合修士。"

20. 阿爸以赛亚求问阿爸波伊曼有关不洁的念头。阿爸波伊曼对他说："正如你有满箱的衣服，如果你凌乱地放在里面，不久就会霉烂；我们的念头也是一样。如果我们不去理会它们，不久它们也会腐化，即是说它们会化为乌有了。"

21. 阿爸约瑟也问同样的问题，这是阿爸波伊曼给他的回答："如果有人把蛇与蝎子装在瓶子里，它们不久就死了。邪念也是这样，是由魔鬼引进的，靠着忍耐就能让它们消失。"

22. 一位弟兄来找阿爸波伊曼，对他说："我在田中栽种，把收成当爱心施舍了。"老先生对他说："这样很好。"于是他兴奋地离开，加勉自己的爱心施舍。阿爸亚努听到了，对阿爸波伊曼说："你这样对那位弟兄说话，不害怕上帝吗？"老先生保持沉默。过了两天见到那位弟兄，于是当着阿爸亚努的面问他说："上一次你问了我什么？我当时心不在焉。"弟兄说："我说我在田中栽种，把收获当作爱心奉献了。"阿爸波伊曼对他说："我还以为你在说你那位过世俗生活的弟兄，而你已经是修士了，如果你这样做，是不适当的。"弟兄听了，觉得难过，就说："可我不会干其他的活儿，我不得不去种田呀！"他走了之后，阿爸亚努连忙俯伏说："请原谅我。"阿爸波伊曼说："我一早就知道这样的活儿不适合修士干，我这样对他说，是要因材施教，给他勇气作更多的爱心施舍。现在他难过地离开了，好在他仍会像以前一样干活。"

23. 阿爸波伊曼说："如果有人犯了罪，却不肯认罪，说：'我没有犯罪'，不要指责他，因为会让他灰心。只要跟他说：'弟兄，不要灰心，以后要好好警醒'，这样你就能感动他的心灵去悔改。"

24. 他也说："经验是个好事情，因为这样能考验一个人。"

25. 他也说："人若不能实行自己所教导的，就像一眼泉水，它能给每个人洁净，让人止渴，却不能洁净自己。"

26. 一天，在去埃及的途中，阿爸波伊曼见到一个妇女坐在坟墓边哀哭。他说："即使全世界的荣华富贵都降下来，也不能驱走这妇人心中的哀愁。同样，修士也要存这样懊悔的心。"

27. 他也说："一个人可能看来静默，如果他心中仍在谴责别人，他还是在唠唠叨叨地说话。可是也有从早到晚不停说话的人，他心中却能保持平静，即是说，他从来不说没有益处的话。"

28. 一位弟兄来找阿爸波伊曼，对他说："阿爸，很多杂念在干扰我，让我处在危机中。"老先生领他到外头，对他说："舒展你的胸膛，但不要吸气。"他说："我做不到。"于是，老先生对他说："你连这都做不到，更何况堵住那些杂念呢？但是，你却能抗拒它们。"

29. 阿爸波伊曼说："假设有三个人会面，头一位能保持内心的平安，第二位能在犯病时感谢上帝，而第三位以纯洁的心来服侍，那么，他们三人就是都在做同样的工作。"

30. 他也说："经上说：'上帝啊，我的心切慕你，如鹿切慕溪水'（诗42∶1），其实，沙漠中的母鹿常吞吃许多爬虫，会被毒素灼伤，它们就会奋力来到溪水旁，饮水以减轻毒素的灼伤。这与修士一样，他们在沙漠中静坐，可魔鬼的毒素灼伤了他们，他们切慕周六与周日的到来，能够去溪水边，即是说，主的身体与宝血,能够清除魔鬼的苦毒。"

31. 阿爸约瑟问阿爸波伊曼说:"人如何禁食?"阿爸波伊曼说:"依我的看法,我觉得他最好每天都吃,可是只吃一点点,好让自己仍感觉饿。"阿爸约瑟对他说:"阿爸,你年轻时不也连续两天禁食吗?"老先生说:"是的,有时甚至连续三天或四天或整个星期呢!长者们尽自己的能力,都试过这些方式,后来还是觉得每天都吃,但只吃一点点的好。他们给我们留下了这轻省的神圣方法。"

32. 相传,每次阿爸波伊曼准备去参加祷告聚会前,必独自静坐,用一个钟头省查自己的思想,然后才上路。

33. 一位弟兄问阿爸波伊曼:"有人留给我一份遗产,我该如何处置呢?"老先生对他说:"你先回去,三天后回来,我会告诉你。"他按照约定的时间回来,老先生就告诉他说:"弟兄,我该对你说什么呢?如果我说让你奉献给教会,他们会用来设宴;如果我说让你给亲属们,你肯定得不到什么利益;如果我说让你去周济穷人,你也不会这样做。那你自己决定吧,这事与我无关。"

34. 另一位弟兄询问他:"'无论是谁都不要以恶报恶'(帖前5:15)是什么意思?"老先生对他说:"欲念以四个步骤出现:首先,在心里;第二步,在脸上;第三步,在话语上;第四步,在行为上。①千万不要以恶报恶。如果能洁净你的心,欲念就不会形于脸上;如果已形于脸上,就要注意自己的话语;如果已经说出口,赶紧截断交谈,免得你会以恶报恶。"

35. 阿爸波伊曼说:"警醒、有自知之明、有分辨能力,这些都是灵

---

① Ward 的翻译将第四步"在行为上",错译为:"千万不要在行为上以恶报恶",按这话的意思,较合理的译法是:"第四步,在行为上。千万不要以恶报恶……"

魂的向导。"

36. 他也说："把自己完全交托给上帝、不要计较自己的成败、放下自我；这些就是造就灵魂的工具。"

37. 他也说："战胜一切所临到你的困难的方法，就是保持缄默。"

38. 他也说："一切肉身的舒适都是上帝所厌恶的。"

39. 他也说："懊悔有两面：它既是善工，也是好的保护。"

40. 他也说："如果肉身的需要缠绕你，要即刻调理；如果它还来干扰，要再次好好调理，可是第三次再来时，就不要再理会它，因为对你毫无益处。"

41. 他复述说，有一个弟兄问阿爸亚多尼雅（Abba Adonias）："成为虚无是什么意思？"老先生说："就是把自己设在虚无恶灵之下，以为自己没有错。"

42. 他也说："如果人能记住经上所说：'要凭你的话定你为义，也要凭你的话定你有罪'（太 12：37），他就会选择沉默。"

43. 他也说："掉以轻心是罪恶的开端。"

44. 他也复述说，有一天瑟格提斯的牧师阿爸伊西多尔向众人说："弟兄们，我们来这里，不就是要忍受困难吗？可是，现在这里再也没有苦痛可受。所以我已经准备好拿着我的羊毛外衣，到有苦难的地方去，在那里才能找到平安。"

45. 一个弟兄问阿爸波伊曼："如果我看到什么奇事，你愿意我告诉你吗？"老先生对他说："经上说：'未听完回话的，就是他的愚昧和羞辱'（箴 18：13）。有人问你，你就回答；无人问，就保持缄默。"

46. 一位弟兄问阿爸波伊曼说："人是否专心地只做一件事就好呢？"老先生引用阿爸矮子约翰的话对他说："我宁愿每一种德行都做一点儿。"

47. 老先生复述说，有一位弟兄问阿爸庞博（Abba Pambo）赞赏邻舍是不是好事，老先生的回答是："还是保持缄默好。"

48. 阿爸波伊曼说："即使一个人能够造新天新地，他也无法无忧无虑地生活。"

49. 他也说："正如人需要用鼻孔呼吸一样，他也需要存谦卑与敬畏上帝的心。"

50. 一个弟兄问阿爸波伊曼："我该做什么？"老先生对他说："亚伯拉罕进入应许之地后，他买下了一座坟墓，也因为这座坟墓，他能继承应许之地。"弟兄问他说："那坟墓代表什么？"老先生说："眼泪与忏悔之地。"

51. 一个弟兄对阿爸波伊曼说："我如果给我弟兄一些面包或者其他东西，魔鬼就玷污我的赐予，说那只是为了取悦于人才做的。"老先生对他说："即使是为了取悦人，我们也应该给弟兄所需的。"于是，他给他说一个比喻："两个农夫住在同一个市镇；一个栽种收割时，只得又少又劣的收成；可另一个懒得栽种，当然什么收成也没有。如果闹饥荒，你说这两个人，哪一个还有一些东西维生的？"弟兄回答说："是那个有少些收成的。"老先生对他说："我们也是这样，我们栽下一些劣谷，至少不至于饿死。"

52. 阿爸波伊曼复述，阿爸亚摩纳曾说："有人一生手握斧头，却从来没有砍下一棵树；另一个人有伐树的经验，只需砍几下，就能把树砍下来。他说那把斧头就是分辨的能力。"

53. 一个弟兄问阿爸波伊曼："人如何为人处世？"老先生对他说："你看但以理，除了向他的主上帝祷告这事，没有人能在他身上找到可指摘之处。"

54. 阿爸波伊曼说："人的意志如铜墙把他与上帝分开，成为绊脚石。他如能否定自己的意志，就是向自己说：'借着我的上帝跳过墙垣'（诗18：29）。如果他的意志能与真理吻合，那么他就能真正为主效力了。"

55. 他也说:"一天,长者们正坐着用膳,阿爸亚罗尼乌(Abba Alonius)起身来服侍,他们看到了,就赞赏他。可是他完全不作声。其中一个长者私下对他说:'长者们都欣赏你,你为何不作声呢?'阿爸亚罗尼乌对他说:'我如果应了他们,岂不是接受他们的赞赏了吗?'"

56. 他也说:"人们都在讲要如何完全,所做的却少之又少。"

57. 阿爸波伊曼说:"正如用烟火能驱散蜜蜂,将它们的甘甜挪去一样,我们的肉身太舒适,也会把敬畏上帝的心从灵魂驱散,使它所有的活动力消散。"

58. 在大斋期的第二个礼拜,一个弟兄来找阿爸波伊曼,告诉他关于自己的杂念;他得到了平安,对他说:"今天,我几乎不想来。"老先生问他为什么。弟兄说:"我琢磨着:'这是大斋期,他可能不让我进来'。"阿爸波伊曼对他说:"我受到的教导不是叫我们把木门关闭,而是关闭口舌之门。"

59. 阿爸波伊曼说:"你应躲开属肉体的事。我实在告诉你,每次人接近属肉体的事,与它交战时,他就像一个站在深湖水边的人,敌人随时能把他推进水里。可是如果他远离属肉体的事,他就像一个远离深湖的人,即使敌人要拖他下水,在他被强拉的时刻,上帝必会伸出援手。"

60. 他也说:"穷困、艰苦、苦修、禁食,这些都是独处生活的好工具。经上说:'这三人在一起,挪亚、但以理、约伯,我就在其中,这是耶和华说的'(参见结14:14)。挪亚代表穷困,约伯代表受苦,但以理代表辨别能力。因此,这三样能在人身上彰显,主就在其中。"

61. 阿爸约瑟说:"我们与阿爸波伊曼坐在一起时,他提到阿伽同,称他为'阿爸',于是我们说:'他年纪太轻了,你为何称他为"阿爸"呢?'阿爸波伊曼说:'因为他的言谈足以担当起"阿爸"的尊称。'"

62. 一天,一个弟兄来找阿爸波伊曼,对他说:"阿爸,我受淫乱的诱惑,该怎么办呢?我也找过阿爸以比斯顿(Abba Ibiston),他对我说:'你千万不要让它留在你里面。'"阿爸波伊曼对他说:"阿爸以比斯顿修行已经到了天堂,与天使在一起,他根本不理解你和我仍在淫乱中挣扎。如若修士能控制自己的肚腹和舌头,如若他的生活如同流放者,他就会有信心,他不至于死。"

63. 阿爸波伊曼说:"教你的口只说心里的话。"

64. 一个弟兄询问阿爸波伊曼说:"如果我看见我的弟兄犯了罪,是否应该隐瞒呢?"老先生对他说:"当我们隐藏弟兄的过错时,上帝也隐藏我们的过错;当我们揭发弟兄的过错时,上帝也会揭发我们的过错。"

65. 他叙述有一次,有人问阿爸帕伊西乌(Abba Paesius):"我如何处置我的心灵呢?它实在麻木迟钝,也不敬畏上帝。"他对他说:"你去与一位敬畏上帝的人交往,住在他边上,他能教你如何敬畏上帝。"

66. 他又说:"如果修士能克服两件事,他必能脱离世界而获得自由。"弟兄问他那两件事到底是什么,他说:"肉体的舒适与贪图虚荣。"

67. 阿爸阿伽同的弟子阿爸亚伯拉罕来问阿爸波伊曼说:"魔鬼为何要与我争战?"阿爸波伊曼对他说:"魔鬼真的在与你争战吗?其实如果我们顺着自己的意志去做,它不会与我们争战。因为我们的意志成了魔鬼,实际上是这些魔鬼来攻击我们,要我们成全它们。我们如果真的要知道魔鬼与谁争战,就看看摩西和与他类似的人物。"

68. 阿爸波伊曼说:"上帝给以色列人的生活如下:避免一切违犯

本性的事，即愤怒、意气用事、嫉妒、憎恨、诬陷弟兄，简单地说，是一切旧人的特征。"

69. 一个弟兄对阿爸波伊曼说："请你赐我一言。"他对他说："长者们把忏悔摆在每个行动的前头。"弟兄又请求他："请你再赐一言。"老先生回答说："你要尽量地干活，这样就能作施舍的功夫，因为经上记：施舍与信心能洁净人的罪。"弟兄问："什么是信心？"老先生说："信心就是谦卑地生活和施舍。"

70. 一个弟兄询问阿爸波伊曼说："如果我见到一位弟兄，听说他是罪人，我不愿意接待他到我斗室来，可我若见到一位好弟兄，就很高兴能与他在一起。"老先生说："你如果在好弟兄身上做了点好事，就必须在另一个弟兄身上做双倍的好事。因为他生了病。曾有一位独修士叫提摩太（Timothy），住在隐修院里。那里的主持听说有一位弟兄受到诱惑，就问提摩太的意见，独修士建议把弟兄赶走。怎知他把弟兄赶走后，弟兄所受的诱惑却临到提摩太身上，竟到岌岌可危的地步。于是提摩太站在上帝面前说：'我犯了罪。求你赦免我。'有声音对他说：'提摩太啊，我这样做的唯一理由是，因为在你弟兄受诱惑时，你鄙视他。'"

71. 阿爸波伊曼说："我们受到这么大诱惑的原因，就在于不好好接受自己的名分与身份，如圣经所记。你看不到救主耶稣如何给那迦南的妇人平安，接受她的本相吗（参见太15章）？还有，亚比该也是如此，因为他向大卫说：'愿这罪归于我。'（撒上25：24）主听到了就向她施慈爱。亚比该代表人的灵魂，而大卫代表上帝。所以如果灵魂在上帝面前谴责自己，主也会施慈爱的。"

72. 有一天，阿爸波伊曼与阿爸亚努一起到狄欧可斯地区去。他们路过坟场时，见到一个哀伤的妇人悲痛地哭泣。他们站在那里观望她。再往前走一小段路，他们碰到一人，阿爸波伊曼就问他："那妇人为了什么，竟哭得这样伤心？"他说："因为她丈夫，连同她儿子与弟弟都死了。"阿爸波伊曼对那弟兄说："我告诉你，人若不能像这妇人一样，向他所有的欲望死，而且痛改前非，就不可能成为修士。的确，这妇人的整个生命已经成了痛悔。"

73. 阿爸波伊曼说："不要自我评断，你只需要与一个懂得怎样为人的人相处就够了。"

74. 他述说一个弟兄去见阿爸矮子约翰时，他接待他的爱心就像使徒所说的那样："爱是恒久忍耐，又有恩慈。"（林前13：4）

75. 他提到阿爸庞博时，说阿爸安东尼常提起关于他的事，说他"靠着敬畏上帝，能让上帝的灵住在他心中"。

76. 其中一位长者叙述关于阿爸波伊曼与他亲兄弟的故事："他们住在埃及时，他们的母亲想来探望他们，可是见不着。于是她留意他们上教堂的时间，届时就去见他们。可是他们见到她时，却赶紧绕道而行，当着她的面把门关闭。但是，她敲着门，哭着哀求他们说：'我必须见见我自己的孩子呀！'阿爸亚努听到她的哭喊声，就去找阿爸波伊曼，对他说：'这妇人挨着门痛哭，我们该怎么办呢？'波伊曼在内室站着，可以听到她呻吟痛哭的声音，就对她说：'妇人，你为何这样痛哭呢？'她一听到他的声音，哭喊的声音更大，说：'我要见见我的孩子们！我难道不是你们的母亲吗？不是我抚养你们长大的吗？听到你的声音，让我更感到难过。'老先生对她说：'你宁愿现在见我们，还是能等到来世才见面呢？'她对他说：'我现在见不着你们，我来世能见得着你们吗？'他对她说：'如果你能忍住现在不见我们，来世一定见得着。'于是她就欢欢喜喜地离开说：'如果我能在来世完完全全地见到你们，我现在可以不见你们。'"

77. 一个弟兄问阿爸波伊曼说:"崇高的事,那是什么?"老先生对他说:"义。"

78. 有一天,一些异端分子来见阿爸波伊曼,开始述说亚历山大城大主教的不是,称他只是由牧师所按手的。① 老先生一直都不作声,最后召了弟兄来,说:"你去设好饭座,让他们吃点东西,然后打发他们平安回去。"

79. 阿爸波伊曼述说,有一位弟兄,与其他弟兄住在一起,他去问阿爸巴萨里昂(Abba Bessarion)说:"我该怎么行?"老先生对他说:"只要保持缄默,不要经常与人比较。"

80. 他又说:"不要把心交给不能满足你心的事。"

81. 他也说:"如果你少看重自己,那么你住在哪里,都能找到平安。"

82. 他说他曾听阿爸西索(Abba Sisoes)说:"有一种羞耻是因为缺乏敬畏感。"

83. 他也说:"一个人如果随从私意又贪图安逸,一旦成为习惯,就会被击倒。"

84. 他也说:"你若能保持缄默,无论你住在哪里都有平安。"

85. 他也说,阿爸比奥(Abba Pior)把每一天都看作新的开始。

86. 一个弟兄问阿巴波伊曼说:"如果一位弟兄犯了罪,后来悔改,上帝会不会饶恕他?"老先生对他说:"上帝命令我们这样做,他自己岂不更是如此?上帝就是这样吩咐彼得,要他饶恕七十个七次。"(太18:22)

87. 一个弟兄问阿爸波伊曼说:"祷告是好事吗?"老先生用阿爸安

---

① 大主教的名衔是由主教团授权的,因此如果亚历山大城的大主教只是由牧师按立的话,就是无效的。

东尼的话对他说:"这话是从上帝的口中发出的,说:'你们要安慰,安慰我的子民'。"(赛40:1)①

88. 一个弟兄来问阿爸波伊曼说:"人是否能控制自己一切的思想,一点不给魔鬼留地步呢?"老先生对他说:"有一些人接受十次,却妥协一次。"

89. 那个弟兄又去问阿爸西索同一个问题,他这样回答:"一些人永不给魔鬼留地步,也是有的。"

90. 有一位伟大的静修士(Hesychast)住在亚特利保山(Athlibeos)上。一些盗贼来袭击他,老先生便大声呼叫。邻舍们听到了,就赶来捉住盗贼,把他们交给官吏,官吏把他们关进监狱。弟兄们深感歉意,说:"是我们让他们被捉到监狱去的。"于是,他们动身到阿爸波伊曼那儿去向他陈述。他就给那位静修士老先生写信说:"请你想想,你第一次失信是由何而起的,然后再想想你第二次失信。说实在,如果你内心第一次不失信,就不会第二次失信。"老先生在里面听人朗读阿爸波伊曼的信(他在那地区出了名是足不出户的),连忙起来,到城里去,搭救盗贼出狱,并当着众人释放他们。②

91. 阿爸波伊曼说:"修士不会埋怨自己的处境,修士不会以恶报恶,修士不会愤怒。"

92. 一些长者来见阿爸波伊曼,对他说:"在祷告聚会中,我们发现有的弟兄打瞌睡,我们要不要唤醒他们,让他们警醒呢?"他对他们说:"如果是我的话,我见到弟兄打瞌睡,我会将他

---

① 这个解答有点婉转,安东尼解释《以赛亚书》40:1为耶和华给哀求拯救的子民的答复,因此,波伊曼婉转地回答弟兄:"上帝会应允子民的祷告哀求,所以祷告是好事,上帝不止要应允所求的,也会借此安慰祷告的人。"
② "失信"(betrayal)在沙漠教父的言行录中很独特,这里所指的第一次失信是老先生不应该因被袭击而反抗喊叫,反正盗贼要的是"身外物";第二次失信是老先生不应该让邻舍们把盗贼拉到监狱去,他本应当场饶恕他们,因此第二次失信于盗贼。弟兄们的歉意也在于此。老先生最后的行动就是为了两次失信,试图挽回劣势。

的头放在我膝上,让他继续安睡。"

93. 相传,有一位弟兄正在与亵渎的诱惑争战,但羞于启齿。他打听一些伟大长者的住处,就动身去找他们,希望能向他们透露心声。可是他到了那儿,又羞于承认自己的诱惑。于是,他不断地去找阿爸波伊曼,老先生看出他的忧虑,为他不敢说出发生了什么感到难过。于是一天老先生抢先对他说:"你很多次来我这儿,想告诉我令你忧虑的事。而你来到,又不敢说出口,可每次又不愉快地回去,把事情闷在心里。孩子啊,你现在最好还是告诉我到底是怎么回事吧!"那位弟兄说:"魔鬼与我争战,要使我亵渎上帝,而我羞于启齿。"于是他把心里的事,和盘托出,人顿时感到解脱。老先生对他说:"我儿啊,不要伤心,每次这样的思想来攻击你时,你就说:'撒旦,这事与我无关,愿你亵渎的话留在你那里,我的灵魂不会要它的。'灵魂不稀罕的东西,就无法长存。"于是,那位弟兄得到医治回去了。

94. 一个弟兄对阿爸波伊曼说:"我到哪里去都会得到帮助。"老先生对他说:"连那些手握利剑的杀手,如今也有上帝的怜恤。只要我们刚强壮胆,他也会怜悯我们的。"

95. 阿爸波伊曼说:"人若懂得自责,就会四面受到保护。"

96. 他曾听阿爸亚摩纳说:"有人可能在斗室中住上一百年,还是学不到怎样好好地在斗室中生活。"

97. 阿爸波伊曼说:"人若能做到如使徒所说'在洁净的人,凡物都洁净'(多1:15),就懂得把自己看得比任何人都微小。"弟兄问:"我又如何把自己看得比杀人犯更微小呢?"老先生说:"如果一个人已经真正能理解使徒的话后,看见了杀人犯,就会说:'他只是犯了这一个罪,而我却每天都在犯许多罪。'"

98. 一个弟兄向阿爸亚努问同一个问题，也告诉他阿爸波伊曼所给的答复。阿爸亚努对他说："人若能认定那句话是真实的，就会在看到弟兄过错的同时，也看到他的诚恳超过他的过错。"弟兄问："他的诚恳又是什么？"老先生说："就是能常常自责。"

99. 一个弟兄对阿爸波伊曼说："如果我陷入可耻的罪中，我的良心会责备我，吞噬我，说：'你怎么能这样跌倒呢？'"老先生对他说："人若误入歧途，只要说我犯了罪，罪就即刻逃离。"

100. 一个弟兄问阿爸波伊曼："为何魔鬼要说服我奉承地位高于我的人，而藐视地位低于我的人呢？"老先生回答说："关于这事，使徒有这样的话：'大户人家不但有金器银器，也有木器瓦器；有作为贵重之用的，有作为卑贱之用的。人若自洁，脱离卑贱的事，必成为贵重的器皿，成为圣洁，合乎主用，预备行各样的善事。'"（提后2:20—21）

101. 一个弟兄问阿爸波伊曼："我为何不能自由行事，非要向长者透露自己的心思不可呢？"老先生回答说："阿爸矮子约翰这样说：'魔鬼最高兴的，莫过于那些不肯透露心思的人。'"

102. 一个弟兄对阿爸波伊曼说："我碰到小小的困难，心都会冷淡下来。"老先生对他说："我们不是很钦佩年方十七的青年约瑟吗？他能忍受诱惑到底，上帝也赞赏他。我们不也是看到约伯忍受苦痛到底，坚忍地活下去吗？诱惑不能消灭我们在上帝里的盼望。"

103. 阿爸波伊曼说："修道院生活要求三件事：首先是谦卑，其次是顺服，第三是修道院的劳作，而后者像一根刺棒，推动前两项。"

104. 一个弟兄问阿爸波伊曼："在我有困难时，我到一位长者那里找我用得着的东西，他就免费送给我。上帝就这样帮助我，我是应该把这东西免费送给他人,还是还给原主呢?"老先生对他说:"在上帝的眼中,你应该把东西还给原主才对,因为这原本是他的东西。"弟兄说:"如果我还给他,他却说:'你可以随意免费送给人。'那我又该怎么办呢?"老先生对他说:"这东西原本是他的,可如果不是向他讨的,而是他自愿给你的,那么,这些东西就算是属于你的了。他无论是修士,或是在俗的人,如果不再向你要你从他那里拿去的东西,把它送给你,那你就应该征得他的同意,以他的名义免费送给人。"

105. 有人说阿爸波伊曼从不喜欢评述其他长者所说的话,他宁愿赞赏他们所说的每一句话。

106. 阿爸波伊曼说:"我们长者中,有很多在攻克已身时非常英勇,可是,很少人能洞察入微。"

107. 有一天,阿爸以撒坐在阿爸波伊曼旁边,这时他们听到了鸡鸣叫声。阿爸以撒对他说:"阿爸,这里也能听到鸡的鸣叫声吗?"他回答说:"以撒,你为何引我出声呢?你和那些像你一样的人能听到这些噪音,可保持警觉的人就不会理会这些了。"

108. 有人说,有一个弟兄来见阿爸波伊曼时,波伊曼常叫他先去见阿爸亚努,因为阿爸亚努比他年长。可是,阿爸亚努会对他们说:"你去找我的弟兄波伊曼吧,他口才好。"因为这样,每逢阿爸亚努与阿爸波伊曼同坐一席时,波伊曼就拒绝在他面前开口。

109. 一个虔诚的在俗会友来见阿爸波伊曼。适逢有几个弟兄与老先生一起,正在请他赐一言。老先生对那虔诚的在俗会友说:"你也给弟兄们赐一言。"老先生一再坚持,在俗会友说:"阿爸,真对不起,我自己也是来学习的。"而老先生再三催促,他才说:"我是在俗的,卖菜做生意,将大捆的扎成小捆;便宜买,高价卖。更糟糕的是,我不懂得讲解圣经,所以我还是给你们说个比喻吧!有一个人对他的朋友们说:'我想去拜见皇上,你们也一道来吧!'一个朋友对他说:'我可以陪你到半路。'于是,他就对另一个朋友说:'跟我一起去拜见皇上吧。'可是他回答说:'我可以陪你到皇宫为止。'他又向第三位朋友说:'跟我去拜见皇上吧。'他回答说:'好,让我来接你去皇宫,留下来,帮你说话,协助你晋见皇上。'"弟兄们问他这比喻的重点是什么。他回答他们说:"头一个朋友是'朴修',由它来领路;第二位是'贞洁',领我们到上天堂门口;第三位是'施舍',满有信心地把我们呈献给上帝,我们的王面前。"弟兄们深得造就离开。

110. 一个弟兄一直定居在外村,很多年都不回去。他对弟兄们说:"你看我,很多年都不回村庄去,可你们却常去。"有人把这事告知阿爸波伊曼,老先生说:"我以前常在夜间偷偷地绕着村庄走一回,这样就不会以为自己能克制不进村庄,而造成自傲的心理。"

111. 一个弟兄对阿爸波伊曼说:"请赐一言。"他对他说:"只要把锅子摆在火上,苍蝇与其他飞虫就无法靠近,可是,锅子一凉了,这些飞虫就跑进去了。修士也是如此,只要他能活在属灵的活动中,敌人就无法倾覆他。"

112. 阿爸约瑟记得阿爸波伊曼这样说:"福音书上记载:'没有刀的要卖衣服买刀,'(路 22:36)这话的意思是:让那些太安逸的人,放弃这种生活,来走窄路。"

113. 几个长者询问阿爸波伊曼说:"如果我们看到一位弟兄正在犯罪,你说我们是不是应该当场责备他呢?"老先生对他们说:"换作是我,要是我得出门,看见别人犯罪,我宁愿继续往前走,不做任何评论。"

114. 阿爸波伊曼说:"经上说:'只为你亲眼看到的事作证。'①可我对你说,即使是你们亲手触摸到了,也不要作证。事实上,有一位弟兄就是这样受骗了,他以为自己见到他的弟兄与一个女人犯罪,气上心头,就赶紧过去,用脚踢他们(以为躺在那里的就是他们),说:'立即停止!你们还要继续下去吗?'然而,现在的实际情况是,它是一堆玉米。所以我说:即使你亲手摸到,也不要责备。"

115. 一个弟兄问阿爸波伊曼说:"我该怎么办呢,淫乱与愤怒的诱惑在与我争战?"老先生说:"关于这事,大卫说:'我会戳穿狮子,杀死熊'(参见撒上17:35)。即是说:我会以艰苦劳作消除愤怒,粉碎淫乱。"

116. 他也说:"'人为朋友舍命,人的爱心没有比这个更大的了。'(约15:13)事实上,如果有人听到中伤他的恶言,他必须尽力不用同样的话回应,即便心中很想这样做。或是有人被别人利用,他如果能忍住,完全没有报复,就是为自己的邻舍舍命了。"

117. 一个弟兄问阿爸波伊曼:"什么是假冒为善的人?"老先生对他说:"假冒为善的人教导他的邻舍,自己却丝毫不做。经上说:'为什么看见你弟兄眼中有刺,却不想自己眼中有梁木呢?'"(太7:3—4)

118. 一个弟兄问阿爸波伊曼说:"什么是无端向弟兄发怒?"他说:"如果你的弟兄傲慢地对你无礼,而你向他发怒,那就是

---

① 这句话可能不是直录自圣经,Ward 的译本说参见《箴言》25:8,但是原文上有不同的解法。原文的确提及"你亲眼所看到的,"英文新国际译本(NIV)这样翻译:"What you have seen with your eyes, do not bring hastily to court."("你亲眼所看到的,不要冒失带上法庭。")中文译本大多不采取这样的译法,参见和合本修订本。NIV 的翻译刚好与波伊曼所引用的意思相反!

无端发怒。如果他将你右眼挖出，将你右手斩断，而你向他发怒，那也是无端发怒。可是，如果他使你与上帝分开，那就要向他发怒了。"

119. 一个弟兄问阿爸波伊曼如何对付自己的罪。老先生对他说："那想要洗涤自己过错的人，需要用眼泪来洗涤；那要培育德行的人，也要靠眼泪培育；因为这是圣经与我们长辈传给我们的方式，他们都说：'哀哭吧！'除此之外，别无他法。"

120. 一个弟兄问阿爸波伊曼说："能为过错忏悔是什么意思？"老先生说："这就是以后不再重犯。这就是那些义人被称为无可指摘的原因，因为他们放弃犯罪，被称为义。"

121. 他也说："人的邪恶是隐藏在他背后的。"

122. 一个弟兄问阿爸波伊曼："我该如何处理使我烦乱的困扰呢？"老先生对他说："当我们陷入困难中时，让我们在良善的上帝面前哀哭，直到他赐下怜悯。"

123. 一个弟兄问他："我该如何处理心中无结果的情感呢？"他对弟兄说："有些人忙着结交世俗的朋友，搞得精疲力竭。必须避免这样的关系，你的情感就会自动地转为有益的友谊。"

124. 一个弟兄问阿爸波伊曼："人会死吗？"他回答说："凡是倾向犯罪就已经开始死了，但能专心向善的，必能存活，也能付诸行动。"

125. 阿爸波伊曼说记得阿爸安东尼曾说过："人能做的最大的事，是把自己的过错摆在上帝面前，也准备向诱惑迎战，直到最后一口气。"

126. 阿爸波伊曼被问及经上的那句"不要为明天忧虑"（太6：34），对谁较合适。老先生说："这话是给受诱惑却缺乏力量的人说的，因他常对自己说：'我要忍受这诱惑多久呢？'为了让他不要忧虑。他该每天对自己说：'只到今天。'"

127. 他也说："教导邻舍的事工，只适合心灵健全、无欲念的人；因为你为别人盖房子，却拆毁自己的房子，又有何用呢？"

128. 他也说："你答应投身去做一件事，可不去设法学习，又有何用呢？"

129. 他也说："凡是做得过分的事，都是从魔鬼而来。"

130. 他也说："一个人准备盖房子时，他会收集建筑所需的一切物品，领取各种原料。我们也该这样，让我们培育一些德行。"

131. 一些长者问阿爸波伊曼："阿爸尼斯特禄（Abba Nisterus）如何能够泰然地面对苦修呢？"阿爸波伊曼对他说："换上是我的话，我还会在头下放个枕头呢！"阿爸亚努说："那你怎么向上帝交待呢？"阿爸波伊曼说："我会对上帝说：'你也这样教导："先去掉自己眼中的梁木，然后才能看清楚，好去掉你弟兄眼中的刺。"（太7：5）'"

132. 阿爸波伊曼说："我们因为要照顾自己吃和睡的需要，就看不到最简朴的东西。"

133. 他也说："很多人能成为有权力的人，但很少人能有好名声。"

134. 他又感叹说："这地方什么德行都有，只缺了一项，没有这一项人就很难立足。"于是，他们问他是什么德行，他说："就是能自责。"

135. 阿爸波伊曼常说："我们不需要什么，只需要警醒的心。"

136. 一个长者问阿爸波伊曼："是谁说'凡敬畏你的人，我都与他做伴'（诗119：63）？"老先生说："是圣灵说的。"

137. 阿爸波伊曼叙述一个弟兄问及阿爸西门（Abba Simon）："我从自己的斗室出来时，见到弟兄游戏，我也加入他的游戏；他哈哈大笑，我也与他一起笑。可我一回到自己的斗室中，就无法平静下来。"老先生对他说："我明白，你从斗室出来，见到人家说笑，你也想加入，等你回到斗室中，就想若无其事地跟以前一样吗?"弟兄问:"那我该怎么办呢?"老先生说:"内心保持警醒,外面也要留心。"

138. 阿爸但以理说:"有一天,我们去探望阿爸波伊曼,请他吃饭。饭后,他对我们说:'弟兄们,去休息一会儿吧。'弟兄们都去小憩,可是我想与他私下交谈,就到他的斗室去。他见到我进来,就佯装睡着了。这原来是老先生一向的做法,不想让人注意到他在做什么,要做就私下做。"

139. 阿爸波伊曼说:"你如果见到异象或者听到上头来的声音,千万不要向你的邻舍说,因为它是争战中的幻觉。"

140. 他也说:"首先,远离人;其次,远离人;再者,就变成一把利剑一样。"

141. 阿爸波伊曼对阿爸以撒说:"每天放下一点自以为义,不出几天你就能得安宁。"

142. 一个弟兄来见阿爸波伊曼,当时在座也有好几人,他赞赏一位厌恨邪恶的弟兄。阿爸波伊曼问这位弟兄:"厌恨邪恶是什么意思?"弟兄觉得奇怪,无言以对。他起来向老先生俯伏说:"请你告诉我厌恨邪恶到底是怎么回事。"老先生对他说:"厌恨邪恶就是厌恨自己的杂念,懂得赞赏邻舍。"

143. 一个弟兄去见阿爸波伊曼,对他说:"我该做什么好?"老先生对他说:"你去与问自己'我需要什么?'的人在一起,你就能得平安。"

144. 阿爸约瑟叙述阿爸波伊曼的事,说:"一天,我与阿爸波伊曼坐着,魂游象外,当我能自由与他交谈时,就俯伏在他面前,对他说:'请告诉我,你当时身处在哪儿?'他迫不得已回答我说:'我的思想与圣马利亚,上帝之母在一处,她正在救主的十字架旁哭泣。我真希望能像她这样哭泣。'"

145. 一个弟兄问阿爸波伊曼:"我承受的负担甚重,压得我透不过气来,我该怎么办呢?"老先生对他说:"无论小船或大船都有拖绳,在逆风时,拖绳就盘缚在中央,使小船拖曳慢航,直等到上帝传来和风。当水手们看到暮色降临,他们就抛锚,船只就不会漂流。"

146. 一个弟兄问阿爸波伊曼如何处理他的杂念给他带来的痛苦。老先生对他说:"这种情形,就像一个人左边着火,右边有一杯水;火燃烧时,他就一定会拿起那杯水来灭火。火就是敌人种下的恶种,水就是投靠上帝的举动。"

147. 一个弟兄问阿爸波伊曼:"说话好还是缄默好?"老先生对他说:"为上帝的缘故说话是好的;为上帝的缘故缄默也是好的。"

148. 一个弟兄问阿爸波伊曼:"我们如何避免说邻舍的坏话?"老先生对他说:"我们和我们的弟兄是两种形象;一个人若警醒自己的作为,常自我批判,他在心里看弟兄比自己强;可是若他觉得自己很不错,就看弟兄比自己坏。"

149. 一个弟兄问阿爸波伊曼关于灵性低潮的事(Accidie)。老先生对他说:"人每次开始做事,灵性低潮就来了;没有比这个情绪更难处理的,可是他若承认有这回事,就会渐渐获得平安。"

150. 阿爸波伊曼说:"在阿爸庞博身上,我们看到他的行动:每天节食直到晚上、缄默,以及努力劳作。"

151. 他记起阿爸迪奥纳(Abba Theonas)曾说:"即使人能培育某项德行,上帝也不是单为他个人的缘故赐他恩典。"他知道自己的努力还不算忠实,可是如果他去同伴那儿时,上帝也会与他同伴同在的。

152. 一个弟兄对阿爸波伊曼说:"我要到修道院去住。"老先生对他说:"如果你要去修道院住,就必须注意跟谁会面、做什么事,要不然你就不可能在修道院尽本分;因为在那里你连喝一杯水的权利都没有了。"

153. 一个弟兄问阿爸波伊曼说："我该做什么好？"他说："经上说：'我要承认我的罪孽，我要因我的罪忧愁'（诗38：18）。"

154. 阿爸波伊曼说："淫乱与诬陷是两种不可谈论，也不可在心中思想的欲念；因为你在心中想了解它们，对你无益；可是如果避开它们，就能得平安。"

155. 阿爸波伊曼的弟子对他说："让我们离开这儿吧！这儿的修道院烦扰我们，让我们迷失；连小孩的哭声也使我们心灵不安。"阿爸波伊曼对他们说："是不是听到天使的指示，要你们离开这儿呢？"

156. 阿爸毕迪米乌（Abba Bitimius）问阿爸波伊曼说："如果有人对我心存芥蒂，我去求他宽恕，却不得要领，我该怎么办呢？"老先生对他说："你带两个弟兄去，求他宽恕。他若不满意，就再带五个弟兄去。他若还是不满意，就请牧师去。他若仍不满意，你就安心向上帝祷告，你也不要再担心，让上帝来满足他。"

157. 阿爸波伊曼说："你以为在教导邻舍，其实就是说他的不是。"

158. 他也说："不要顺着自己的意志去做；你需要做的事是在你弟兄面前谦卑下来。"

159. 一个弟兄问阿爸波伊曼说："我已经找到了没有弟兄能扰乱平静的地方；你是不是建议我住在那儿呢？"老先生对他说："你最适合去的，就是你不会伤害弟兄的地方。"

160. 阿爸波伊曼说："以下三项最有帮助：敬畏主、祷告、向邻舍行善。"

161. 一个弟兄对阿爸波伊曼说："我虽然身体犯病，可欲念不减。"老先生对他说："欲念就像荆棘一样。"

162. 一个弟兄问阿爸波伊曼说:"我该做什么好?"老先生对他说:"上帝在眷顾我们,我们还有什么可烦恼的?"弟兄对他说:"我们的罪!"于是老先生说:"让我们进入自己的斗室,坐在那儿,纪念自己的罪,让上帝临格,在一切事上帮助我们。"

163. 一个弟兄要上市集去,问阿爸波伊曼:"我该如何持身行事呢?"老先生对他说:"与想要欺凌你的人做朋友;安静售卖你的货品。"

164. 阿爸波伊曼说:"教你的口只说你心中所想的。"

165. 阿爸波伊曼被问及关于不洁的罪时,回答说:"如果我们勤勉且保持警醒,就不会有不洁之罪存留在身上。"

166. 阿爸波伊曼说:"阿爸摩西与瑟格提斯第三代之后,再也没有什么进展了。"

167. 他也说:"人若一生都住在一处就不会烦忧。"

168. 一个弟兄问阿爸波伊曼:"我如何在斗室里独处呢?"他对他说:"住在自己的斗室里,明显地就是干活、每天只吃一餐、缄默、默想;可是真正能做到生命有长进的话,就得在何处都要经历对自己的不满,不忽略祷告的时间,而且是在隐秘处祷告。如果你还有时间不需要干活的话,就用这时间安心地祷告。此外,要有好的同伴,避开坏的,就能成全以上的事。"

169. 一个弟兄问阿爸波伊曼:"如果弟兄手中的钱是属于我的,你认为我应否向他要回来?"老先生对他说:"就向他讨一次。"弟兄对他说:"接下来又怎办呢?我无法控制不去想这事。"老先生对他说:"你先静下来不想这事,可也不要令你的弟兄焦虑。"

170. 有一次,几个长者到一位信基督的家做客,阿爸波伊曼也在其中。他们吃饭时,端上肉盘,大家都吃了,唯阿爸波伊曼没有。长者们知道他一向不计较,所以都觉得奇怪他为何不吃肉。他们离席时就问他："你不是波伊曼吗？为何这样表现呢？"老先生回答："长辈们，真抱歉，你们吃了肉，没有人会觉得奇怪；很多人来见我，如果我吃了肉，他们的心灵必会受打击，他们会说：波伊曼最近都吃了，我们为什么不能吃呢？"于是，他们钦佩他的谨慎。

171. 阿爸波伊曼说："我常对自己说：我被扔到撒旦被扔的地方。"

172. 他也与阿爸亚努说："你要转眼不看虚假（参见诗篇119：37），因为放纵只能引灵魂进入死亡。"

173. 一天，阿爸波伊曼正在静坐，帕伊西乌（Paesius）与他的弟兄打起架来，弄得头破血流。老先生却不发一言。阿爸亚努进来见到他们，就对阿爸波伊曼说："你怎能让弟兄们打架而不劝止呢？"阿爸波伊曼回答说："他们原是弟兄，终会和好如初的。"阿爸亚努说："你这是什么意思？你见到他们这样的行为，竟只说他们会和好如初？"阿爸波伊曼对他说："试想一下，我内心在这儿不是为了看这样的事。"

174. 一个弟兄问阿爸波伊曼："几个弟兄与我同住；你愿意我来照管他们吗？"老先生对他说："不必，你首要的事是好好干活，如果他们要像你那样活着，自然也会清楚怎样做。"弟兄对他说："可是，阿爸，是他们自己让我来照管他们的。"老先生对他说："还是不必，你要成为他们的榜样，不是他们的执法官。"

175. 阿爸波伊曼说："如果一个弟兄来探望你，你发觉他的到访不会带来什么益处，你就要事先鉴察自己，找出你为何有这样的看法。你若能抱着谦卑与细心的态度这样做，把自己的弱点承担下来，就能在你邻舍面前无可指责。人若谨慎地在那个地方住下来，他就不会在上帝面前故意犯罪。我认为这样做能培育敬畏上帝的心。"

176. 他也说:"一个人若与男孩住在一起,被他激起任何旧人的欲念,却仍然让他住下去,这样的人就像一个人拥有一块田,而这田却被蛀虫都蚕食了。"

177. 他也说:"邪恶不会清除邪恶;如果有人得罪你,你要以德报怨,这样透过你的行动,就能清除邪恶了。"

178. 他也说:"大卫与狮子搏斗时,扼住它的咽喉,立刻就把它杀了。我们若扼紧自己的咽喉与肚腹,靠着上帝的帮助,我们就能克服无形的狮子。"

179. 一个弟兄问阿爸波伊曼这个问题:"烦恼来袭击我,让我透不过气来,我该怎么做?"老先生说:"努力抗拒能击败大小事。"

180. 相传,阿爸波伊曼在瑟格提斯时与俩兄弟同住,小弟喜欢惹事,让他们难堪。于是,老先生对哥哥说:"这孩子真让我们拿他没办法,让我们动身离开这儿吧。"于是他们就离开,留下小弟一人。当发觉他们好久都没回来时,小弟惊醒过来,知道他们已离他远去,于是赶紧去追赶他们,且大声喊叫。 阿爸波伊曼说:"让我们等等小弟吧,他已经累得半死了。"当他追上他们时,就连忙上前鞠躬说:"你们要到哪里去呀?是不是想抛下我一人不理了?"老先生对他说:"那是因为你给我们惹太多麻烦,所以不得不走。"他对他们说:"好吧,好吧!让我们一起走吧!你说去哪儿就去哪儿。"老先生看到他无任何诡诈,对他哥哥说:"弟兄,我们还是回去吧!他不是故意捣蛋,而是魔鬼在作祟。"于是他们就转身回家了。

181. 一所修道院的主持(hegumen)问阿爸波伊曼:"我如何培育敬畏上帝的心?"阿爸波伊曼对他说:"我们肚腹里装满了奶酪与腌制的食物,哪能容得下敬畏上帝的心呢?"

182. 一个弟兄问阿爸波伊曼:"阿爸,有两个人,一个是修士,一个是在俗的。一天晚上，修士决定第二天早上脱去修士袍，而在俗的人却决定成为修士。然而，到了夜晚他们双双去世了。他们会如何受审？"老先生对他说："修士死时仍是修士，在俗的死了仍是在俗的；即是说，他们死时的身份与活着的身份没有分别。"

183. 阿爸约翰曾被马西安皇帝（Emperor Marcian）流放，他说："一天，我们到叙利亚去见阿爸波伊曼，我们希望能问他关于清心的事。可老先生不懂得希腊语，也找不到传译者。老先生看到我们尴尬的样子，于是就用希腊语说：'水的本质是柔的，而石头的本质是硬的；可如果有一水瓶悬在石头之上，让水一滴滴地落下，终会滴穿石头的。上帝的话语也是这样，是柔的，而我们的心是硬的，可人若常听上帝的话语，就会打开自己的心去敬畏上帝。'"

184. 阿爸以撒来找阿爸波伊曼，看见他正在洗脚。他喜欢跟他闲聊，于是对他说："为何有人愿意苦行，虐待自己的身体？"阿爸波伊曼对他说："我们所学到的不是杀死身体，而是杀死欲念。"

185. 他也说："有三件事我不能不做的，那就是：吃饭、穿衣和睡觉，可我能克制这些到某种程度。"

186. 一个弟兄对阿爸波伊曼说："我吃了很多蔬菜。"老先生说："这样对你不好；最好有面包，有一些蔬菜，也不要回去向你亲属要你所需的。"

187. 相传，如果有些长者与阿爸坐席时，谈到前辈们的逸事，他一听到有人提起阿爸西索（Abba Sisoes），就赶紧截住说："不要谈论阿爸西索，他的事远远超乎我们能说出口的。"

188. 他也说："教你的心防范你舌头所教导的事。"

189. 一个弟兄问阿爸波伊曼说:"我住在离我师父不远处,可我发觉已经有丧失灵魂的危险了,我还要继续与他同住吗?"老先生也晓得这样不好,他很奇怪这弟兄还在问是否要住下去,于是对他说:"你愿意就住下去吧!"弟兄果真回去了,还是住了下来。不久,他又回来说:"我真的有丧失灵魂的危险。"可是老先生也不叫他离开。他第三次再来说:"我真的再住不下去了。"于是阿爸波伊曼说:"现在你要救自己了,赶紧离开,再不要与他住在一起了。"他又加上一句:"当一个人知道自己有丧失灵魂的危险时,他不需要请示别人的意见。问及内心的杂念是好事,老先生也会询问一番;可是这是明显的错误,不要问,赶紧决断了事。"

190. 阿爸波伊曼说阿爸巴弗纽丢(Abba Paphanutius)是伟大的人,他喜欢简短的祷告。

191. 一个弟兄问阿爸波伊曼:"我在住处如何做人呢?"老先生说:"在你住处,应有被流放的心态,不要忙着要人听你说话,那么你就有平安。"

192. 他也说:"天上的声音一直向人呼喊,到他最后一口气说:'你今天回转吧。'"

193. 他也说:"大卫给约押传信说:'继续作战,攻陷掳掠那城。'那城就是我们的敌人。"

194. 他也说:"约押对人们说:'我们都当刚强,为本国的民和神的城邑作大丈夫'(代上19:13),我们就是那些人们。"

195. 他也说:"如果摩西不到米甸去放羊,他就见不着荆棘中的那位。"(参见出3:2—7)

196. 一个弟兄来找阿爸波伊曼,问他说:"你是怎样来这儿的?"波伊曼对他说:"即使我能与弟兄们在瑟格提斯一起死,我也愿意，可现在我们还是来到这里。"①

197. 他也说："人若知而不行，怎能教导邻舍呢？"

198. 他又说："要与人同住，就必须像一根石柱；你伤他，他不会愤怒；你赞赏他，他也不会骄傲。"

199. 他也说："人可能体会不到外来恶势力的力量有多大；可是如果这恶势力进入内心，他就必须与它抗争，把它驱走。"

200. 他也说："若不理解事情的来龙去脉，就会妨碍我们的更新。"

201. 他也说："千万不要向你心中不能信任的人倾诉心声。"

202. 阿爸波伊曼说："如果我在有敌人的地方，就会变成一名战士。"

203. 阿爸波伊曼听说有人整个星期不进食后大发雷霆。老先生说："他能六天不进食，却不能驱除里面的愤怒。"

204. 阿爸波伊曼说："我告诉你为何你面临这么多阻碍；这是因为你不按照圣经的教导好好接待弟兄，反而对他漠不关心。更甚者，我们忘了迦南妇人的榜样，她跟着主，喊叫乞求让自己的女儿得医治，主垂听了她，给她平安。"（参见太15：22）

205. 阿爸波伊曼说："如果我们远离一切争论、不轨的事与人的骚扰，上帝的灵就会进入我们的心，原本是干枯的，也要结实累累。"

206. 一个弟兄问阿爸波伊曼："那些住在修道院的人该怎样行？"老先生对他说："无论是谁住在修道院，都要视全部的弟兄为一体；要谨守眼目和舌头；这样他就有平安，再无焦虑了。"

207. 阿爸波伊曼这样评述示麦（Shemai）的儿子："他的错误在于

---

① 瑟格提斯被毁时，修士们死的死，散的散，波伊曼在这里说他来到这儿不是贪生怕死。弟兄问的口吻可能惊疑参半。

为自己辩护；谁这样行就是自我毁灭。"

208. 一个弟兄问阿爸波伊曼："我该如何处理我的罪呢？"老先生对他说："要心里哭泣，因为人借着忏悔才能脱离过错，获得德行。"

209. 他也说："圣经与我们的长辈们传给我们的方式就是痛哭悔改。"①

庞博

庞博（Pambo）约在公元303年出生，是最早加入亚孟(Amoun)在尼特利亚的群体的人之一。他是埃及人，是个文盲，后来成为修士才学习圣经，公元340年被按立为牧师。阿塔那修主教曾邀请他去亚历山大城。教父哲罗姆（Jerome）称他为沙漠的大师，与马加略及伊西多尔齐名。阿姆梅拉尼娅（Melania）到埃及时也前往探望他。他卒于公元373年。

1. 有一位修士叫庞博，人们说他用了三年时间向上帝说："不要让我在地上得荣耀。"可是上帝荣耀他，以至于他容光焕发，人们不能直视他。

2. 有一天，两个弟兄来见阿爸庞博，头一个问他："阿爸，我禁食了两天，然后才吃两块面包；这样做是拯救了灵魂还是我走错了路？"第二个弟兄说："阿爸，我每天干活挣两块钱，我留下一点儿来买吃的，其余都作了施舍；我能得救吗？还是迷失了？"他们待了很长时间，询问他，可是老先生没给他们任何答复。过了四天，他们不得不离开，牧师安慰他们说："弟兄们，不要烦恼，上帝会眷顾的。老先生一向的做法是等候上帝的启示，

---

① 第188—209节摘自 J.-C. Guy版（第29—31页）。

然后才愿意开口的。"于是他们又回去见老先生,对他说:"阿爸,请你为我们祷告吧。"他对他们说:"你们要走了吗?"他们说:"是的。"于是他衡量他们的工作,在地上画字说:"如果庞博一连两天禁食,然后吃两块面包,他就能因此成为修士吗?不成!如果庞博干活挣了两块钱,都施舍了,他就能因此成为修士吗?这样做也不成!"他对他们说:"你们做的事都是好的,可是你们若对邻舍扪心无愧,就能得救。"他们很满意这样的答复,就欢欢喜喜地走了。

3. 有一天,瑟格提斯的四位修士穿着羊毛外袍来见伟大的庞博。每一位都分别讲述邻舍的德行。头一位说他的邻舍经常禁食;第二位说他的邻舍愿意穷困;第三位说他的邻舍非常有爱心;第四位说他的邻舍顺服地与一位长者度过了二十二年。阿爸庞博对他们说:"我告诉你们,最后那位的德行算是最高的。前三位修得自己所追求的德行;可最后那一位约束自己的意愿,去就别人的意愿。如果这样的人能持续下去,他们就是殉道者的材料。"

4. 怀念的圣徒,亚历山大城的大主教阿塔那修(Athanasius)恳求阿爸庞博从沙漠的居所来亚历山大城一趟。他于是动身前往,途中遇见一位女伶,他竟在她面前哭了起来。在场的众人问他为何哭泣,他说:"有两件事让我哭泣:一是这女人的失丧;还有就是我取悦上帝的心,还不如这位女人取悦下流人的心志。"

5. 阿爸庞博说:"靠着上帝的恩典,我自从离开世俗后,还没说过一句让我事后懊悔的话。"

6. 他也说:"修士要穿的衣着,是即使把它扔在斗室外,三天也无人偷走的那一类。"

7. 又一次,适逢阿爸庞博与几位弟兄启程去埃及。途中遇到一些在俗的弟兄坐着,就对他们说:"起来,迎接这些修士们吧,因为他们不住地与上帝交谈,而且口舌是圣洁的。"

8. 相传,阿爸庞博临终时,在死亡迫近的刹那,对围在他身旁的圣洁长者说:"自从我来到这沙漠之地,在这里盖了个斗室居住,我不曾吃非我干活得来的面包,到现在为止,还没说过一句事后懊悔的话。可我现在要去见上帝了,仍然是一个还没开始真正服侍上帝的人。"

9. 他比别人伟大之处在于,如果被问及如何解释圣经的某个部分,或者一些属灵的教训,他不会即刻答复,反而先说自己不懂个中意思。如果有人再问,他就不再说话了。

10. 阿爸庞博说:"只要有心志,就能得救。"

11. 尼特利亚的牧师问他弟兄们该如何生活,他回答说:"多干活,对邻舍要扪心无愧。"

12. 人们都说阿爸庞博像摩西,领受了亚当原本的荣耀形象,脸上发出异彩。他脸上的异彩如闪电,像一位君王坐在宝座上。阿爸西尔瓦努(Abba Silvanus)和阿爸西索(Abba Sisoes)也是如此。

13. 人们说阿爸庞博脸上从来不露笑容。有一天,魔鬼们打算要惹他笑,将羽毛插在一根木头上,吵吵闹闹地把它带进来说:"飞呀!飞呀!"阿爸庞博见到它们,就笑了起来。魔鬼们连声喝彩说:"哈!哈!庞博终于笑了。"可是他回答它们说:"我没有真笑,我只是嘲笑你们的无能,要这么多的魔鬼才拿得动一支羽毛。"

14. 菲美的阿爸西奥多问阿爸庞博说:"请你赐一言。"他很勉强地对他说:"西奥多,你最好去怜恤所有人,因为只有靠怜恤,才能自由地与上帝交谈。"

比斯都

1. 阿爸比斯都（Pistus）复述以下的事："我们一共有七位独修士，一道去见住在克利斯马（Clysma）的阿爸西索，恳求他赐一言。他对我们说：'抱歉，我只是个粗人。可是我曾见过阿爸欧尔（Abba Or）以及阿爸亚特利（Abba Athre）。阿爸欧尔犯病已有十八年之久。我俯伏在他面前，恳请他赐我一言。阿爸欧尔对我说："我能与你说什么好呢？你去做那些你自己觉得对的事吧；在一切事上都能批判自己、克制自己的人，上帝会临格在他身上。"阿爸欧尔与阿爸亚特利来自不同的地区，可是直到他们离世那日，都是和睦相处的。阿爸亚特利非常顺服，而阿爸欧尔却是以谦卑著称。我曾与他们在一起有好几天，没离开他们半步，看到阿爸亚特利所行的大奇事。有人送来一条小鱼，阿爸亚特利想要为老先生烧鱼。当他正拿起刀来要切鱼时，听到阿爸欧尔在叫他。他就把刀劈在鱼身中间，没有继续再切。我钦佩他的顺服，他不说："等我切好了鱼再去。"我对阿爸亚特利说："您这样的顺服到哪里去找呢？"他对我说："我哪里说得上顺服，老先生才称得上顺服。"他又领我出去，说："我们去看看他如何地顺服。"于是，他拿过鱼，故意将一部分烧坏，然后给阿爸欧尔吃，老先生一声不响地吃了。他问："老先生，好吃吗？"老先生回答说："真好吃！"然后他又把另一部分烧得好的鱼端上说："老先生，我把这部分烧坏了。"可他回答说："是呀！是烧坏了一点儿。"于是，阿爸亚特利对我说："你看到老先生内里的顺服了吗？"我后来走了，可我还是尽力学习践行我告诉你的事。'"

比奥

比奥（Pior）是尼特利亚早期的修士，起先与大师安东尼居住。他也是牧师，后在瑟格提斯做独修士。

1. 阿爸比奥为人收割，后被叫去领工钱。可是他拖延了时间，先回到隐修院去。第二年，收割的季节又来临，他又去收割，辛勤地干活，干完后又回到隐修院去，也没有人给他工钱。到了第三年，收割季节将结束，老先生干完了活，又一次没领工钱就离开了。雇主忙完自己的事，就拿了工钱到修道院去找这位圣人。他一见到老先生，就俯伏在他的脚前，把他应得的工钱给他说："这是主给您的。"可是，阿爸比奥却要他把工钱拿到教会给牧师。

2. 阿爸比奥吃饭时习惯边吃边走上一百步。有人问他为何这样做，他说："我不想让吃饭成为一种事工，它只是附加的事。"还有人问同样的问题时，他的回答是："这是不让我的心灵感受身体吃饭的享受。"

3. 当时，在瑟格提斯开会，要处置一位犯了罪的弟兄。其他的长者都发言了，只有阿爸比奥默不作声。之后，他起身走了出去拿一个麻袋装满了沙粒，扛在肩上。他又把沙粒放在一个小麻袋中，捧在前头。当长者问他这是怎么回事时，他说："这大麻袋里所装的沙粒，是我诸多的罪；我把它扛在背后，是希望它不使我烦恼，我也不为它哭泣；你看前面这袋装了弟兄的小罪过，我却忙着审判它。这就不对了！我理应将自己的罪扛在前头，好好处理它，哀求上帝的赦免。"长者们都站起来说："这实在是救恩之道呀！"

比提立安

1. 阿爸安东尼的弟子阿爸比提利安（Pityrion）说："人若要驱走魔鬼，首先要克制欲念；这样就能胜过欲念，把欲念的魔鬼驱走。譬如，魔鬼随着愤怒侵入；如果你能克制愤怒，愤怒的魔鬼就会被驱走。其他的欲念也一样。"

比斯达蒙

1. 一个弟兄问阿爸比斯达蒙（Pistamon）："我该怎么做好？我为着出售自己的手工而不安。"老先生回答说："阿爸西索与其他的阿爸也出售自己的手工呀，这本身没有什么害处。可你出售时，只说一口价，你要放低一点儿价格也可以，这样你就能安心。"弟兄又说："如果我能用其他方法得到我所需的，你还建议我悉心干活吗？"老先生回答说："即便你能用其他方法得到你所需的，还是不要放弃干活。要尽力干活，但不要让它成为负担。"

"老鹦鹉"彼得

1. 在塞尔斯，人们都说阿爸"老鹦鹉"彼得（Peter the Pionite）不喝酒。等到他老了，弟兄们为他预备加了水的酒，让他接受。可是他说："对我来说，这与加调料的酒一样坏。"他这样评断这酒，其实是在评断他自己。

2. 一个弟兄对阿爸罗得（Abba Lot）的弟子阿爸彼得说："我在自己的斗室里能静下心来，可是如果有弟兄来看我，与我谈论外界的事，我的心就静不下来了。"阿爸彼得告诉他，阿爸罗得曾说："你的钥匙能打开我的门。"弟兄问他说："这话作何解?"老先生说:"如果有人来探望你,你会向他打招呼说:'你好吗?你从哪儿来?弟兄们怎样了?他们欢不欢迎你?'这样你就打开了弟兄的门,你就会听到很多不想听的东西。"弟兄对他说:"没错,就是这样!可弟兄来探访,又能做什么呢?"老先生说:"忏悔是必须的,人没有忏悔就无法保护自己。"弟兄说:"我在斗室里时,要忏悔没有什么问题,可是弟兄来看我或我走出斗室时,忏悔就不知去向了。"老先生说:"这就表示你还没有真正忏悔。你只是有时这样做而已。律法书上是这样记载的:'你若买希伯来人作奴仆,他必服侍你六年,第七年他可以自由,白白地出去。你若给他娶了妻,妻子若在家里生了孩子,而他为了妻子儿女,不愿意自由离去,你就要带他到门框那里,用锥子穿他的耳朵,他就要永远成为你的奴仆了。'(参见出 21:2—6)"弟兄问:"这又作何解呢?"老先生说:"人若在任何事上认真地做,他就能找到他所需要的东西。"弟兄说:"请给我解释。"老先生说:"私生子不会长久为人干活,合法的儿子不会离开他的父亲。"①

3. 据说,阿爸彼得与阿爸伊比马古(Abba Epimachus)在莱岛(Rhaithou)原是同伴。他们在团体中坐席时,被邀请到资深弟兄的上座去。只有阿爸彼得毫不犹豫地上了座。他们离席时,阿爸伊比马古对他说:"你怎么这样大胆地上去与资深的弟兄们坐席呢?"他回答说:"如果我跟你一起坐,弟兄要谢饭,我算是较年长的,必定要我来做,我也比你年长,我就非做不可了。可是,我上去与前辈们一起,我就是最年轻了,在思想上也最卑微。"

---

① 后一句的答复较难理解,最合理的解释可能是:私生子因为身份不明,没有保障,无法稳定下来,你若没有真正忏悔的心,也同样无法稳定安坐斗室中;可是合法的儿子不会离开父亲,表示真正的修士不会离开真道,会坚持原先的决心,以忏悔的心,坚持修士的生活。

4. 阿爸彼得说:"上帝若借着我们成事,千万不可骄傲,反而要感谢他让我们配得被呼召。"他常说在每件德行上都必须有这样的态度。

巴弗纽丢

巴弗纽丢(Paphanutius)在4世纪初期出生,受到大师安东尼的影响,成为伊西多尔和马加略的弟子。他先在群居的修道院受训,后成为独修士,被誉为"水牛",因为喜爱独处。卡西安造访埃及时,他已是沙漠中四所修道院的主持。

1. 阿爸巴弗纽丢说:"我走在路上,途中迷失了方向,来到村子不远处,见到一些人正在说人的坏话。我就停下来,为自己的罪祷告。这时候一位天使显现,手持一把剑,对我说:'巴弗纽丢,凡是判断弟兄的,都要死在这把剑之下,但是,因为你没有论断他们,反而谦卑自己在上帝的面前,承认自己的罪,你的名字将会写在生命册上。'"

2. 相传,阿爸巴弗纽丢不大喜欢喝酒。一天,他在路上遇到一班强盗正在喝酒。强盗的头目与他相识,也知道他不嗜酒。他估计老先生一定很疲累,就斟满了一杯酒,手提利剑,强迫他说:"你如果不喝下去,我就杀了你!"可是,老先生却知晓这是要成全上帝的诫命,也要赢得强盗的信任,于是就接过杯来喝了。哪知那头目却向他求饶说:"阿爸,饶恕我,我让你不快了。"可是老先生说:"我相信,凭着这杯酒,上帝现在和将来都要怜悯你。"于是强盗头目说:"你放心,我在上帝面前发誓从今以后不再伤害任何人。"就这样,老先生为主放下自己的意愿,反而让整班强盗归信。

3. 阿爸波伊曼记得阿爸巴弗纽丢曾说过:"长者在世时,我每个月跑两趟去见他们，虽然相距有十二公里。我向他们述说我的每一个杂念，他们总不说别的，只说：'你无论到哪儿，不要太批判自己，就会有平安。'"①

4. 在瑟格提斯有一位弟兄与阿爸巴弗纽丢在一起，他正在与淫乱的欲念斗争，他说："即便我娶了十个老婆，也无法满足我的欲望。"老先生鼓励他说："孩子啊，不要这样说，这斗争原是从魔鬼而来的。"可是，他怎样也听不进去，于是就离开到埃及去娶了个妻子。这事过后不久，老先生上到埃及去，碰到那弟兄捧着几篮的甲壳鱼，可是老先生已经认不出他了，他对老先生说："我是某某，你的弟子呀！"老先生见他的狼狈相，就哭着说："你是怎样失去了尊严，屈辱至此？你果真娶了十个老婆吗？"他感叹说："实际上，我只娶了一个妻子，可我光喂饱她就费了许多力气！"老先生说："你就跟我们回去好了。"他说："阿爸，我还有可能悔改吗？"他说当然可能。于是，那弟兄就放下一切跟随他回到瑟格提斯去，这个经验反而让他成为经得起考验的修士。

5. 有一个弟兄住在提班的沙漠里，心中生出一个念头："你为何要这样无用地过活呢？起来，到修道院去吧，可能在那里你会大有进展也未可知。"于是，他启程去见阿爸巴弗纽丢，告诉他这个念头。老先生对他说："你去待在自己的斗室里，只在早晨、黄昏和夜晚，各作一次祷告。你饿了就去吃，渴了就喝，困了就睡。可是要待在斗室里，不要理会那个念头。"弟兄又跑去见阿爸约翰，告诉他阿爸巴弗纽丢如何如何说，阿爸约翰

---

① 这句话如果自译就明显地与其他教父的教训相违背，他们大多说："你要常做自我批判。"这里，可能是说长老们见到他不断地把自己的杂念告白，表示并非没有自我批判的习惯，而是做得过分了，反而不合适，因此，这里加上"不要太自我批判"，以显出教父们不喜欢任何过分的作为，那样做反而是在炫耀自己。

说:"连祷告都免了,只待在斗室里就好了。"于是,弟兄又跑到阿爸阿瑟纽那里,告诉他这事,老先生对他说:"你就照着他们所说的去做,我再也没有其他意见了。"然后,他就满意地走了。①

6. 阿姆莎拉(Amma Sarah)差人去对阿爸巴弗纽丢说:"你看你的弟兄受人轻视你也不管,你真的是在做上帝的工吗?"阿爸巴弗纽丢说:"巴弗纽丢在这里就是要做上帝的工,别人的事就一概不理了。"②

保罗

1. 有一位长者述说一位称为阿爸保罗(Paul)的,自从下到埃及以来,就住在提班。他常手抓各类的蛇,然后把它们斩成两段。长者们向他俯伏说:"请告诉我们,你做了什么以致能得到这样的恩赐?"他说:"前辈们,恕我这么说:如果一个人能手洁心清,一切事物都会服他,像亚当在伊甸园的时候未违背上帝的命令之前一样。"

理发师保罗

1. 阿爸理发师保罗(Paul the Barber)与他的兄弟提摩太住在瑟格提斯。他们经常吵架。阿爸保罗说:"我们这样下去还要多久呢?"阿爸提摩太对他说:"我建议我们争论时,你站在我的立场说话,我也站在你的立场说话。"于是他们从此就如此行。

2. 同为理发师的阿爸保罗与提摩太受到瑟格提斯弟兄们的骚扰。提摩太对亲兄弟说:"我们为何还要干这一行呢?他们整天都不

---

① 弟兄怎能满意于这样的答复呢?其实教父们的每一个指示都是要他回去独处,"斗室能教导你一切"的思想使他满足,去哪里都是一样。
② 摘自 J. -C. Guy 版本(第 31 页)。

让我们得安宁!"可是阿爸保罗回答说:"如果我们保持警醒,夜晚带来的安宁就已经足够了。"

保罗大师

1. 加拉太人阿爸保罗大师(Paul the Great)说:"如果修士在斗室里藏着一些喜欢的小东西,常拿出来把玩,这样肯定会成为魔鬼的玩物。这是我亲自经历的事。"
2. 阿爸保罗说:"我身处在深渊里,沉陷至脖子了,就在上帝面前哭着说:'怜悯我吧!'"
3. 有人说阿爸保罗在整个大斋期间只吃一小撮小扁豆、喝一小壶水、织一只篮子,但是织好了又拆,拆了再织,就这样自个儿住,直到开斋筵席。
4. 阿爸保罗说:"要紧靠耶稣。"①

呆子保罗

1. 蒙福的阿爸呆子保罗(Paul the Simple)是阿爸安东尼的弟子,他向长者们讲了这样一个故事:一天,他去探访修道院,希望能在那里给弟兄们做些有意义的事。训勉时间过后,弟兄们就进入教堂,根据惯常的做法,有祷告聚会。蒙福的保罗仔细观察每一位进入教堂参加祷告聚会的弟兄,观察他们的属灵气质,因为他有从上帝来的恩赐,能看出各人的灵命光景,像正常人看人的外表一样。当每个人眼睛发亮、容光焕发地进入教堂,有各人的守护天使喜乐地围绕他们时,他说:"我见到一位黑人,全身黝黑;有魔鬼在他两旁站着,包围他,拖住他的鼻子拉他走,而他的守护天使只能垂头忧伤,远远地跟在后

---

① 摘自 J.-C. Guy 版本(第32页)。

头。"于是保罗流泪捶胸，跌坐在教堂前头，为他所见到的弟兄痛苦。弟兄们见到他这奇怪的动作，一瞬间成了懊悔的泪人儿，就苦苦哀求他说出他痛苦的原因，恐怕他这样做是对所有人的控诉。他们忙请他一起参加祷告聚会，可是保罗与他们分开，仍然坐在外头，为着那位他所见到的弟兄的处境哀恸。祷告聚会完毕不久，大家鱼贯而出时，保罗仔细观察每一位，要看他们出来时的灵命光景。这时，他看到了那个弟兄，起先又黑又阴沉，现在从教堂出来时，却是容光焕发，身子变白，魔鬼们只能远远地跟在后头，他的守护天使却随身伴着，喜乐地环绕他。于是保罗欢呼雀跃，赞美上帝说："上帝啊，你有说不尽的恩慈与美善！"他又跑到高台上，声音洪亮地呼喊说："来吧，看看主的作为，使人敬畏，使人惊奇！来吧，看看这位定意要万人得救，让人得到真理的上帝！来吧，让我们俯伏跪在他脚前，一起说：'只有你才能除去罪恶！'"众人连忙一起跑过去，想要听听他还要说什么。他们都来齐时，保罗就向他们叙述他在教堂门口所见的事，以及后来发生的事，又叫那弟兄出来说说上帝为何忽然这样改变了他。于是，那位保罗叫出来的人就在众人面前讲述所发生的事，说："我是个罪人；我犯了淫乱已经很久了，一直到现在；当我进入上帝的圣所时，我听到有人正在诵读圣先知以赛亚的话，或者可以这样说，上帝透过他说话：'你们要洗涤、自洁，除掉心中的恶行，在我眼前学习行善。你们的罪虽像朱红，必变成雪白，你们若甘心听从，必吃地上的美物'。"（参见赛1：16—19）他继续说："而我这个犯淫乱的人，因为先知的话语，心中充满懊悔，在心里哀叹，对上帝说：'上帝啊，你来到这世界是为了拯救罪人，你从先知口中所说的话，求你在我这个不配的罪人身上成就吧！从现在开始，我心宣认并承诺，不再犯罪，弃绝一切不义，从此以清纯的良心来服侍你。主啊,今天,从现在开始接纳我吧,我悔改,并俯伏在你的脚前,只盼望自己以后不犯错。'"他又继续说:"我以这样的承诺来到教会,在心中确实知道自己不会在上帝面前犯错了。"大伙儿听到了,就异口同声地向上帝欢呼说:"耶和华啊,你所造的何其多!都是你用智慧造成的!"(诗104:24)所以,基督徒们,我们既然已经从圣经以及上帝的启示中学到了,让我们确定上帝的良善,他善待那些诚心求他保护,痛改前非的人,让我们不要为自己的救赎担忧了。实际上,正如先知以赛亚所宣告的那样,上帝会洗涤那些被罪污染的人,让他们如雪和羊毛一样白,赐他们天上耶路撒冷的美物;正如先知以西结所说,上帝许了诺言,满足我们,不让我们失丧,上帝说:"我不喜悦那死人之死,所以你们当回头而存活!"(结18:32)

迪欧斯的彼得

1. 彼得是迪欧斯的(Peter of Dios)牧师。牧师与众人祷告时,原要站在前头,可是因为他的谦卑,让他站在后边说:"圣安东尼的生平中也是这样记载的。"他这样做没有得罪任何人。

RHO

罗马的一位阿爸
（他极可能就是阿瑟纽）

1. 有一位从罗马来的修士，住在距瑟格提斯教会不远处。他有一个服侍他起居的奴隶。当地的牧师知道他的坏习惯和以前的奢侈生活，就把别人施舍教会的东西送给他。他在瑟格提斯待了二十五年，以获得辨别的恩赐而闻名。一位埃及的大师听人提起他，就来找他，以为他必是过着苦行的生活。大师进去与他问安，他们祷告后坐下。埃及的大师看到他衣着华丽，床上还铺了床罩，还有枕头；他的脚干干净净的，还穿着凉鞋。他看到了这些，深感震惊，这样的生活方式哪是这儿的习惯呢？应该需要更大的苦修呀！这老先生却有辨别的恩赐，就觉察他感到震惊，于是对仆人说："我们为了这位阿爸的到来摆个筵席吧！"那儿有几种蔬菜，于是他烧好了，到了吃饭时间，他们就去用餐。老先生因为身体犯病，也存了一点酒，于是他们就一起喝了酒。到了晚上，他们也一起诵读十二首诗篇后就去睡了。埃及大师天亮起身，对他说："请你为我祷告。"他就这样走了，没有得到任何神益。可他刚走了一小段路，老先生很想让他获益，就让人去请他回来。他到达后，他还是高高兴兴地迎接他，问他："你从哪儿来？"他说："埃及。""哪一个城市？""我不是当地的公民。""你在村里是干什么的？""我是牧人。""那你睡在哪儿？"他回答说："在草地上。""有没有垫席什么的？"他说："难道非要拉来一张床到草地来躺着？""那你怎样睡呢？"他说："就在地上呀！"老先生接下问："你在草地上吃什么？喝什么样的酒？"他回答说："在草地上哪来的食物和酒呀？""那你怎样过活呀？""我只吃干面包，如果找到一些香草和水，也加这些。"老先生回答说："这样很苦呀！村子里有没有公共浴室让你洗澡的？"他回答说："没有，我们要洗，就到河里去。"老先生明白了他以前艰苦的生活后，就与他分享自己以前在俗世的生活，想要借此帮助他。"我这个穷光蛋原本是从罗马那个大都市来的，也算是皇帝宫中的大人物。"当这位埃及大师听到他这开头的话时，心中懊悔，于是就用心听他说。他继续说："可我却离开了大都市到这沙漠来。我曾经拥有豪华的房子，非常有钱，可我都不屑一顾地来住在这小斗室里。我原本有镶金的床，珍贵的床罩，换来的是上帝给我的这一张小床和这块皮作床罩。我曾经穿最昂贵的衣服，可现在换上了这不值钱的衣裳。还有，我餐桌上摆设的是纯金的餐具，现在上帝却给了我这一小碟的菜和一杯酒。以前有好多个奴隶来伺候我，上帝现在给我换上这个老人家来服侍我。本来能去公共浴室，现在我只能用一点儿水洒在脚上，我穿凉鞋是不得已，因为脚不好。我原先寻欢作乐，现在每晚只诵读十二首诗篇；以前常犯罪，现在我按照定规祷告。所以，阿爸，我恳求你不要因我的软弱震惊。"埃及大师听了之后恍然大悟，说："我真该死，我经过了俗世这么多艰苦，现在算是找到了安逸；我以前没有的，现在我都有了。可你却从那么舒适的生活，来这里寻求谦卑和贫困。"他就获得大大的鼓励离开了，两人成了好朋友，他也常去找他帮忙，因为这老先生的确能深省辨别，发出圣灵的香气。

2. 同一位修士常说那时有一个老人家，他有一位好弟子。可是他心胸狭隘，把弟子赶出去，只给他一件羊毛外衣。弟兄坐在外头不愿离开。老人家打开门时，见他还坐在那里，就忏悔说："阿爸啊，你的谦卑和忍耐制伏了我的狭隘心胸。请你进来，从今以后，你是老先生，我的师父，我是你的后辈，你的弟子。"

鲁弗斯

1. 一个弟兄问阿爸鲁弗斯（Rufus）："什么是内在的平安？"老先生说："内在的平安就是能待在自己的斗室中，以敬畏和认识上帝的心，远离遭受冤屈的记忆和骄傲的心灵。这样的内在平安能培育一切德行，保护修士免遭敌人毒箭的侵害。是的，弟兄，要好好培育它。常把将来的死存记在心，切记，你不知道什么时候盗贼会来。同样地，切切谨守你的心灵。"

2. 阿爸鲁弗斯说："能在属灵师父足下学习的人，比起在沙漠独处的人，更能得到赏赐。"他还引用一位长者的话："我看到天上有四个层次的进展：第一层次是生病的人能向上帝祷告；第二是为了款待人的缘故而起来服侍；第三是能跨过沙漠而不见一人；第四则是为着上帝的缘故，能顺服他的师父，一直不离开。那位在顺服中生活的人，像挂着一条金链，捧着盾牌，比任何人都光荣。我问指导我的师父说：'那个看来最渺小的为何比别人更光荣呢？'他回答我说：'那个款待人的只是顺着自己的意愿；可是最后那一位却有顺服的心志。他既然已经放下自己的私欲，就完全仰赖上帝与他的师父；也正因为这样，他就比别人更能得到光荣。'我儿，你看看，为着上帝而顺服是何等美善。我的孩子们啊，你现在只能理解一部分关于这德行的要素。顺服啊,是忠诚者的拯救!顺服啊,是一切德行之母!顺服啊,能彰显天国!顺服啊,让天开了,让人能从地上上升!顺服啊,圣徒的粮食,滋养他们成为完全!顺服啊,天使的良伴!"

罗马努

1. 阿爸罗马努(Romanus)临终时,他的弟子围绕在他身边,问:"我们该如何行事呢?"老先生对他们说:"我想我从来不会因为你们不做我吩咐你们做的事,就向你们发怒,因为我事先已经决定不发怒,所以我们才能在这些日子中相安无事。"

SIGMA

西索

　　西索（Sisoes）于瑟格提斯在阿爸欧尔的膝下受训成为一名苦行者。安东尼死后他离开了瑟格提斯，说那地方已经成为流行区，自己跑到安东尼的山上，一住就是七十二年之久。他到那里时，发觉这是一片荒芜不毛之地，可能是公元357年撒拉森人（Saracens）侵略使然。他曾接受皮斯比（Pispir）仆人送来的供应，与莱岛和克利斯马（Clysma）有来往。

1. 一位弟兄遭到另一位弟兄的诬陷，来找阿爸西索，对他说："我的弟兄伤了我心，我定要报复。"老先生劝他说："我儿，别这样，伸冤在上帝呀！"他说："我不报复，誓不罢休。"老先生说："弟兄，让我们祷告吧！"于是，老先生站起来说："上帝啊，我们不再需要你来照顾了，我们自己会行公义了。"弟兄听到了就连忙伏在老先生足前说："我不愿再向弟兄讨公道了，宽恕我，阿爸！"

2. 一个弟兄问阿爸西索说："我该怎么做才好呢？我到教会，崇拜完毕后通常有爱筵，他们都让我留下来。"老先生对他说："这问题很难解决。"他的弟子亚伯拉罕说："如果聚会时间在周六或周日，弟兄喝了三杯酒，这算是太多吗？"老先生说："如果撒旦不参与在内，就不算多。"

3. 阿爸西索的弟子对他说："师父，您年事已高，让我们迁回到有人间烟火的地方去吧！"老先生对他说："让我们到没有女人的地方。"他的弟子对他说："除了沙漠之外，哪有一个地方没有女人呢？"老先生说："那么，就领我到沙漠去吧！"

4. 阿爸西索的弟子经常跟他说："阿爸，请起来一起吃饭吧！"这时，阿爸西索就会对他们说："孩子，怎么我们还没吃饭吗？"他们就这样回答他："师父，还没有呢！"老先生就会说："我们如果还没吃，你就端上来，我们一起吃。"

5. 有一天，阿爸西索毫不遮掩地这样说："你们要有信心啊！你看我，三十年来没有为自己的过错向上帝祷告，我只是这样向他祷告说：'主耶稣，救我脱离舌头的罪'，可我现在每天都还是为这事跌倒，犯了错。"

6. 一个弟兄对阿爸西索说："我的欲念为何还在缠绕我？"老先生说："它们的伎俩全在你身上；只要懂得应对，它们就会离开的。"

7. 阿爸西索曾在阿爸安东尼的山上待了一段时间，而他的弟子也迟迟没有归来，因此他有十个月没见一人。他在山上漫步时遇见一个法然人（Pharanite）正在打猎。老先生对他说："你是从哪儿来的？来了多久？"他回答说："阿爸，我已经来到这山上有十一个月了，除了你之外，还没见着其他人。"老先生听了，就赶紧回到斗室里，捶胸说："西索，你以为自己已经做了什么了不起的事，其实，你比那些在俗的人还不如呢！"

8. 众人在阿爸安东尼的山上崇拜，他们带了一小瓶酒来。其中一个长者拿起壶和杯给阿爸西索斟一点儿酒，他就喝了。再给他，他也喝了。第三次给他时，他不再接过去，说："弟兄，停,难道你不理解这是出自撒旦的吗?"

9. 一位弟兄到阿爸安东尼的山上去见阿爸西索。在他们交谈时,弟兄对阿爸西索说:"师父,你是否已经达到阿爸安东尼的境界了?"老先生对他说:"如果我有阿爸安东尼一个思想,早已经能全身焚烧如火焰了;可我却认识一个人,他辛辛苦苦才能承担安东尼的思想。"

10. 一天,一个提班的居民来见阿爸西索,想要当修士。老先生问他还有什么亲属还在世上。他回答说:"我还有一个儿子。"老先生说:"你去把孩子扔到河里,然后再来当修士吧!"他果真去了,要将儿子扔进河去。这时,老先生立即派了一位弟兄前去阻止。这弟兄叱喝道:"放手!你这是干什么?"那人对他说:"是阿爸叫我把他扔进去的。"于是,弟兄说:"不过后来他又说不可扔进去。"于是,那人就离开儿子找老先生去了。经过了顺服的考验,结果他成了修士。

11. 一个弟兄问阿爸西索:"撒旦早期也是这样追逼人们吗?"老先生对他说:"它现在更变本加厉了,因为知道它的时间不多了,所以疯狂发作。"

12. 一天,阿爸西索的弟子亚伯拉罕受魔鬼试探,老先生看他已经支持不住了,就站起来,向天伸展双手,说:"上帝,无论你愿意还是不愿意,我不会让你就此不理,直到你医治他为止。"那弟兄立刻就痊愈了。

13. 一个弟兄对阿爸西索说:"我能觉察自己心中常常纪念上帝。"老先生对他说:"在你的思想上与上帝同在并不算什么大事,你若能视自己比别人低,那才算是大事呢!这样,加上辛勤劳作,是通向谦卑的路。"

14. 有人说阿爸西索临终时,长者们都围坐在他身边,他脸上发光。他对他们说:"看啊,阿爸安东尼来了!"过了一会儿,他又说："看啊，先知们颂赞着来了！"他脸上发光，又说："看啊，使徒们颂赞着来了！"他的面容越发大放异彩，好像正在与人说话。长者们问他："师父，你是跟谁说话呀？"他说："看啊，天使们来接我了，而我向他们要求再做一些补偿。"长者们对他说："师父，你哪里需要做什么补偿呢？"可是，老先生对他们说："实际上，我还没有真正开始做过呢！"现在他们都知道他是完全的。他的面容再次焕发如日光，大家都充满了敬畏。他又对他们说："看啊，主来了，主说：'把我在沙漠中的器皿带来给我。'"那时出现了一道闪电，全屋都充满了香气。

15. 尼罗波利（Nilopolis）的主教阿爸亚戴费乌（Abba Adelphius），到阿爸安东尼的山上去找阿爸西索。黎明前，他们一行人就准备离开，启程前，阿爸西索让他们先吃点东西。然而，当天恰好是禁食日。当他摆放餐食时，一些弟兄前来敲他的门。他对弟子说："你也给他们一点儿食物，因为他们累了。"阿爸亚戴费乌对他说："千万不要给他们，恐怕他们会说，在黎明前阿爸西索已经吃了东西。"老先生思量一下之后，对弟子说："去吧，给他们一点儿东西吃。"他们见到了食物就说："你们是不是来了客人，也让老先生和你们一起吃吗？"那弟子回答说："是的。"他们就觉得不安说："愿上帝宽恕你，是你让老先生现在吃了东西。难道你不知道，就是因为这样，他要克己很久吗？"那主教听到了之后，就连忙在老先生前忏悔说："阿爸，请你宽恕我，我只是用人的想法来处理事，而你却在做上帝的事。"阿爸西索对他说："如果不是上帝荣耀人，人的荣耀就毫无价值。"

16. 一些弟兄去见阿爸西索要请他赐一言。可是他没有跟他们说什么，只说："抱歉！"来客们见到他有几个小篮子，就问他的弟子亚伯拉罕："这些小篮子是干什么的？"他回答说："我们到处兜售。"老先生听了就说："有时就连西索也需要吃的。"这话让来客们获得裨益，他们就高高兴兴地离开，因着他的谦卑得到了造就。

17. 莱岛的阿爸亚萌（Abba Ammoun of Rhaithou）问阿爸西索说："我读圣经时，思想专注在文字上，这样有人问起我就有话说了。"老先生对他说："这是不必要的；更好的方法是先透过清洁心灵来充实自己，没有忧虑，然后再与人说话。"

18. 一位在俗的会友有一个儿子，他来到阿爸安东尼的山上来见阿爸西索。途中，他的儿子死了。他不因此忧伤，反而凭信心把他领到老先生面前，抱着儿子向他欠了欠身，像是鞠躬，希望能得到老先生的祝福。那父亲站起来，将儿子放在老先生足前，就出去了。老先生还以为那孩子向他鞠躬，就对他说："起来吧，到外边去。"这时他还不知道那孩子已经死了。可是，那孩子果真立刻站了起来，走出去。他父亲见到了，非常惊喜，就即刻进屋去，向老先生俯伏，告诉他所发生的事。老先生听了觉得有点遗憾，因为这不是他有意要让此事发生的。于是，他的弟子嘱咐孩子的父亲，在老先生生前，千万不要向任何人提及此事。

19. 三个长者听人说起阿爸西索，就来见他。头一位对他说："师父，我如何能从火湖的审判中得救呢？"他却不回答他。第二位对他说："师父，我如何能从哀哭切齿和不死的虫子的审判中得救呢？"第三位说："师父，我一想到黑暗以外的审判就怕得要死，我该怎么办呢？"老先生这样回答他们："至于我，我不会去思想这些事情，因为上帝是慈悲的，我盼望他能向我施怜悯。"长者们听了之后，就不太高兴想要离开。但老先生不愿他们受伤地离开，对他们说："弟兄们，你们是何等蒙福，我真羡慕你们。你们第一位说到火湖，第二位说到地狱，第三位说到黑暗。如果你们心中充满了这样的意念,就不可能犯罪了。至于我,我能做什么呢?我的心刚硬,我从来没有福分知道人到底会不会受到审判;无疑这就是我经常犯罪的原因吧!"他们俯伏在他面前说:"我们以前风闻有你,现在真正见到真人了。"

20. 来客们问阿爸西索:"如果一个弟兄犯了罪,肯定要有一年的补偿吧?"他回答说:"这很苛刻呀。"来客们说:"那么半年又如何?"他回答:"这样还是多了些。"他们说:"四十天总可以了吧?"他说:"还是很多。"他们对他说:"那该如何呢?如果一个弟兄跌倒了,而爱筵正要进行,也让他轻轻松松地来吗?"老先生对他们说:"不是,他需要几天的补偿。可我相信上帝,如果他真心补偿,上帝必会接纳,即便是三天也好。"

21. 一天,阿爸西索到克利斯马(Clysma)去,几个在俗的会友来见他。虽然他们说了很多话,但他却一句话也不回答他们。后来,其中一位说:"你们为何打扰老先生呢?他还没吃饭,所以没力气回答。"老先生回答说:"对于我来说,我有需要时才吃。"

22. 阿爸约瑟问阿爸西索:"人要用长时间斩断欲念?"老先生对他说:"你真的想知道多长时间吗?"阿爸约瑟说:"是呀!"老先生对他说:"欲念一来攻击你,你就要即刻斩断它。"

23. 一位弟兄问彼特拉的阿爸西索如何生活,老先生对他说:"但以理说:'欲望的食物我没有吃'(参见但10:3)。"①

24. 有人说阿爸西索在斗室中静坐时,会把门关上。

25. 有一天,有几位阿里乌异端分子到阿爸安东尼的山上来找阿爸

---

① 和合本修订本译作:"美味我没有吃,"这里能窥见沙漠教父的释经方法:原文中但以理不吃美味是因为悲伤,西索读成"因某种原因节制不吃美味的东西",而沙漠灵修传统中的节制原因是苦修,"美味"就成为一种诱惑,因此可称之为"欲望的食物"。

西索，开始攻击正统的信仰。老先生不给他们任何答复，却叫了弟子来，对他说："亚伯拉罕，把圣阿塔那修的书拿来宣读。"他们的异端被揭穿，就不敢再出声了。老先生就这样平静地把他们赶走了。

26. 一天，莱岛的阿爸亚萌（Abba Ammoun of Rhaithou）到克利斯马见阿爸西索，看到他一筹莫展的样子，因为离开了沙漠，阿爸亚萌就对他说："阿爸，你这样发愁有什么用呢？你能在沙漠做什么，更何况现在你真的是上了年纪了。"老先生忧伤地想想，对他说："亚萌呀，你这是说什么呢？我的心灵在沙漠是自由自在的，那不就足够了吗？"

27. 一天，阿爸西索坐在自己的斗室中。他的弟子来敲门，老先生向他喊道："亚伯拉罕，走开吧！从今以后我再没时间管世俗的事了。"

28. 一个弟兄问阿爸西索："你不是在瑟格提斯与阿爸欧尔（Abba Or）住得好好的吗，为何要离开，迁到这儿来呢？"老先生说："当我发觉瑟格提斯开始拥挤，听说安东尼已逝世，于是就动身来到这山上。在这儿我能找到平安，就留下来一段时间。"弟兄对他说："那你来了多久？"老先生对他说："有七十二年了。"

29. 他也说："如果有一天有人来照顾你，你千万不要使唤他。"

30. 一个弟兄问阿爸西索："如果我们走在路上时，领路者领错了路，我们是不是该告诉他呢？"老先生回答说："不必。"于是弟兄又问："那么我们是不是就让他领我们迷路呢？"老先生对他说："那还有什么办法呢？难道你用棍子打他不成？我认识一些弟兄，也在走路时遇到领路者一整晚领错了路。他们共有十二人，都知道迷路了，每个人都强忍着不说出来。天亮时，领路者发觉迷路了，就对他们说：'真对不起，我领错了路。'他们就对他说：'我们其实都知道，可还是不说出来。'他听了，就非常惊奇地说：'即使面临死亡关头，弟兄们仍然能控制自己，不发一言，'于是，将荣耀归给上帝。他们走失的路，总共有十二里之遥。"

31. 一天，撒拉森人（The Saracens）来到老先生与他的弟子住处将那里抢劫一空。老先生启程到沙漠去找食物充饥，见到一堆骆驼粪，就捣开来，从中取得一些大麦粒。他自己吃了一粒，其余的拿在手中。弟子回来见到他正在吃东西，就对他说："你找到食物，不叫我一声却自个儿吃了，这还算是有爱心吗？"阿爸西索对他说："弟兄，我没亏待你，我手中拿着的就是你的分！"

32. 有人说底比斯人阿爸西索曾住在亚西诺的卡拉门（Calamon of Arsinoe）。还有一个长者在另一所修院（*lavra*）病倒了，阿爸西索听到了觉得很难过。阿爸西索的习惯是一连两天禁食，这时他才禁食了一天。当他听到长者得病时，琢磨着说："我该怎么办？如果我这就去看他，恐怕弟兄们强要我用餐，可如果我等到明天，又恐怕他已病逝。我就这样做吧：我还是去，可就是不吃。"于是，他保持禁食去了，不但成就了上帝的诫命，也因着上帝的缘故不松弛自己的生活方式。

33. 一位长者述说一件卡拉门的阿爸西索的事，说他有一天想要战胜睡魔，就把自己悬在彼特拉的峭壁上。一位天使来把他救起，命令他不许再这样做，也不许这样教导别人。

34. 一位长者问阿爸西索："如果我在上面坐着，有蛮族人要来杀我，我如果比他健壮，我该杀死他吗？"老先生对他说："不能，交托给上帝就好了。其实，无论人面临什么考验，让他说：'这事的发生，都是出于我的罪。'如果有什么好结果，让他说：'这都是上帝的眷顾。'"

35. 一个弟兄问底比斯人阿爸西索说："请你赐我一言。"他说：

"我能向你说什么呢？我读了新约圣经，然后又转到旧约。"

36. 同一个弟兄问彼特拉的阿爸西索关于底比斯人阿爸西索跟他说的话，老先生说："我在罪中睡了，也在罪中醒来。"

37. 有人说底比斯人阿爸西索通常在聚会结束后，就即刻跑回到自己的斗室去，因此有人说："他是被魔鬼附了身。"其实，他只是在做上帝的工。

38. 一位弟兄问阿爸西索："阿爸，我跌倒了，我现在该怎么办呢？"老先生对他说："那就要爬起来。"他说："可我爬起来，又再次跌倒了。"老先生说："那么就继续爬起来。"于是，弟兄又问："要多少次呢？"老先生说："直到你在德行中或是在罪恶中被接走，因为人要按他死时的现状，接受上帝的审判。"

39. 一个弟兄问一位长者："我对干活感到烦躁，我该怎么办呢？我虽然喜欢编织绳子，现在不想做了。"长者说他曾听阿爸西索如此说："你不该干能带给你满足感的活。"

40. 阿爸西索说："要寻找上帝，而不是他的居所。"

41. 他也说："羞愧与失去敬畏感，常常引人犯罪。"

42. 一位弟兄问阿爸西索："我该做什么好？"他对他说："你最需要的是更多的缄默和谦卑。因为经上说：'凡等候他的都是有福的'（赛30：18），这样他们就站立得住。"

43. 阿爸西索说："要甘受人的轻视，将自己的意愿抛在背后，这样你就能免去忧虑，得到平安。"

44. 一个弟兄问阿爸西索："我该如何对付欲念呢？"老先生说："各人被试探，乃是被自己的私欲牵引、诱惑的。"（参见雅1：14）

45. 一个弟兄请阿爸西索赐他一言。他说："为什么你没什么需要，还要我开口？你看到什么，就照着去做好了。"

46. 一天，阿爸西索的弟子阿爸亚伯拉罕出差去。他不在的时候，老先生不愿其他人来伺候他。"除了我兄弟外，我能让其他人习惯我的做法吗?"他拒绝援助,一直到他的弟子回来,虽然要忍受困难。

47. 有人说,有一次阿爸西索坐下来,大声呼喊说:"真烦恼呀!"他的弟子对他说:"师父,发生了什么事?"老先生对他说:"我要找人谈心,可是却一个也找不到。"

48. 一天,阿爸西索离开阿爸安东尼的山,到提班的外山去,在那儿住下来。那里有梅勒提安派异端分子 (Meletians),住在亚希诺的卡拉门。一些人听到老先生已到外山来,很想见他,可是又说:"梅勒提安派也在山上,我们该怎么办呢? 我们知道老先生不会受他们的扰害,可我们为自己担心,恐怕要去见老先生,反而陷入那些异端分子的诱惑中。"所以,为了不想碰上异端分子,他们就不去见老先生了。

49. 以下是人们述说关于阿爸西索犯病时的事。长者们围坐在他的身边,他与几位长者交谈。长者对他说:"阿爸,你见到了什么?"他回答说:"我见到天使向我走来,我恳求他们给我一点儿时间,好让我能够忏悔。"其中一位长者对他说:"即便他们应允你延缓片刻,你能用这时间来做补赎吗?"老先生对他说:"如果我连这样也做不到,至少我能为自己的灵魂叹息一会儿,那就足够了。"

50. 有人说,阿爸西索来到克利斯马时病倒了。他在斗室中与弟子坐着时,有人来敲门。他知道内情后,就对他的弟子说:"亚伯拉罕,你去向敲门的说:'我是山上的西索,也是病床上的同一个西索'。"那敲门的,一听到这话,就立即消失了。

51. 底比斯人阿爸西索对他的弟子说:"告诉我,你在我身上看到了什么,然后,我也告诉你,我在你身上看到了什么。"他的弟子对他说:"你是一个好人,只是就有点儿苛刻。"老先生对他说:"你也是个好人,只是不够坚强。"

52. 有人说底比斯人阿爸西索不吃面包。在复活节时，弟兄们向他恭贺，请他与他们一起吃饭。他回答他们说："我只有一件事可以做：要么我与你们吃面包，要么，我就把你们备好的食物完全吃光。"他们对他说："您就只吃面包吧！"他就照着吃了。

53. 如果有人向阿爸西索问起阿爸庞博，他会说："庞博行的事都很伟大。"

54. 阿爸西索对一个弟兄说："你的状况如何？"他回答说："师父，我正在浪费时间。"老先生说："如果我碰巧浪费了一天时间，我也会感恩的。"①

西尔瓦努

　　西尔瓦努（Silvanus）在巴勒斯坦出生，是瑟格提斯一个群体的领导，共有十二个弟子，其中有一位是书法家马可。这个群体在公元380年时迁到西奈山，后来又迁到叙利亚在加沙一带定居。他们住在一所修院里，修士们的斗室就散布在其中，正中央盖了一所教堂，供周六与周日崇拜使用。西尔瓦努卒于公元414年，他的领导职位由弟子撒迦利亚（Zacharias）接替。

1. 一天，阿爸西尔瓦努与弟子到一所修道院去。临走时，修道院给了他们一些东西吃。他们出来时，他的弟子在路边找到一些水，想要喝水。老先生对他说："撒迦利亚，记得今天是禁食日。"弟子对他说："师父，可我们不是已经吃过了吗？"老先生对他说："孩子，我们吃的是别人爱心给的，现在我们还是要守我们的禁食好。"

---

① 第53及54节摘自 J. -C. Guy 的版本（第33页）。

2. 一天，阿爸西尔瓦努与弟兄们坐在一起时，忽然魂游象外，脸俯伏在地上。他过了很久才起身，哭了起来。弟兄们赶紧问他说："阿爸，发生了什么事？"可是他不作声，只是哭泣。他们一再追问，他才说："我被提升见到了审判的情景，我们的许多同道都受了审判，可是有很多在俗的人都进入了天国。"老先生满心懊悔，不愿离开斗室。迫不得已要出去时，他也用外袍遮面说："我为何还要看这地上无用的亮光呢？"

3. 另一次，他的弟子撒迦利亚进来，又见到他魂游象外，双手向天伸展。撒迦利亚关上门，走出去。到了12点和下午3点，他两次进出，见师父还是在这样的光景中。到了4点时，他又敲门进去，见到老先生安坐在那儿，就问他说："师父，今天发生了什么事？"老先生回答说："我儿啊，我今天生病了。"弟子连忙抱住他的腿说："你不告诉我发生什么事，我就不放手！"老先生说："我被提到天上，见到了上帝的荣耀，我待在那儿，一直到现在才被差回来。"

4. 一天，当阿爸西尔瓦努还住在西奈山上时，他的弟子撒迦利亚要出差，对老先生说："请您打开水井，浇一下园地。"于是，老先生就出去，用外袍遮面，只往脚部看。那时刚好有一位弟兄经过，从远处见到他的举动，就走到他那里说："阿爸，请告诉我，你浇灌园地为何用外袍遮面？"老先生对他说："我儿，这是因为我不想让眼睛看到树木，恐怕被它们分散了注意力。"

5. 一个弟兄到西奈山去见阿爸西尔瓦努。当他见到弟兄们辛勤干活时，就对老先生说："不要为那会坏的食物操劳（参见约6：27），马利亚已经选择了那上好的福分（参见路10：42）。"老先生对他的弟子说："撒迦利亚，给弟兄一卷书，让他在斗室里待着，其余的什么都不需要。"到了下午3点，这来客注意门窗，盼着有人来叫他去吃饭。但一直都没人来，于是他就起身去找老先生，对他说："今天弟兄们都不吃饭吗?"老先生回答说都吃了。于是他说："你为何不来叫我去吃呢?"老先生对他说："你是属灵人,不需要这样的食物,不像我们这些属血肉的人,都必须吃,所以就要干活。可你已经选择了上好的福分,也阅读了一整天,当然不需要这些人间食品。"当弟兄听了这番话,就连忙俯伏,说:"阿爸,请饶恕我。"老先生对他说:"马利亚还是需要马大的。实际上,马利亚是因着马大才蒙称赞的。"

6. 一天,有人来问阿爸西尔瓦努:"阿爸,你是如何度日的,以至于能有这样的智慧?"他回答说:"我不让能惹上帝愤怒的思想进入我的心里。"

7. 据说阿爸西尔瓦努秘密地自个儿待在斗室中,他有一些小小的豌豆干,用以串成一百串项链来挣点吃的。有人从埃及来,驴背上驮着面包。他来敲了门,将那些面包卸到斗室里去。而老先生把串好的项链装载在驴背上,送那人离开。

8. 有人说,阿爸西尔瓦努的弟子撒迦利亚偷偷出去,不让他知道,找来几个弟兄,将园地的篱笆往后移,扩大了范围。当老先生发觉了这事时,穿上了他的羊毛外套走出斗室,对弟兄们说:"为我祷告吧!"弟兄们看到这情形,就赶紧俯伏在他足前说:"师父,告诉我们发生了什么事?"他对他们说:"你们不将篱笆移回原位,我就不进屋,也不脱下羊毛外套。"于是,他们就将篱笆移回原位。老先生这才回到自己斗室里。

9. 阿爸西尔瓦努说:"我是一个奴隶,我的主人对我说:'你去干活,我就养活你;可不要查问我从哪里供你饮食。也不要查问那是我所拥有的,还是偷来的,或者是借来的;只要你干活,我就会养活你。'因此,我干活时,就吃我得来的酬劳;可是,我不干活,就吃人们爱心的施舍。"

10. 他也说:"最不幸福的,是那位声誉比他实际的工作更大的人。"

11. 阿爸摩西问阿爸西尔瓦努:"人能每天奠定新的基础吗?"老先生说:"如果他肯辛勤干活,就每个时刻都在奠定新的基础。"
12. 长者们常说,有一天,有人遇到阿爸西尔瓦努,见到他面容和全身都发光如天使,就赶紧俯伏在地。可是老先生却说,其他人也得到同样的恩典。

西门

1. 一天,一位官员来见阿爸西门(Simon)。可他一听到这消息,就连忙束上围裙,外出护理他的棕榈树。来客们到达时,就向他呼喊说:"老先生,独修士去哪儿了?"他回答说:"这儿没有独修士。"他们听了这话,就只好离开了。
2. 又有一次,另一位官员来拜访他。牧师走在前头,对老先生说:"阿爸,准备好,那位官员听说过你,马上就到,要你祝福他。"老先生说:"好的,我现在就做好准备。"于是,他穿上粗衣,手中拿着面包和奶酪,在门口坐下,吃了起来。当官员和他的随从来到时,见到老先生,藐视地说:"这就是我们一直听说过的独修士吗?"于是,即刻就不屑地离开了。

所巴图

1. 有人请教阿爸所巴图(Sopatrus)说:"阿爸,请你给我一个诫令,好让我能遵守。"他对他说:"千万不要让女人进入你的斗室,也不要阅读非正规的书籍。不要让自己介入关于'形象'的讨论①。虽然那不是什么异端,可是在这讨论中,双方都有太多的无知和个人喜好。人无法清楚真相。"

---

① 这是当时爆发的争论,关于如何解释人有上帝形象的教义,尤其在沙漠的传统中。

撒马塔

1. 阿爸撒马塔（Sarmatas）说："宁愿一个罪人知道自己犯了罪而悔改，好过没犯罪的人自以为义。"

2. 有人提到阿爸撒马塔听取阿爸波伊曼的意见，常常独处四十天之久。他完成了也不当一回事。阿爸波伊曼去找他，问他说："你经过这样艰难的操练，到底见到了什么异象？"他回答说："没有什么特别的。"阿爸波伊曼对他说："你再不告诉我，我就不放过你。"于是他说："我发觉了一样简单的事，那就是：我向睡魔说'去'，我就没有睡意了，我向它说：'来'，它就来，[我就睡着了]。"

3. 一个弟兄问阿爸撒马塔说："我的思想对我说：'不要再干活，去吃、喝、睡吧！'"老先生对他说："你饿了就吃；你渴了就喝，你困了就睡吧！"好在还有另一个老人家也来找这弟兄，他就向他说起阿爸撒马塔的话。那位老人家对他说："我估计这就是老先生的意思：你非常饿，或渴得耐不下去时，就去吃喝；还有，你守夜很长时间，觉得困时，就去睡。我想这就是老先生对你说的话。"

4. 同一个弟兄再问阿爸撒马塔说："我的思想对我说：'你出去逛逛，去拜访弟兄们吧！'"老先生说："不要听它们的唆使，只要说：'我曾听取你说的，现在不愿再听了。'"

5. 阿爸撒马塔也说："人若不逃离一切可能的罪，就必犯罪。"①

塞拉皮翁

1. 一天，阿爸塞拉皮翁（Serapion）路过一个埃及的村庄，见到那

---

① 第5节摘自J.-C. Guy版本（第33页）。

里有一个妓女住在自己的斗室中。老先生对她说:"今晚你等我,我想来与你过一夜。"她回答说:"好吧,阿爸。"于是她去准备,铺好了床。到了晚上,老先生果真来了,进到屋里,问她说:"床铺预备好了吗?"她说:"好了,阿爸。"于是,他把门关上,对她说:"你等一等,我们有祷告的规则,我必须先做好。"于是,老先生开始祷告。他拿起诗篇,在每一段诗篇诵读完毕时,就为那妓女祷告,恳求上帝让她悔改得救,而上帝也垂听了他的祷告。那女人颤抖着,在老先生旁祷告。当他完成了整个诗篇的诵读后,那女人仆倒在地上。老先生又开始诵读使徒书信,将很多书信诵读后,结束了祷告。那女人满心忏悔,明白他不是来犯罪的,而是要拯救她的灵魂,于是,就伏在他足前说:"阿爸,请你施恩,带我到能讨上帝喜悦的地方去。"于是,老先生就把她领到了一所女修道院,交给那儿的阿姆,说:"你收留这位姊妹,不要像其他姊妹那样,给她太多负担和诫令。但是,如果她要什么,就给她,让她自由走动。"过了几天,那妓女说:"我是个罪人,愿意隔日吃饭。"不久,她又说:"我犯了太多的罪,因此愿意每四天吃一次。"再过几天,她又恳求阿姆说:"我的罪让上帝大大伤痛,求你开恩,把我放在斗室中完全封锁住,只从窗口给我一点儿面包和水。"阿姆就顺着她的意思做了,而那女人讨上帝喜悦,度过余生。

2. 一个弟兄对阿爸塞拉皮翁说:"请你赐我一言。"老先生对他说:"我能跟你说什么呢?你将孤儿寡妇的生计,都摆设在书架上了。"这是因为他看到书架上摆满了书。

3. 阿爸塞拉皮翁说:"皇帝的御林军立正时,不能左顾右盼;站在上帝面前的人也一样,要每时每刻都以敬畏的心向着上帝,就不会惧怕敌人的任何攻击。"

4. 一个弟兄去找阿爸塞拉皮翁。老先生按照习惯,先邀请他祷告。可是那弟兄自称自己是罪人，不配穿戴修士的衣袍，就没有从命。接下来，阿爸塞拉皮翁要为他洗脚，可是来客又用同样的理由阻止他。过后，阿爸塞拉皮翁逼着他吃饭，他只好开始与老先生一同进餐。老先生就劝诫他说："我儿，你如果要有什么进步，就必须待在斗室里，专注自身与你干的活；留在屋里总比出去的好。"来客听到这些话，就很不以为然，他的表情完全改变，连老先生也看出来了，于是老先生就对来客说："到现在你一直自称是罪人，说自己不配活在世上等等，可我以爱心劝诫你，你就老大不高兴。如果你要学谦卑，就要学习如何忍受别人不当的话，不要把空谈的话存在心里。"弟兄听了后，就赶紧求老先生的宽容，离开时大得造就。

示利努

1. 人们都说阿爸示利努（Abba Serinus）常努力干活，只吃两小块面包。他的同伴阿爸约伯本身也是伟大的苦修士，来找他说："在我自己的斗室中，我很严谨处事，可出去时就顺着弟兄们做。"阿爸示利努对他说："你在斗室遵守严规算不了什么，可是出门在外能守住严规才算了不起的美德。"

2. 阿爸示利努说："我用了很多时间去收割和编织，若不是上帝的手在我所干的一切活中扶持我，恐怕我就没有饭吃了。"

斯比利顿

1. 相传，斯比利顿（Spyridon）纯真悉心地照顾羊群，以至于被人称道，也配得成为人的牧者。他被召到塞浦路斯一座名叫提米顿德（Trimithuntes）的城市的教区。虽然他去是为了牧养教区的会友，可是，他非常谦卑，也照顾那儿的羊群。有一次，几个盗贼半夜偷偷地来到羊圈，想要偷羊。可是上帝不只拯救了牧羊人，也救了羊群，用无形的能力，将盗贼捆在羊圈内。天亮时，牧羊人来看他的羊群时，却见到盗贼的手被捆住，即刻明白缘由。他为盗贼祷告后，责备了他们一顿，又耐心劝诫他们往后要辛勤干活，忍受艰苦，不要活在不义中。然后他释放了他们，给了他们一只公羊，加上一句好话，说："这样你们就不会显得白费工夫。"

2. 相传，他有一个年轻的女儿叫艾琳（Irene），跟父亲一样虔诚。一个朋友让她保管一枚珍贵的装饰品。为了更安全，她把珍宝藏在地里，可是过了不久她就去世了。过后，那个让她托管的人回来了，找不着女孩子，就去向她父亲阿爸斯比利顿要，开始是要求，后来是恳求。老先生为那托管的人感到难过，于是，就到她女儿的墓前，求上帝在她复活日子未来到前显示。他并没有失望，他的女儿立刻显现在他面前，告诉他珍宝所藏的地方，然后她便立刻消失了。于是，老先生拿出珍宝，交还给了原主。

塞乌斯

1. 相传，阿爸塞乌斯（Abba Saius）与阿爸穆尔（Abba Moue）同住。阿爸塞乌斯非常顺服，可是人也非常憨直。老先生要考验他，就对他说："你去偷东西。"他因为很顺服，于是，就去偷弟兄们的东西，还凡事向主感恩。阿爸穆尔不动声色地把东西放回去。有一次，他们在路上，阿爸塞乌斯已经精疲力竭了，老先生就留他在那儿歇息，去告诉弟兄们说："请你们把塞乌斯带回来，他在那儿无助地躺着。"于是，他们去了，带他回来。

莎拉

1. 相传，阿姆莎拉（Amma Sarah）有十三年之久一直与淫乱的魔鬼交战。她从来没有祷告要争战停止，反而说："上帝啊，赐我力量。"

2. 又一次,同一个淫乱的魔鬼变本加厉地攻击她,提醒她世上的荣华富贵。可是她降服在敬畏上帝的心以及苦修中,爬到她的小望台上去祷告。淫乱的魔鬼在她面前现身,对她说:"莎拉,你战胜了我!"可是她说:'不是我,而是我的主基督,是他战胜了你。'

3. 相传,她住在河边有六十年之久,可是从来没有抬起眼来望一眼河流。

4. 又有另一次,两位伟大的独修老长者到比路夏地区探望她。到达时,一位长者对另一位说:"让我们来羞辱这老妇人。"于是对她说:"千万小心,不要心里骄傲地说:'你看,连独修士都来找我这平凡的妇人'。"可是阿姆莎拉对他们说:"我生来虽然是女性的身子,可我的思想不是!"

5. 阿姆莎拉说:"如果我祷告上帝,让每个人都赞赏我的行为,但愿我成为每个人门前的忏悔者,可我只祷告上帝,让我的心对每个人保持纯洁。"

6. 她也说:"我每次抬起脚爬上梯子前,我先把死亡摆在眼前。"①

7. 她也说:"能为着人的需要做施舍是好事。即使做了只是取悦人,透过这样的动作,也能开始去追求取悦上帝。"

8. 一天,几个修士从瑟格提斯来探望阿姆莎拉。她端上一小篮的水果。他们留下好的水果,吃那些烂的。于是她对他们说:"你们堪称是瑟格提斯真正的修士。"

9. 她也对弟兄们说:"我才是真正的男人,你们都是像女人。"②

---

① 这里用的是双关语:爬梯子自然要注意安全,但莎拉指的是灵命的进展与提升,每次觉得自己有了提升与进展,这时也必须想到死亡:向自己死,以及认清自己的有限。
② 第9节摘自 J.-C. Guy 版本(第34页)。

邢格列迪卡

1. 阿姆邢格列迪卡（Syncletica）说："对于向着上帝长进的人，开始时会遇到许多争战与挣扎，过后将有说不尽的喜乐。这就好像燃火的人，开始时遭到烟熏的窒息，流泪不止，这样才能得到他们想要的（正如经上所说：'我们的上帝是吞灭的火。'[来12：29]）我们同样要借着眼泪与辛苦的劳作，才能燃起上帝的火焰。"

2. 她也说："我们这些选择这种生活的人要好好地培育节制。虽说世俗的人在闹市中也有节制的表现，可是已经掺杂了放纵，因为他们在一切的欲念中犯罪。他们目光斜视，不知羞耻；他们肆意狂笑，毫无节制地狂笑。"

3. 她也说："正如最苦的药物能驱除有毒的动物，我们的祷告若与禁食结合就能驱除邪念。"

4. 她也说："不要让自己被世界的荣华富贵所诱惑，以为这些虚无的享乐能给人带来什么益处。世俗的人崇拜烹饪的技术，可是你们透过禁食以及简廉的食物，已经超越他们的山珍海味了。经上说：'人吃饱了，厌恶蜂房的蜜'（箴27：7），不要以面包塞满肚腹，也不要好酒贪杯。"

5. 蒙福的邢格列迪卡被问及贫穷是否就是全善的。她说："对于甘心贫穷的人，那是全善。那些能够保持贫穷的，虽然身体难免受苦，心灵却能得安息；正如洗粗衣时，要踩在脚下，四面转动一番；同样地，坚强的灵命会在自甘贫穷中站立得稳。"

6. 她又说："你如果已经住在修道院里，就不要想到别处去，因为这样对你非常有害。正如鸟儿放弃所孵的蛋，就不能孵出雏鸟来；修士男女若东走西行的，他们就会变得冷淡，信心也会消失。"

7. 她又说："魔鬼诡计多端。它若不能透过贫穷来扰乱人心，就用财富来吸引你。它若不能用辱骂和羞耻打胜仗，就用夸奖和荣誉来吸引你。你用健康来胜它，它让你发病。它不能用享受来引诱你，就用不该受的苦难来击倒你，再加上重病，折磨那些软弱的人，让他们对上帝的爱失去信心。可是它也能够以极猛烈的风寒来摧毁身体，以极度干渴来折磨它。你是罪人之身，如果你受到这些苦楚，就先提醒自己将来的惩罚，火的永刑，公义审判所带来的痛苦，现在就不要灰心丧胆。你要为着上帝将临格欢欣，从他口中发出赐福的话，说：'耶和华虽严严地惩治我，却未曾将我交于死亡。'（诗118：18）你好比一块铁，可是火已将铁锈炼净。你如果坚守正义而病倒了，你会力上加力。你犹如金吗？你要经过火的熬炼。你身上有一根刺吗？（林前12：1）就该庆幸，你看以前谁也有这样的遭遇；能像保罗一样受苦是荣誉呀！你是否受热病的折磨？你是否受寒气考验？实际上，圣经说：'我们经过水火，你却使我们到丰盛之地'（诗66：12）。你抽到第一签上刑场吗？等等，还有第二签呢！要以德行大声呼喊圣言。因为经上说：'但我困苦忧伤。'（诗69：29）你借着所受的痛苦，就会得以完全。因为他说：'我求告耶和华，他必垂听。'（诗4：3）所以你的口张得更大，好叫你能在这灵魂的操练上学习，知道敌人还是虎视眈眈的。"

8. 她也说："病痛如果压迫我们，不要因此忧虑，好像病痛和身体的软弱，使我们再唱不出赞歌一样，这些都对我们有益，能净化我们的欲念。实际上，因着我们的欲望，禁食和卧地睡眠是为了操练我们。事实上，如果病痛能减轻欲望，你们就不需要这样的操练。这就是最大的苦修：在病痛中节制，唱诗赞美上帝。"

9. 她又说:"你需要禁食时,就不要装病。那些不禁食的反而真的犯了病。如果你已经有好的开始,不要因为敌人的阻碍而倒退,因为通过你的忍耐,敌人将被毁灭。航海的人,开始时顺风前行,然后扬帆,可是后来碰到逆风,这时船身在巨浪中颠簸,船舵已控制不住。然而,稍后又风平浪静,风暴也弱了,船就能继续前行。我们也是如此,当我们被对抗的鬼灵催逼时,只要把持十字架当帆,就能一帆风顺了。"

10. 她也说:"经历海上的艰苦和危机的人,获得了很多财物,在他们要再接再厉得到更多的同时,认为所获得的不算什么,想要得到还未获得的财物。可是我们这些一无所有的人,却渴望通过敬畏上帝获得一切。"

11. 她又说:"效法那税吏,你就不会与法利赛人一起受审判(参见路18:9—14)。选择像摩西那样温柔,你就会发现,你刚硬如石的心能变成泉源。"

12. 她又说:"没有受过实际训练就去教人,是很危险的事。拥有破房子的人,如果用这样破旧不堪的房子接待客人,必定会对客人造成危险。同样地,没有好好建造内心居所的人,必会对来访的人造成损失。通过话语能让人悔改得救,可是,行为不检也会损害人。"

13. 她又说:"不发怒是好事,如果真的发怒了,使徒[保罗]却不让你一整天陷在这个欲念中,因为他说:'不可含怒到日落'(弗4:26)。你就这样浪费一切的时间直到末了吗?为何憎恨触怒你的人呢?要知道,不是他犯的错,而是魔鬼的驱使。你该厌弃病痛,不是犯病的人。"

14. 她又说:"谁是英勇的健将,就要抵挡更强的敌人。"

15. 她又说:"有一种苦修是由敌人来规定的,它的弟子们就是按他的指示实行的。我们又如何分辨哪一种苦修是高贵的、属上帝的，哪一种是属于魔鬼强制的呢？明显是透过它平衡的态度。你只能常用一个规则禁食。不要禁食了四五天，过后的一天就随意吃。实际上，不能均衡就坏了事。趁你还年轻强壮时就禁食，因为年老乏力的日子终要来临。趁你还有力量时，要积蓄珍宝，到了你没有力量时，就能安心。"

16. 她又说："我们人还在修道院时，顺服比苦修更合适。后者教人骄傲，前者教人谦卑。"

17. 她又说："我们必须慎重地培育心灵。我们人还在修道院时，总不要顺着自己的意愿，也不要随着自己的主张，而是要以信心来顺服长者。"

18. 她又说："经上说：'你们要灵巧像蛇，驯良像鸽子。'（太10：16）像蛇的意思是不对魔鬼的攻击和诡计掉以轻心。同类的很快就能认出同类。鸽子的驯良代表纯洁的行为。"

19. 阿姆邢格列迪卡说："许多住在山上的人，为人仿佛在城镇一样，他们只是在浪费时间而已。一个独修士在杂乱的人群中，仍可保守独修的心，反之亦然，一个独修士虽过独修生活，却仍可活在自己杂乱的意念中。"

20. 她也说："在俗世中，我们如果犯了法，即便是无心之过，也会被投入牢狱的；让我们也因着自己的罪把自己投入牢狱中，自愿地纪念自己的罪过能预期将来的惩罚如何。"

21. 她又说："正如珍宝曝了光，就失去它的价值一样，我们的德行一旦让人知道，就荡然无存了。正如靠近火的蜡会熔化一样，受人夸奖只会让灵魂毁灭，前功尽弃。"

22. 她又说："正如植物不能同时是树又是种子一样，我们也无法同时充塞着俗世的声誉，又能结满天上的果实。"

23. 她又说："孩子们，我们都很想得救，可是由于疏忽成性，就背离了救恩。"

24. 她又说:"我们必须穿戴全副军装对抗魔鬼。因为它们内外夹攻,我们的心灵就会像在巨浪中颠簸的船,也会因为满载货物而沉没。我们正是如此:我们会失败,是因为外在的过错,同时也是因为内在的杂念。所以我们必须提防外在人们的攻击,也要抗拒内在杂念的突袭。"

25. 她又说:"我们在地上不能避免受诱惑。因为经上说:'所以自己以为站得稳的,须要谨慎,免得跌倒。'(林前10:12)我们在黑暗中航行,诗篇的作者称我们的生命如海洋,而海洋可以满布礁石,或波涛汹涌,或风平浪静。然而,我们像是在风平浪静的海上航行的人,在俗的人像在波涛汹涌的海上航行的人。我们航行的方向有公义的太阳指引,但也有一些在俗的人在黑暗与风暴中得拯救的,那是因为他们保持警醒;可是,我们虽然在平静中前行,也会因为疏忽而无视公义的指引,沉入海底。"

26. 她又说:"正如人没有钉子无法造船一样,没有谦卑就无法得释放。"

27. 她又说:"有的伤痛对人有益,但有的伤痛却是有害的。前者是为自己的过错痛哭,为邻舍的软弱哭泣,这都是为了避免丧志,追求完全的美善。可还有一种伤痛是来自敌人的,充满嘲讽,有人称之为灵命低潮 (*accidie*)。这样的情绪必须以祷告和诵读诗篇来驱除。"①

---

① 第19至第27节摘自 J. -C. Guy 版本(第33—35页)。

TAU

提多斯

1. 相传，阿爸提多斯（Abba Tithoes）站着祷告时，如果不赶紧放下手，他的灵会升到天上。所以，如果有一些弟兄与他一起祷告时，就会赶紧拉下他的手，以防他的灵升到天上，也不让他祷告太久。

2. 阿爸提多斯常说："走天路的意思是，人要勒住自己的舌头。"

3. 一个弟兄问阿爸提多斯："我如何保守我的心？"老先生对他说："我们的肚腹和嘴巴张得大大的，又如何保守我们的心呢？"

4. 阿爸马多斯经常这样说阿爸提多斯："无人能诬陷他，阿爸提多斯就像秤上的纯金。"

5. 一天，阿爸提多斯正在克利斯马地区默想，对他的弟子说："我儿，你去为棕榈树浇水。"弟子对他说："可是，阿爸，我们现在是在克利斯马呀！"老先生说："我怎么会在这儿，我在做什么？赶紧带我回山上去。"

6. 有一天，阿爸提多斯正坐着，有一个弟兄与他同坐。他忽然魂游象外，发出唉哼的声音，竟没有发觉弟兄的存在。过后，他向弟兄俯伏，对他说："弟兄，真对不住，我真不该在你面前唉哼，我离成为修士的时候还很远呢！"

7. 一个弟兄问阿爸提多斯:"哪一条是通往谦卑的路?"老先生说:"谦卑之道是:节制、祷告以及看自己比一切人都渺小。"

提摩太

1. 阿爸提摩太(Abba Timothy)牧师对阿爸波伊曼说:"在埃及有一个行淫的妇人,她把挣到的钱奉献作施舍。"阿爸波伊曼说:"她不会继续行淫的,因为信心的果实已经在她里面生长。"过后,提摩太的母亲也来见他,他就问她说:"那妇人还在行淫吗?"她回答说:"是呀,而且她的情夫越来越多,可是她的施舍也多了起来。"于是,阿爸提摩太把事情告诉阿爸波伊曼。后者说:"她肯定不会再行淫了。"阿爸提摩太的母亲又来找儿子,对他说:"你还记得那犯罪的妇人吗?她很想跟我一起来见你,希望你能为她祷告。"他听到后,立即去告诉阿爸波伊曼。老先生对他说:"那你就去见见她吧!"妇人见到他,从他口中听到上帝的话语时,心中充满懊悔,哭着对他说:"从今以后,我将紧跟上帝,发誓不再行淫了。"于是,她即刻就进了修道院,蒙上帝的悦纳。

UPSILON

赫伯热鸠

1. 阿爸赫伯热鸠（Abba Hyperechius）说："正如野驴害怕狮子一样，欲念也远离有经验的修士。"

2. 他也说："禁食能阻止修士犯罪，若放弃了，就像精力旺盛的公马。"（参见耶5：8）

3. 他又说："人若不能在愤怒时勒住舌头，就不能控制自己的欲念。"

4. 他又说："与其用诬陷吞噬自己的弟兄，倒不如吃吃喝喝。"

5. 他又说："那蛇在夏娃耳边私议，才令她被赶离伊甸园；同样地，说邻舍坏话的人就像那蛇，他败坏了听他话的人的灵魂，也无法拯救他自己的灵魂。"

6. 他又说："修士的财富就是自甘贫穷。弟兄，要在天上积蓄财宝，因为那里是无穷尽的安宁与喜乐。"

7. 他又说："要让天国常在你的心中，这样你很快就能承受它了。"

8. 他又说："修士最金贵的装饰就是顺服。他有了顺服，必蒙上帝垂听，就能凭信心站立在被钉十字架的主身旁，因为被钉的主也是存心顺服，以至于死。"（参见腓2：8）

PHI

福卡

1. 阿爸福卡（Abba Phocas）属于耶路撒冷阿爸迪奥尼乌（Abba Theognius）之修道院的修士，他曾说："我住在瑟格提斯时，有一位阿爸雅各在塞尔斯，年纪轻轻的，他亲生父亲也是他的属灵师父。在塞尔斯有两座教堂，他去的那一座是正统教会，另一座却是属于'基督一性论'教派的。[①] 阿爸雅各以儒雅谦卑著称，每个人都敬爱他，包括正统教会与'基督一性论'教派的会友。正统派常对他说：'阿爸雅各，千万要小心，提防基督一性派的人拉你加入他们的团体。'基督一性派也对他说：'阿爸雅各，千万小心，别跟二性派的人来往，这会危害你的灵魂。因为他们是聂斯脱利派的，歪曲了真理。'阿爸雅各是个朴实、单纯的人，发觉自己被夹在两派之间，很是烦恼，就去向上帝祷告。他藏身在隐秘的斗室中，在修院范围外，穿上修士装束，犹如预备死亡的到来一样。这是因为埃及的长者们习惯于只在特别的日子，如周日的圣餐时穿上此装束，礼仪完毕后马上脱下，其余时间都是收藏好外袍和头罩，直到死亡时刻

[①] 这个异端信耶稣只有一性，或者他的神性与人性构成一性；而正统教会信耶稣是神、人二性的。

才穿上。于是他就这样来到那隐秘的斗室，向上帝祷告，恒心禁食，仆在地上，一直躺在那儿不起来。后来他说在那几天中他经历了很多，因为有魔鬼骚扰，尤其干扰他的思想。四十天后，他忽然见到一个小孩愉快地向他走来对他说：'阿爸雅各，你在这里干什么？'他突然有亮光，靠着默想得到力量，就对他说：'主啊，你知道我的难处。一派对我说："不要离开正统教会。"另一派却说："二性派的人在欺骗你。"我觉得非常烦恼，不知所措，才到这个地步。'主回答他说：'你所处的位置是最好的。'他听完这话后，立刻发觉自己已经回到大公会议认可的正统教会门前。"

2. 阿爸福卡又说："阿爸雅各来到瑟格提斯时，他受到淫乱的魔鬼强烈地攻击。斗争越来越猛烈时，他来找我，述说这事，对我说：'我明天要到某某洞穴里去，但我恳求你千万不要向任何人提起，连在我父亲那里也不要提起。你计算到了四十天期满后，求你行行好，带圣餐来找我。如果你发现我已经死了，就埋葬我；如果我还活着，就发圣餐给我。'我就应了他，等第四十天来临时，我就带了圣餐、一块面包和一点儿酒，上去找他。我行近洞穴时，就嗅到一股怪味，从洞口散发出来。我琢磨着：'可能那蒙福的长者已经安息了。'我再走近他身边时，发现他已奄奄一息。他看见了我，就尽力地动了一下右手，做手势要我给他发圣餐。我对他说：'我带来了。'他挣扎着想开口，但他的口还是紧紧地闭着。我不知如何是好，于是，就跑到沙漠找来一根木棍，用尽力气，才把他的嘴撬开一点儿。然后，我将圣饼和宝血，尽他能吸收的灌进一些。他领了圣餐后，就恢复了些许力气。过了不久，我又沾了一些面包给他吃；又不多时，尽他能吃的，给了他吃。靠着上帝的恩典，一天后他已然能与我回去，勉强走到了自己的斗室前；靠着主的帮助，脱离了有害的淫乱欲念。"

腓力斯

1. 一些弟兄带了几个在俗的会友来见阿爸腓力斯（Abba Felix），求他赐他们一言。然而，老先生保持缄默。他们还是不断地恳求，他就对他们说："你们真的想要听一言吗？"他们说："是的，阿爸。"然后，老先生对他们说："现在这世代，再也不会有什么话语了。以前弟兄们常来询问长者，他们听取教导去做，上帝也指示他们如何说话。可现在不同了，人们听而不做，上帝已经将赐话语的恩典从长者们身上收回，所以，他们再也没有什么可说的了，因为再也没有人去践行他们的话语。"弟兄们听了这话，就难过地说："阿爸，为我们祷告吧！"

菲拉格里乌

1. 有一位圣徒叫菲拉格里乌（Abba Philagrius），住在耶路撒冷的沙漠地区，他辛勤地干活来挣点儿面包糊口。他在市集上兜售他所织的物品时，有人遗失了一个钱包，装着一千元钱。老先生捡到这个钱包，就站在原位不动，说："那个遗失钱包的人一定会回头来找的。"那人果真哭着走回来，老先生忙拉他到一边，把钱包还给他。那人拉住他，要给他一些偿金。老先生无论如何不依，但那人就开始喊叫，说："你们都来看看，有人为着上帝的名所做的事。"老先生紧忙偷偷地跑了，恐怕被人赞誉。

福尔塔

1. 阿爸福尔塔（Abba Phortas）说："如果上帝仍要我存活，他知道如何处置我，如果他不愿意，活着有什么用呢？"虽然他犯病在床，但他拒绝人们的施舍。可是他常说："假设有一天，有人带给我一些东西，但不是出于爱上帝的心，我非但没有东西还礼，他也不会得到上帝的补偿，因为他所带来的不是出于上帝的缘故；这样施舍者就受冤屈了。那些奉献给上帝的人，应该一心向上帝，对任何事都能宽容，不会因为任何事而感到受伤害，即使有人得罪他们一万次。"

CHI

寇马

1. 相传,阿爸寇马(Abba Chomas)临终时对他的儿子们说:"不要与异端人士为伍;也不要去结交掌权者,这样你们不会展开双手去领取,而是展开双手去给予。"

凯勒门

凯勒门(Chaeremon)很早就来尼特利亚定居,把斗室建在离教堂四十里之遥,离中央水源也有十二里路的地方。

1. 有人说阿爸凯勒门的斗室离教堂有四十里路,离沼泽和水源也有十里远。所以,他把工作带回自己斗室里做,也带着两个公羊皮水袋的水,放在两旁,他坐落此处,度过宁静的生活。

PSI

森泰修

1. 阿爸森泰修（Abba Psenthaisius）、阿爸素路（Abba Surus）与阿爸西修（Abba Psoius）一致认同："我们每次聆听阿爸帕科米乌（Abba Pachomius）的话语时，都很受造就，被激励去行善事；我们现在更明白，即便他保持缄默，也会通过他的行动来教导我们。我们都钦羡他，常彼此说：'我们一直认为圣徒是与生俱来的，是上帝创造出来的，他们不像普通人，不会从母腹生下后渐渐地改变。我们认为罪人不会过虔诚的生活，因为他们被造时就是罪人。'可是现在我们在师父身上看到上帝的良善，他原本是异教徒，却成为虔诚的人；行了上帝一切的律例。因此我们这样的人也能跟随他，能与他所跟随的圣徒相媲美。的确，经上说：'凡劳苦担重担的人可以到我这里来，我就使你们得安息。'（太11：28）让我们向自己死，与他一起活，因为他领我们走正确的路，通往上帝那里去。"

OMEGA

欧尔

欧尔（Or）是早期定居在尼特利亚的修士，与西奥多和西索有来往，卒于约公元390年。

1. 相传，阿爸欧尔与阿爸西奥多用泥土盖了斗室，就彼此说："如果今天上帝临格，我们该做什么？"于是，他们哭着放下泥土，各自回到自己的斗室中。
2. 有人说阿爸欧尔从来不说谎、不发誓、不伤害人，也不说废话。
3. 阿爸欧尔对他的弟子保罗说："小心不要让废话进到这个斗室来。"
4. 有一天，阿爸欧尔的弟子保罗去买一些芦苇叶。他发觉已经有人先去，并且先下了订金。可是阿爸欧尔从不为任何东西下订金，只是到时付上全款。于是，他的弟子就到另一处去找芦苇叶。有一个农夫对他说："有人已经下了订金，但没来取货，你就把这些芦苇叶拿走吧！"于是，他拿了，带回去给老先生，将这一切告诉他。老先生竟然鼓掌说："好了，欧尔今年不干活了！"他不让把那些芦苇叶带进他的斗室内，只等着将这些芦苇叶归还原主。

5. 阿爸欧尔说:"如果你见到我对人心怀敌意,其实那人也同样对我心怀敌意。"

6. 阿爸欧尔邻居有个村民叫隆吉纳(Longinas),非常慷慨乐施。他请求来看他的一位长者带他去见阿爸欧尔。那修士到老先生那儿,夸奖这位村民,说他是个好人,而且慷慨地施舍。老先生想了想,就说:"是的,他是个好人。"于是,那修士开始向他恳求说:"阿爸,让他来见你吧!"可是,老先生回答说:"说实在的,我不敢劳驾他越过山谷来见我。"

7. 阿爸西索问阿爸欧尔:"请您赐我一言。"他说:"你信任我吗?"他回答说:"是。"于是,他又对他说:"你去吧,你看到我做什么,就照样做好了。"阿爸西索对他说:"阿爸,我不知看到了什么。"老先生说:"至于我,我常把自己的位置放在所有人之下。"

8. 据说,阿爸欧尔与阿爸西奥多打下了良好的根基,能凡事向上帝感恩。

9. 阿爸欧尔说:"修士的冠冕就是谦卑。"

10. 他也说:"人若名不符实地被人夸奖和称誉,将要面临许多的审判,可是,在人群中被藐视的,将要领受天上的荣耀。"

11. 他提供这样的劝勉:"你若要制伏高傲骄横的念头,首先要小心检讨内心:你是否遵行一切的诫命?你是否能爱仇敌,在他们遭遇不幸时善待他们?你是否把自己放在无用的仆人和罪魁之列?你如果已经做到了这些,就不要看好自己,以为能在一切事上做得完美,要认清连这样的念头都会引致毁灭。"

12. 这就是他所教导的话:"在一切试探中,不要怨天尤人,只要对自己说:'这些事的发生都是因为我的罪过。'"

13. 他曾这样说:"不要在心里嘀咕弟兄说:'我的生活比他清简严厉得多,'而是要俯伏在基督的恩典之下,存虚心和真诚的爱心,不然的话,就会被虚荣所征服,前功尽弃。经上也这样说：'自以为站得稳的，须要谨慎，免得跌倒。'（林前 10：12）让你的救恩建基在主身上。"

14. 他这样表达说："你若要逃离，就要逃离人，不然世界和居住其上的人会让你做愚蠢的事。"

15. 他又说："你若得罪了弟兄，心中感到内疚，就去伏在他面前说：'我得罪了你；我保证以后不再传这样的恶言。'因为诽谤能致灵魂死亡。"

附 录

早期埃及修道传统年代表

249—251 年	罗马皇帝德西乌斯（Decius）的逼迫年代
约 251 年	大师安东尼（Anthony）出生
约 292 年	帕科米乌（Pachomius）出生
303 年	停止逼迫通告
约 315 年	亚孟（Amoun）开始修士生涯
约 320 年	帕科米乌在达本尼西（Tabennisi）建立修道群体
324 年	君士坦丁成为唯一的皇帝
325 年	尼西亚会议
328 年	阿塔那修成为亚历山大城的大主教
约 330 年	埃及的两位马加略
337 年	君士坦丁成为基督徒，去世
约 340 年	庞博（Pambo）在瑟格提斯塞尔斯地区建立 在埃及：西索、矮子约翰、巴弗纽丢、伊西多尔牧师、比奥、卡里昂与他的儿子撒迦利亚
约 343 年	鲁菲努与哲罗姆出生
346 年	帕科米乌去世
356 年	安东尼去世，不久西索定居安东尼山上
357 年	阿塔那修写《安东尼传》
361 年	叛教者朱利安（Julian the Apostate）成为皇帝
362 年	阿塔那修被放逐

367 年	伊比芬尼（Epiphanius）成为塞浦路斯的主教
370 年	凯撒利亚主教巴西尔书写他的"院规"
373 年	阿塔那修去世
373—375 年	鲁菲努与梅拉尼娅（Melania）到访埃及 庞博去世
376 年	优特米乌（Euthymius）出生
379 年	巴西尔去世
381 年	君士坦丁堡会议
383 年	伊瓦格里乌（Evagruis）在尼特利亚及塞尔斯地区
385 年	哲罗姆在伯利恒
约 390 年	埃及人马加略去世
391 年	异教神庙被毁，利古波利的约翰（John of Lycopolis）侍奉时期
394 年	阿瑟纽到瑟格提斯
398 年	约翰·克里索斯托（John Chrysostom）成为君士坦丁堡的主教
399 年	伊瓦格里乌去世，大主教反对拟人说，宣判奥利金主义为异端
400 年	卡西安在君士坦丁堡
407—408 年	瑟格提斯第一次被毁，摩西与他的伙伴被杀 波伊曼与他的兄弟们、约瑟、西奥多、阿伽同等离开瑟格提斯
407 年	约翰·克里索斯托去世 西尔瓦努与书法家马可定居加沙一带
410 年	阿拉里克（Alaric）攻陷罗马
约 412 年	鲁菲努完成《埃及修士的历史》 鲁菲努去世
419—420 年	帕拉迪乌（Palladius）著《劳苏历史》(Lausiac History)
421—426 年	卡西安著《修道制度》(The Institutes) 及《谈道集》(The Conferences)
431 年	以弗所会议
434 年	瑟格提斯第二次被毁 阿瑟纽逃到特罗尔（Troë）
约 439 年	萨巴（Saba）出生
449 年	阿瑟纽去世
451 年	卡尔西顿会议
455 年	汪达尔蛮族（Vandals）攻陷罗马
459 年	石柱苦行士西缅去世 但以理成为石柱苦行士
约 480 年	努西亚的圣本笃（St. Benedict of Nursia）出生

参考书目

A. 《沙漠教父言行录》文本

Alpahbetical Collection. J. P. MIGNE, *Patrologia Cursus Completus*, Series Graeca, vol. 65, cols. 71-440, Paris 1868. Supplemented by J. C. GUY in *Recherchessur la Tradition Grecque des Apophthegmata Patrum*, Subsidiahagiographica no. 36. Brussels, 1962.

Anonymous Sayings. Partially published by Nau, *Revue de l'Orient Chrétien*, vols. 12-14 (1907-1909), 17-18 (1912-1913).

Systematic Collection. Unpublished in Greek. A Latin version by Pelagius and John printed in J. P. MIGNE, *Patrologia Latina*, vol. 73, cols. 851-1052. Also JOSÉ GERALDUS FREIRE, A *versaolatinapor Pascasio de Dume dos ApophthegmataPatrum*. Coimbra, 1971.

B. 《沙漠教父言行录》已出版之译本

Alphabetical Collection. French translation. J. -C. GUY, Les *Apophthegmata des Pères du Désert*, Begrolles, 1966.

Anonymous Sayings. Translation into French of the text published by Nau, *op. cit.*, also in J. -C. GUY, *Les Apophthegmata des Pères du Désert*, Begrolles, 1966. English translation, BENEDICTA WARD, *The Wisdom of the Desert Fathers*, SLG Press, 1975.

Systematic Collection. French translation J. DION and G. OURY. *Les Sentences des Pères du Désert: Les Apophthegmata des Pères (Recension de Pelage et Jean)*, Solesmes, 1966. Also L. REGNAULT, *Les Sentences des Pères du Désert: nouveau recueil*, Solesmes, 1970.

Syriac Apophthegmata. English translation WALLIS BUDGE, *The Wit and Wisdom of the Christian Fathers of Egypt*, Oxford, 1934.

Selection from the Apophthegmata in English. OWEN CHADWICK, *Western Asceticism*,

SCM Press, 1958. THOMAS MERTON, *The Wisdom of the Desert*, Sheldon Press, 1973. HELEN WADDELL, *The Desert Fathers*, Constable & Co. , 1936.

C. 其他古典来源

ATHANASIUS. *Opera Omnia*, J. P. MIGNE, *Patrologia Graeca*, vols. 25-28. *The Life of Saint Anthony*, translated into English by MEYER, Ancient Christian Writers, vol. 10. 1950.

BASIL THE GREAT, *Opera Omnia*, J. P. MIGNE, *Patrologia Graeca*, vols. 29-32. *The Longer and the Shorter Rules*, translated into English by W. K. Lowther CLARKE, *The Ascetic Works of Saint Basil*, SPCK, 1925. Also Sister M. Monica WAGNER, *Saint Basil, Ascetical Works*, Washington, 1962.

DARSANUFIUS and JOHN. *Correspondence of Barsanufius and John*, edited by NIKODE-MUS, Venis, 1816. French Translation L. REGNAULT, *La Correspondence de Barsanuph at Jean*, Solesmes, 1971. Partly translated into English by Derwas CHITTY, Barsanufius and John, Athens, 1960.

JOHN CASSIAN. *Opera Omnia*, J. P. MIGNE, *Patrologia Latina*, vols. 49-50. *Institutes*, edition with French translation by J. -C. GUY. Sources Chrétiennes, vol. 109, Paris, 1965. *Conférences*, edition with French translation by E. PICHERY, Sources Chrétiennes, vol. 105-107, Paris, 1964-1965. English translation, Edgar GIBSON, 1894, reissued Eerdmans, USA, 1973. New English translations of *Institutes* and *Conférences* to be published by Cistercian Publications, USA.

DAWES and BAYNES. *Three Byzantine Saints*, Blackwell, 1948; this translation of *the Life of Daniel the Stylite*, *the Life of Theodore of Studion*, and *the Life of John the Almsgiver*.

DOROTHEUS OF GAZA, *Opera Omnia*, J. P. MIGNE, *Patrologia Graeca*, vol. 88, Cols. 1611-1842. Edition with French translation, L. REGNAULT and De PRE-VILLE. *Dorothée de Gaza, Oeuvres Spirituelles*, Sources Chrétiennes, vol. 92, Paris, 1963. Also L. REGNAULT, *Maîtres Spirituels au Desert de Gaza, Barsanuphe, Jean et Dorothée*, Solesmes, 1967.

EVAGRIUS PONTICUS, *Opera Omnia*, J. P. MIGNE, *Patrologia Graeca*, vol. 40, Cols.

1213-1286. Edition with French translation by A. C. GUILLAUMONT, *Evagre le Pontique*, *traite practique ou le moiné*, Sources Chrétiennes, vol. 170-171, Paris, 1971. English translation of *Praktikos and Chapters on Prayer*, John Eudes BAMBERGER, OCSO, Cistercian Publications, USA, 1970.

Historia Monachorum in Aegypto, Latin version of Rufinus, J. P. MIGNE, *Patrologia Latina*, vol. 21, cols. 387-462. Edition with French translation, A. J. FESTUGIERE, Subsidiahagiographica no. 34. Brussels, 1961.

JEROME, *Opera Omnia*, J. P. MIGNE, *Patrologia Latina*, vols. 22-30.

JOHN CLIMACUS, *Opera Omnia*, J. P. MIGNE, *Patrologia Graeca*, vol. 88, Cols. 596-1210. English translation *The Ladder of the Divine Ascent*, L. MOORE and M. HEPPELL, Faber and Faber, 1959.

JOHN MOSCHUS, *Patrum Spirituale*, J. P. MIGNE, *Patrologia Graeca*, Cols. 2852-3116. Edition with French translation by R. De JOURNEL, Sources Chrétiennes, vol. 12, Paris, 1946.

MAXIMUS THE CONFESSOR, *Opera Omnia*, J. P. MIGNE, *Patrologia Graeca*, vol. 90-91. See L. THUNBERG, *Microcosm and Mediator*, 1965, with full bibliography.

PACHOMIUS. *S. Pachomii Vitae graecae*, ed. HALKIN, Subsidiahagiographica, no. 19. Brussels, 1932. *Les Vies copte de S. Pachoma et de ses premiers successeurs*, edition with French translation by LEGORT, Louvain, 1934. French translation of *the vita Prima of Pachomius*, A. -J. FESTUGIERE, *Les Moines d'Orient*, vol. 4. Paris, 1965.

PALLADIUS. *The Lousiac History*. Edited by CUTHBERT BUTLER. Cambridge, 1898-1904. English translation R. T. MEYER, *Ancient Christian Writers*, vol. 34, Washington, 1965. Also W. Lowther CLARKE, SPCK, 1918.

SOZOMEN. *Historia Ecclesiatica*, edited by J. HUSSEY, 2 vols. Oxford, 1860.

D. 近期有关著作

LOUIS BOUYER. *La Vie de S. Antoine*, *Essaisur le Spiritualité du monarchism primitive*. S. Wandrille, 1950.

W. BOUSSET. *Apophthegmata*, Tübingen, 1932.

PETER BROWN. *The World of Late Antiquity*, London, 1971. Also, 'The Rise and Function of the Holy Man in Late Antiquity', *Journal of Roman Studies*, vol. lxi, pp. 80-101, 1971.

OWEN CHADWICK, *John Cassian*, CUP, 1950.

DERWAS CHITTY, *The Desert a City*, Oxford, 1966. Also, *Seven Latters of Saint Anthony*, Translated with introduction by Derwas CHITTY, SLG Press, 1975.

J. -G. GUY, *Recherchessur la Tradition Grecque des Apophthegmata Patrum*, Sibsidiahagiographica, vol. 36. Brussels, 1962.

E. R. HARDY, *Christian Egypt*, New York, 1952.

H. G. EVELYN WHITE, *The Monasteries of the Wadi 'n Natrun*, vol. 2, *The History of the Monasteries of Nitria and Scetis*, New York, 1932.

ARMAND VEILLEUX, *La liturgie dans cénobitismpachomien au quatrième siècle*, Studia Anselmiana, vol. 57, Rome, 1968.

A. VOOBUS. *A History of Asceticism in the Syrian Oreint*, vol. 2. Louvain, 1960.

See also a collection of relevant essays published in *Eastern Churches Review*, vol. 6, no. I, 1974. Clerendon Press.

中译本补充书目

A. 《沙漠教父言行录》文本

Latin Collection of Paschasius of Dumium in J. P. MIGNE, *Patrologia Latina*, vol. 73, cols. 1025-1062. Critical edition: *A Versão Latina por Pascásio de Dume dos Apophthegmata Patrum*, ed. J. G. Freire (2 vols. , Coimbra, 1971).

Coptic Collection: *Le Manuscrit de la version copte en dialectesahidique des 'Apophthegmata-Patrum'*, ed. M. Chaine (Bibliothèque des études coptes, 6; Cairo, 1960).

Ethiopic Collection: *Collectio Monastica*, ed. V. Arras (CSCO 238-239; Series Ethiopici, 45-46; Louvain 1963), vol. 238, cols. 83-126 (text), vol. 239, cols. 62-93 (Latin translation).

B. 《沙漠教父言行录》已出版之中译本

傅文辉（选译自 Ward 文本）：《旷野之声》（台北：光启出版社，1989 年，再版）。

野村汤史（摘英译）、庄柔玉（再中译）：《荒漠的智慧》（香港：基道出版社，2003）。

C. 其他古典来源

ABBA ISAIAH OF SCETIS, *Ascetic Discourses*, translated by J. Chryssavgi and Pachomios Penkett (CSS 150, Kalamazoo, Michigan 2002). Also *Collection of Abba Isaiah: Les Cinq Recensions de l'Ascéticonsyriaque d'Abba Isaïe, i. Intriduction au problèmisaïen. Versions des logoi I-XII avec des parallèles grecs at latins*, ed. R. Draguet (CSCO 293; ScriptoresSyri, 122; Louvain, 1968), *logos* 6, pp. 27-81.

AMMON, *The Letter of Ammon*, in F. Halkin (ed.), *Sancti Pachomii Vitae graecae*, (Subsidia Hagiographica, 19; Brussels, 1932), 97-121; also ed. J. E. Goehring, *The Letter of Ammon and Pachomian Monasticism* (Patristische Texte und Studien, 27; Berlin, 1986), 123-158.

ATHANASIUS, *The Life of Anthony*, translated by R. C. Gregg (N. J. , 1980).

DOROTHEOS OF GAZA, *Discourses and Sayings*, translated by E. P. Wheeler (CSS 33, Kalamazoo, Michigan, 1977).

Early Fathers from the Philokalia, ed. E. Kadloubovsky and G. E. H. Palmer (Faber & Faber, 1951).

EVAGRIUS PONTICUS, *On Prayer*, J. P. MIGNE, *Patrologia Graeca*, lxxix, cols. 1165-2100; *On Evil Thoughts*, PG, lxxix, cols. 1200-1233; *Outline of the Monastic Life*, PG, xl, cols. 1252-1264.

HYPERRECHIUS, *Sentences*, J. P. MIGNE, *Patrologia Graeca*, lxxix, cols. 1475-1489.

Life of Ephrem, J. P. MIGNE, *Patrologia Latina*, lxxiii, cols. 321-324.

Life of Syncletica, J. P. MIGNE, *Patrologia Graeca*, xxviii, cols. 1487-1558.

The Life and Teaching of Pachomius, translated by Sr Mary Dominique OC and D. Mary Groves OSB (Herefordshire, 1998).

The Lives of the Desert Fathers, translated by Norman Russell (Kalamzoo, Michigan, 1980).

PSEUDO- MACARIUS, *Homilies*, 51-57, in *Macarii Anecdota*: *Seven Unpublished* Homilies *of Macarius*, ed. G. L. Marriott (Harvard Theological Studies, 5; Cambridge, Mass., 1918).

ST ISAAC OF NINEVAH, On *Ascetical Life*, translated from the Syriac by Mary Hansbury (New York, 1989).

ZOSIMUS, *Dialogismoi*, J. P. MIGNE, *Patrologia Graeca*, lxxviii, cols. 1680-1701.

Rubenson, Samuel, *The Latters of St. Antony*: *Monasticism and the Making of A Saint* (Mimmeapolis: Fortress Press, 1995).

任达义译：《旷野圣祖德生活》(译自 Ancient Christian Writers 系列，香港：永龄印务公司，1983)。

任达义译：《圣巴各默集团：圣巴各默行实会规及其弟子》(香港，1982)。

D. 近期有关著作

BINNS, J. R., *Ascetics and Ambassadors of Christ*: *The Monasteries of Palestine*, 314-631 (Clarendon, 1994).

BONDI, R. C., *To Love as God Loves*: *Conversations with the Early Church* (Philadelphia, 1987).

BURTON-CHRISTIE, D., *The Word in the Desert*: *Scripture and the Quest for Holiness in Early Christian Monasticism* (New York, 1993).

CHRYSSAVGIS, J., *In the Heart of the Desert*: *The Spirituality of the Desert Fathers and Mothers* (Bloomington, Indiana, 2003).

COWAN, J., *Journey to the Innner Mountain*: *In the Desert with St Anthony* (London, 2002).

DRIOT M., *Fathers of the Desert*: *Life and Spirituality*, Translated by F. Audette (Slough: St Paul, 1992)

GOULD, GRAHAM, *The Desert Fathers on Monastic Community* (Clarendon, 1993).

HARMLESS, W., *Desert Christians*: *An Introduction to the Literature of Early Monasticism* (Oxford, 2004).

JONES, A., *Soul Making*: *The Desrt Way of Spirituality* (San Francisco, 1985).

KELLER, D. G. R., *Oasis of Wisdom: The Worlds of the Desert Fathers and Mothers* (Collegeville, Minnesota, 2005).

LOUTH, A., *The Wilderness of God* (London, 1991).

RAMFOS, S., *Like a Pelican in the Wilderness: Reflections on the Sayings of the Desert Fathers*, translated by N. Russell (Brookline, 2000).

RICH, A. D., *Discernment in the Desert Fathers* (Milton Keynes: Paternoster, 2007).

SWAN, L., *The Forgotten Desert Mothers: Sayings, Lives and Stories of Early Christian Women* (New York, 2001).

VIVIAN, T., *Journey Into God: Seven Early Monastic Lives* (Minneapolis, 1996).

WARD, B., *Harlots of the Desert: A Study of Repentance in Early Monastic Sources* (Kalamazoo, 1987).

WILLIAMS, R., *Silence and Honey Cakes: The Wisdom of the Desert* (Oxford, 2003).

玛里琳·邓恩：《修道主义的兴起：从沙漠教父到中世纪早期》(北京：中国社会科学出版社，2010)。

许列民：《沙漠教父的苦修主义：基督教隐修制度起源研究》(上海：上海人民出版社，2009)。

谷伦神父：《沙漠教父灵修陪伴的智慧》，郑玉英译（台北：上智文化，2010)。

人名与地名对照表

（英语大写者乃本书有其言行录的修士）

Aaron	亚伦	APPHY	亚菲
Abigail	亚比该	APOLLO	亚波罗
ABRAHAM	亚伯拉罕	Arabia of Egypt	埃及的阿拉伯
Abraham	（圣经先祖）亚伯拉罕	Arcadius	阿卡迪乌
		ARES	亚烈
Acacius	亚凯士	ARSENIUS	阿瑟纽
ACHILLES	阿喀琉斯	Arsinoe	亚西诺
Adam	亚当	Arius	阿里乌
Adelphius	亚戴费乌	Athanasius	阿塔那修
Adonias	亚多尼雅	Athens	雅典
AGATHON	阿伽同	Athlibeos	亚特利保山
AIO	亚伊奥	Athre	亚特利
Alexander	亚历山大		
Alexandria	亚历山大城	Babylon	巴比伦
ALONIUS	亚罗尼乌	BASIL THE GREAT	大巴西尔
AMMOES	亚摩斯	Batacus	巴塔克
AMMONAS	亚摩纳	Beirut	贝鲁特
AMMONATHAS	亚摩纳达	BENJAMIN	便雅悯
Ammoun	亚萌	Benjamin (son of Jacob)	便雅悯（雅各的儿子）
AMOUN	亚孟		
ANDREW	安得烈	Basanduk	巴山度
ANOUB	亚努	BESSARION	巴萨里昂
ANTHONY	安东尼	BIARE	毕亚勒
Antioch	安提阿	Bitimius	毕迪米乌
Antionus	安迪奥努		

Calamon	卡拉门	EUPREPIUS	优伯比乌
Canopus	卡诺布	Eusebius	优西比乌
CARION	卡里昂	EVAGRIUS	伊瓦格里乌
CASSIAN	卡西安		
CHAEREMON	凯勒门	FELIX	腓力斯
CHOMAS	寇马		
Chrysoroas	克里索罗亚河	GELASIUS	格拉修
Cilicia	西里西亚	Germanus	泽马努
Clysma	克利斯马	GERONTIUS	格荣提乌
Constantius, Emperor	君士坦提乌帝王		
		HELLADIUS	赫拉迪乌
COPRES	克帕拉斯	HERACLIDES	赫拉克利德
CRONIUS	克罗尼乌	Heracliopolis	赫拉克里奥波利
Cyprus	塞浦路斯		
CYRUS	居鲁士	Hermopolis	赫尔摩波利
Cephalus	科贝勒	HILARION	希拉里昂
		HIERAX	赫尔热斯
DANIEL	但以理	Honorius	霍诺里乌
Diolcos	狄欧科斯	Hypatia	希巴霞
DIOSCÓRUS	狄奥斯库若	HYPERECHIUS	赫伯热鸠
DOULAS	都拉斯		
		Ibora	伊波拉
Eleutheropolis	俄路特罗波利	Ibiston	以比斯顿
ELIAS	以利亚	Irene	艾琳
Enaton	伊纳顿	ISAAC	以撒
Epimachus	伊比马古	ISAAC THE THEBAN	底比斯人以撒
EPIPHANIUS	伊比芬尼	ISAIAH	以赛亚
EUCHARISTUS	优加利斯都	ISCHYRION	伊斯克里昂
EUDEMON	优德门	ISIDORE	伊西多尔
EULOGIUS	优罗基乌	ISODORE THE PRIEST	牧师伊西多尔

JAMES	雅各	Magdolos	马多罗
Jerome	哲罗姆	Marcian	马西安皇帝
Job	约伯	MARK, DISCIPLE OF ABBA SILVANUS	阿爸西尔瓦努的弟子马可
JOSEPH OF PENEPHYSIS	帕尼费斯的约瑟	MARK THE EGYPTIAN	埃及人马可
JOSEPH OF THEBES	底比斯的约瑟	MATOES	马多斯
JOHN DISCIPLE OF ABBA PAUL	阿爸保罗的弟子约翰	MEGETHIUS	莫戈提乌
		Melania	梅拉尼娅
		Meletians	梅勒提安派
JOHN THE EUNUCH	当过太监的约翰	Memphis	孟菲斯
		MILESIUS	米勒修
JOHN THE DWARF	矮子约翰	MIUS	米乌
JOHN OF THE CELLS	塞尔斯的约翰	Moue	穆尔
John of Lycopolis	利古波利的约翰	MOTIUS	莫丢
JOHN THE PERSIAN	波斯人约翰	NECETAS	尼色塔斯
JOHN OF THE THEBAID	提班的约翰	NETRAS	尼特拉斯
Juvenal	优弗纳主教	Neocaesarea	新凯撒利亚
		NICON	尼甘
Longinas	隆吉纳	Nilopolis	尼罗波利
LONGINUS	隆吉努	NILUS	尼罗斯
LOT	罗得	NISTERUS	尼斯特禄
LUCIUS	路奇乌	NISTERUS THE CENOBITE	独修士尼特禄
Macarius	马加略	Nitria, Mount	尼特利亚山
MACARIUS OF ALEXANDRIA	亚历山大城的马加略	OLYMPIUS	奥林匹乌
		OR	欧尔
Macrina	玛格里娜	ORSISIUS	欧西修

Oxyrrynchus	奥西林古	Rhaithou	莱岛
		Rufinus	鲁菲努
Pachomius	帕科米乌	RUFUS	鲁弗斯
Paesius	帕伊西乌	ROMANUS	罗马努
Palladius	大主教帕拉迪乌		
		SAIUS	塞乌斯
Paphanutius	巴弗纽丢	Saracens	撒拉森人
Pambo	庞博	SARAH	莎拉
PAUL	保罗	SARMATAS	撒马塔
PAUL THE BARBER	理发师保罗	Scetis	瑟格提斯
PAUL THE GREAT	保罗大师	Shemai	示麦
PAUL THE SIMPLE	呆子保罗	SERAPION	塞拉皮翁
Pelusia	比路夏	SERINUS	示利努
PETER OF DIOS	迪欧斯的彼得	SILVANUS	西尔瓦努
PETER THE PIONITE	"老鹦鹉"彼得	SIMON	西门
		SISOES	西索
Petra	彼特拉	SOPATRUS	所巴图
Pharan	法然	SPYRIDON	斯比利顿
PHOCAS	福卡	Surus	素路
PHILAGRIUS	菲拉格里乌	SYNCLETICA	邢格列迪卡
PHORTAS	福尔塔	Symeon Stylites	石柱苦行士西缅
PIOR	比奥		
PISPIR	皮斯比	Tabennisi	达本尼西
PISTAMON	比斯达蒙	Terenuthis	特勒努提斯
PITYRION	比提立安	Tese	特斯
POEMEN	波伊曼	Thebaid	提班
Pontus	庞都	Thebes	底比斯
PSENTHAISIUS	森泰修	THEODORE OF ENATON	伊纳顿的西奥多
Psoius	西修		

THEODORE OF PHERME	菲美的西奥多	ARCHBISHOP	大主教提阿菲罗
THEODORE OF SCETIS	瑟格提斯的西奥多	THEONAS	迪奥纳
		TIMOTHY	提摩太
		TITHOES	提多斯
THEODORE OF ELEUTHEROPOLIS	俄留特罗波利的西奥多	Trimithuntes	提米顿德
		Troë	特罗尔
Theodore the Studite	修士西奥多	XOIUS	卓伊乌
Theodosius	狄奥多西	XANTHIAS	展提亚
Theodosius I, Emperor	狄奥多西一世，君主	Zacharias	撒迦利亚
Theognius	迪奥尼乌	ZENO	芝诺
Theopemptus	迪奥便都	Zoilus	卓依鲁
THEOPHILUS,			

译后记

自从下定决心要选择研究基督教早期教父学起，笔者对基督教修道主义的影响就尤为关注，知道这是历久弥新的灵性运动，影响了西方社会超过一千年之久，而且到如今还大行其道。当然修道主义在欧洲盛行而衰，衰后再复起，可修道的理想却从不见衰竭。天主教固然有众多的修道团体，基督新教也在近年来开始重拾修道主义精神，特别是静修与灵性指导方面的修道主义成果。但是，若要追本溯源，还是要回到早期沙漠教父留下来的传统中。因此我才有这个动力，接下翻译《沙漠教父言行录》的工作。

沙漠教父们大部分文化水平并不很高，也不太注重文字词藻是否优美，只将文字与言语看作是无可避免之下必须使用的媒介，因此文字简短也稀少，所以在翻译的用词上，我尽量口语化，以达到朴实无华的原味。

我的博士研究范围是卡帕多西亚三教父，专注于尼撒的格列高利的灵性神学，可论文导师却是研究沙漠教父的专家。他一方面鼓励我从事格列高利的研究，无私地让我不断发问，而且不动声色地为我争取伦敦大学的奖学金，让我一家四口的生活有了着落，省却了后顾之忧。我是他的第一位博士研究生，他对我特别关心。后来发现这种关系是他研究沙漠教父的师徒关系使然，更加庆幸有这样的好导师。在他的悉心指导下，我的论文研究进展顺利，但更可贵的是，我竟然从他那里学到了论文以外的课题："沙漠教父"的气质。所以在四年的研究生涯中，像似写作两篇论文一样，爱上了尼撒的格列高利的神学文采，也爱上了沙漠教父的朴素无华。从此，我的生命就结合了神学与灵修、心与理、静谧与行动。所以真的要感谢上帝与导师 Dr. Graham Gould，也愿把这译本的成果献给他，以表致敬。

在翻译本书期间，突然从医生那里听到噩讯，说我长了相当大的脑膜瘤，必须动手术切除，还要休息几个月。当时有点慌，但之后又想，塞翁失马，焉知非福，于是心定下来。动完手术后，在休息期间反而能专心地翻译这部《沙漠教父言行录》，苦中寻乐，也真的乐在其中。译完本书，也刚好完成了"被迫休息的监禁"，身心灵都得到意想不到的满足，真感谢爱我的上帝。

盼望这译本能带给读者阅读的乐趣，从中寻到静谧与启发。

陈廷忠
于墨尔本
2011 年

安东尼传

[古罗马] 阿塔那修 (Athanasisus) 著

陈剑光 译

我们伟大的父亲①安东尼的言行录（圣父②亚历山大主教——阿塔那修写给外地③的修士们）

---
① 当时教会人士习惯以伟大的父亲一词尊称被崇敬的人，现今埃及科普特正教会，也尊称神父为父亲。
② 若有被祝圣为主教者，多尊称为圣父。
③ 他当时身处亚历山大，故"外地"是指亚历山大以外的地域。

前　言

你们和埃及的隐修士已经进行了良性的竞赛①。你们尝试在德行及操练上与他们相等，甚至期望超越他们。现在你们那里有很多的隐修团体②，并且隐修士的名字已众所周知。因为你们有这个目标，所以是值得称赞的，但愿上主亲自答允你们的祈求。

现在你们向我求问有关蒙福③的安东尼的生平事迹，他生平是怎样的，死后又是如何？关于他的事情在人间所流传是否真实？你们希望以他作为学习的榜样。我非常乐意接受你们的邀请，因为回顾安东尼的一生时，我也可以从中得着不少益处。我知道你们聆听的时候，一定对他感到惊奇，并且你们必定会热心效法他。因为安东尼的生平成为隐修士操练④的典范。你们若要知道完整的记述是困难的，因为有关他的详细事迹十分缺乏，只是点点滴滴而已，但你们却不要怀疑所见所

---

① 当时（4世纪）埃及隐修士的德行十分著名，不少人也向他们学习，阿塔那修主教应群众要求写作本书，目的是教导其他地区的修士。
② 是指当时数位修士共同居住之处。严格来说，这并不算隐修院，因为隐修院的制度稍后才成形。可参考 David Knowles, *Christian Monasticism.* (Toronto: Mc Graw-Hill,. 1969)。
③ 希腊文原意为被祝福者。*Evagrius* 的拉丁本则用 *beati*，是被祝福或蒙福之意。与圣经新约的福音书中登山宝训"有福的"同一字源。
④ 英文均译为 Asceticism，或译作 Ascetic practice（见 Classic of Western Spirituality 的 *Life of St. Antony*）。中文译本有译为"神修苦功"（见任达义译的《圣安多传》）。原意为纪律、操练或练习之意，并无"刻苦"之意味。"刻苦"乃在4—5世纪后，苦修士兴起及灵修苦功盛行时，才增添这个意思，故后世译本皆把这词译为"刻苦"或"苦修"相等的意思，而往往忽视原意。在这里则译为"操练"。

闻的。基于你们的请求，我会尽量告诉你们，而你们也可不断地询问那些访客，搜集每个人所知道的资料，这样，就可以对安东尼的生平，有较具体及真确的详尽认识。

当我收到你们的来信后，我希望能邀请几位与安东尼生前来往较亲密的隐修士，使我有更多的学习，以至于能够提供一个更完整的记载给你们。但因为现在航行季节即将结束，并且送信的人赶着上路；因此我将自己所知道的——因为我曾多方面认识他，有一段时间当我追随他的时候，是为他倒水洗手①——赶快写给你们这一群虔诚人。在每一件事上我都仔细考察其真实的程度，避免有人因为听得太多而生疑，同时亦避免有人因为学习太少而有所轻视。

---

① 倒水洗手乃做仆人之意。

正　文

1. 安东尼是埃及人①，父母均出于名门，家境富裕。因为父母是基督徒②，所以他出生也是基督徒。在孩童时期，他和父母一同居住，除了父母和家庭之外，其他一无所知。当他渐渐长大达到入学年龄，他不愿意就学，并且希望逃避其他儿童之间的社交活动。他唯一的希望，就如雅各一样，是在家里度过与世无争的生活（创25：27）③。他经常与双亲前往教堂，他不像其他的儿童或青年人那样轻视教堂，相反，十分服从父母，十分留意聆听教堂里所诵读的经文，并且把从经文中得着的益处存记在心里。虽然他的孩童时代生活相当富裕，但他不会强求特别丰富的饮食，也不会追求吃喝之乐。对于摆放在面前的任何食物，他都感到满足而并无奢求。

2. 父母去世后，照顾家庭及妹妹的担子就交了给他，安东尼和年幼的妹妹相依为命。那时他大约十八至二十岁。他父母死后尚未到六个月，他已常常前往教堂默想。有一次，当他走在路上，他思想众使徒是怎样舍弃一切，跟随救主，例如在《使徒

---

① 就是今天在埃及的科普特人，他一生的生活圈子在埃及尼罗河中游一带，介乎河东与红海之间。
② 当年埃及的教会，流传至今即是今天的科普特正教会（Coptic Orthodox Church）。
③ "雅各为人安静，常住在帐棚。"

行传》①中，有人变卖他们所有的，将银钱放在使徒脚前②，分给有需要的人，他们将财物储蓄在天上，这是何等大的盼望。安东尼一边思想这些事情，一边走进教堂，当时有人正在宣读福音书，他听到主对那个富有的人说的一段话："你若愿意作完全的人，可以变卖你所有的分给穷人，就必有财宝在天上。"（太19∶21）那一刻，安东尼认为这好像上主定意选召他成为圣徒，他自己也感到这信息是特别对他说的。于是，安东尼立刻离开教堂，将他的遗产（肥沃而十分美丽的田地），约300 arurae③分给村民，他还变卖了其他财物（因他不愿意这些财产成为他或妹妹的拦阻）。他兑现这些款项后分赠给穷人，只留下少部分给他的妹妹。④

3. 当他再次进入教堂，他又听见福音书的话说："所以不要为明天忧虑。"（太6∶34）他随即回家，将剩余的财物也分给有需要的人。然后他将妹妹交托给受尊重和可靠的贞女们⑤来养育，以便专注在灵修操练上而不分心照顾家庭。随后，他一直专心和坚忍地进行灵修操练。当时埃及还没有修道院，在沙漠中也没有修士，每一个期望关注个人灵修生活的人，需要在自己家乡附近独自修行。据说在安东尼的邻近村子里，有一位老人，他自幼已独自操练，安东尼便努力效仿他的德行⑥。意思是说，只要安东尼听见附近的乡村有什么热心修行的人，他便居留在

---

① 虽然在公元3世纪时圣经的正典尚未成形，但四福音书及《使徒行传》和旧约经卷却已流行在信众中。
② 见《使徒行传》4∶34—35。
③ 约今天的二百英亩。在当时来说，这是一笔十分巨大的财产。就是一位有功劳的战士，解甲归田也只有数十arurae赏赐。
④ 见下段，主要为给妹妹日后生活之需：若出嫁则为嫁妆，若入修道团体，则需给财物以供维持日后生活所需。
⑤ 严格来说，当时还未有女修院或修女，但已有一些坚守独身女士（团体式独居），终身以祈祷为生，在此译作贞女。
⑥ 后世版本视此处为源于《加拉太书》4∶18，但古本却无此引述。

那里，像一只聪明的蜜蜂寻找花蜜一样，到处寻找那些热心修道的人。除非他寻见那人，并必定要在操练德行旅程上获得指引，否则他不会回家。后来，当他开始进深操练阶段时，他已决定不再回家，也不再挂念他的亲友，而将所有的情感和精力都努力集中在操练上。但安东尼会亲自工作，因为他听见说："若有人不肯作工，就不可吃饭。"（帖后 3：10）他将工作所得的一部分工钱用来维持生计，另一部分则分给有需要的人。他认为不断地祈祷是必需的（太 6：7；帖前 5：17），并且他会牢记圣经上各种的教训。对安东尼来说，他的记忆就是书本。

4. 安东尼这样的生活深得众人的喜爱。他时常探望虔诚的人，虚心地听取他们的意见，然后仔细思想他们在虔诚修炼上的优点，从中学习。他观察到这等人充满恩慈，他们的祈祷很热切。他也注意到这等人内心的自由，以及对别人的关怀，并且对基督的敬虔和他们彼此之间的友爱。① 安东尼学习后，就返回自己操练的地方，将众人灵修的优点，反复思量。同时，他努力地实践那些优点。对于同年纪的人，他不会与他们争竞什么，但是在德行的长进上却是例外，他不愿意沦为次等。他采取这样的态度，并没有得罪任何人，或惹起无谓争端，相反，却得着更多人的喜爱。所有村民和他的亲属都来探望他，因看见他的生活状况，均称他为"上主所喜爱的人"，有些人还称他为"儿子"或"弟兄"。

5. 那轻视和嫉妒良善的魔鬼，却不能忍受这青年人的优点。因此，他以惯常的伎俩来攻击安东尼。首先，它试图令他放弃灵修操练。魔鬼提醒安东尼他有很多家产，又要照顾妹妹，还有很多亲属以及可爱的金钱和名誉、享受食物的乐趣，并其他一

---

① 在这段落中有些后期版本则加入了具体的修炼方式，如守夜、斋戒等。古版本并无这些记载。古本强调安东尼留意他人修炼的态度，而非具体的方法与指引，后期版本可能受到后来发展的苦修操练运动所影响。

切生活的情趣等。最后，它指出操练德行是要付上极大的努力，操练的时间是漫长的，但是人的身体是软弱的，引诱安东尼放弃。因此，它在安东尼的脑海里，浮现一大片充满各种思虑的乌云，因为它盼望安东尼能放弃正义的目标。可是安东尼的决定，却使敌人陷入软弱无力抵抗的境地，最终被他伟大的信心和不断的祷告所打败。然后，它将自己的信心放在它的武器中——就是他的肚腹中心（伯40：16）。魔鬼满怀信心（这是它的优点），再次攻击那青年人，在黑夜中以极大声音打扰他、投下污秽的思想，但他以祈祷驱散它们；魔鬼激发他的淫欲，令他感到羞耻，但安东尼运用信心祈祷和禁食来保卫自己的身体。例如某天晚上，那攻击人的魔鬼假扮成女人，表演各种不同姿势，希望能引诱安东尼，但安东尼只想念基督并他的胜利，也记念着灵魂的宝贵，他以此击败了敌人。仇敌再次将安逸的快乐摆在他面前，但安东尼只感到愤怒和忧愁（正如我们所预料的）。于是他集中思念末日审判的永恒烈火和不灭的虫，以这些来对抗魔鬼的引诱，使他经过这些试探而未受伤害。事实上，经过这些事以后，仇敌也感到羞愧了！因为它以为自己如神明一样，现今却被一个青年人弄成小丑般模样；它自恃能够胜过血肉之躯，但现今却被具有血肉之躯的人打败。上主——他曾为我们道成肉身，胜过魔鬼——与安东尼一同作战。因此，每个真诚争战的人，都能说："这原不是我，乃是上主的恩与我同在。"（林前15：10）①

6. 最后，这只兽不能按它的策略打败安东尼，相反，却看见自己

---

① 在安静中的灵修动态，一般首先会出现以欲念为中心的打扰。这类欲念，在繁忙的生活中不易看见，但在退修的静态时，却会从心灵中浮现出来。在此，对这些灵修内在的挣扎动态，安东尼以图像的方式将其形象化。这种情况可以持续很久，同时安东尼强调得胜的把握，并不在乎人的定力或修为，而是在乎上主的恩典。在这点上，安东尼并非出于谦虚，而是他个人实在的经历。后世有修道者强调苦修为战胜欲念之方式，容易走火入魔，然而安东尼并无此意。

被抛出安东尼的心田而恨得咬牙切齿（正如圣经所载）。它只好改变自己的形象，以一个黑种男孩出现①，表面上魔鬼似乎屈服了，不再在思想上攻击安东尼（因为它已被赶走了）。但现在他却以人的声音说："我曾欺骗和征服许多人，现在我要尝试攻击你和你的努力，正如我攻击其他人一样。不过，我感觉太软弱了。"安东尼问："你是谁，你为何对我说这话呢？"它立刻发出乞怜的声音说："我是淫欲的朋友，我将淫欲埋放在人的思想中，随时准备突击青年人，我被称为淫欲之灵。有多少人能自我谨慎而不被我欺骗呢？有多少人能自我约束而不被我夸胜呢！我就是那位使人堕落、被先知斥责的：'因为他们的淫心使他们迷失。'（何4：12）其实这是我的诡计使他们堕落陷阱。我是那位常烦扰你，而又常被打败的。"安东尼感谢上主，并大胆地回答："你应该被轻视的，因为你有乌黑的心肠，但却是无力的孩子。由现在开始，你不能令我感觉焦急，因为'在那帮助我的人中，有耶和华帮助我，所以我要看见那恨我的人遭报。'（诗118：7）"那小黑鬼一听见这话，就立刻逃走了。魔鬼畏惧安东尼的话，更害怕他，甚至不敢接近他。

7. 这是安东尼第一次战胜魔鬼。更确切地说，这是救主在安东尼身上的胜利。正如圣经所说："律法既因肉体软弱，有所不能行的，上主就差遣自己的儿子，成为罪身的形状，作了赎罪祭，在肉体中定了罪案，使律法的义成就在我们这不随从肉体、只随从圣灵的人身上。"（罗8：3—4）虽然魔鬼受到挫败，但安东尼却没有轻敌或傲慢起来。仇敌纵然失败，但并没有停止寻找机会攻击安东尼。因此它再一次以狮子的形象在暗中缠绕安东尼，等待机会攻击他。安东尼从圣经上得悉仇敌的叛逆是层

---

① 小黑童在当时是指从撒哈拉以南买回来的非洲奴隶，用以表示软弱及服从的记号。

出不穷的（弗6：11），所以他更严谨、努力地操练自己。他知道仇敌既然不能再以肉体的快乐引诱他犯罪，它一定会运用其他方法令他堕入陷阱之中，因为魔鬼乃是罪恶的爱好者。因此，他更加克制自己的肉体，叫身服我（林前9：27），所以他就不会因为曾经得胜而再度掉进陷阱之中。所以他计划要保持更严谨的操练，使他能更自由地生活。安东尼内心充满热诚，养成一种良好的气质。所以，当他接受其他人的建议（甚至一个小小的建议）时，他都表现得很兴奋。他能够彻夜不眠地警醒，并不是偶尔一次，而是常常如此操练，由此引起了众人的惊奇。而且，安东尼每日黄昏后才进膳一次，但有时候两三天，甚至四天后才进食，他的食物乃是面包和盐，他只饮用清水，肉和酒更不用提了，因为在当时操练敬虔生活的人都没有这种"禁食"的行为。① 他本来可以在粗席上睡眠，但他很多时候却选择在粗糙的泥地上睡觉。他不赞成用油抹擦皮肤。②他认为青年人应当热切地过苦修的生活，不应该找东西令自己身体得到松弛。他提醒青年人要习惯苦修，常常思念使徒的教训："因我什么时候软弱，什么时候就刚强了。"（林后12：10）因为他说灵魂倾向刚强之时，肉体的欲望就软弱了。

　　安东尼的这些教谕，实在是美妙的。他认为衡量一个人在修炼德行上的进步和与世界的分离，不在乎时间的长短，而在乎他有多强烈的盼望和坚持的目标。事实上，他不需要缅怀已过去的岁月，但是每日都像刚开始苦修的人一样，不断地努力追求进步，正如保罗自己说："我只有一件事，就是忘记背

---

① 此段指出，安东尼从他的个人体验中渐渐摸索出一套隐修生活的规律，如斋戒、守夜、祈祷等，借此可以更自由地亲近上主。安东尼提出这种灵修规律，很快就成为当时以及日后隐修士的生活方式。
② 沙漠地区天气干燥，抹油一方面是为保护皮肤，另一方面也会在涂抹部位做按摩，使肌肉放松，消除疲劳。故当时抹油是追求舒适的举动。

后，努力面前的。"（腓3：13）同时他想起以利亚所说的："我指着所事奉永生的耶和华……我今日必……"①安东尼查考先知所说的"今日"，是没有计算过去的时间，因此，他时常认为自己处于开端的地步。因此，安东尼每天都热情地奉献自己，就好像那些在上主面前侍立的人——以纯洁的心灵，预备遵行上主的旨意，并没有其他途径。他常常对自己说："伟大的以利亚的生平，就如镜子一样，鉴察苦修的人以便检讨自己的生活。"

8. 安东尼这样学习控制自己之后②，他便前往乡村外的墓穴居住。③ 他请求朋友每隔一段时间才给他带面包。安东尼独自进入墓穴，他的朋友把墓门关上，此举令仇敌再不能忍耐了，因为它恐怕安东尼的操练影响旷野的其他修士。所以有一天晚上，它带领很多随从，大力鞭打安东尼，使他跌倒在地上，疼痛得不能再说话。他们又制造极大的痛苦，然而，安东尼却坚强地忍受那些常人不能忍受的痛楚。诚然，他蒙上主的看顾（因为上主不会不看顾仰望他的人）。第二天，他的朋友带着面包来，当他们把门打开，看见安东尼躺在地上如同死了一样，于是，朋友把他扶到村里的教堂，然后将他放在地上。许多亲友和村民都来看他，像围观死尸一般。大约到了半夜，安东尼才恢复了知觉，醒过来。当时他看见众人都熟睡了，只有他的朋友因看守他而没有睡觉。于是他向他们招手，请求他们扶起自己，再次把他带回墓穴里，没有惊醒任何人。④

---

① 七十士译本的《列王纪上》17：1及18：15的部分词句，当时解经常常注重词语的灵意，故会注重一两个词语而加以发挥。
② 他在灵修操练上已开始摸索出一套可持续的日常修炼规律，后来成了基督教修院制度的基本生活蓝本。
③ 当时的墓穴一般是在山边的岩洞里面，远离人群聚居的地方。
④ 在神学或灵修学中，这是邪恶力量（魔鬼）与圣善力量在人心交战的情况，也是以物喻化的表达方式，重点并不在乎是否真正有魔鬼的物理现象，或有没有法医学上的鞭伤，而是在人心灵深处的挣扎，甚至出现心力交瘁致"昏迷"或失去知觉的类似死亡现象。

9. 于是他的朋友把他带回墓穴中，如先前一样把门关上。他又独自一人在里面。因为曾受过击打，所以无力站立起来，他只能躺卧在地，但仍然祈祷。当他祈祷完毕，大声喊叫说："我安东尼在这里！我不怕你们这样的击打，甚至更大的攻击，因为，没有什么可以使我与基督的爱隔绝。"（罗8∶35）然后他歌唱："虽有军兵安营攻击我，我的心也不害怕。虽然兴起刀兵攻击我，我必仍旧安稳。"（诗27∶3）这位苦修士的思想，使憎恨良善的仇敌也感到惊奇。安东尼纵然受到极大的击打还勇敢回来，于是撒旦召集它的"爪牙"，愤怒地大叫："你们看，我们无论是用邪淫之灵或鞭打都不能阻止这人。不但如此，他还对我们无礼。让我们用别的方法来攻击他吧。"对魔鬼来说，设计作恶的计划是轻而易举的事。因此，当天晚上它们制造大量噪音，以致全地像地震般摇动。那些鬼魔好像穿透四面的墙壁，它们幻化成各样的野兽和爬虫。刹那间，房子充满各样的怪物：狮子、花豹、公牛、虫、毒蛇、蝎子、豺狼，每样怪物都采用自己的动作：狮子吼叫，正向他扑上来；公牛又想冲过来；毒蛇向他爬过来但不能接近他；豺狼直扑向他。它们同时发出各样显得非常疼痛的声音。① 但是安东尼心里拥有不会摇动和警醒的灵魂，虽然身体的痛苦令他发出呻吟声，但他仍然能够控制自己的思想，他嘲笑鬼魔说："如果你们有能力，你们只要一个来对付我就够了；但因为你们只能模仿野兽的样式。"他又大胆地说："如果你们有能力，你们可以先克服我，不应该后退，相反可以攻击我。如果你们是没有能力的，为什么还打扰

---

① 正如上一章他回应被魔鬼鞭打的情形，这里他以相似的手法来表达心灵内的争战。这是早期教会及中世纪惯常使用的手法，当然我们虽否定撒旦可以借着动物的形象来攻击安东尼，但我们更容易地看出其属灵实质（Spiritual reality）的喻意手法；意谓心灵内被撒旦多方攻击的经历，这是潜意识中的一种存在实况。

我呢？这是虚假的。我们信靠主，因他是我们的印记和保障。"魔鬼又试用各样的诡计，都没有成功，所以它们气得咬牙切齿。因为它们发觉这样不但不能对付安东尼，反而愚弄了自己。①

10. 在这些处境上，上主并没有忘记安东尼的战斗，而是很快就来帮助他。当安东尼向上望的时候，他看见坟墓顶端似乎打开了，一束强烈的光向他照射过来。突然间，那些鬼魔消失了，他身体上的痛苦也渐渐减少了，他不禁求上主说："你在哪里呢？为何当初你没有出现，以至减轻我的痛苦呢？"有一个声音回答说："安东尼，我早在这里，但我要看你如何挣扎，现在因为你的坚守，没有被打败，我要永远成为你的帮助者，同时我会使你的名传遍各地。"安东尼听了这话，便起来祷告，因为上主加添力量，安东尼感觉自己身体比以前强壮多了。那年，他大约三十五岁（他修行已经十七八年了）。②

11. 翌日，安东尼离开坟墓，怀着热切的心侍奉主，当他遇见从前见过的老人，就邀请他与自己一同在旷野生活，但老人却推辞了（因为他年纪老迈，而且这种操练尚未流行），安东尼就立刻独自上山。仇敌看见他的热心，又想再一次阻挠他，于是，在路上掷下一个大银盘的幻影，但安东尼识破这是嫉妒善行者的诡计，他站着并注视着银盘，便揭发附在其中的魔鬼，说："为什么在旷野里有这银盘呢？它从哪里来？这条路从没有人来游览，也寻不着旅游人士的踪迹。况且这银盘那么大，所以绝不可能遗失时也无人发觉的。就算是遗失的，物主也会回来

---

① 读者可看见他的神修（灵修）进度之体会及他的灵修观：从物欲的引诱到心灵的痛楚，而这种心灵中之怪兽干扰，每次要坚强地战胜黑暗势力的力量，并非靠自身的修炼，而是上主的恩典与保守，故灵修操练的进修并非自修者以"功力"面对挑战。
② 他在修道经历中，有一段时期曾怀疑上主的同在。但经历了内心争战后，他领会到了信靠上主是神修中的得胜之道。后世不少神修大师，也有类似体会。

寻找。无疑这是魔鬼的诡计。你不能借此来阻挠我的目的,魔鬼!你与此银盘一同毁灭吧!"他说完这话,银盘就像烟雾般消失了①。

12. 安东尼继续向前行,他再也没有看见幻影,却有金子向他掷来(这未能确定是否有些更超越的能力,正在挑战他的胜利把握。可能寓意当圣善力量出现时,邪恶势力也会自然撤退)。安东尼只向魔鬼表示他并不稀罕金钱,安东尼对此没有交代,我们也不知道实情,只知道沿途确实有真金。至于安东尼,他十分稀奇金子的数量,但他跨过金子时,就像跨过烈火一样。跨过之后,就永不回头。事实上,他赶快跑开,那地方就会消失在他视野之外。

　　安东尼急速地跑向山区,他决定更全神贯注于他追求的目标。这时,他发现远处有一座古堡,这是一座早已荒废的古堡,里面住满了各类爬虫,但他决定住在此地。不久,那些爬虫像是被人驱赶一样,立刻逃走了②。他再一次封锁了古堡的出路,余下的面包只够六个月的食粮(这是当地底比斯人[Theban]③的方法,这些面包可以储存一年而不会变坏)。那儿有清水,安东尼将它当作隐修院居住下来,销声匿迹般独居,从不走出古堡,也不会见任何访客。安东尼每年在屋顶上收取面包,就这样,他度过了一段漫长的操练生活。

13. 自从安东尼不准朋友探望他之后,那些访客只好日以继夜地在

---

① 安东尼面对魔鬼的试探,开始由被动转向主动,从过往的受鞭打体会到魔鬼的攻击,到主动分辨出魔鬼的诡计,同时这里也指出魔鬼的攻击并非只在旷野或独处修行中出现,而是无所不在地或于多种形态中显现。

② 不少的神修者在简朴的处境中,尚可保持清心,但到了繁华的环境,却不堪一击,为了世俗的物质引诱而失去原来追求的目标。就修道者而言,面对物质的诱惑而能保持清贫之心者,比较那在旷野受攻击而持不变之心者更难能可贵,更得上主的圣恩。

③ Theban 是当地的土著,当时制作的面包,其实是烤干的面粉而已,所以在干燥地区可以保存很久。

古堡外等候。他们听见古堡内发出的群众的吵闹声,嘈杂声音及哀怜的声音,他们又听见有声音大叫说:"让回我们的地盘! 你在旷野干什么?你必不能抵抗我们的叛乱。"起初,古堡外的人以为有人与安东尼打架,于是他们架起梯子,想进入古堡,当他们从墙孔往里面观看时,不见一人,他们就知道,敌人就是魔鬼,他们十分惊恐,遂呼叫:"安东尼",安东尼不理会魔鬼的恫吓,听见朋友的声音就行近门口,授意他们继续上路,不必惊惶,他说:"这是魔鬼制造幻影来恐吓一些胆小的人,所以你们要画十字架圣号①保护自己,并满怀信心地离开。让这些魔鬼自取其辱吧!"

于是,他们画了十字架圣号保卫自己后,就各自离去了。安东尼继续留下来,却没有再受到魔鬼的伤害,他没有厌烦这种斗争。透过异象,他得着从天上来的帮助,又因仇敌已战败,软弱无力,所以能在痛苦中得着释放,同时激发起更大的热诚。

安东尼的朋友连续不断地到访,猜他可能死了。但他们却听见他唱诗的声音:"愿上主兴起,使他的仇敌被驱逐,如烟被火溶化。"(诗68:1—2)又唱:"万民围绕我,我靠耶和华的名,必剿灭他们。"(诗118:10)

14. 安东尼这样独自过灵修生活,差不多二十年了,他从来没有离开那古堡,也很少人看见他(他当时年约五十五岁)。这二十年来,已陆续有很多人在这沙漠中居住,他们愿意竭力效法安东尼的灵修生活,所以,安东尼的几位朋友前往他那里,将古堡门打开,小心翼翼地把安东尼带出来,他被上主的灵充满

---

① 早期教会已盛行画十字架圣号,同时口念三一神的名号。这行动是再次肯定个人与上主的救恩关系。

了。但为了访客的缘故，这是他二十年来第一次步出古堡与访客会面。当他们看见他时，就十分惊奇，因他的身体健康如昔日。没有因为缺乏运动而肥胖，也没有因为禁食与魔鬼争战而消瘦，他还是与退隐之前完全一样。

安东尼的灵魂没有因为悲伤而被压缩，也没有因欢乐而放纵，他没有受欢欣与沮丧所影响，所以安东尼心灵的情况，仍然保持洁净无瑕。此外，当他面对群众时，他不会因惊惶困惑而手足无措，也不会因为受欢迎而得意洋洋。安东尼能将自己保持在一个完全的均衡状态下，是一个被理智所支配及性格稳重的人。① 上主借着他医治很多人：有的被病魔缠绕，有的被魔鬼所附。同时，上主又赐给安东尼善言的恩赐，因此，他安慰很多困苦的人，又使彼此相争的人成为朋友，他劝勉众人说："在世间没有什么可与基督的爱相比和值得拥有。"②他训话时，督促他们要谨记将来的福乐及上主对他们的爱情："上主既不爱惜自己的儿子，更为我们众人舍了。"（罗 8：32）他又劝导很多人去过隐修的生活。

自此以后，在山冈上增加了许多隐修院，于是旷野就成为隐修士的城市，他们离开自己的家乡，注册成为天上的公民。

15. 有一次，因为要探访弟兄的缘故，安东尼要渡过雅连奴（Areinoe）运河③，但运河里却躺满了鳄鱼。这时他为此祷告，与同伴平安经过而没有受到任何伤害。他返回隐修院后，仍然继续其神圣及充满斗志的修炼。他透过定期性的谈话来加强那些初为隐修士之人的信心，又激励其他人爱慕灵修生活。不久，他

---

① 他开始学会心灵平静安稳，对外界处之泰然，这是灵修中一个更深层之心灵状况。
② 多种恩赐的显示，表明他被圣灵充满。
③ 雅连奴（Areinoe）运河系统连接莫尔里斯（Moeris）湖及尼罗河，约在亚历山大城以南 240 公里，那地区也被称为鳄鱼之都，是十分危险的地区。

动人的讲论，促成了很多隐修院的成立。他如同父亲一样指导修道的人。

16. 有一天，当他要出外云游时，众隐修士都聚集在他面前，请求他训勉①，于是他用埃及话教导他们："圣经给我们的指引已是足够的，但是我们能够在信心上彼此鼓励则是更好的。现在你们把所知道的告诉我，如同儿子告诉父亲一样；我好像一位长者，分享我的知识及经历。首先，让我们以同一的热情持守我们已开始的操练，在操练上不要灰心，也不要说：'我们已付出很长时间来操练。'每天都是'新的开始'，我们也应当加强热切之心，因为人的一生若与永恒的日子比较是非常短暂的。所以，我们若以一生的时间与永生相比，就算不得什么了！世上的一切事物都是待价而沽的，而相同的货物，则以等价交易，因为经上说：'我们一生的年日是七十岁，若是强壮可到八十岁；但其中所矜夸的，不过是劳苦愁烦。'（诗90：10）因此，当我们能够生存八十年，甚至一百年，这一百年的修炼，也不能与我们将来做王的年日相比，因为我们将要永永远远做王。我们是世上的奋斗者，虽然得不着世上的产业，却可以拥有天上的应许。我们脱去那败坏的肉身，然后得那不能朽坏的身体。"

17. "因此，我的孩子们，不要失意，不要想念我们的劳苦或困难的事，因为'现在的苦楚，若比起将来要显给我们的荣耀，就不足介意了。'（罗8：18）当我们观看这世界时，不要以为我们已舍弃很多事物，若与天堂相比，这世界实在是微不足道了。如果现在我们是世界的主，舍弃了全世界，但若与天国

---

① 此节开始至第43节是安东尼的训言，不一定是一气呵成的训话，更可能是阿塔那修从不同后人的口中收集到的安东尼的训话、记录，再加以整理编写而成。

相比，这也算不得什么。正如一个人为要得一百个金币，而轻视了一个铜钱（当时一百个铜币得值一个金币，这句可解释为，如果他愿意放弃一个'铜钱'，将来可得一百个金币）又如一个世界的统治者，舍弃了全世界，他还是舍弃很少的（不过是一个世界），然而他所得的，却是百倍的。① 全世界不能与天堂的价值均等，人若舍弃了几亩田地，实际上就像没有牺牲一样；就算他放弃了一幢房屋或可观的财富，都不能为此夸耀，他这样的舍弃是应当的。我们应当谨记：若我们没有因灵修德行而舍弃这些东西，一旦，当我们死亡的时候，我们必须将遗产也遗留给后人，并且通常是留给那些我们所不愿意的人——正如《传道书》的提醒。这样，为什么我们不为追求德行的缘故，舍弃一切，而得着天国呢？为何我们追求不能带走的东西，这有什么益处呢？为何我们不拥有那些能够携带的东西呢？这些东西就是：智慧、公义、节制、勇敢、体谅、爱心、温柔、关怀贫穷、信靠基督、款待客人。如果我们想拥有这些，就会发现它们正在我们眼前，在'柔顺（原意：顺柔之境界）之地'准备款待我们。"②

18. "人应当思想这些，使自己不会对天上的事漠不关心，特别是他明白自己是上主的仆人，他有义务执行主人的心意，一个仆人绝不敢说：'我已经完成昨天的工作，今天不用工作了。'他也不能这样计算过去的工作时间，而要在未来的日子预支休假。如福音书所说，每一天，他必须以同样的热心讨主的喜悦以及逃避在操练上遇见的危险。所以，我们应当坚持每日的灵修生活，因为我们知道：若我们疏忽今日的灵修，主就不会因

---

① 参见《传道书》2：8。
② 他指出灵修操练的目的，是要在生命中得到那些神性的气质，这些气质，也成为日后神修学的进度指针。

为我们昔日的表现，宽容我们今天的疏懒，相反，他会因我们疏懒而向我们发怒。正如我们在《以西结书》所听见犹大的例子，上主在一夜之间能毁坏了昔日所建立的。"①

19. "因此，我的孩子们，让我们不疏忽神修的操练。因为在这件事上是上主与我们共同合作的，就如经上说：'万事都互相效力，叫爱上主的人得益处。'（罗8：28）同时，为避免我们的疏忽，我们要好好地思想使徒的话：'我天天冒死。'（林前15：31）因为，如果我们像别人每天都冒死，我们就不会犯罪。我这讲论的重点是：正如我们每夜睡眠，但我们不一定会苏醒过来。正因这缘故，人不能把握自己的生命，而每日都有这种思想，每日都按这方式生活，我们就不会犯罪，不会渴求什么事物，不会怀恨什么人，不会积蓄财宝在世上。若我们像一个天天冒死的人，我们就会甘心贫穷，也会宽恕所有人。至于贪恋妇人，或在过不圣洁的生活的，我们不单要自制，还要转身逃跑，认定它为短暂之东西，且更会有严峻和恐怖的拷问，当我们留心审判之日来到，便会弃绝享乐的企图和唤醒沉睡的灵魂。"②

20. "既然我们在德行的道路上已经起步了，我们就当朝着目标迈进。任何人不可往后看，就像罗得的妻子一样，因为我主曾特别嘱咐：'手扶着犁向后看的，不配进神的国。'（路9：62）回头向后看，没有特别的要因，乃是感觉后悔而再一次想念世界的事物。不必惧怕听见'德行'一词，对这个话也不要感觉陌生，因为它离我们不远，也不在我们以外，乃是现今在我们内心。只要我们愿意，这就是容易的事。希腊人离乡别井，远渡

---

① 这一节强调神修的特质：每日的操练。
② 这一节是从死亡的角度去理解神修操练的向度。自安东尼开始，后在中世纪，被不少神修传统采纳成为基本神修向度的一部分。

重洋，为的是获得学识，但我们不必为了天国而出外，为了德行而跨海，因为主曾说：'上主的国就在你们心里'（路17：21），因为德行在我们心里，也会从内心冒出，德行需要的是我们的意愿。基于本性，当灵魂能维持它的理智部分时，德行就会出现。当灵魂被造（是美丽的，是完全正直的）时，老我就会留下来，它牢牢地抓住躯体。所以，嫩的儿子约书亚劝告百姓说：'专心归向耶和华以色列的神。'（书24：23）约翰也说：'修直他的路。'（太3：3）我们所关心的是灵魂，在被造之时，灵魂本性，'智'的部分是正直的。但当灵魂转离正途，被扭曲而离开其本性时，我们可以说灵魂出现毛病了。所以，灵修是不难的，因为只要我们能维持被造的本性，我们就在德行中，但如果我们将思维放在'被藐视'的事物上，我们就被审判定为'恶者'。如果依靠外在的事物来达成修行功夫，那真是极其困难的。既然'这事物'已在我们心内，我们当保护自己，抗拒不洁的思想入侵，因为我们像受托者一样，当保护主所赐予的灵魂，使上主可以认出他的杰作，保持被造时的模样。"①

21. "我们倒像与自己竞赛似的，以致怒气不能驾驭我们，欲望也不能奴役我们，因为经上说：'人的怒气并不能成就上主的义。'（雅1：20）又论到欲望说：'私欲既怀了胎，就生出罪来，罪既长成，就生出死来。'（雅1：15）我们在世上生活，必须小心看守自己，如经上记着说：'你要保守你的心，胜过保守一切。'（箴4：23）因为有可怖的仇敌，就是万恶的魔鬼，是我们所对抗的，正如使徒说：'因我们并不是与属血气

---

① 安东尼在此处提到神修的目的，乃是恢复由上主所造，满有神圣气质的灵魂原貌。故所有的神修活动，主要是回复上主的形象。

的争战，乃是与那些执政的、掌权的、管辖这幽暗世界的，以及天空属灵的恶魔争战。'（弗6：12）它们的数目众多，在空中包围着我们，而且它们离我们也不远，但它们之间的区别恐怕太大，倒不如将这题目留给那些比我们更伟大的人来讲论吧！现在我们最急切需要的，就是要知道它们攻击我们所用的恶毒奸计。"①

22. "首先我们应该明白：魔鬼被造时并不像我们现今所称的'魔鬼'，因为上主不造任何'恶'的事物，它们被造时是美好的，后来从天上堕落了。它们在世上游行，以各种迷信欺骗希腊人，而且嫉妒基督徒。它们企图用尽各种方法骚扰我们，拦阻我们进入天国，使我们不能提升到它们失去的地位。因此，我们需要更多祈祷。而且，斋戒是必需的，斋戒可以使我们从圣灵领受分辨诸灵的恩赐，使我们可以洞悉它们是如何诡计多端，让我们明白它们的阴谋，蒙恩的使徒及他的伙伴就很明了这些，所以他们说：'我们并非不晓得它的诡计。'（林前2：11）基于它们对我们的诸多试探，我们更应该行在正路上，远离它们。其实在这方面我已有好些经验，所以我要提醒我的孩子们：

23. 如果它们看见任何一个基督徒，尤其是隐修士，不但工作愉快，而且灵命进步，它们第一个要攻击的目标就是这些人。魔鬼会在路上放下绊脚石来试探他们，那些绊脚石包括了邪恶的思想。② 但我们不必害怕它们的诡计，只要祈祷、禁食及信靠上主，就可以立刻击败它们。可是，它们虽然受到挫败，但不

---

① 安东尼长篇论及魔鬼，重点并非对魔鬼进行神学讨论，而是从神修的角度了解人性的黑暗面、人内心的邪恶力量，以及如何面对人性的邪恶。
② 若一个人并无热切地在神修上追求，魔鬼也不会理会这些人；但若受魔鬼所攻击的，显示这人的生命会影响正在挑战魔鬼的势力，故魔鬼会攻击神修上有追求的人，这是灵命进深必然的过程。

会轻易停止攻击，反而会卷土重来，以恶毒及诡诈攻击我们。当它们不能以明显及丑恶的快乐欺骗人的心思时，它们会采用其他攻击的策略，又以各样伪装来恐吓人，例如：捏造幻象、改变形状、假扮女人或野兽和爬虫并且成千上万的巨大武士等。无论如何，我们无须害怕这些幻象，因为它们只是虚幻之物，尤其当我们以信心及十架圣号来保卫自己时，它们很快就会消失。① 当然，它们肯定是胆大无惧、毫无羞耻的，如果它们被征服，它们自会采取新战略，又会假扮先知去预言未来。有时候以高及房顶、巨大而强壮的形象出现。对那些思想上不被它们引入歧途的，它们就借这些幻象来掳掠人的灵魂。当它们发现这种方法不能产生效用，正因人的灵魂以信心和盼望来保护自己时，它们的领袖就会被显露出来。"

24. 安东尼继续说："它们屡次以这种形象出现，如同主向约伯启示说：'它眼睛好像早晨的光线，从它口中发出烧着的火把，与飞迸的火星；从它鼻孔冒出烟来，如烧开的锅和点着的芦苇。它的气点着煤炭，有火焰从它口中发出。'（伯41：18—21）当魔鬼以这种形象出现时，正如我刚才所说，那欺骗人的就会用夸大言词来恐吓。主将他的本相揭露，向约伯说：'它以铁为干草，以铜为烂木……'（伯41：27）'它视海如同沐浴池……视深渊像漫游之地……'主又借着另一位先知说：'我要用手夺取列国如同取鸟巢，甚至夺取他们如同取剩下的卵。'总而言之，它们以这些夸大的话，准备欺骗那些虔诚的人。但是，我们这些存信心的人，不必惧怕它的显现，也不要因它的话而担忧，因为它是说谎话的——它像一条蛇，被主用

---

① 神修动态中，黑暗势力最容易用的策略是恐吓，使修道者害怕。安东尼指出这种恐惧是非实际情况，而修道者要有信心去克服内心的恐惧。

钩钩着；又像一只负重的牲畜被主用绳索绑着它的鼻孔，又用铁环穿着它的唇；它又像麻雀被主绑缚，给我们戏弄。它与其他类似的同伴：蝎子和蛇，皆被信徒践踏。这事实证明，我们必须反抗它。它虽然恐吓说要吸干大海，又要占据全世界，但它却不能阻止我们的灵修操练和言语上对它的攻击。因此，我们不必注意它说什么，因为它是说谎的。我们也不要怕它的幻象，因为这些都是欺骗人的。从他们发出来的光不是真光，反而是准备消灭他们之火种，它们将会在火焰中被烧毁，但现在却借这些来恐吓人类。不要怀疑，它们必然会出现但却立刻消失。 它们不能伤害任何存信心的人，它们能携带那些火光，而那些火光会烧毁它们。所以我们不必惧怕它们，因为在基督的恩里面，它们的一切战略都是徒然的。"

25. "它们是虚伪的，已经准备变成各种形状。很多时候，它们假装唱圣诗却不现身，又会引用圣经。正当我们诵读时，它们可以准确地重复我们所诵读的，如同回声一样；我们睡觉时，它们会唤醒我们来祈祷，它们不停地这样做，令我们几乎不能入睡；它们也可能伪装成隐修士的模样，假装成为虔诚者讲论时的样子。它们只是用类似的伎俩欺骗人，然后将受骗者拉到它们所想的地方去。就是它们唤醒我们起来祈祷或劝勉我们什么都不能进食……它们将会在其他时间再度出现，无论如何，我们不必注视它们，它们的这些行为绝不是因虔诚或真理的缘故，相反，它们可能将单纯的人带到失望之地。它们还声明操练生活毫无用处，目的是令人厌烦退隐生活，如负千斤重担，同时感到这是一件艰难痛苦的事，并且，它们绊跌那抵抗它们的人。"①

---

① 安东尼指出，黑暗的势力也会以光明天使的形象出现，也会欺骗修道者使其走上错路。

26. "上主差派先知来，称这些创造物是败坏的。先知说：'给人酒喝，又加上毒物，使他喝醉，好看见他下体的，有祸了。'（哈2：15）因为这种行为和思想，能毁灭人的修行历程。虽然魔鬼说出真话：'你是上主的儿子。'但主自己制止魔鬼说话，以免它们以'真理'散播它们的坏种子。同时，耶稣教导我们不要理会它们，虽然有时它们似乎要在传扬真理。但我们是拥有圣经和救主的人，难道要接受那鬼魔的教导？那实在是不合理的。魔鬼是那不在其位，而又变化无常的。为此，救主禁止它引证经文，因上主对恶人说：'你怎敢传说我的律例，口中提到我的约呢？'（诗49：16）它们的确有胆量做各样事情：叫喊、大声谈论、欺骗、制造混乱。这都是迷惑头脑简单的人；它们制造大响声、癫狂的笑声和嘶声，如果无人注意它们，它们便会哭泣、悲叹，好像被征服一样。"

27. "因救主耶稣能使魔鬼沉静。我们从圣人中得着知识，可以仿效圣人所作的和尽力赶上他们的勇气，他们常说：'我要谨慎我的言行，免得我舌头犯罪。恶人在我面前的时候，我要用嚼环勒住我的口；我默然无声，连好话也不出口。'（诗39：1—2）又说：'我如聋子不听，像哑巴不开口。我如不听见的人，口中没有回话。'（诗38：13—14）因此，我们不要注意它们，对待它们如同陌生者一样，即使它们唤醒我们起来祈祷，又和我们谈论禁食，我们不要听从它们。我们要立志，实行灵修的操练，不要让骗人的鬼魔将我们引入歧途。虽然它们行事狡猾，甚至以死来威胁我们，但我们绝不应害怕，因它们是软弱无力的，除了恐吓以外，一无所能。"①

28. "有关这个话题，我随意论说到此为止吧。我绝不能迟延出门

---

① 在神修的过程中，遇到魔鬼的试探或干扰，最好的方法是置之不理，而非与其争辩。

日期,我必须详细地谈论关于魔鬼的事情,这些事情会有助你们防备它们。

既然救主住在我们心内,那仇敌是堕落的,因它的大势力已去,它好像丧失权力的暴君,不能有所作为了。它虽然仍不会静止,尽力施行恐吓,但它只能运用言语,你们每个人要记着,魔鬼并非如同我们一样有身体的限制,会说:'若人们隐藏起来,我们不能找着他们了,他们都可以轻视我们,我们寻着他们才可以伤害他们。'在这种情况下,我们若关门隐藏起来,就可以避开它们,但实际情况却不是这样,它们能进入已关的门。我们看见它们及其首领撒旦遍布全球各地,充满空间。这些意图不轨的家伙,准备伤害人,正如耶稣说:'你们是出于你们的父魔鬼……因它本来是说谎的,也是说谎之人的父。'(约8:44)虽然我们仍然平安无事地活着,但在生活中依然抗拒它们,要证明它们无能为力!空间不能阻止它们的阴谋,魔鬼对我们并不友善,它们有计划地伤害我们,它们不喜爱善事,魔鬼不单善变,而且,它们这些邪恶败类,只想陷害爱慕德行及敬畏上主的人,因此,它们只有靠恐吓。如果魔鬼真的有能力,它们绝不会犹疑,必立刻行动去攻击我们,为完成它们恶毒的目的。我们要留意,如我们聚集在这里用话语攻击它们,它们是会明白的。若我们在德行上长进,它们自会无能为力。确实地,如果魔鬼有权力,魔鬼绝不会让一个基督徒生存下去,因为服侍上主,对罪人来说是件可恨恶的事情。因为它们无能为力,不能实践任何的邪恶计划,所以它们可以说是害人终害己。

我们可以从以下事实为魔鬼的惧怕心理做总结,如果它们真的有些权势,它们就不必求诸兽群,也不必借幻象伪装等方法;如果魔鬼真有能力,只须'一只'就足以完成它们的企图了。它不必耗尽心力，借幻象来伤害人，或借兽群来恐吓人，不用故意借骚动，小题大做。它若拥有权力的话，只要它愿意，就可以使一切都实践出来了。这些原本无能为力的魔鬼，旋转跳跃，好像在舞台表演一样，借着幻象，装成各种怪异鬼脸来吓唬儿童。由于魔鬼以这些禽兽装扮的怪异形象出现，它们变得更轻贱了。天使奉上主的差遣，去攻击亚述人，他并不需要群众，也无可见的形象，天使不需喧嚷的喊声也能安静地执行权能，立即杀死了十八万五千亚述人马（王下19∶35）。魔鬼愈以恐吓和借诸般空虚的幻象来表现自己的权力，愈显出它是无能的受造之物，它终必归于无有。"①

29. "现在，如果有人想起约伯的故事，他会问：'为什么撒旦做种种事情攻击约伯呢？它夺取了约伯的一切财物，杀了他的儿女，又用毒疮击打他。'请注意，事实并非如此，撒旦之所以能做这些事，是因为上主把约伯交给它，让它考验约伯。（伯1∶13）撒旦没有权柄这样做的。它先向上主请求准许，才能做这件事情。从这一方面看来，我们更有理由轻视它。在攻击这个义人的事情上，魔鬼是占了优势。如果它拥有权柄，自然不必要向上主请求许可，事实上，它不是请求一次，而是请求了两次，这表露了它的软弱。事实上，它没有权柄攻击约伯，就是它要毁灭约伯和牲畜，若没有先求上主得着允许，这是不可能的。它甚至没有权利杀害猪群，如经上记载它央求耶稣说：'若把我们赶出去，就打发我们进入猪群吧！'（太8∶31）它对猪群尚且没有权柄，又何况对按上主形象所造的人呢！"（创1∶26）

30. "因此，我们只要敬畏上主，就不必理会那些鬼怪幻象，完全不

---

① 安东尼在此节指出魔鬼并不可怕，因他们并无能力伤害我们，很多不同的魔鬼形象只是幻象而已，故无需惧怕他们。

用害怕它们。它们越是作怪，我们就越当在神修上专心，以此对抗它们，因为正直的生活和对上主的信靠是反击它们最有效的武器。其实，它们畏惧我们的灵修操练，如禁食守夜、不断祈祷、温和良善、不轻易发怒、心平气和、轻视钱财、不自满自大、谦逊忍耐、周济捐输等，而最重要的是委身给基督。正因如此，它们只能尽它们所能的。它们知道基督徒有上主的恩典，因为耶稣曾说过：'我已经给你们权柄，可以践踏蛇和蝎子，又胜过仇敌一切的能力，断没有什么能害你们。'"（路10：19）

31. "魔鬼又假装能预知未来，但我们不要相信它们。例如数天前，它们告诉我们有些弟兄会来探望我们，后来他们真的来了。魔鬼并非关心相信它们的人，它们无非引诱人对它们产生信心，然后它们便能掌控人，并且毁灭他们。为此，我们不要听从它们，反而要把它们尽快赶走，因为我们不需要它们的预言。它们的身体既比我们走得轻快，便可以预先看见人们启程上路，它们既可以跨越启程的人，而预先报告他们的来临，这种预言有什么稀奇呢？一个骑马的人，自然可以轻快地越过步行的人，而预先报告的消息，所以我们不必稀奇它们的预言，它们并没有先知的能力。只有上主是无所不知的，并可以预知尚未发生的事情。魔鬼在这方面好像贼，它们先跑到前面来，报告所见到的事，如今我们在这里聚集谈论他们，反对它们，当我们尚未出去报告之前，它们已在我们之先向许多人预告所见到的事。一个脚步敏捷的孩子，自然能跑在脚步缓慢的人之前报告消息。

　　我想说的是这样：如果一个人要从提班（Thebaid）或从别的地方启程，魔鬼看见他已经开始启程，它根本不知道那人是否真的已启程，魔鬼就跑到前头，预告有人将会来到，但这些旅客若回头，它们的预告就失效了。"①

32. "因此，有时候它们对尼罗河水说些无伤大雅的预言，例如：它们看见埃塞俄比亚（Ethiopia）地区降下大雨，它们知道尼罗河的发源地会泛滥，当水流尚未到达埃及之前，它们先跑去报告河水要泛滥，其实如果一个人能像它们跑得那么快，他也可以做同样的报告。又例如：大卫王的前哨兵，他登高一望就可以看见谁往那里，（王下18：24）这自然比站在低洼之地的人观看得更准确，视野更开阔。又如：一个人在别人之前，跑去报告，那些事当然不是尚未发生的了，其实发生的事只不过是进行中的事，那么这些小鬼特意地赶快作报告，那只是欺骗人，如果河水泛滥情况改变或旅客改道，那么，这些魔鬼的预告，就成了谎言，而听信它们的人，就被欺骗了。"

33. "希腊的神谕预言，就是这样盛行起来的，古人被魔鬼引入歧途，也是在这种情况下发生的。这等欺骗人的故事，只有救主降临世间，基督才能制止、镇压它们及止息它们的恶行。魔鬼对于未来原是一无所知，它们看见别人的知识，就像贼一样，窃取别人的知识，再加以伪造。它们所知道的，根本是猜测而非真正的预言。因此，它们报告未来的事，有时候是巧合，若准确地应验了也不足为奇。正如医生是病理的专家，他们在不同的病人身上，可以观察到不同的病情，他们由自己的临床经验推断，可以告诉病人将会有什么事发生。同样，水手和农夫因着他们的经验，可以预告天气，是否有暴风雨或是否晴朗。没有一个人以这种经验之谈，可表示他们有上主的启示宣告

---

① 早期教会以超自然的宗教经历作为信仰深度的指标，然而在第31至35节中，安东尼对一些超自然的现象，如预言，又或在神修中可遇到的特别体验，提出了一些重要的教导：有些预言不一定来自上主，也可以是来自魔鬼，故修道者不要追求这些东西，否则会跌入魔鬼的陷阱。这些指引在今天也是非常重要的，并且，我们所得到的预言可能有不少是自然的解释，不一定代表有超然的能力。

预言。他们其实是倚靠实际经验做推测的。所以，魔鬼有时候靠推测而预言这类事情，你也不要惊奇，也不要信任它们。如果在几天之前，从魔鬼那里知道将要发生的事，对于听众来说，有什么好处呢？急于知道未来的事，居心何在呢？即使在事情发生之后，证明魔鬼是真存在的，那又有什么关系呢？事实上，德行之所以称为德行，绝不靠这些预言，也并非靠这些预言所形成，预言更不是良好性格的证明。因为我们不会因不知未来而受审判，也没有一个人，因他学习了什么预知之术而被称为圣人。将来的判决，是要察看他是否坚持属实信德，是否忠于遵守上主的诫命。"

34. "因此，我们应该谨慎，不要看重这些事，也别为了追求预知未来，而怠慢了灵修操练，反之，我们应学习圣善的生活，只为了讨上主的喜悦。我们祈祷，也并非为了预知将来，所以，我们也别祈求知道未来而作为上主赐福的凭据。我们所要求的，是祈求耶稣成为我们战胜魔鬼的同伴。如果有一天，我们真的要知道未来，是必须心清意洁的，因为一个灵魂如果清洁无瑕的话，在他原来天生的境界中，他的预知能力会是比魔鬼更清晰、更遥远，那是因为上主启示了他关于未来的事，这就是以利亚灵魂的写照，他曾见到在基哈西身上将会发生的事（王下 5：26），他也见到有大军，站在地的四周。"（王下 6：17）

35. "因此，如果魔鬼在夜间到你那里，要告诉你将来的事情或称呼你为天使，你不要理会它们，因为它们正在编造谎话。如果它们称赞你的灵修功夫，或称呼你是圣人，也不要听它们的，不要和它们打交道，最好划十字圣号，保护你自己和你的居所，然后祈祷，这样，魔鬼就会消失踪影。其实它们是胆小鬼，惧怕救主的十字圣号。因为在十字架上，基督已解除了魔鬼的武装，把它们公诸于世，但魔鬼却不知廉耻，它们想尽五花八门的方法，又不断地变换它们的形象，而你不要害怕，即使它们装扮成为什么东西，你也不需要注意它们。因为，靠着上主的恩赐，很容易分辨出好与坏。圣善的彰显，是没有动乱的，因为'他不喧嚷，不扬声，也不使街上听见他的声音。'（赛42：2）这种显现的来临，是那样的安静、柔和、喜乐、欢愉和充满勇气，一同进入灵魂里面，因为主的同在是我们的喜乐，父上主的权力是与这些'德行'的同在。灵魂的思想只要保持不混乱，就可以在圣光的照耀下，看见显现的是谁。灵魂有一种期望神性的事和将来的事的愿望，更希望能与天上的显现联合。

一个人看见这种圣善显现时，也许会感到害怕，但那显现会以'爱'去消除他的惧怕，如天使加百列对撒迦利亚所做的，（路1：13）又如天使在坟墓前显现给妇女时所做的。（可16：6）并且如天使显现给牧羊人时所说的：'不要惧怕。'（路2：10）天使对马利亚说：'马利亚，不要怕。'（路1：30）在这种情况下，这里所言的害怕，并非出自灵魂的惧怕，而是出自一种清晰的自觉：'有更高的神明当前。'所以，一切神圣的显现，都是这样的。"①

36. "另一方面，邪恶的出现和攻击是混乱的，并且有隆隆的嘈杂声和刺耳的尖叫声，好像是野孩子（流浪的街童）和强盗造成的骚动。这种动乱立即使灵魂产生恐惧，导致思想上的混乱和不安。在灵修时思想会产生沮丧、悔恨，对亲人挂念，忧愁和害怕死亡等。最后便会轻视德行，渴望恶事，性情完全变坏。因此，你看见幻象而不恐惧，恐惧便消失，不再害怕。随之而来的是一种莫名的喜乐和满足，而勇气和体力会恢复，思想也

---

① 在这节安东尼清楚地指出要分辨在神修经验中的灵体显现，其来源不一定是上主。

会变得清晰，正如以上我所讲述的一切，能再次拥有刚强的勇气去热爱上主，随后的祈祷是愉快的——因你的喜乐和心灵上的平安，证实了上主的同在。为此，亚伯拉罕看见上主，就欢喜；约翰听见马利亚（救主之母）的声音，就欢喜地在母腹里跳跃。但是，如果你看见幻象混乱地包围着你，同时又有外来的骚动和世物的幻象、死亡的威胁和以上描述情况出现，你就知道这是从恶魔而来的。"①

37. "让这一段话作为你们的提醒：当一个灵魂处于恐惧之中，那就是仇敌也在其中，因为魔鬼不会减少它们造成的恐惧，它们不能像天使对加百列向马利亚和撒加利亚所做的，也不会像坟墓旁的天使对妇女们所做的。相反，当他们看见人害怕时，它们反而增强人的幻觉，使人更加惧怕它们，然后魔鬼会临近和嘲笑他们说：'跪下朝拜我！'（太4:9）它们用这种方法欺骗希腊人，成为他们中间的神明。救主耶稣绝不准许我们被撒旦欺骗，因为它企图传达这些幻象时，主耶稣斥责它退去，并指出经上记着说：'当拜主你的上主，单要事奉他。'所以，我们要始终一贯地轻视撒旦（不把撒旦放在眼内），因为救主曾用这些话斥责它们。"

38. "我们不要以赶走魔鬼而骄傲、夸口，也不要因为使病人得医治而趾高气扬，更不要只尊敬那些驱鬼的人而轻看那些没有恩赐赶鬼的人。我们要仔细研究每个人的神修生活，然后效法他们，或者与他们竞赛，又或修正他们的神修方式。因为显露神迹不是属于我们，而是主耶稣的工作。他曾经对门徒如此说：'然而，不要因鬼服了你们就欢喜，要因你们的名记录在

---

① 安东尼指出在神修的经历中分辨灵体显现的重要性。若是来自上主，心灵必是平安与喜悦；若出现害怕，这可能来自邪恶势力，而心灵会感到恐惧、混乱和不安。

天上欢喜。'(路10：20)事实上，我们的名字登记在天上是我们德行的证明，有赶鬼的能力是救主赏赐给我们的恩赐，所以，他对那不以德行夸口，而以行奇迹夸口的人说：'当那日……'(太7：22)'因为耶和华知道义人的路；恶人的道路却必灭亡。'(诗1：6)总而言之，照我先前所说的，人当祈祷，便得着'辨别诸灵'的恩赐，因此，我们便会如经上所说：'一切的灵你们不可都信。'"(约一4：1)

39. "我希望保持沉默，不说任何关于自己的事情，我对自己的话负责。但我所说的话，你别以为仅仅只是空谈，你们必须相信所听见的，这都是我亲身的经验，而且全都是真实的。为这缘故，纵使我成了愚昧人（救主听见又知道我的良心纯洁，不是为我个人而是出于爱你们的原因，才说这些事实鼓励你们）。我告诉你们，我看见魔鬼狡猾的行径，小鬼们如何多次称呼我为圣洁的人，我如何奉救主的名咒诅它们，魔鬼又多次预告河水的涨退，而我却对它们说：'那与你们有何关系呢？'有一次，它们来吓唬我，装扮成全副武装的军人，把我团团包围。另一次，它们以牛、马、野兽、蛇蝎、爬虫挤满了我的屋子，但我却在歌唱：'有人靠车，有人靠马，但我们要提到耶和华我们神的名。'(诗20：7)因这句祷词，它们被救主击退了。又有一次，在黑暗中，它们以荣耀的光体出现，并且说：'安东尼，我们来，是送你光明。'但我闭上眼睛祈祷，魔鬼的光明就立刻不见了。不过，几个月后，它们又来了，还引用圣经，唱着圣诗，但'我像聋子，不听他们'。(诗38：13)还有一次，它们摇撼修院，我祈祷求主保守我的意愿不动摇。其后，它们又来不断地制造吵闹声：钟声、嗤嗤笑声、四周跳舞的声音……等，但我祈祷、唱圣诗，而它们随即嚎啕、喊叫，好像到了筋疲力尽的样子。我赞美上主，因他给了它们一顿教训，将它们的疯狂锣鼓声化为乌有。"

40. 有一次，魔鬼以一个身形高大的幻象出现，它竟敢说：'我是上主的能力，我是上主的智慧，你愿意我赐给你什么？'我向它吹了一口气，不但高呼基督的圣名，而且还打了它一记耳光，最后，我得胜了。虽然这魔鬼的形体很大，但在基督的圣名之下，它和它的随从们立刻都不见了。有一次，当我禁食的时候，那狡猾的家伙到我这里来，装扮成一位修士，手里拿着'幻象'的面包，它劝诱我说：'吃吧！停止你的刻苦吧！你不过是人，也会软弱的。'但我看破了它的诡计，便起来祈祷，于是，它就像一股轻烟似的往门外逃跑了。

在旷野里，它多次将金子显示给我看，以为我会渴慕触摸金子，但我唱圣颂诗篇来反击它们，所以，金子熔化了。此外，魔鬼屡次对我拳打脚踢，我只说：'谁能使我与基督的爱隔绝。'（罗8∶35）这样，它们就转身彼此打斗起来。我想说的是，这不是我制伏了或废除了它们的行动，而是我主制裁了它们，因他曾说过：'我曾看见撒旦从天上坠落像闪电一样。'（路10∶18）

我的孩子们，你们要仔细思想使徒的话：'叫你们效法……我们……不可过于圣经所记……重这个轻那个。'（林前4∶6）在灵修生活上，不要灰心失望，不要害怕撒旦和它的随从们的攻击打扰。①

41. 自从我说出这些事情，我已被视为一位愚昧的人。但请相信我及接受我所提及的这些事实，因我并无撒谎，这些事将成为你们的提醒，使你们不用惧怕。有一次，有人来推我的房门，当

---

① 有些经历像耶稣在旷野的三次试探，也喻作各种灵程中常会遇到的各种引诱及试探，但每次也是借上主的恩典（基督之名或上主之圣言），而非人之血气力量得胜，这是一个不变的原则。

门打开后,我看见一个高大威猛的人,我问他是谁,对方回答说:'我是撒旦。'我再问它为什么到这里来,它便质问我为什么修士及所有基督徒无故责备它,无时无刻不咒诅它①。我却反问它为什么时常搅扰他们,撒旦自辩说它并没有搅扰他们,他认为自己是软弱的,只是他们自找烦恼而已。它并反问他们难道没有读过'仇敌到了尽头,他们被毁坏,直到永远;你拆毁他们的城邑,连他们的名号都归于无有。'(诗9:6)这经文。魔鬼并说:'我其实没有属于自己的地方,就是城池和武器。而基督徒却满布各处,甚至旷野也住满修士。基督徒只管自己的事好了,不要再为难我。'我听见他这样说而有点惊奇,于是对它说:'虽然你常常说谎,这次却说真话了。'但事实上,基督来了,它已十分软弱及无法自保。当它听见救主耶稣的名字,就无法立足,只好逃跑了。②

42. 撒旦那恶者既承认自己无能为力再做什么事情,它已经变成弱者了,它对我们有什么可怕呢?所以我们可轻视它和它的同伴,不用害怕它们。虽然,它们还有许多诡计要攻击基督徒,不过,我们已经知道它们的弱点,我们就能责骂它们。首先,我们不要灰心失望,也不要胆怯或自己恐吓自己,或者希望魔鬼最好不会选上我们为攻击的对象,甚或击打我们。我们不要停留在这些恐惧中,又或像失落人般哀伤。相反,却应勇敢、喜乐,像那些被拯救的人一样。让我们心里时常思念主的同在,因与我们同在的主会把魔鬼赶走,使它们化为乌有。若有主与我们同在,仇敌便不能对我们有什么作为,当魔鬼要攻击我们时,通常运用的方法是:按照我们的心情而用它们的幻象

---

① 修士定时祷告,而内容包括对魔鬼的弃绝。
② 此处指出黑暗势力并非那么强盛及可怕,反而是十分软弱的失败者。

来迷惑和恐吓我们。如果我们的表现是惊惶和惧怕，那么就中了它们的诡计，它们便像贼一样攻击我们，并趁虚占据我们（它们会占据我们的思想，若看见我们害怕，更会加倍地恐吓我们，令我们受苦的心灵更加愁苦。）当魔鬼看见我们在主里的喜乐，我们默想美好的将来，又或在主内反省等一切追求与主有关的事。这样，魔鬼便没有能力攻击信徒，也没有权柄支配我们，而灵魂被圣善思维所保护，它们只会羞愧地离开。同样地，当仇敌看见约伯有充分的防卫，便离开他。另一方面，当它看见犹大没有防备，便把他的心占据了。所以，若我们希望能轻看仇敌，就让我们常常默想主的事，心灵常常喜乐，满有盼望。若是这样，我们便会看见魔鬼像烟一样消散，它们不但不会追赶我们，反而会逃跑（我较早时也提过）。它们十分胆怯，并被火吞噬。①

因无惧之心是你们对付魔鬼的重要标志，所以，任何时候，当幻象在你面前出现，都不用惧怕倒地，却要勇敢地问他是谁，是从哪里来的。如果是神圣的，他会给你保障，并且把你的惧怕变成喜乐。但如果是来自那恶者，它是无能的，它会发现你的灵魂刚强，因当你问它是谁及来自何方，是证明你能保持冷静。所以，当嫩的儿子约书亚这样查问时，他便有所学习。（书5∶13）同样，当但以理也这样查问时，仇敌也不能逃避。（但10∶11,18—19）

44. 当安东尼谈论完这些事后，大家都感到很喜悦，有些人的爱心得到激励，又有些人的心思变得更细密了，也有些人变得更聪明而不易被欺骗，因大家都提高警觉，懂得提防魔鬼的假装诡计。大家都惊异上主给安东尼有辨别诸灵的恩赐。自此，他们

---

① 从这里开始，再也不提魔鬼的能力如何强大，而是指出其软弱之实说。

山边的屋子犹如群集天上的诗班员,他们时常阅读、祈祷、禁食,并常存因盼望而带来的喜乐。大家将物品分配给有需要的人,彼此以爱相系,建立一个看来是充满融洽、敬虔、公义的社会。那里没有作恶事的人,没有受害者,也没有发生对收税者投诉的事。① 但是许多修道者,他们只有一个共同的目的:就是要追求德行,所以,他们的居所就如《民数记》24:5—6所说:"雅各啊,你的帐棚何等华美!以色列啊,你的帐幕何其华丽!如接连的山谷,如河旁的园子,如耶和华所栽的沉香树,如水边的香柏木。"

45. 此后,安东尼更加坚守他个人的修行,天天默想天上的居所,向往那地方而看透今生的短暂。当他思想灵魂的神性时,他就觉得顾及饮食、睡眠或照顾肉身的其他需要是十分羞愧的。所以,当他和其他修士一起用膳的时候,对灵性食粮的渴慕便浮现出来,使他感觉被别人看见自己进食是一件可耻的事,但因为身体基本的需要,他也必须吃点食物。有时他独自一个人吃,有时为尊重他人,也会和弟兄们一同用膳,但每次总带着羞愧的心而吃。在吃的同时,安东尼会对他们说些有帮助的劝勉的话:"人应该把所有的时间用在灵魂上而不是身体上,但同时为了身体的需要给它留一点点的空间;然而,要更热切地将所有剩余的时间都献给灵魂,并寻求灵魂的益处,好使灵魂不被肉体的享乐所败坏,相反,肉体可以为灵魂所约束。就如主在《马太福音》6:31—33所说的:'不要忧虑说:"吃什么?喝什么?穿什么?这都是外邦人所求的。你们需用的这一切东西,你们的天父是知道的。你们要先求他的国和他的义,这些

---

① 按当时背景,若要逃税或逃避政府的各种管治,要逃离城市或人口密集地区,进入旷野,才可避开税吏的追讨。故是指他们退隐到非常荒凉的地方如旷野,这样才能避开无孔不入的税吏。

东西都要加给你们了。'"

46. 主后 303—311 年间，教会遭受马克西米安（Maximian）的迫害。① 当殉道者②被带到亚历山大城时，安东尼也跟随前往，并说："让我们进入争战及仰望那些为信仰而战的人。"他很渴望成为殉道者，但他却觉得没有自首的必要。③ 于是他在矿场上、监狱中服侍那些证道的勇士，在法庭中他四处奔走，热诚地唤起、鼓励志愿殉道者的勇气。若他们被传召上法庭，他就服侍、陪伴他们，直至他们殉道为止。当法官看见安东尼与他的同伴无所惧怕的表现，于是实时下令，不准任何修士留在城里。故很多修士就隐藏起来，然而，第二天，安东尼却仍旧在法庭出现，毫无畏惧地穿上干净的衣服，并站在显眼的地方，在场有很多人，甚至地方行政长官也看见他。他这样做，显示出基督徒的无畏精神。安东尼曾经祈祷盼望能为主殉道，但主却没有让他成为殉道者，他也为此而忧伤，然而主为着我们和其他人之故而保守他，以至于他可以从圣经的教导中训示我们。因为许多人看见他的生活行为，就以他为楷模，要学习他的榜样。所以，安东尼仍然照常劳苦地服侍那些为主做见证的人，并与他们共担患难。

47. 亚历山大的主教彼得也殉道，此外，迫害也告一段落④。安东尼返回他的隐修居所，每天都是克己地生活，为着信仰修行作战。他要求自己更严格地进行操练，他不断地禁食，从那时候

---

① 马克西米安与戴克里先共同做罗马帝国之君王，当时基督教受到压制，信徒因此受到严酷的迫害。
② 殉道者与见证者在希腊文是同一个词，见证信仰往往是以付出生命为代价，故见证者同时为殉道者。
③ 当时有很多信徒主动争取殉道，教会则不鼓励如此行径。若是被捕，那就坦然就义，不需要主动自首求死。
④ 约公元 311 年。

开始，直至死的一天，从来没有更换衣服、洗脚和洗澡。①

48. 当安东尼返回沙漠后，他做了一个决定：就是一段时间内，他不会外出，也不会接见访客。当时有一名叫马地亚奴（Martianiamus）的军官不断地来找他，经常烦扰他，请求安东尼出来为他那被邪灵搅扰的女儿祈求上主的医治。但安东尼始终没有开门见那军官，只在门内表明自己也不过是普通人，和他人没有分别，如果军官同样相信主，他也可以按着信心直接向上主祈求，也会蒙上主垂听的。于是那军官离开后，靠着信心祈求上主，结果，他的女儿摆脱了邪灵的搅扰。还有许多其他神迹奇事，是主借着安东尼行的。因为主曾如此说："你们祈求，就给你们，寻找就寻见。"(路11:9) 有许多病人，往他那里寻求医治，可是他不肯开门，病人只好在他居所的门口露宿，后来因为他们自己的信心和真诚的祈祷，都得着医治②。

49. 因为许多人来找安东尼，使他原定的计划受到搅扰，不能安静地隐居、祷告及苦修。安东尼更恐怕因他所行的一切奇妙事迹，人会过分看重他而注目在他身上。于是，他决定到一个没有人认识他的、渺无人烟的地方——提班（Thebaid）③，继续他的苦修生活。他从弟兄们那里得了一些面包，就独自走到尼罗河畔等候船只。忽然，他听见一个从天上而来的声音问他要往哪里去，为了什么原因。他能分辨这是他熟悉的声音，于是便说出实际原因，那声音回答说："无论你前往提班或下平原④，都会有很多人搅扰你，如果你真愿意独自一人静修，最好是深

---

① 如非必要，他不会把足放进水中。而且从来没有人见过他脱衣服，当然没有人见过安东尼的裸体，直至他死后及被埋葬。
② 在正统的神修学中，恩典（包括神迹）皆来自上主，修道者是与神迹奇事没有必然关系的，故修道者也是人，他并无特别的"能力"。神迹奇事与修道的深度并无直接关系。
③ 提班在尼罗河的南部，古称底比斯（Thebes）的地方。
④ 平原指埃及的布科里奥（Bucolior），尼罗河北部的三角洲。尼罗河从北到南的河谷有人居住，在两岸东西走向的沙漠地，人烟稀少。

入旷野沙漠①。"于是，安东尼问谁人指示他的路，那声音便指示他，有一些撒拉斯人（Saracens）②正往那路走去。 不久，安东尼找到了他们，并请求与他们同行。他们好像是受了上主的命令似的，乐意地答应了。步行三日后，他们来到一座高山面前，山脚下有一股泉水，泉水清甜，那土地平坦，还种有一些没有人打理的棕枣树。

50. 安东尼十分喜爱这地方，他认为这是上主带领他来的。他从同行的人中得了一些面包，于是，便决定独自留下。那些撒拉斯人，看见他如此热爱这个地方，便以此地为旅程的中转站，时常经过并为安东尼送面包。此外，那里的棕枣也成了安东尼的食粮。过了不久，安东尼的弟兄们知道了这地方后，便热情地为他送来面包，但安东尼觉得这会带给他们不少麻烦。为了避免他们长途跋涉送食物的劳苦，他请求别人帮忙带来锄头、斧子和一些种子。当他有了这些耕种的器具和材料后，再往山边找一块合适的土地，以及配合附近充裕的泉水，于是，他就亲手耕种起来。安东尼因不用再给他人带来负担而感到高兴，自此耕植成了他每年的工作，并且他能自制面包而不需他人的供应。其后，由于陆续有人前来造访他，他便以种植的一些蔬菜来招待到访的客人，使他们在长途跋涉后也可以享用。 起初，旷野中的野兽常常出没其周遭的田间喝水而践踏了他的农作物，直至有一回，他捉住了其中的一只野兽，责备说："你们为什么伤害我？但我并无意伤害你们。奉主的名离开吧！"从此以后，它们再也不敢接近那地方了。③

---

① 当时的人视旷野为鬼怪邪灵充满的地方。若向黑暗势力挑战，则要进入旷野。因而沙漠隐士进入旷野，并不是寻求安静，而是追求与撒旦更猛烈的心灵争战。
② 即阿拉伯人。
③ 这是建立日后修道院自给自足之制度的开始，重点是修道者不会成为别人的负担。

51. 安东尼独自在山野中居住，因此，他有更多的时间祈祷操练。他的年事渐高，每月前来探望他的弟兄们都会问他是否需要给他带橄榄、豆类和油，等等。我们知道他在旷野的生活是在与魔鬼搏斗，而非与血肉之躯争战，正如《以弗所书》6：12 所说："因我们并不是与属血气的争战，乃是与那执政的、掌权的、管辖这幽暗世界的，以及天空属灵气的恶魔争战。"那些访客常听见许多怪异可怕的声音。在夜间，又看见许多凶猛的野兽与安东尼搏斗，但安东尼却以祈祷抵抗它们。

    对于来探望他的人，安东尼会鼓励他们，然而他自己却不断靠跪着祷告而争斗。虽然他独自一人，居住在充满魔鬼的攻击并野兽、爬虫等恐吓的旷野里，但他并没有胆怯及退缩，可见他是一个神奇的人物。因此，魔鬼也从他面前逃跑了，那些恶兽也要与他和好——"因为你必与田间的石头立约，田里的野兽，也必与你和好。"(伯 5：23)

52. 但魔鬼这恶者并不甘心，它仍然找机会去攻击安东尼，只是，安东尼却得着救主的安慰和保护，因而没有受到它的伤害。晚上，安东尼警醒祈祷的时候，魔鬼用许多野兽来攻击他，让旷野所有的野狼包围着他，并要吞吃他，当它们每次要张口时，安东尼便说："你们若有权柄支配我，我愿意你把我吃掉，但你们若是来自魔鬼，请立即离开吧，因我是基督的仆人。"野狼听见这命令，就立刻逃跑了。

53. 几天后，安东尼正在工作（编织筐子卖给访客以获取生活用品）的时候，仿佛看见有人站在门前，于是他便站起来，却赫然看见一个形态像人，但面孔却像驴的怪物，安东尼画了一个十字圣号，对它说："我是基督的仆人，如果你被派来攻击我，我就在这里！"那怪物听见这话就急忙逃跑了，而且在惊惶中竟然跌倒摔死了。由此证明魔鬼是彻底的失败者，虽然它用尽各种的诡计想把安东尼赶出旷野，但始终无能为力。

54. 有一次，修士们邀请安东尼到他们那里居住一段日子，他答应并前往那里。在旅途中，骆驼所储备的水竟用光了，因为在沙漠无法找到水源，再加上天气十分炎热，他们似乎不能再往前行进。这时安东尼在周围寻找水源而徒劳无功，他决定放走骆驼而自己留下。安东尼明白自己将有性命危险，于是便跪下，张开双手向上主祷告。突然，上主就在他祈祷的地方涌起一股清泉，使他不至在沙漠中渴死。安东尼立即将骆驼找回来，幸好它的缰绳被卡在附近的石缝中而没有走掉，因此，安东尼再次让骆驼储水以备上路之用，最终，他们平安到达了目的地。其他隐修士看见安东尼后，都向他问安，并视他为一位属灵的信仰领袖。安东尼对他们说了许多勉励的话，在那里（山中）充满了喜乐，安东尼看见他们对信仰的热诚而感到欣慰。同时，他有机会再见到他的妹妹（她已经成为女修士的领导者，年事也高了）。

55. 过了一些日子，安东尼返回旷野，但仍然有许多人前去探访他，甚至有些受苦患病的人，冒着危险到他那里。对于那些隐修士，他常用这样的话语劝诫他们："全心信赖主，爱慕主，谨慎提防魔鬼一切败坏的思想和私欲的快乐，不要被饱满肚腹（贪吃）所引诱，当躲避自高自大，反之，要常常祷告，睡觉前后咏唱诗篇，把主的诫命刻在心上，记念圣人所做的工作，效法他们的热诚，更要常常默想保罗的教导：'不可含怒到日落。'（弗4∶26）这教训不单是指怒气方面，也可应用在其他罪恶方面，不可容让任何的罪停留在我们里面直到太阳下山——要天天对付罪，无论是白日、黑夜都不容让任何罪存留在我们里面。要'自己省察有信心没有，也要自己试验。'（林后13∶5）每个人都应该天天省察自己的行为，如果犯了罪，就该停止不要再犯了,如果没有犯罪,却不要因此自傲,反而继续行善,不可放松。不要自称为义,'只等主来,他要照出暗中的隐情,显明人心的意念。那时,各人要从神那里得着称赞。'(林前4:5)

许多时候我们没有留意自己在做什么,但主却鉴察我们所行的一切事,所以让主来判断吧!我们应该彼此体贴,'各人的重担,要互相担当'(加6:2)。我们也应当自己省察,哪方面有缺欠,就当立刻在那方面填补,我们要这样省察,作为防范罪恶的方法。各人要把自己的行为和心思意念详细记录下来,如同向别人作报告一样。如果我们害怕别人知道自己可耻的事,那么我们自然停止犯罪或有不洁的思想。谁愿意让别人知道自己的罪行呢?当人犯罪后,谁都会以说谎来掩饰,希望不被揭发吧?当我们真的记下自己的思想、行为,然后彼此报告,那么,我们就不敢再犯罪了。在彼此提醒之下,无疑大家都不敢再犯罪,害怕而羞耻了。如果我们用这种方法,操练造就自己,我们就能战胜私欲,讨上主的喜悦,并且击败仇敌。①"

56. 以上是安东尼对那些到访者的教导。他怜悯困苦的人,并为他们祈祷,而上主也常常听他为受苦者祈祷。当主答应他的祈求时,他并不会夸口;没有答应时,也不会抱怨。无论怎样,他都感谢上主。安东尼勉励受苦者要忍耐,因为医治能力并非从他或任何人而来,乃是上主按着他的旨意而做的。那些受苦者得他的安慰,就能够继续忍耐下去。病患得痊愈的人,就不会归功于安东尼,而将感谢归给上主。

57. 有一个名叫富朗图(Fronto)的人从宫廷来,他患有一种怪

---

① 团体中互相守望的神修原则。

病，就是常常咬自己的舌头，又伤害自己的眼睛。他从宫廷来到山上，恳求安东尼为他祷告。安东尼祈祷后，就对他说："回家吧，你的病会痊愈的。"但他却留在山上，数天也不肯离去。安东尼又对他说："如果你仍留在这里，你将得不着医治。回家吧，当你到达埃及的时候，就会看见奇迹临到你的身上了。"富朗图相信他的话便离开走了。当他看见埃及的那一刻，他的病就立即痊愈了，正如安东尼在祈祷中从主所领受的指示一样。①

58. 有一个少女，她来自的黎波里（Tripoli）②的布西里斯（Busiris），患有一种非常恐怖的疾病。每当她的眼、耳、鼻的分泌物接触地面，分泌物就会马上变成蛆虫。而且，她同时也是一个瘫痪及斜视的人。她的父母听说有修士要往安东尼那里去，他们也相信主曾治好患血漏的妇人，就恳求修士准他们和女儿同去。修士们答应了。到了那里，少女的父母以及巴当能迪（Paphnutis）修士留在山下，其余的人先上去。他们正想把少女的事告诉安东尼，安东尼却详细讲出少女的病情与他们一伙儿到来的经过。③他们就请求他，让山下的人上山，安东尼却不许，说："去吧！如果她尚活着，她早已痊愈了。医病并不是我这个卑微的人可以做的，乃是主的工作，因他怜悯各处呼求的人。主已垂听那少女的祷告了，他的慈爱亦指示我，他会在那少女所在的地方医治她。"这件奇妙的事就这样成就了。他们下山，就看见少女的父母欢喜若狂，那少女果然痊愈了。

59. 有一次，有两位修士要来见安东尼，在路途中，水用光了，一

---

① 当时被认为圣洁的人，均需显示拥有超自然力量，如赶鬼、治病及管辖野兽。故这期间被记录的灵修伟人，多有他们所行的神迹、奇事、异象，以证明他们实在与神的关系密切，甚至可施行神的大能，换一句话说：在当时的灵修神学中，圣洁和能力，有十分密切但非必然的关系。
② 今天利比亚的首都。
③ 先知之能也是神迹的一种标记。在这一节同时强调了能力之源不是人，而是上主之恩典。

个已死，另一个已经没有气力，躺在地上也快要死去了。安东尼正在山上，恰巧有两个修士在那里，安东尼就催促他们说："赶快拿一瓶水往埃及的路上，因有两个要来这里的人，一个刚刚死去，如果你们再迟延，另一个恐怕也会死去！这是我刚祷告得到的启示。"于是，他们就去了。果然在路上发现一个已死去的人，他们就先把他埋葬了，再用水救活另外的一个。然后，把他带到安东尼那里。两地的距离，足足有一日的路程。或者有人会质问，为什么他不在那人死去前把事情说出来呢？但这质问可以这样回答：因为生死的判定，并非出自安东尼，乃是从上主而来。他命定其中一人死亡，并将另一人的情况向安东尼启示，这要带出的重点是，因安东尼时常坐在山上警醒祷告，主就把在远处发生的事指示他。①

60. 又有一次，安东尼坐在山上，举目看见一个人被提到空中去，接着有极大的欢乐声从天上的迎接者中发出。安东尼就稀奇，心中感到被这些欢乐声所祝福，便祷告盼望能明白这事。这时，立刻有声音对他说："那是尼特利亚（Nitria）的隐修上亚孟(Amun)②的灵魂，他一生严守神修生活，直至晚年。"从尼特利亚到安东尼那里，路程有十三天之久。与安东尼一起的人，看见这老人面露惊异的神情，就询问他发生了什么事，众人才得知亚孟原来已去世了。由于亚孟曾经常到访，所以人人都认识他。亚孟在他们当中行了很多奇迹。其中一件是这样的：有一次，亚孟要渡过利古斯（Lycus）河，刚巧河水泛滥，他就请同伴西奥多（Theodore）先行，免得看见对方赤身露体渡河的样子。西奥多下水后，亚孟仍然感觉害羞，因怕看见自

---

① 我们留意安东尼非常强调三点，一是神的主权；二是神迹的能力来自神；三是这只是神的工而已，这是不断重复的要点。
② 亚孟是在 Nitria 沙漠中一位有名的隐修士。

己赤身露体,当他感到羞愧的时候,他突然被提到对岸去了。当西奥多——那位虔诚的人看见亚孟比他先到,而身上又没有半点的沾湿,就问他是如何渡过来的。他见亚孟不说话,就紧紧地抱着亚孟的双腿,告诉他若不说出整件事的原委,就坚决不让他离开。亚孟看到西奥多的决心,就要求他应允在自己有生之年不可将此事宣扬出去。 其实,此事对常人而言是绝不可能的,但对于上主来说,他却是无所不能的,正如主能让伟大的使徒彼得在水上行走一样。所以,西奥多直到亚孟死后才把这事说出来。其后,与安东尼一起的隐修士,也把听闻亚孟死的日期记录下来。十三天之后,有些弟兄从尼特利亚来,隐修士证实亚孟死时正是安东尼看见他灵魂上升的那一刻。众人皆稀奇安东尼的心灵是如此的单纯与清洁,能够知道十三天路程之外发生的事情,而且还可以看见灵魂被提上升的景象。

61. 有一次,亚基老(Archelaus)①在山边遇见安东尼,就请求安东尼为老底嘉(Laodicea)城那位可敬、有基督的灵的贞女保莉格提亚(Polycratia)祷告。因为贞女过度严格的神修,令她的胃及腰剧痛,身体也甚虚弱。安东尼就为她祷告,亚基老将祷告的日期记下来。当他回到老底嘉城,发现贞女的病已经痊愈。亚基老就询问贞女痊愈的时间及日期,发现竟然和他所记录的完全一样。众人就知道,当安东尼为她祈祷的时候,主就治好了她的病。②

62. 对于求见者,安东尼可以在数天甚至一个月前预言他们会到访及到访的原因:有的只为要见他一面;有的因为疾病的原故;

---

① 他是一名当地的望族。
② 这一节的记录表明,安东尼能以遥距的方式祈祷治病。当时神迹的显示表明该人与上主的特殊关系。

有的因为被鬼附。访客都认为虽然长途跋涉前来,但并没有白费气力。因为每一个人都是"满载而归"的。虽然安东尼拥有这种预言及先见的能力,但他却认为人不应该为他有这种能力而惊奇,而应该为上主赐人有这样的福分,更多地认识上主及赞美其伟大①。

63. 有一次,安东尼下山到修士们那里,上了一艘船,在船上与他们一起祈祷。他察觉到有一股奇怪的气味袭来,有人说可能是船上的鱼及腌肉所发出来的,但他却坚持认为,它来自其他东西。当安东尼正要说话的时候,有一位预先匿藏在船上被鬼附的青年突然叫喊起来。安东尼就奉主耶稣基督的名斥责那污鬼,于是污鬼就离开了,而那青年便立刻好了。所有人这才知道那股气味是出自魔鬼的。②

64. 又有一次,一个被鬼附的贵族来见安东尼。那污鬼是那样的可怕,他甚至吞吃自己身体的排泄物,那人并不知道要来见安东尼。带他来的人也请求安东尼为他祈祷。安东尼就怜悯他,彻夜为他祷告。当天快亮的时候,那青年突然跳起来,推了安东尼一把,带他来的人看见这情景就非常愤怒,但安东尼却说:"不要向那青年发怒,因为推我的不是他,而是在他里面的污鬼。因为它被赶到旷野无水之地,所以就愤然做出这事。但感谢主,他对我的袭击,就是表示污鬼已离他而去了。"安东尼刚说完这话,那青年就好了。他清醒之后,才知道自己在什么地方,他拥抱老人安东尼,并且感谢上主。③

65. 还有其他许多的修士,他们所讲述的安东尼事迹,内容都是吻

---

① 神修者虽然体会神迹奇事,但他却不为此而夸口,更不认为是与修道者有关或为衡量修道之深度的标准。神迹的真正意义是为彰显上主的伟大而非个人之修为。
② 这是黑暗势力的物喻化,是早期教会及中世纪神修记录中常见的情况。
③ 安东尼看见现象背后的属灵情况,故回应灵界的动态过于灵界的现象。因为在邪恶势力的影响下,人非但不能自主,甚至不知自己做了何事。

合及一致的。但这些若与其他神迹奇事相比，就不足为奇了。有一次用餐之前，安东尼站起来祷告，那时约晚上6时，他发现自己的灵被提到空中，他的灵魂出窍并看见自己的身体。他又看见一些污秽及可怖的形体浮游在空中，阻挡他的去路，当安东尼的使者（太18：10）抵挡它们时，它们就要求安东尼回答它们的质疑，并且，它们企图要数算安东尼一生的罪状。但安东尼的使者阻止它们，并对他们说："上主已将他有生以来的罪状涂抹了，你们只可以从他奉献给上主，成为修士之后才开始计算。"所以，当它们找不到控告的把柄时，前面的路就畅通无阻了。就在那一刻，他看见自己，像先前一样站着，回复原状。因此，安东尼利用当天剩余的时间，废寝忘食地唱诗及祈祷。他惊讶敌人强大的力量，正如使徒保罗所说："你们在其中行事为人随从今世的风俗，顺服空中掌权者的首领。"（弗2：2）因为敌人在这境界中会阻挡我们，他劝勉我们："要拿起上主所赐的全副军装，好在磨难的日子抵挡仇敌，并且成就了一切，还能站立得住。"（弗6：13）"叫那反对的人，既无处可说我们的不是，便自觉羞愧。"（多2：8）我们凡听见的人，应该记念使徒的话："或在身内，我不知道，或在身外，我也不知道，只有上主知道。"（林后12：2）保罗被提到第三层天上，听见隐秘的言语，是人不可说的。安东尼亦看见自己被提到空中，经过搏斗挣扎，才得到自由。①

66. 安东尼又得着以下这个恩赐：当他独自坐在山上祷告，对有些问题感到困惑，得不着答案的时候，上主便将答案向他启示。所以，他成为蒙福的人，如经上所记，"是蒙上主的教训"（约6：45）的。有一天，他和一些访客谈及灵魂的路径及死后

---

① 安东尼印证保罗所提到的属灵争战。

的状况。当天晚上，有声音从天上对他说："安东尼，起来，出去观看！"他就应声出去（因他知道及能分辨应遵从谁），举目看见一个巨大、丑恶、可怕并高及于天的形体，而且还有一些形体正在向上升。那巨大的形体伸开双手，阻挡那些上升中的形体，不过有些则毫无困难地越过它而直上于天。那巨大的形体对这些上升的灵体咬牙切齿，但对那些被它所拦阻的则兴高采烈。这时，立即有声音对安东尼说："要明白所看见的！"他的心窍就开通了，知道这就是灵魂的路径，那巨大的形体就是那些信徒的仇敌。它能拦阻那些伏在它权下的，但对于那些不伏在它权下的，它却无能阻止。看见这些事以后，安东尼更加警醒，每天更努力操练灵修功夫，天天为着摆在面前的事情努力。他并没有把这些事情告诉任何人。当安东尼用更多的时间祷告，并因为他所见的事情而惊异时，与他同在的人就不断地追问他，故他被迫说出来，正如父亲不能在孩子面前隐藏秘密一样。他的良心十分清晰，知道说出这些事会对他们有益，可以使他们知道灵修能结出美好的果子，而这些异象成为他们刻苦灵修的一种鼓励①。

67. 此外，安东尼是一个心胸宽大而心灵谦逊的人，虽然他享有美好的声誉，但他严谨遵从教会的规则，并视每一位教士为他的上司。他并没有因向主教、长老屈膝而感到委屈。若圣职人员向他求助，他亦会尽力相助。但在祈祷时，他会邀请其他人带领，并不耻下问地向执事们学习。安东尼经常向他的同伴发问和聆听他们的意见，若听见造就的话，他会认为是对自己有所帮助的。② 他的面容充满善意：这是上主的恩典。一些从未见

---

① 他对异象并无刻意追求，也无故意隐藏，这是一种十分中肯的态度。
② 这里强调：若一位修道者是谦虚的人，并不在乎在团体中的地位或身份，只会追求对灵魂有益的事情，更不介意别人重视或轻看他，这种平常心，是灵命成熟的表现。

过他的人，盼望能见他的面。有时他会和一大群修士一同出现，只要他来到，人们就很容易从人群中认出谁是安东尼，也会被他的眼神吸引住。事实上，他的外表和其他人无异，但是他平静的神态和纯洁的心灵使人容易亲近他。他的心灵从不被外物所搅扰，所以他的外表显得极其平静。心灵的欢欣使得他拥有喜乐的面容。而且，从他的言谈举止也可以看见他心灵的状况，正如经上所记："心中喜乐，面带笑容；心里忧愁，灵被损伤。"（箴15：13）故此，雅各知道拉班心中的计谋，就对他妻子们说："我看你们父亲的气色向我不如从前了。"（创31：5）又如撒母耳认出大卫，因为大卫双目充满欢乐，牙齿洁白如奶（参见撒上16：12）。所以，安东尼就被认出来，他从不慌乱，因他的心灵是平静的；也从不忧愁，因他心灵充满喜乐。①

68. 无论在信心和虔诚上，安东尼都是超越的。他从不会和梅勒提安派（Meletian）②的人交往，从起初就知道他们的诡计及叛离。他也没有和摩尼教（Manichaeans）③的人或其他的异端交往。纵然有，也只是劝告他们弃假归真。他认为与这些人交往，对心灵有百害而无一利。同样，他厌恶阿里乌派（Arians）④的异端邪说，并劝告人不要接近或相信他们那些错谬的

---

① 这种心灵安静的境界，是修道者每日追求的目标。往往问题的中心是心中的问题。若有安静的心境，自然世界也会有祥和的气氛。
② 梅勒提安派是公元3—4世纪间兴起的埃及的基督教教派。他们对信仰的持守十分坚定，反对再度接纳那些在逼迫中曾背弃信仰的教徒。而本文作者阿塔那修主教则反对梅勒提安派，因为他相信所有罪人（包括曾背弃信仰者），其罪均可以被赦免。所以他认为梅勒提安派是异端，故他笔下的安东尼也被写成反梅勒提安派的人物。
③ 摩尼教是当时从波斯传入中东一带的流行宗教，奥古斯丁也曾经是摩尼教的教徒。这教派传入中国后被称为"明教"。
④ 阿里乌主义是被早期教会认定为异端的信仰。阿塔那修一生大部分时间是在与阿里乌派人士斗争，故他极憎恨阿里乌派人士。阿塔那修笔下的安东尼，虽然一生居于沙漠而不问世事，也无心理会神学争论，但他在阿塔那修笔下却是一位攻击阿里乌派的卫道勇士！

教训。有一次，一些阿里乌派的人来见安东尼，当他知道他们邪恶的信仰后，就把他们赶出去，并形容他们的话语比毒蛇的毒液更为有毒。

69. 有一次，阿里乌派的人宣称安东尼的见解和他们是一致，这令安东尼非常不悦及愤怒。在主教的传召及众弟兄的要求下，安东尼下山来到亚历山大，公开斥责阿里乌派，称他们为最坏的异端，是敌基督的先锋。安东尼教导众人，上主的儿子不是一个受造物，也不是从无有而生的，而是与父同性同体，是永在的道和智慧。所以，阿里乌主义提倡之"有时他不在"是极邪恶的说法，因为道是与上主同在的。（约1：1）因此，安东尼不想与这些邪恶的阿里乌派来往，因为"光明与黑暗并没有什么相通的"。（林后6：14）我们是敬畏上主的基督徒，但他们却认为圣子是上主的道，是一个受造物，这与异教徒并无分别，他们敬拜事奉受造之物，不敬奉那造物的主。（参见罗1：25）因此，所有受造之物都愤怒，因它们把造物主并列在受造物之中。

70. 当众人听见他这样咒诅这个反对基督的异端，都非常高兴。全城的人都跑去见安东尼，包括希腊人和他们的祭司都到主的殿中说："我们要见那位神人。"在那里，上主驱逐许多污鬼，又医治了许多疯癫的人。甚至有些希腊人要求触摸这老人，他们相信这会得益处。几天内信教的人比一年所有的还要多。有些人恐怕他被群众骚扰，就希望众人离开，但他却平静地说："他们比起我在山上与之搏斗的魔鬼数目少得多呢！"

71. 当他要离开亚历山大，我们送他上路。刚到达城门，就听见后面有妇人喊叫："神人呀！请等一等！我的女儿被鬼附，十分痛苦啊！请等一等，不然我会因为追赶而受伤。"老人安东尼听见后，又看见我也请求，就停了下来。当妇人上前时，那孩子被污鬼摔在地上，安东尼为孩子祈祷，求告主名，污鬼就被逐出去，孩子也好了。妇人和众人赞美上主。安东尼也非常高兴地返回他在山上的家。

72. 安东尼是一个大有智慧的人。虽然他没有受过什么正式教育，但他是机警、睿智的。有一次，两个希腊的哲人来拜访他，目的是要难倒安东尼。那时，安东尼正在山边，当他洞悉他们的来意后，便上前通过翻译者对他们说："为什么你们这些哲人要从老远跑来见我这愚昧人呢？"他们回答说："你并不愚昧，而是非常有智慧。"安东尼就对他们说："如果你们来看一个愚昧人，你们是白费气力了，但如果你们认为我是个智慧人，就应该效法什么是美善的，像我这样。如果我到你们那里去，我会效法你们，但如今你们来到我这里，请像我这样，我是一个基督徒。"哲人就诧异地离开了，因为他们看见了连污鬼也会畏惧的人。

73. 又有一次，另一些哲人来到山边想嘲弄安东尼，因他没有受过什么正式的教育。安东尼就对他们说："你们认为，先有思想，还是先有文字呢？谁是因呢？文字是思想的因，还是思想是文字的因呢？"他们就回答说："思想在先，是文字的发明者。"安东尼就说："所以一个有睿智思想的人，是不需要文字的。"他的回答令那些哲人及其他旁观的人都惊奇不已。他们诧异地离开了，稀奇一个没有受过教育的人竟有如此的智慧，因为他不像那些生长在山间的人，反而是如此地温文有礼。他的言语充满属天的智慧，所以，再也没有人会恶意地为难他，反而每一个到他那里的人，都因他而感到欢欣。

74. 这事以后，有一些希腊哲人来到他那里，向他请教有关基督信仰的问题。当他们以三段论来分析神圣十字架之道理和嘲笑十架真理时，安东尼就屏息片刻，首先对他们的无知而心生怜悯，接着便说（通过一个擅长表达安东尼思想的翻译者）：哪一种信仰更加好呢？宣称信仰十架还是将淫乱之行动归于你们所谓的众神呢？因为对我们而言，十架是一个勇敢的记号，并且是我们不惧怕死亡的证物，你们的教义却将淫乱当作教义的一部分。再者，哪一种才是我们所跟随的呢？宣讲上主不变的道，这道在同样的情况下，为了救恩和人类益处的缘故穿上肉身，这道以肉身出现，就能与人分享神圣及属灵的本质。难道要那神圣的降为像非理性之造物，并且崇拜四足之受造物及爬虫和人？这就是你们自命聪明的人所崇拜的对象，你们胆敢向我们嘲笑基督以人的形象出现的事迹？当你们将灵魂与天堂分割，并且说圣道在穹苍中流浪，已经落到肉身中时！我冀望圣道只进入一个人的肉身之中，并非改变成为四足受造之物或爬虫之形体！我们的信仰宣告：基督的来临乃为了人类的救恩，但你们的信仰被非受造的灵魂欺骗了。对我们来说，我们知道上主给予的能力和慈悲——在上主看来基督的来临并非不可能。但另一方面，你们却主张灵魂只是思维的一个形象，将人性的堕落归咎于"思维"，并且以流传神话来强调堕落的可变性，你们引进一个新主张，因灵魂思维本身是可改变的，因为形象具有什么真实，同样形象代表之实体也是如此实在，但当你们以这种方式思想时，事实上，你们已经亵渎思想之父的本身了。①

75. 关于十字架，当恶人谋害你们时，你们将会选择面对各样形式的死亡，没有恐惧畏缩，反而有勇气去忍受呢，还是会唠叨奥斯里斯（Osiris）和艾丽斯（Iris）的流浪、堤丰（Typhon）的阴谋、克洛诺斯（Kronos）的争战②，甚至会弑父杀婴等的神呢？

---

① 阿塔那修这段强调灵魂的不变与永存之特性，反对当时所流行的思维即灵魂可灭之说。

② 希腊的神话与传说。

这些事情你们竟认为有智慧？并且当你们嘲讽十字架时，你们并没有因主的复活而惊讶！要知道述说十字架的人，同时写下复活的事实啊！这是为什么呢？当你们提及十字架时，你们视而不见死人复活、瞎子看见、跛子得治、麻风得愈以及在海面上行走，又或其他神圣的记号及大能都是要显示基督不单是人，也是上主。当你们想起十字架时，你们为什么保持缄默呢？依我看，事实上你们对自己是不公平的。你们没有诚心诵读我们的圣书，并没有细察基督为人类救恩而彰显的事实：他所做的事情都显示出他就是上主。

76. 将你们的观点告诉我！诚然正如你们所说的，那存在者既非理性的，除了无意识及十分残酷之外，还有什么可说的呢？但一如我所听见的，你们冀望以神话的方式来讲论这些事，并且将被奸污的珀尔塞福涅（Persephone）寓为"大地"，赫拉（Hera）寓为"空气"，阿波罗（Apollos）寓为"太阳"，阿耳忒弥斯（Artemis）寓为"月亮"，以及波塞冬（Poseidon）寓为"海洋"。你们并非崇拜神，相反，你们服侍受造之物而取代创造万有者的地位，也许因为被造之物的美丽而使你们编造这些故事吧！这一切受造之物，只能让你们赞叹而不能将它神化，否则你们就将创造主应得之尊荣给了受造物，正如你们所言，现在正是合宜的时候，你们将房屋的设计者与建造者的尊荣归于住客；将将领应得的荣耀归于士兵！现在，请告诉我们，你们对这些事有什么回应，使我们明白，十字架真的有令人嘲笑之处吗？

77. 当这些人正在左顾右盼，而且表现困窘时，安东尼微笑地说（仍然通过翻译者）："这些事皆有本身可见的明证，但因为你们以陈述论据作为讨论方式，我明白这是你们所拥有的技巧，你们也冀望没有陈述论据的讨论使我们不再崇拜上主。但请先告诉我，事情是怎样准确被认知的？特别是有关上主的知识，究竟是透过陈述论据的讨论，还是借着一个信心的行动呢？哪一样是优先的呢？借着行动表明信心还是借着讨论而有论据？"当这些哲人回答是借着行动表明的信心较优先，而这就是真正的知识。安东尼听罢，便对他们说："你们答得好，因为信心是从灵魂的追求而来的，但辩论却是由设计辩论者的技巧而来。因此的，对那些借着行动表明信心的人，辩论而有的陈述是没有必要的，甚至是毫无用处的，因为我们用信心所认知的，你们却以辩论来建立。但是，你们经常不能明了我们所见的；因此，借着信心的行为，较你们智慧的结论更理想、更稳固。"①

78. "因此，我们这些基督徒虽然没有拥有希腊人的推理秘诀，却拥有上主借耶稣基督所给予的大能，按证据而言，我们所说的是真实的，请细心察看，虽然我们没有学习文学，但我们相信上主，知道通过他的工作而万物得着供应，并且按证据来看，我们信心的依据是在基督里的，但你们依赖的是精密的言语之战。在你们中间，偶像的显现已被世人所废弃，但我们的信心却能广传各地。你们借着三段论及智慧学并没有使人从基督教中归信希腊信仰，但我们借教导基督里的信心，除去你们的迷信，因为所有人皆承认基督是上主，并且是上主的儿子，你们并没能借着你们动听的言语，拦阻基督的教训，但是我们借呼叫被钉基督之名，驱逐所有你们所敬畏为神明的鬼魔，当十字架之记号在任何地方出现时，巫术及幻术皆失去其功效。"

79. "告诉我们，现在你们的神谕在哪里？埃及人的咒语又在哪里？巫术的异象在哪里？随着基督十架的来临，那些神谕已告终局及失去能力。因此，十字架值得嘲讽，还是那些被废弃及衰弱

---

① 在护教学上，安东尼指出信心比理性为先。

的东西更值得嘲讽呢？还有一件值得惊奇的事：你们的信仰从来没有被迫害，而且在各城中皆受人尊崇，但现在我们的教义昌盛，而且比你们的增长得更快。你们的观点虽然曾经广泛地被宣传和庆祝，但却会消逝。基督的教导和信仰，就是你们所嘲讽的及经常被统治者所迫害的信仰，信徒却充满全地。上主的知识何时这样照耀辉煌？童贞的柔和及品德何时如此被高举？死亡何时竟被蔑视？当他们看见那些殉道者，因基督的缘故竟视死如归，也看见教会中的贞女们为基督的缘故，保持其身体之纯洁及不被玷污。没有人会怀疑这一切，这不正是基督十字架被高举之景象吗？"

80. "这些证据足以展示只有在基督里的信心才是对上主真诚的敬拜。但看哪！你们仍然不信，从陈述中寻找三段论法。正如我们老师说：'我们不是用智慧委婉①的希腊智慧去做证明。'但我们却借着信心——就是比较基于陈述而辩论更为超越的方法来说服人。看哪，在这里，有些人正受鬼魔的苦害（因为有些受鬼魔苦害的人来到安东尼这里，将他们带到哲人们中间），你们来洁净他们，无论借着你们的三段论或是任何技巧或技术，依你所冀望的去呼唤你们的偶像吧！倘若你们不能做，就停止你们与我们的争战，来看看基督十字架的能力吧！"当他讲述这些事之时，安东尼求告基督，并向那些被鬼魔苦害的人画上两至三次十字架的记号。瞬息间，那些人站起来，恢复了正常，并恢复理智而向上主献上感谢。那些被称为"哲人的人"感到惊讶，真正惊讶于安东尼之智慧和刚发生的神迹。安东尼说："你们为什么惊讶这些事呢？这并不是我们所做的，乃是基督做的，他通过相信他的人做这些事。若你们是真的拥

---

① 可能是引用保罗在《哥林多前书》2：4 的经文。

有信心，你们也不会再借希腊人的善辩来证明，可以肯定说在基督里的信心已足够有余了！"以上便是安东尼之言论，当这些哲人带着惊讶离开时，都拥抱他，并承认他们从安东尼身上获得益处。①

81. 安东尼的名声传到统治者那里。当君士坦丁大帝及其儿子君士坦提乌和康士坦斯得知这些事，他们写信给安东尼，有如写给父亲一样，祈求从他那里得到解答。但安东尼没有加以注意，也没有感到特别兴奋，仍然如常生活。当这些书信送交给他后，安东尼召聚了其他修士来，对他们说："不要因君王写信给我们而感到惊喜，因为他只是一个人。应该为上主给人类写下律法而感到稀奇，因他借他的儿女向我们说话！"安东尼宁愿不接受君王的书信，因为他说不知道怎样回复这些书信。但在其他修士的催促下，基于君王也是基督徒，为避免因拒绝回复而显得不礼貌，他应承阅读这些书信，并且以文字回复，承认他们对基督的崇拜，并且说明与救恩相称的意见，就是不要以现在的景况夸口，而应该留心将来的大审判，并承认只有基督是真正永恒的统治者。安东尼恳求君王要成为一个眷顾者，注目公义及关心贫苦者。君王因获得回应而欢欣，因此每个人对安东尼也产生了爱慕，而且所有人皆期望拥有他如同父亲一样②。

82. 当安东尼为寻找他的人提供答案后，他便被公认为一个伟大的人。安东尼再次退回内山，继续他习以为常之操练。当来访者和他共席或同行时，他经常会突然哑口无言并沉默无语，正如

---

① 这里强调信仰的经验及实践性比理性的论证更为重要，因当时所崇尚的是理性——主要是对信仰的剖析及批评。
② 地上的君王诚然尊贵，但修道者所看见的是永恒的君王，他才是最重要的那一位。对于地上的君王，安东尼所重视的，是他们的信仰以及如何活出信仰的生活。这也提醒教会在地上的信徒，不要羨慕地上之权势，反而要看重其信仰特有的关注与气质。

《但以理书》上所说的一样。（参见但 4：16）过了不久，他会恢复与同行之弟兄谈话，同伴留意到他看见异象，因为他在山上时，经常看见甚至远至埃及所发生的事。安东尼将这些事告诉色拉比安（Serapion）主教，主教在他旁边并看见他被异象充满的样子。① 有一次，当他坐下工作时，他进入魂游之境，并在异象中说话及呻吟，后来，还屈膝祈祷了很长一段时间，当他起来时，这老人（安东尼）正在哭泣，与他同在的人也开始恐惧，甚是战兢，便恳请年老的安东尼解释究竟发生了什么事。

在他们极力的催逼下，安东尼哽咽着说："我的孩子们，你们若是在这些事未发生时就去世，那就有福了！"他们再次央求他，他哭泣着说："愤怒将要湮没教会，教会将被交于那像无理性野兽一般的人手中，因为我看见主殿中的桌子被骡马团团地围着，并且，骡马踢打桌上之物品，就如野兽狂性大发时乱跳乱踢一般。你们肯定知道我是如何痛楚呻吟的，因为我听见一个声音说：'我的祭坛被玷污了！'"当年老的安东尼说完这些话后，再过两年，阿里乌派的信徒就攻打正统信仰的信徒。他们强迫教会将神圣的物品交给异教徒带走，他们召聚其他异教徒离开工作岗位，一起参与他们的集会。在异教徒面前，他们在圣桌上任意妄为。所以，我们就明白安东尼所言关于骡马踢打的异象和阿里乌派所做的有如野兽般行径之关系了。但是，当他看见这异象的时候，同时他也安慰同伴们，说："孩子们，不要丧胆！主正在发怒，但他也会施行医治的，那时，教会很快就可以像从前一般继续发光。你们可以看见被逼迫的信徒得着建立，那不洁的将要退回他们原来隐藏之处；但那圣洁的信仰将于各地自由宣告。只是不要认同阿里乌派而

---

① 这里作者以主教之权威来确立安东尼所经历的信仰体会之正统性。

玷污自己，因为他们的教训并不是出于使徒，而是由鬼怪而来，源头就是它们的父魔鬼。真的，这些道理是乏味的、非理性的，更是错误的理解，如无知的骡马（诗32∶8—9）一般！"

83. 以上是安东尼的言行实况。我们绝不会因这人所行的神迹而产生疑惑，因为这是救主所应许的。主说："你们若有信心像一粒芥菜种，就是对这座山说：'你从这边挪到那边'，它也必挪去，并且你们没有一件不能做的事了。"① 他还说："我实实在在地告诉你们，你们若向父求什么，他必因我的名赐给你们……如今你们求就必得着。"② 他就是那位向使徒及所有相信他的人说："医治病人……把鬼赶出去。你们白白地得来，也要白白地舍去。"③

84. 事实上，安东尼并没有发出医治的命令，而是借着祷告及呼求基督的名，因此这是所有人都清楚的，并不是他做这些事，而是主借安东尼带出他的恩典，并让那些被苦待的人得到医治。只有祷告和在山中的灵修操练是属于安东尼的，而他因默观神性的实在而感到欢欣。但他却因太多人的来访而感到烦扰，只有退到山里去，纵然所有的法官请求他下山，他也不肯到他们那里去，因为法官们与诉讼者纠缠不清。所以法官们很想请求安东尼下山，让他们一睹尊容便知足。但他仍不理会，并且拒绝下山。然而，法官们并不放弃，仍坚持力邀安东尼下山，甚至差派一些被士兵监管的人前往，冀望以此可以打动他的心，让他感到他们的需要并听见他们的哀号。最终，安东尼真的走出山边。由此可见，他所做的事极有影响力。因他的出现，对其他人而言，是得着莫大的益处及恩惠的。他也帮助那些法官

---

① 《马太福音》17∶20。
② 《约翰福音》16∶23—24。
③ 《马太福音》10∶8。

们，建议他们应以公平为圭臬，不但敬畏上主，并且确知在他们所审判的案件上，他们将来也会受审判。无论如何，他喜爱山中的生活形式过于一切。①

85. 另一次，安东尼因人群的需要而被迫响应。就是有一军事将领通过许多信差请求他前去，当他到达那里，向他们宣讲有关救恩的信息，并且满足了求助者的需求后，他便预备速返回山。当那位称为公爵②的人恳求安东尼留下时，他回复说不可能有时间留下与他们一起。然后他以一个感人的事例去说服这位公爵："一尾鱼被放在干地上一段时间会很苦的。同样地，一个隐修者太多时间与你们同在，他亦会从操练中松弛下来。因此，我必须尽快返回山上，就如鱼返回海里去一样。这样，我便可以不会因停留在你们这里太久，而忘记我生命中最重要的东西。"当他们听见安东尼这样说，就感到惊讶，那将领便说："这真是上主的仆人，除非这人是上主所爱的，否则对一个凡人而言，根本不可能拥有如此伟大且丰富的睿智！"

86. 当时有一个军事将领，名叫巴拉述 (Balacius)，极至拥护卑贱的阿里乌主义，并极力地迫害我们基督徒。他残酷地毒打贞女们，还脱去修士们的衣服施以鞭挞。安东尼便写信给他，信中的要点是："我看见愤怒正临近你身上！停止迫害基督徒吧，否则这愤怒会追上你，且它现在已临近你了！"巴拉述收信后大笑，并将信掷在地上，向它吐唾沫，又极放肆地侮辱送信者，吩咐他们向安东尼说："因你对修士们的挂虑，现在我要将你也找出来！"岂料不到五日，愤怒果真临到他。有一次，他与埃及的行政首长纳斯多流 (Nestorius) 策骑外游时，来到亚历

---

① 修道者不单追求与上主的关系，也会活出上主的特性如公义。故此，修道者并非与世隔绝，而是参与社会生活之中，内心世界与现实世界并无分割。

② 当时有贵族称号的地方领袖。

山大城外的一个驿站，名叫沙里（Chaireu），他们的坐骑是马群中最驯良又训练有素的马匹。他们在路上彼此嬉戏时，纳斯多流所策骑的驯马突然扑向巴拉述，将他抛在地上，又攻击他，并用牙将他的大腿撕裂。由于情况危殆，他们立即将他送返城里，三日后，巴拉述便一命呜呼！听见的人皆惊奇安东尼的预言竟如此快速地获应验。①

87. 上述就是安东尼对残酷不仁者的警告，但对待其他来到他这里的人，若是为了诉讼，他会令他们和解及彼此宽恕。至于那些愿意离开世俗的人②，他会给予他们祝福。对那些受到不公平对待的人，则给予具体的支持。他支持这些人到一个地步甚至好像自己是受害者一般。③ 他经常将好处带给在军中服役的人和那些希望放下生活重担的富人，他们都会因而愿意成为修士。④ 安东尼就如上主差派给埃及的一位医生。那些带着忧愁而来的有谁不是带着欢乐而回？那些因亲友死亡带着悲伤而来的之后有谁不是立时消除了愁苦？那些带着怒气而来的有谁不是转怒为慈悲？那些听见和看见安东尼的贫穷者有谁不是更彻底地轻看财产，又因为自己的贫困而得着激励？那些来到他这里的灰心丧志的修士，有谁不会变得更坚强？那些来到山里看见安东尼的年轻人，有谁不是立刻放弃享乐而学习克制自己呢？那些被鬼魔试探来找他的又有谁得不着解救呢？那些内里思想充满愁烦而找他的，又有谁得不着心灵的慰藉与宁静呢？

---

① 早期教会常用神义（Theodocy）来印证与神的同在，故作者把神义与安东尼联系在一起，证明安东尼的灵命甚深，能洞悉上主的心意。
② 意指参与修道。
③ 一位修道者要有深度的同理心，能明白别人的处境及谅解别人的苦况。
④ 安东尼的生命影响了不少在社会上有重要地位的人。如军人（当时社会地位甚高）及富人，他们放弃权势和财富，追求旷野的修道生活。

88. 安东尼的神修操练是伟大的。他得着辨别诸灵的恩赐，如之前我所说的，他知道人的心灵动态及他们的欲望及渴求。他不单没有遭受过那些在心灵上有困扰的人的嘲笑，还带给了他们鼓励，并且教导他们怎样洞悉并攻破鬼魔的阴谋。每一个造访者，借着这些恩膏的言语之鼓励，下山后皆勇敢地攻击撒旦及识破鬼魔的计谋。有很多渴望被男子追求的年轻女子，只要远远地看见安东尼，便甘愿为基督而守贞洁。至于从外地远道而来的访客，得着的帮助与本地人无异（说明了安东尼是一视同仁的），访客都感到仿如被父亲差派返回家乡一般。事实上，后来安东尼死了，他们有如丧失父亲一样，凭着对他的回忆来彼此安慰，持守着他的忠告及警戒。

89. 安东尼生命终结时是怎样的？甚至他的死同样是一个值得效法的榜样。重述这事对我来说是有价值的，也是你们冀望可以听闻的。

安东尼如常来往指导住在山外的修士①，当上主使他知道自己的死期时，他便对弟兄们说："这是我最后一次的探望了！我想这一生应不会再有机会来探望你们，现在正是我离世之时，我差不多一百零五岁了！"当他们听见这消息后，便拥抱着这位老者，吻他，并且哭泣。但他却如一个离乡别井后重返故乡的人般充满喜乐。安东尼鼓励修士们不要因操练的辛劳而丧志，更不要因操练的纪律而感到疲乏，要看每日的生活如身处死亡之中。安东尼对他们说："像我从前所说的，要勇于保护灵魂，不受无聊的思想骚扰，要与众圣徒互相在操练上比赛，但不要倾向米勒顿的叛教主张，因为你们晓得他们的罪恶及污秽的名声，也不要跟从阿里乌派，因为他们的不敬虔是

---

① 当时盛行数名独居修士聚居一处，成为一个小团体。这些修士的聚居团体散布在沙漠各地。

众人皆知的。你们将要完全没有保留地在法庭面前被审判。因为时候已到,他们的信念只是一些毁灭及短暂的东西而已。要保持纯洁,不要与他们接触,并且保持先圣们的传统,特别在基督耶稣里的圣洁信仰典范,就是你们从圣经上所学习得来的和我常常向你们提及的。"

90. 当众弟兄恳求安东尼留下与他们同在,安享晚年时,他借着诸多理由而拒绝了。其实主要的原因只有一个:埃及人有一种风俗,就是喜欢以丧礼来对他们所尊敬的人表示尊崇,特别是那些殉道的圣人,他们以麻布包裹其尸,停放在室内的灵床上,而不把尸体埋在地里,借此来尊崇逝世的人。但安东尼多次请求主教劝告教友不要这样做,他自己也曾纠正信徒及斥责一些妇女说:"这些做法既不合理,也不合宜!列祖和众先知的尸体,都埋葬在墓穴内等候复活,直到今天,主自己的尸身,也曾被放在墓穴里,且用大石遮掩起来,直到他第三天复活。"借着这番话,他想指出他们不埋葬尸体是违法的,不管死者生前如何圣洁,死后都当被埋葬。难道他们比主的尸体更伟大及神圣吗?许多人听了安东尼的这话,自此便埋葬死人,并感谢上主让他们得了一个好教训。

91. 安东尼晓得这些习俗,恐怕他们会用这些习俗来对待自己的尸体,所以,就定意辞别山区外的众修士,照常进入山内居住。几个月后,他病倒了,于是就召集一些和他同住的弟兄(有两位弟兄和他一起居住在山内,一起操练已有十五年,并在他老年之际,照顾他的起居生活),对他们说:"如经上说的:'我现在要走世人必走的路'(书23:14),因为我晓得主已呼唤我了。你们要警醒,不要让你们多年的修为、纪律与操练毁于一旦。要竭力保持你们的热诚,好像现在才开始操练一样。你们当认识那叛逆的鬼魔,它们虽是苟延残喘,却仍是何等凶残!

你们不要惧怕它们，要经常从基督那里吸取灵感，相信并依靠他。你们的生活好像天天冒死，注意自己的内心，并谨记我给你们的教导。你们不可与离经叛道的人来往，更不可和异端的阿里乌派交往，因为你们该知道，他们不信基督，异于正统的言论，我是如何避开他们的。相反，你们当常常竭力彼此委身，有如结盟一般，先在基督里，其次是在圣徒之间。如此，你们死后，他们会收纳你们进入那永恒的居所，如同良朋益友一般。这些事你们都要思念及专心。如果你们想念我，看待我如同父亲一样，请你们千万不要让任何人将我的尸体搬到埃及，恐怕他们停放在室内，这是我避入山中的原因。你们该知道，我经常纠正他们，吩咐他们停止这种习惯。所以，你们要亲自为我主持丧礼，将我的尸体入土为安。你们要为此事保守秘密，除了你们二人之外，没有任何人知道我的葬身之地。这样，在复活之日，我就可以从主那里得回一个不朽的复活身躯。请将我的衣物分送如下：将我铺的这张羊皮和外衣给阿塔那修主教，这是他以前送给我的，现在旧了。再将我另一张羊皮给色拉比安主教，而你们就保存我的毛衣吧！我的孩子们，愿上主赐福你们，安东尼去了，不再与你们同在一起了。"

92. 说完了这话，他们就拥抱他。他便收起脚来，目光如同看见有朋自远方来般格外地喜悦（他容光焕发地躺在那里）。安东尼去世了，被接到列祖那里去了。之后，修士们遵照他的吩咐办妥各样的事情，将遗体包裹后，入土为安。除他们二人之外，直到今日，没有一个人知道安东尼葬在哪里。那些得到安东尼赠与羊皮和外衣的人，都小心地将衣物保存下来，视它们为珍宝，只要看见这些东西，就如看见安东尼了。穿上他的衣物，就好像承受了他的教诲一样，快乐无比。

93. 我们上面提到安东尼操练的开始到他的终结。若以上述这些事与其德行比较，虽然是微不足道，但我们将它归纳起来，可以看见他是个何等属灵的人：从青年直至这样的一把年纪，他常常保持热诚而委身的操练；他从未以年老作为借口而挥霍食物；也不曾因为身体虚弱而改变他衣着的方式，更没有用水洗脚①。然而，他处处谨慎，避免受损伤；他拥有敏锐和健全的眼睛；他一颗牙齿也未脱落过，只是因年纪老迈而牙齿被磨平而已；他的四肢也保持健壮。总括来说，他比那些经常沐浴，食物和衣着变化多样的人，更显得容光焕发和活泼有力！

　　他的德行是蒙上主所爱的，可以从下面事情得着证明：他名声传扬各地，为众人所敬仰，他的离去，使众人极其怀念。安东尼之所以名扬四方，不是因为他的著作，也不是因他在世时的智慧，更不是因他有什么技艺，乃完全是出于他个人在上主前的修为。无可置疑，这是上主赐给他的恩典。如果不是上主使他的众仆扬名（正如上主从起初对他说的），为什么这隐居深山的人，能使高卢②、罗马、非洲等远方的人都听见他的名字呢？何况他们是在暗地里工作，甚至刻意地隐藏他们的工作呢！但上主却将他们显明出来，有如明灯普照世人，好让凡听见上主名字的人，知道上主的诫命的大能，能帮助人的生命达到更善美，以至于在德行的道路上，能热忱地勇往直前。

94. 因此，现在请你们诵读这些事给别的弟兄知道，好让他们认识修士应有的生活。并且深信：凡荣耀我们的救主耶稣基督的人，主必与他同享荣耀。对于那些至死忠心服侍他的人，主不但引领他进入天国，就是今世，他们虽然隐藏自己，企图度过隐修的生活，主也必因他们乐于助人的德行，使他们的名字传

---

① 埃及缺水，洗脚是一种豪华的享受。
② Gaul，现今法国境内，当年为罗马帝国的一个行政省。

扬四方，到处受人赞扬。若机会来到，请你们把这些诵读给异教人知道，借着这个方法，使他们知道，我们的主耶稣基督既是上主，也是神子。此外，所有坦诚奉献给他，并全心信靠他的基督徒，不但可以证明鬼魔不是上主（虽然希腊人视之为神明）！但是，借着耶稣基督我们的主，能够把魔鬼践踏在脚下，把它们当作大骗子和人类的败坏者而驱走，愿荣耀归于主，直到永永远远。阿们！

重要参考书目

1. R. C. Gregg: *Athanasius*: *The Life of Anthony and The Letter to Marcellinus*. New York: Paulist Press, 1980. (以意译为特色)

2. *The Nicene and Post Nicene Fathers* Vol. IV. (上世纪末译本,英文用句优雅)

3. R. Y. Meyer, *St. Athanasius*, *The Life of St. Anthony*. Ancient Christian Writers Vol. X, Westminster: The Newman Press, 1950. (近年英译本,附注释)

4. L. Bouyer, *A History of Christian Spirituality*. Vol. 1, English translation, M. P. Ryan. London: Burns & Oates, 1963. (第八章是有关安东尼及教会早期灵修神学的)

5. 任达义译,《旷野圣祖的生活》,1988年。(天主教中译本)

6. D. Knowles, *Christian Monasticism*. Toronto: McGraw-Hill 1969. (有关早期神修及修院介绍)

7. Ekman P. C. Tam(谭沛泉), "The Life of Anthony and Spiritual Direction." in *Logos: A Journal of Eastern Christian Spirituality*. Vol. XXXVII (1996) Nos. 1-4 pp. 299-322. (研究圣安东尼神修指导方面的专文,近年研究圣安东尼的佳作)

8. Matta E-l-Maskin. *Saint Anthone ascete salon L'Evangile*. Spiritualite Orientale, No. 57, Abbaye de Bellefontaine, 1993. (近年深入研究圣安东尼神修学的权威法文原著,尚无英文版)

译 后 记

1988年，笔者在香港建道神学院任教"改革前灵修神学"的硕士课程。在考虑同学们作业时，建议他们参照不同《安东尼传》英译本，再行编译中文本。其后，笔者在修改同学们的作业时，再以Magne所收集之希腊文、拉丁文之古本为参照资料，加以个人在这方面的研究及附加注释，遂集成本书之前身《圣安东尼传》。其中，得伍惠芳姊妹誊稿，又承蒙邝慧娟编辑，于1990年初由恩奇书业出版。由于当年出版较匆忙，以致个中不少错处。

此事距今已过二十年，人事何止几翻新，因需求不大，原书没有再版，也许曾盛极一时有关阅读古典灵修著作之风正过，后来流行的多是实践之技术及能达实时之经历的培训。虽偶有对这书问津者，但因已断版多年，也得空手而回，甚至有人致电笔者，然而，笔者手头只有孤本，又执著不愿割爱，再者，更因旧作错漏甚多，笔者读之也觉汗颜，只叹奈何！

数年前有机会亲历圣安东尼昔日起居之所，其后在科普特正教修院中体会到圣安东尼的灵修精神，个人深深感到圣安东尼之言行所带来之影响，其传记实在是经得起近两千年的历史考验之经典，故再重新细读其生平及作有关研究。再者，得友人章雪富教授的支持及谭沛泉博士的鼓励，重新将《圣安东尼传》释译，除修改原版上之错漏，更加上一些个人近年对此研究的心得。并且得张俊容女士誊稿及校对，此版才能面世。

在此再次向昔日曾参加原书翻译的六位同学（各人在不同岗位上早已青出于蓝）及恩奇书业的同工们致谢。他们的参与，成为这个版本的基础。正如我们今天基督宗教信众的灵修历程，也是建基于昔日先贤，如圣安东尼的经历之上。

谨以本书献给

在香港指导我超过二十年的神师爱尔兰耶稣会会士麦坚泰神父

陈剑光

2010年1月17日圣安东尼瞻礼日